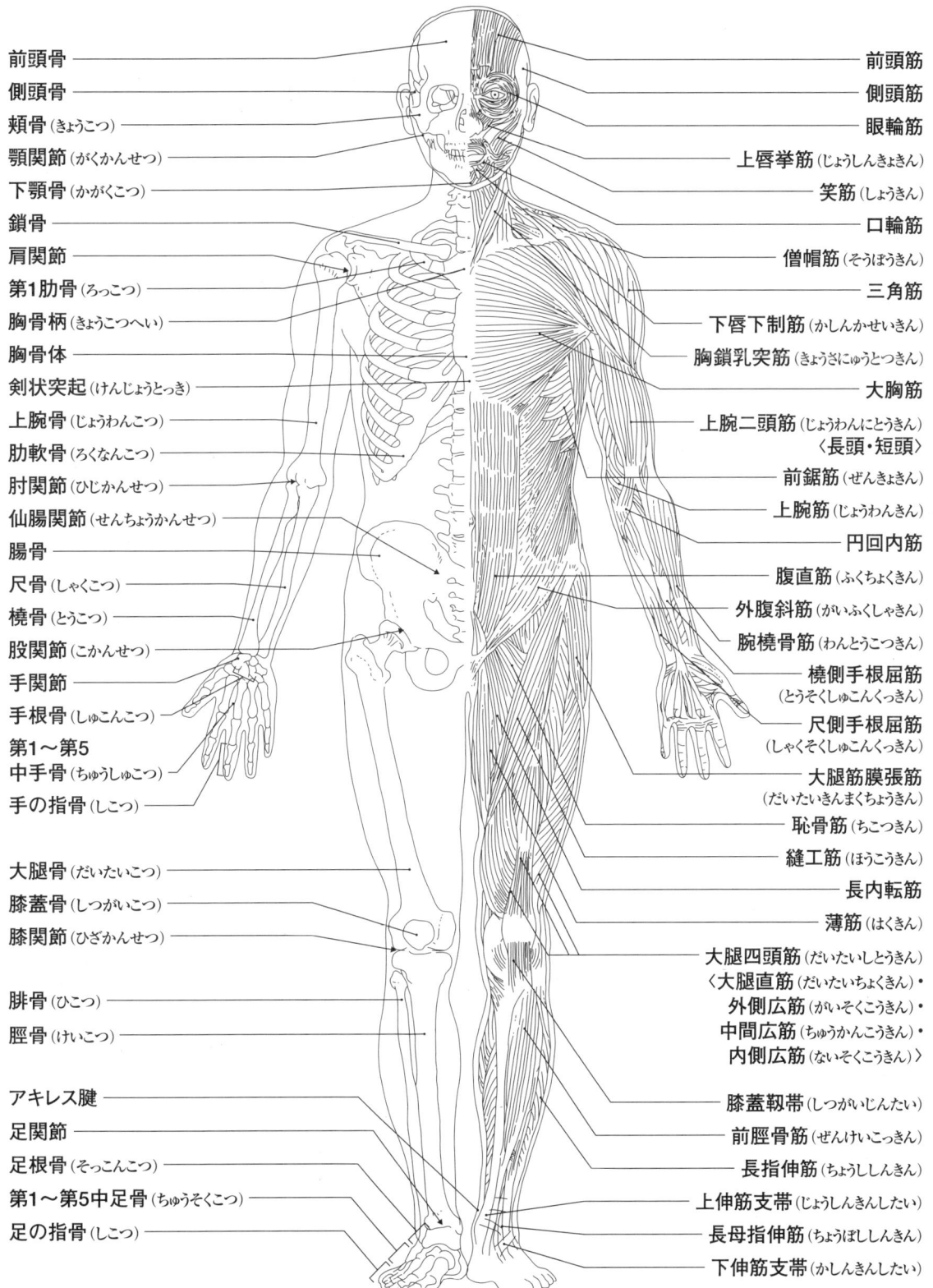

全身の骨格とおもな関節

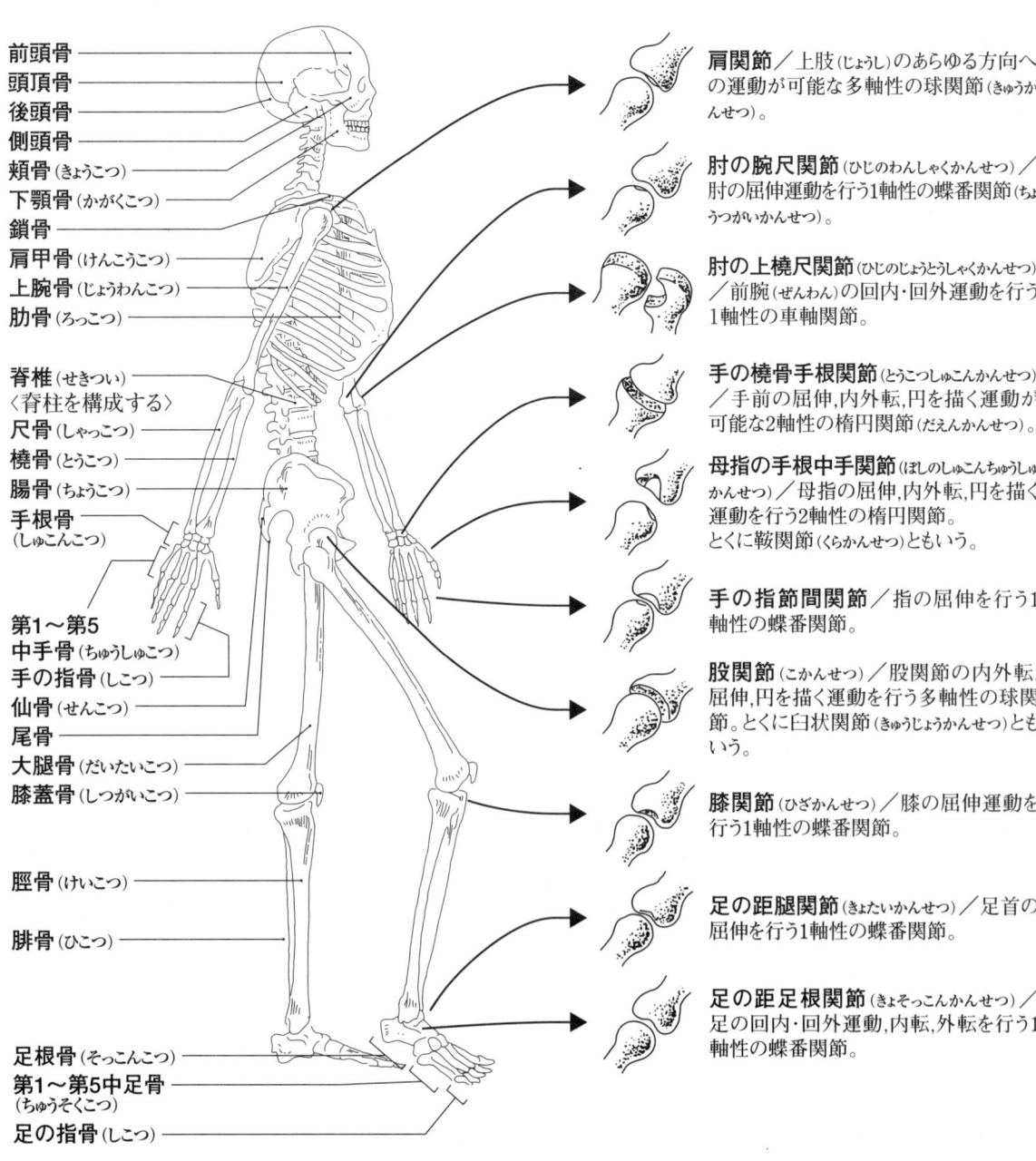

- 前頭骨
- 頭頂骨
- 後頭骨
- 側頭骨
- 頬骨(きょうこつ)
- 下顎骨(かがくこつ)
- 鎖骨
- 肩甲骨(けんこうこつ)
- 上腕骨(じょうわんこつ)
- 肋骨(ろっこつ)
- 脊椎(せきつい)〈脊柱を構成する〉
- 尺骨(しゃっこつ)
- 橈骨(とうこつ)
- 腸骨(ちょうこつ)
- 手根骨(しゅこんこつ)
- 第1〜第5中手骨(ちゅうしゅこつ)
- 手の指骨(しこつ)
- 仙骨(せんこつ)
- 尾骨
- 大腿骨(だいたいこつ)
- 膝蓋骨(しつがいこつ)
- 脛骨(けいこつ)
- 腓骨(ひこつ)
- 足根骨(そっこんこつ)
- 第1〜第5中足骨(ちゅうそくこつ)
- 足の指骨(しこつ)

- 肩関節／上肢(じょうし)のあらゆる方向への運動が可能な多軸性の球関節(きゅうかんせつ)。
- 肘の腕尺関節(ひじのわんしゃくかんせつ)／肘の屈伸運動を行う1軸性の蝶番関節(ちょうつがいかんせつ)。
- 肘の上橈尺関節(ひじのじょうとうしゃくかんせつ)／前腕(ぜんわん)の回内・回外運動を行う1軸性の車軸関節。
- 手の橈骨手根関節(とうこつしゅこんかんせつ)／手前の屈伸,内外転,円を描く運動が可能な2軸性の楕円関節(だえんかんせつ)。
- 母指の手根中手関節(ぼしのしゅこんちゅうしゅかんせつ)／母指の屈伸,内外転,円を描く運動を行う2軸性の楕円関節。とくに鞍関節(くらかんせつ)ともいう。
- 手の指節間関節／指の屈伸を行う1軸性の蝶番関節。
- 股関節(こかんせつ)／股関節の内外転,屈伸,円を描く運動を行う多軸性の球関節。とくに臼状関節(きゅうじょうかんせつ)ともいう。
- 膝関節(ひざかんせつ)／膝の屈伸運動を行う1軸性の蝶番関節。
- 足の距腿関節(きょたいかんせつ)／足首の屈伸を行う1軸性の蝶番関節。
- 足の距足根関節(きょそっこんかんせつ)／足の回内・回外運動,内転,外転を行う1軸性の蝶番関節。

健康医療福祉学入門

佐久間 淳 ● 編著
Sakuma Kiyoshi

佐久間 充・園田 洋一 ● 著
Sakuma Mitsuru　Sonoda Yoichi

大修館書店

はじめに

　本書のタイトルを，あえて『健康医療福祉学入門』としたことには，大別して三つの理由がある。その第一は，わが国における従来からの学問研究，さらには行政サービスや専門的サービスの上でも「保健」と「医療」，さらに「福祉」が別個に扱われてきた。これらは学問の上でそれぞれが独立した分野を形成し，固有の領域を保有してきた。しかも，現代社会における高度な専門分化の志向性が強まる中で，相互の差異がますます鮮明にされる傾向が認められる。

　例えば，老人や障害者の生活および介護の現場に注目してみよう。行政における福祉サービスの窓口や担当者，健康相談の担当窓口などはいわゆる"タテ割り行政"のため，サービスの効率がよくなかった。したがって，こうした状況に対する強い批判が国民などから生じた。これを受けて「保健」と「福祉」のサービスを，一体化している自治体が広がりつつある。この動きに比べて医療と福祉のつながりはやや弱い。

　そこで，「保健」「医療」「福祉」を一体的に扱えるような状況をさらに促進するため，大胆に同一のテーマの下で主要な問題について説明することにした。とくに本書のユニークさは，他に類のない「予防福祉」について，「環境整備，健康増進・疾病予防」をベースにして推進させる点である。

　また第二の理由として，これらの領域が本来的に，きわめて現実的な問題であるにもかかわらず，わが国における論著をみると，ほとんどが抽象的・評論的な内容にとどまっている。この最大の原因は著者たちが，現場における実践をしないで，書物やデータだけに頼って福祉の歴史や制度，外国の先進例を書いているためである。

　第三には，こうした状況に対して現場をふまえ，少しでも実際に応用できる内容を示し，実践のために役立ちたいと考えた。とくに学生に対して現実の状況を伝え，学生自身が主体的に問題解決の方法を考えるとともに，応用能力を育んでいけるように企画したことである。

　1988年の『医療社会学概論』(大修館書店)では，「現代社会と生活の特徴」を示した。ついで「生活環境と健康」との関係を捉え，最後に「生活と健康，疾病」の関係にしぼって説明しようとした。これらはいずれも生活のあり方が健康や疾病をつくりだす，という認識に立脚したものであった。

　この考え方をさらに発展させたのが1993年『保健福祉学入門』(大修館書店)である。本書に対する最初の企画では前書の内容を整理し，それに不足と思われる部分を追加して，1冊にまとめる予定であった。ところが，その後における「環境問題」や経済社会の状況変化，加えて老母や兄と弟など肉親，親しい友人の急死など，いく人かの死を見つめる機会に遭遇した。さらには一人暮らしだった叔母の死後，遺産相続をめぐる親族たちの対応で考えさせられた。これらで高齢社会の重圧が自分の肩に一層重く食いこみつつあることを感じるようになった。

　こうした心境から内容構成を大きく変更した。すなわち，全体を3冊に独立させたのである。その1冊が『わかる生活環境，わかる健康福祉』(ミネルヴァ書房，1996年)であり，もう1冊が1998年の『寝たきりにしない・ならないQ＆A』(ミネルヴァ書房)である。これを受けて表記のようなタイトルの下に，現実の社会問題への対応を考えた。上記2冊によって，環境の保全による人間の生活と健康の関係，老人の健康福祉管理などが扱われている。

　なお，ここで表題にかかげた「健康医療福祉学」という用語は，圧縮したものである。正確にいうと「健康福祉学」と「医療福祉学」に大別される内容をもっている。しかも従来の福祉だけではなく，より積極的な視点から「予防福祉」という，新たな内容を鮮明に示そうとした。ところがこれらは現在までに独立した概念

や固有の学問領域を公認されてはいない。にもかかわらず，あえて用いたのは"新語"や"造語"を勝手につくっているのではなく，学生をはじめとして国民が理解しやすいものとしたいとの意図からである。そのうえで一人ひとりが，主体的かつ積極的に自分の生活と健康を向上させていくことを助長したいと願っているからである。

　このため，まず序章において主な用語の概念や定義を説明する。ついで第1章で現代社会の特徴とそこにおける生活，健康と福祉の関係を広く捉える。そして第2章では，健康の基本を理解するため，体の構造と機能を示した。この上で第3章により，生活の集約的な反映である死因や死亡率，寿命について説明する。

　さらに第4章では，日本における健康や福祉の状況を「環境」の帰結とみなし，さらに施設や要因配置などをみる。第5章では健康や福祉のベースである家族，地域社会の実態を示す。第6章では，学校や職場という集団による健康や福祉の問題，その対応状況を考える。第7章は健康や福祉について，ライフステージごとに捉え，とくに母子の状況を説明する。

　そして，第8章では人生の中心期にある人びとの健康増進・疾病予防を中心にして述べる。この上に第9章で，人口高齢化のなかでの高齢者の健康と医療福祉のニーズ，この充足を具体的に扱う。

　第10章は，とくに「心や体の障害」について障害者と障害児のニーズの側面から捉え，その充足を医療福祉，教育，就労について考え，その対策を示す。第11章は健康福祉の推進，疾病予防と予防福祉，これらによる医療福祉費とその負担などを考える。第12章は，保健医療，福祉の法制度と財政などを説明する。最後の第13章では，21世紀の福祉と社会保障，公的扶助，社会保障の歴史から新しい時代のあり方を示した。

　本書の刊行を広い理解と暖かい気持ちで承認された，大修館書店の鈴木一行社長をはじめ社員の皆様，そして特に編集の労をとり，大くの忍耐とともにはげましと多大なサゼッションをいただいた，加藤順氏，西阪治子氏に心からお礼を申し上げたい。

2003年1月10日

佐久間　淳

もくじ

はじめに i

序章　対象と定義 1

1. 健康と疾病　1
1）健康とは　2）健康指標　3）疾病(disease)：傷病

2. 保健と医療　3
1）保健(health science)　2）医療(medical treatment)

3. 社会病理と社会福祉(social pathology and welfare)　4
1）社会病理(social pathology)　2）社会福祉(social welfare)
3）社会福祉法　4）社会福祉士

4. 健康福祉(health welfare)　6
1）健康福祉とは　2）健康福祉の実態と課題
3）医療保障(social security for medical care)

5. 医療福祉(medical welfare)　8
1）医療福祉の内容　2）医療社会事業と業務
3）医療ソーシャルワーカー

6. 精神保健福祉(mental health welfare)　9
1）精神保健とは　2）精神の健康と疾病

7. 介護福祉　10
1）介護（福祉）の意味　2）介護福祉士とその役割

8. ケアマネジメント(care management)　10
1）ケアマネジメントとは　2）ケアマネジャー(care manager)

第1章　現代生活と健康医療福祉 12

1. 現代社会の生活文化　12
1）現代社会と文化　2）経済社会の発展と生活環境

2. 生活と健康福祉　13
1）生活の多様化と複雑化　2）マスコミ文化とは
3）情報化社会と情報の利用　4）がんの告知の問題

3. 日本古来の医療史　17
1）医療の社会史　2）大陸からの医学導入　3）西洋医学の伝来

4. 医療体系と医療サービス　22
1）医療体系の特徴　2）医療体系の問題

第2章　体の構造と機能 25

1. 体の最小単位——細胞　25
1）細胞の構造と役割　2）人体の主な組織

2. 運動器系　26
1）運動器系の要点　2）骨格筋

3. 神経系　27
1）神経系の要点　2）中枢神経系の構造と機能
3）末梢神経系の構造と機能

4. 循環器系　　　　　　　　　　　　　　　　　　　　　　　　　28
　　　　1）血管系の概要　2）血液の構成と機能
　　5. 呼吸器系　　　　　　　　　　　　　　　　　　　　　　　　　32
　　　　1）呼吸器系の構成　2）呼吸運動のしくみ
　　6. 消化器系　　　　　　　　　　　　　　　　　　　　　　　　　33
　　　　1）消化器系の構成
　　7. 泌尿器系　　　　　　　　　　　　　　　　　　　　　　　　　35
　　　　1）泌尿器系の構造
　　8. 内分泌系と外分泌系　　　　　　　　　　　　　　　　　　　　36
　　　　1）内分泌（腺）系　2）主な外分泌腺
　　9. 生殖器系　　　　　　　　　　　　　　　　　　　　　　　　　39
　　　　1）性別と生殖器系　2）生殖器の構成と機能

第3章　地域社会の健康福祉レベル―死因，死亡率と寿命―　41

　　1. 地域社会の人口構成　　　　　　　　　　　　　　　　　　　　41
　　　　1）地域社会と人口構成　2）年齢構成と保健医療福祉ニーズ
　　2. 地域社会の健康と疾病　　　　　　　　　　　　　　　　　　　42
　　　　1）地域社会の健康状況と健康指標　2）有訴者率の比較
　　3. 性・年齢階級別の有訴者率　　　　　　　　　　　　　　　　　44
　　　　1）性・年齢階級別の有訴者率　2）自覚症状と内容
　　　　3）性・年齢階級別通院者率
　　4. 健康意識，ストレスなど　　　　　　　　　　　　　　　　　　45
　　　　1）健康意識の状況　2）日常生活への影響
　　　　3）健康行動と悩み，ストレス
　　5. 受療率と患者数の状況　　　　　　　　　　　　　　　　　　　47
　　　　1）患者数の推計　2）地域別の受療率　3）長い在院日数の背景
　　6. 地域社会の生活と寿命　　　　　　　　　　　　　　　　　　　49
　　　　1）地域別の平均寿命　2）地域別平均寿命の比較
　　7. 地域社会の自殺率と死亡率　　　　　　　　　　　　　　　　　52
　　　　1）地域社会と自殺　2）地域別死亡率の比較
　　8. 死亡率の国際比較　　　　　　　　　　　　　　　　　　　　　54
　　　　1）粗死亡率と年齢調整死亡率　2）主な死因と死亡率比較
　　　　3）心疾患，脳血管疾患の死亡率

第4章　健康医療福祉施設と生活環境　57

　　1. 生活環境と健康　　　　　　　　　　　　　　　　　　　　　　57
　　　　1）生活と身近な環境　2）健康，医療福祉ニーズの変化
　　　　3）地域保健法の改正
　　2. 地域保健施設の状況　　　　　　　　　　　　　　　　　　　　58
　　　　1）保健所の職員と業務　2）市町村保健センター　3）地域医療計画
　　3. 保健医療職員の状況　　　　　　　　　　　　　　　　　　　　61
　　　　1）地域社会と医師の分布　2）歯科医師の地域分布　3）薬剤師の分布
　　　　4）保健師，助産師，看護師　5）理学，作業療法士など　6）その他の医療職

4. 地域の医療施設　　　　　　　　　　　　　　　　　64
　　　1）病院の地域分布　2）病床の地域分布　3）診療所の地域分布

　5. 地域福祉と生活　　　　　　　　　　　　　　　　66
　　　1）社会福祉の状況　2）在宅福祉の見直し

　6. 健康, 医療福祉ニーズと施設　　　　　　　　　　68
　　　1）健康, 医療福祉施設の状況　2）福祉施設の種類と動向
　　　3）福祉施設・設備の概要

　7. 医療福祉の専門職　　　　　　　　　　　　　　　70
　　　1）専門職の養成と確保

　8. 社会福祉士と介護福祉士　　　　　　　　　　　　71
　　　1）社会福祉士　2）介護福祉士　3）実態把握, ニーズの予測と対策

第5章　家族, 地域の健康福祉　　　　　　　　　　　75

　1. 家族と世帯　　　　　　　　　　　　　　　　　　75
　　　1）家族と世帯の違い　2）家族制度と家族形態　3）家族の諸形態

　2. 家族機能と健康福祉　　　　　　　　　　　　　　78
　　　1）家族機能　2）家族による健康福祉管理

　3. 地域社会の健康福祉　　　　　　　　　　　　　　79
　　　1）地域社会の形成　2）コミュニティとは

　4. 都市の生活と健康福祉　　　　　　　　　　　　　80
　　　1）都市の人口規模と施設整備　2）人口の都市集中と生活環境

　5. 農村の生活と健康　　　　　　　　　　　　　　　82
　　　1）農村の変化　2）農村の健康

　6. 地域健康活動の組織化　　　　　　　　　　　　　83
　　　1）地域保健の捉え方　2）健康福祉の組織化

　7. 地域社会の健康福祉増進　　　　　　　　　　　　86
　　　1）戦前の地域保健活動　2）戦後社会と自主的活動
　　　3）地域健康福祉づくり活動

第6章　学校と職場の健康福祉　　　　　　　　　　90

　1. 学校―児童青年期の健康福祉　　　　　　　　　　90
　　　1）幼児の健康福祉の推移　2）学齢期の死亡

　2. 児童生徒の体位と体力　　　　　　　　　　　　　91
　　　1）児童・生徒の体位　2）児童・生徒の体力

　3. 産業, 職業, 労働と健康福祉　　　　　　　　　　95
　　　1）近代産業の発展と問題　2）労働衛生・保健の歴史　3）労働災害の状況
　　　4）労働保健と健康診断

　4. 健康福祉の教育　　　　　　　　　　　　　　　　99
　　　1）学校の健康福祉教育　2）職場の健康教育

第7章　母子の健康福祉　　　　　　　　　　　　　101

　1. 母子保健　　　　　　　　　　　　　　　　　　　101
　　　1）母性保健　2）死産率の動向　3）乳幼児保健　4）思春期保健

2. 少子化の背景　　104
1）戦後のベビーブーム　2）女性の高学歴化と少子化　3）育児環境の整備
4）女性教員の調査例にみる実態

3. 人口構造の問題　　109
1）人口構造の変化　2）年齢3区分別人口の推移

4. 離婚，母子・父子家庭　　110
1）離婚の増加状況　2）母子家庭への福祉施策　3）寡婦への福祉施策
4）父子家庭への福祉施策　5）児童虐待，少年非行

第8章　成人の健康福祉　　114

1. 成人期と健康　　114
1）成人期の疾病　2）生活習慣病の患者数　3）悪性新生物（がん）
4）高脂血症と心臓病　5）肥満症と糖尿病　6）高血圧症と脳卒中

2. 国民の健康状態と健康指標　　117
1）罹患率　2）有病者率と有訴者率　3）受療率　4）死因と死亡率
5）年齢調整死亡率　6）標準化死亡比

3. 現代の生活と肥満　　121
1）文明生活と過剰栄養　2）肥満(obesity)意識　3）肥満度の指標
4）皮脂厚と肥満の状況

4. 肥満と生活習慣病　　123
1）栄養摂取の状況　2）運動不足の影響

第9章　高齢者の保健医療福祉　　125

1. 高齢社会と課題　　125
1）人口高齢社会とは　2）高齢社会の問題

2. 高齢社会の対策　　126
1）高齢者対策の推移　2）老人保健法の目的　3）老人保健施設

3. 老人の施設ケア　　128
1）老人施設とケア環境　2）ホーム老人と在宅老人

4. 在宅老人の生活ケア　　129
1）地域社会と老人の参加活動　2）疾病・障害高齢者の生活ケア
3）老人ケアの分担

5. 高齢社会と健康福祉の課題　　131
1）家族生活の変化　2）高齢社会と家族　3）老人医療費の推移と負担

6. 老人福祉の展開　　134
1）老人福祉法と推移　2）生きがいと健康づくり対策　3）老人クラブなど

第10章　心身障害と健康医療福祉　　136

1. 心身障害の基本的理解　　136
1）障害の概念の変化　2）障害者対策の推移

2. 障害児と地域健康福祉　　139
1）主な在宅福祉施設と専門職　2）療育指導と経済援助

3. 知的障害児・者の福祉　　142
1）福祉施設の整備　2）重度障害児の対策　3）知的障害者と社会参加

4. 身体障害児の福祉　　144
1）身体障害児福祉の推移　2）在宅福祉の状況　3）施設内での療育
4）障害児施設と学校教育

5. 身体障害者の福祉　　149
1）身体障害者福祉の推移　2）身体障害者の状況

6. 身体障害者福祉の状況　　150
1）福祉・援護の実施者　2）重度身体障害者の対策
3）障害者の社会参加促進　4）身体障害者更生援護施設

第11章　健康と疾病，死の意識と行動　　154

1. 健康意識，態度と行動　　154
1）健康意識・態度の捉え方　2）健康に対する考え方
3）健康状態の自己評価　4）生活習慣病の不安と行動

2. 病気の意識，態度と行動　　156
1）傷病意識の背景　2）病気の不安と有訴者率　3）病気と行動

3.「生命」と「死」の問題　　158
1）「生命」の新たな状況　2）「死」の新たな状況

4. 疾病予防と予防福祉　　160
1）健康福祉管理の方法

5. 衛生行政と医療費　　163
1）衛生行政と目標　2）国民医療費と負担

第12章　保健医療福祉の法制度　　166

1. 保健医療福祉制度の体系　　166
1）憲法第25条などの「社会保障」　2）保健医療福祉の具体的内容
3）保健医療福祉の具体的施策

2. 保健医療の法規　　173
1）医療施設に関する法規　2）医療従事者に関する法規
3）医療保険に関する法規　4）介護保険法
5）予防衛生，保健衛生，薬事，環境に関する法規

3. 主な社会福祉の法規　　175
1）社会福祉法

4. 保健医療福祉の財政　　177

第13章　社会保障の課題と展望　　178

1. 福祉の新時代　　178
1）環境変化と新たな模索　2）「与えられるもの」から「自ら築くもの」へ
3）「だれもが障害者になりうる社会」を視野に

2. 社会保障の歴史　　180
1）制度の誕生　2）欧米における構想　3）わが国における生成
4）戦後の理念と定義

3. 社会保障の機能と財源　　182
1）さまざまな機能　2）基本的な仕組み　3）社会保険と財源
4）社会福祉と財源

4. 公的扶助と内容　　　　　　　　　　　　　　　　　　　　　186
　1）制度の定義　2）基本的原理　3）保護の原則　4）扶助の内容
　5）今後の課題

5. 21世紀における社会保障の役割　　　　　　　　　　　　　189
　1）基本的な役割と再評価　2）医療技術の進歩と課題
　3）財政問題と対策　4）少子化対策　5）高齢化対策
　6）21世紀の課題と展望

参考文献 ──────────────────────────── 193

さくいん ──────────────────────────── 198

序章　対象と定義

【ポイント】

1. 健康と疾病，保健と医療の各概念を知り，後の各章における理解に役立てる。
2. 社会福祉の概念を明確にし，後の各章の理解に結びつける。
3. 健康福祉という新しい概念を明示して，後の各章での用語の混乱を防ぐ。
4. 医療福祉という用語は，すでに現場の一部の人たちが用いているが，これをより明確に示す。
5. 介護福祉を，2001年から実施されている介護保険との関係で明示する。
6. ケアマネージャーの役割，業務の内容とその実体を説明する。
7. 予防福祉という新しい概念と意義を提示し，説明する。

1. 健康と疾病

1) 健康とは

　健康（health）の内容には，わかっているようで，わからない部分が多く含まれている。まずその定義には，WHO（世界保健機関）による概念が多く用いられている。それによると「健康とは，肉体的，精神的ならびに社会的に完全に良好な状態をいい，単に病気や虚弱でないことをいうのではない」（1946年）と示されている。

　これは積極的な健康観ともいわれており，かつてのような健康を生（物）理学的な範囲にとどまらず，社会的な部分を加えたことが画期的なことであった。この考え方に対して当時の日本においては，医師の間から"判断などを曖昧にするもの"，という批判的な見方が少なくなかった。しかし最近では，批判や反論はほとんどみられない。

　ただし，社会的に良好な状態とは，差別や圧迫，失業など心身の苦痛や疾病をもたらす要因がない，という状態をさすものと理解したい。そして，とくに「貧困」の問題を重く考える。

2) 健康指標

　「健康指標」とは健康状態を客観的な基準に基づいて，単一の指標で示したものである。これには寿命の伸びのようなプラスの面と，逆に死亡率のようなマイナスの面からみるものとがある。さらには，概して都市部で呼吸器系疾患が

●**WHO**（世界保健機関）
保健衛生分野の国際連合専門機関。1948年に設立され，本部はジュネーブにあり，加盟国は2001年に189か国。日本は1951年に加盟し，憲章での目的は「すべての人民が可能な最高の健康水準に到達すること」と定めている。

●**健康指標**
個人の健康指標には，血圧など医学的な検査・測定値，栄養，体力などがある。集団の指標には平均寿命，死亡率（粗死亡，訂正死亡），新生児・幼児死亡率，PMI，疾病，栄養，体格などがある。

表序-1 地域社会の保健福祉の状況を表す主な指標

1. プラス指標	1) 平均寿命	2) 高体力	3) 高所得額	4) 高学歴	5) 公園面積など
2. マイナス指標	1) 死亡率	2) 自殺率	3) 事故発生率	4) 生活保護率	5) 離婚率
	6) 各種中毒	7) 犯罪発生率	8) 大気汚染	9) 水質汚濁	10) 障害発生率
3. 都市型指標	1) 大規模人口	2) 人口密度	3) 生産年齢人口	4) 第2, 3次産業	5) 高学歴
	6) 工業生産高	7) 流入人口率	8) 若年人口率	9) 呼吸器系疾患	10) 核家族など
4. 農村型指標	1) 第1次産業	2) 農業生産高	3) 1人当たり畳数	4) 家族員数	5) 持家率
	6) 流出人口率	7) 老年人口率	8) 自家用車率	9) 拡大家族率	

[資料] 佐久間淳「保健福祉学入門」大修館書店，1993年

多く，農村部で筋骨格系の疾患が多い，などという"都市型と農村型"の区別や"性・年齢別状況"を強く表す指標などもある。

一般に広く用いられている健康指標としては，古くからの脈拍数や血圧値，血液生化学的検査（コレステロールなど），便（潜血，寄生虫など）や尿（糖や蛋白など）がある。これらにX線やCT，エコーなどが組み合わせられ，がんのマーカーも加わり多種にわたっている。これらは検査や測定値，画像などであり，個別や併用によって健康状態を評価判定するのに用いられる。

これらの他にも体位をみるのに，最近ではBMI（体重（kg）÷身長（m）^{2}）などがある。また体力の各指標からも健康状態がみられる。栄養価や体脂肪率，皮脂厚，さらには運動負荷などを加えて心肺機能を調べる，それらの結果から健康が広く科学的に捉えられている。

3) 疾病（disease）：傷病

(1) 疾病の指標と調査

疾病は，一般には「病気」といい，専門的用語として「疾病」ないしは「傷病」という。この内容は本人の自覚や医師の診断によって表出する。したがって，無自覚のものや未受診のために，"潜在化"しているものも少なくない。こうした潜在化を減らす基本は，まず本人の健康に対する認識や自覚を高めること。次には健康診査などの受診を促進するシステムを確立することである。

日本では1955年から「国民健康調査」が行われ，「有病者率」が国民の健康度を表す指標として用いられてきた。しかしその後，疾病構造の変化に直面し，単に傷病量を捉えるだけでは，健康を客観的に把握するのに不十分である，という考え方が高まった（表序-1）。

こうした状況を受けて，過去約30年間続いた国民健康調査など4つの調査（国民健康調査，厚生行政基礎調査，国民生活実態調査，保健衛生基礎調査）を統合し，新たに保健・医療・福祉・年金・所得など国民の生活基盤的な事項を，世帯面から総合的に捉える「国民生活基礎調査」が1986年から実施された。3年ごとに大規模調査をし，中間の2年間が小規模調査となっている。健康については大規模調査年に，入院，通院，就床および自覚症状のため生活に影響のあるものを「有病者」と定義し，国民の健康状態を表す指標としている。

● 血液生化学的検査
肝，膵，腎機能検査，糖代謝，脂質，プリン体代謝，電解質，ホルモン，がん・腫瘍などの検査がある。

● 国際疾病分類（ICD）
死因や疾病などの統計値を国際比較するため，約100年前に導入された。1990年のWHO総会で，第10回分類修正が決まり，日本では1995年からICD-10の「疾病，障害及び死因分類表」に準拠している。

● ICD-10の基本分類
内容は大・中・小分類に分かれ，(a)全身症，(b)解剖学的系別疾患，(c)分娩・奇形・新生児疾患，(d)症状，徴候および異常臨床所見・異常検査所見で他に分類されないもの，(e)損傷および中毒，(f)健康状態に影響をおよぼす要因および保健サービスの利用など，14,000項目が分類整理されている。

(2) 疾病の内容と分類

この調査では，「有訴者率」や「通院者率」なども性・年齢階級別にみられている。また受療状況をみる「患者調査」が3年ごとに行われ，入院・外来別受療率，傷病大分類や都道府県別の状況などを捉えている。

そして疾病は，エイズ，インフルエンザなどのような急性感染症と，肥満症や糖尿病などのような生活習慣病による慢性疾患に大別できる。この他に交通・労働などの災害と受傷，食品や薬品などによる中毒もある。最近ではとくに肺など臓器別のがんの動向や，高脂血症などによる動脈硬化や心疾患，糖尿病などの増加が注目される。これらは，食生活の変化や運動不足のため，国民病ともいわれてきた脳血管疾患での出血型を減少させる反面，梗塞型の増加をもたらすなど疾病構造を大きく変化させている。

2. 保健と医療

1) 保健（health science）

保健とは，健康の保持・増進を目的とした活動をいうが，ときには健康の状況を広くみるばあいにも用いられる。この対象は，個人，集団（家族，地域社会，学校，産業など）やさらには国や国際社会にまで広がる。またライフステージに沿って，母子・小児・成人・老人に分けて，それぞれのニーズや特性に適した対応が求められている（図序-1）。

すなわち，国内外のあらゆる人びとの健康を確立するために，医療，公衆衛生，社会福祉，生活（衣食住，労働，余暇，運動，休養など）の全般にわたる活動が含まれる。加えて，生存の基盤である自然環境や生態系のあり方が関与し影響をおよぼす。したがって，この領域を扱う比較的新しい学問体系が求められ，保健学（health science）が形成されたのである。これには古来から傷病の治療を対象としてきた医学と，その応用としての医療による機能に加え，健康増進と疾病予防を目的とする新たな学問の成果が注目される。

●ニーズ（needs）
人間の集団には多少の差があるが，一定の傷病や障害の発生率が認められる。これに伴って治療や他者からの介護・支援が必要となる。この必要な内容がニードであり，複数がニーズである。質と量を専門的・客観的に把握したものをさし，主観的な要求とは一致しないことがある。

2) 医療（medical treatment）

医療とは，医学を社会において実際に応用する活動の体系であり，地域医療などを形成している。この内容は大別して，①医療の本質，②技術の体系，③経営の体系からなり，この営みを人間の良心からコントロールするのが，④医の倫理である。

医療法（1948年施行）の第1条の2項で，「医療とは，生命の尊重と個人の尊厳の保持を旨とし，医師，歯科医師，薬剤師，看護師その他の医療の担い手と医療を受けるものとの信頼関係に基づき，及び医療を受けるものの心身の状況に応じて行われるとともに，その内容は，単に治療のみならず，疾病の予防のための措置及びリハビリテーションを含む良質かつ適切なものでなければならな

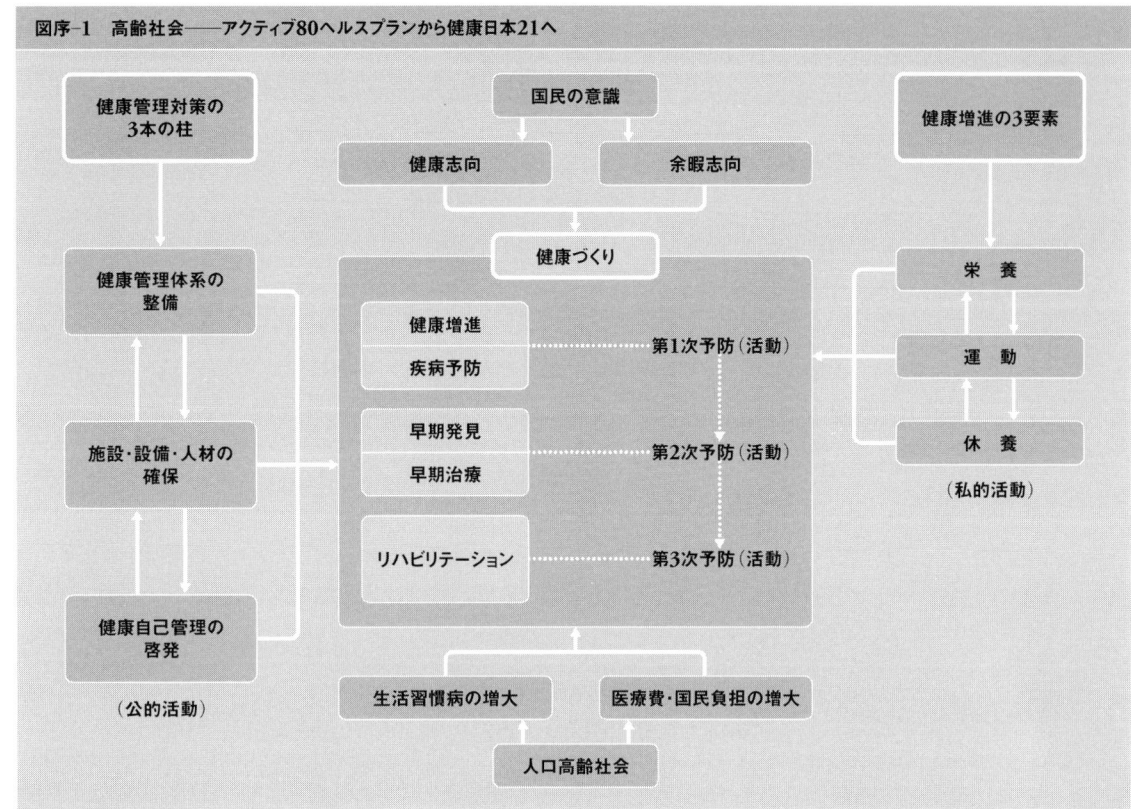

図序-1　高齢社会──アクティブ80ヘルスプランから健康日本21へ

[資料]　厚生労働省

●医療専門職（関係者）
医療を担当する専門職とは，医師，歯科医師，薬剤師，保健師，助産師，看護師，理学療法士，作業療法士，視能訓練士，診療放射線技師，衛生検査技師など国家資格者をいう。

●リハビリテーション
（rehabilitation）
機能回復訓練と訳され，精神と身体の両面に分けられ，最近では専門分化がすすんでいる。運動機能障害の機能回復だけではない。残存機能の活用のため，治療と訓練，心身障害児の特殊教育，職業的自立の訓練・援助，経済的自立，社会参加など多面にわたっている。

●逸脱行動
（deviant behavior）
社会集団のまとまりや秩序維持に必要な，道徳や行為の規範に反する行動をいう。犯罪や非行，アルコールや薬物の中毒，売春，浮浪，暴走行為などがある。

い」，と規定されている。

　医療法の目的は，国民の健康の保持・増進のため，医療を提供する体制を確保することである。地域における適切な施設と専門職の配置，ならびに施設の構造や設備を規定している。医療を行う施設として，20床以上の病床を有し，患者を収容して治療に当たる施設を「病院」という。これ以外が診療所である。なお1986年に「老人保健法」等の一部を改正し，新たに「老人保健施設」が設けられ，治療よりも看護や介護，リハビリテーションを中心とする医療ケアと生活サービスが行われている。

3. 社会病理と社会福祉（social pathology and welfare）

1）社会病理（social pathology）

　社会病理は，19世紀末にリリーエンフェルト（Lilienfeld P.V., 1829～1903）が，社会を生物の有機体とみなし，その状態を生理と病理の関係のように捉えた。これが社会学のなかに導入され，個人や家族，地域社会，都市や国家などにおける逸脱行動と機能障害などが研究された。このうち集団や制度などのように社会に原因があるものをいう。

　多様な疾病についても，生物学や心理学，医学の視点だけでその病因や治療

法を判断することはできない。患者の背景にある社会経済的な要因を含めることによって，トータルな把握が可能となる。身近な病理現象として，精神的屈折などによる犯罪，薬物・アルコール中毒，離婚などが多発している。心身症（ノイローゼ）やストレスが増幅する社会状況について，とくにストレスフルな社会といわれている。

こうした状況の"予防や治療"の役割を担っている一つが，「健康医療福祉」という考え方である。

2）社会福祉（social welfare）

日本では1950年に社会保障制度審議会が，「社会保障制度に関する勧告」のなかで，社会福祉を定義づけている。それは「国家扶助の適用をうけている者，身体障害者，児童その他援護育成を要する者が，自立してその能力を発揮できるよう，必要な生活指導，更生補導，その他の援護育成を行うこと」をいう。

そして，社会保障制度を社会保険，国家扶助，公衆衛生および医療，社会福祉の4部門からなる総合的な制度であるべきだ，としている。すなわち，広義の社会保障制度のなかに位置づけられている（第13章p.182参照）。

その内容が，公的扶助である生活保護，社会的自立の困難な人びとへの援助諸制度が，児童福祉，母子福祉，老人福祉，心身障害者福祉として規定づけられた。なお，要保護者の生活に対して，生活扶助をはじめ，教育，住宅，医療，出産，生業および葬祭の7種類の扶助基準が示されている。

3）社会福祉法

(1) 社会福祉法の目的

これは1951年の「社会福祉事業法」の一部を，2000年に改正したものである。第1条の目的で「社会福祉を目的とする事業の全分野における共通的基本事項」を定めている。他の社会福祉の法律とともに，福祉サービスの利用者の利益保護および地域福祉の推進を図ること，社会福祉事業の公明かつ適正な実施，社会福祉を目的とする事業の健全な発達を図り，福祉増進に寄与することが示されている。

(2) 社会福祉事業とは

これは第一種と第二種社会福祉事業に分けられ，第一種には①生活保護法，②児童福祉法，③老人福祉法，④身体障害者福祉法，⑤知的障害者福祉法，⑥売春防止法，⑦授産施設の経営，生計困難者に対する無利子・低利な資金融通の事業がある。

第二種社会福祉事業には，第一種事業の各法律に基づいて生活困難，児童，母子，老人，障害者の生活を支援する住居，衣食などの他，金銭，相談，教育，指導，介護などの事業が含まれている。

4）社会福祉士

社会福祉士及び介護福祉士法（1987年制定，2000年改正）の第2条の定義によれ

●授産施設
生活保護法第38条で「身体上若しくは精神上の理由または世帯の事情により，就業能力の限られている要保護者に対して，就労または技能の習得のために，必要な機会及び便宜を与えて，その自立を助長すること」を目的とした施設と定められている。

ば，有資格者が「社会福祉士」登録簿に登録を受けなければならない(同28条)。その後に名称を用いて，専門的知識および技術により，身体もしくは精神上の障害がある，または環境上の理由により，日常生活に支障がある者に対し福祉に関する相談に応じ，助言，指導その他の援助を行う者をいう。

社会福祉士試験に合格した者は，社会福祉士となる資格を有する(第4条)。なお，受験資格者(第7条)は，学校教育法に基づく大学において厚生労働大臣の定める，「指定科目」を履修した者，またはこれに準ずる者(厚生労働省令)，など11項目にわたって示されている(p.73図4-5参照)。

なお，1989年の第1回から2001年の第13回試験までの合格者で，登録者は29,389人に達した。そして最近では毎年約2.3万人が受験しており，合格率は27～30％となっている。

4. 健康福祉(health welfare)

1) 健康福祉とは

「健康福祉」の学術上での概念はまだない，というのが実態である。ところが，この10数年の間に自治体による行政機構のなかで，都道府県の衛生局や衛生部，保健生活部などの改名がみられた。また市町村の行政機構が改組され，新しいネーミングや従来の福祉センターと保健センターが，合併・統合されて「健康福祉センター」となったものが多い。さらには，大学や短大の学科や専攻の名称に用いられている。

こうした"現実先行"の跡追い的な状況下において，ここではまず一応の定義として「健康を柱にした福祉の実現を図るもの」と考えたい。この理由には，現状の福祉受給者をみると，その大多数が健康を害したために，福祉サービスを必要としているからである。すなわち，健康管理を充実させることにより，健康の保持増進が図られ，疾病が予防されるだけではなく，福祉ニーズの増加を予防できるわけである。

2) 健康福祉の実態と課題

先に述べたように「健康福祉」という用語が，最も先行しているのは自治体(行政)である。行政の最前線を占めているのが地域の「保健福祉センター」であるが，この経緯はきわめて機械的なものであり，行政側の都合に起因していることが多い。つまり，財政支出の削減などをめざした産物に過ぎない。ただし，従来からとかく批判されてきた，"タテ割行政の弊害を是正"するためには，一歩前進とも考えられるであろう。

ここで大切なことは，「健康≒保健」と「福祉」という用語を単に結びつけるだけでは，まさに語呂合わせに過ぎない。課題はその個々が有している機能を，有機的に結合させて相乗的な機能効果をめざすことである。これを実現させ

●社会保険
社会保障の中心的なしくみの1つで，貧困の原因となる事態に対し，保険を用いて対応するもの。加入者が定められた料金を納入し，その積立金で事故者に給付し，救済する。対象は傷病，出産，失業，老齢，介護，障害，死亡などである。主要は医療保険，失業保険，年金保険，労働者災害補償保険である。

●医療保険制度
疾病，負傷，死亡，分娩などに対する費用の保障。医療・受療のための費用を保険で給付する。日本では1922年に労働者を対象とし，健康保険法が制定された。

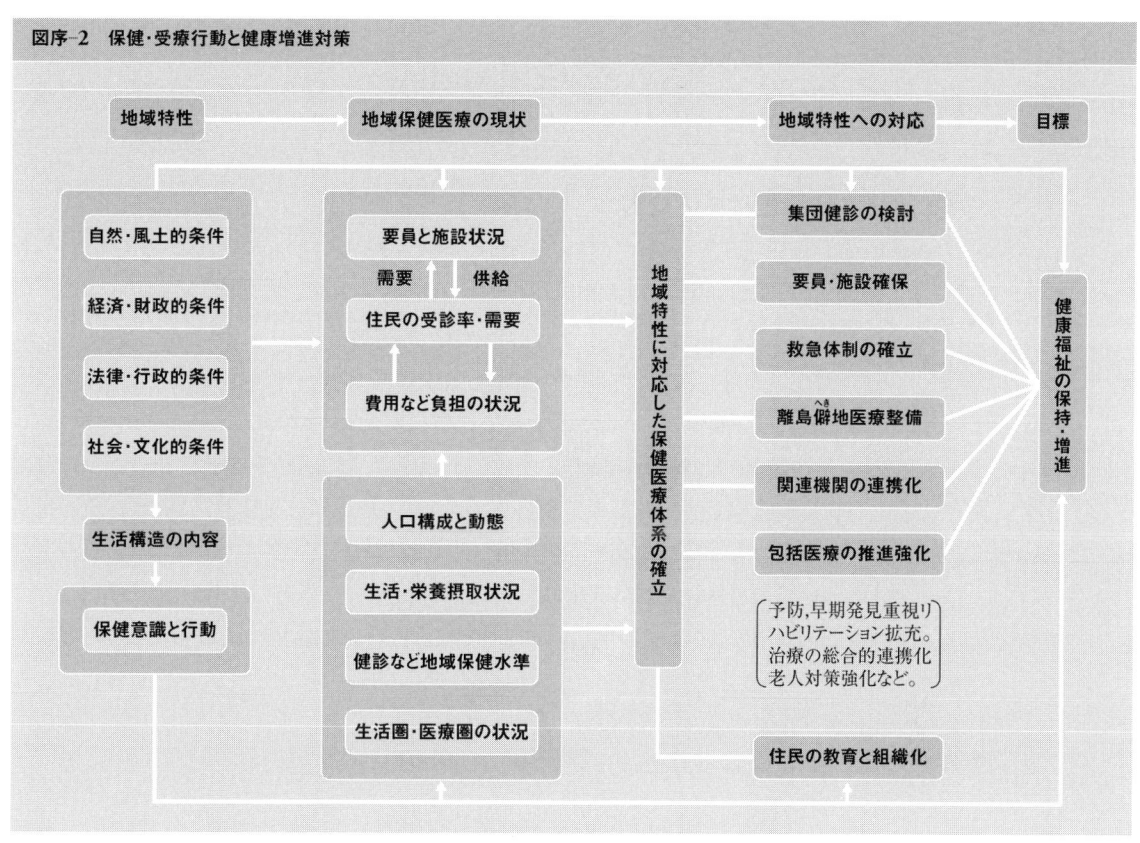

図序-2 保健・受療行動と健康増進対策

[資料] 佐久間淳「生活措置と保健行動」，小泉明編『生活と健康』大修館書店，1978年を一部改正。

には，まず地域特性をふまえ，両者を一体的に理解する考え方を確立させ，その共通理解を基盤にした取り組みを前進させる以外に方法はない。教育・養成の段階からの意識や認識の改革が求められている（図序-2）。

3) 医療保障（social security for medical care）

公的扶助，社会福祉，社会保険，公衆衛生および医療を狭義の社会保障といい，これに恩給などを加え広義の社会保障という。わが国の社会保障制度に位置づけられる医療保障（制度）には，医療保険と公衆衛生が含まれている（12，13章参照）。

「医療」には，治療と疾病予防，健康増進があり，それぞれの医療が必要とされているが，従来から日本では治療を担う医療が主体をなしてきた。したがって医療保険制度は，治療に要する費用の負担を支えるものであった。一方，公衆衛生は国民の健康を保持・増進させるため，主として行政を中心にしてすすめられてきた。

医療保障制度には，医療保障のほかに「生活保護法」による医療扶助と，公的な予算措置による公費負担（原爆被災，結核，精神，老人などの費用）がある。しかし最近における人口高齢化による有病者の増加，高度な医療サービスなどにより，医療費の増加が著しい。この難問に対し，国民に新たな負担が求められている。

●医療扶助
生活保護法第15条による扶助の1つで，困窮で最低限度の生活が維持できない者に，①診察，②薬剤または治療材料，③医学的処置，手術およびその他の治療，施術（柔道整復，あん摩・マッサージ，はり・きゅうなど），④居宅での療養上の管理および療養に伴う世話その他の看護，⑤病院，診療所への入院，療養に伴う世話，看護，⑥移送の給付がある。

●公費負担医療制度
医療保障制度の1つであり，国や地方公共団体が租税を財源として医療費を負担する。対象は①原爆被災者や戦傷病者，②結核や伝染性特定疾患，③生活保護者，身体障害者など社会的弱者の医療費の全額または一部を負担する。

5. 医療福祉(medical welfare)

1) 医療福祉の内容

　この用語は大別して「保健医療，福祉の総合ないしは統合した内容」を広くさすばあいと，狭く「患者や家族に対するソーシャルワーク」をさすばあいとがある。また従来から医療ソーシャルワークの分野で用いられてきた名称でもあるが，最近では全国に新設される大学名などにも用いられている。

　問題はその内容であるが，一般的には日本で行われてきた明治7(1874)年からの「医制」に立脚した，治療を主体に形成された「医療」体系がある。この一方に心身の障害や疾病のため，生活支援ニーズを有する「福祉」対象者へのサービスの体系に沿ったものがある。

　サービスを要する個人(体)に対し，サービス供給側の都合(専門分化など)により分轄されるため，そこにニーズとのギャップが生じていた。この弊害を是正するために各専門分野による連携(チームサービス)が求められている。こうした状況を促進させたのが，ノーマライゼーションとか，QOLなどという考え方からの啓発などであり，従来の狭い専門意識の改革が必要とされている。

2) 医療社会事業と業務

　この業務については，「医療ソーシャルワーカー業務指針」(1989年，厚生省健康政策局長通知)をみたい。これは「保健所における医療社会事業の業務指針について(1958年，同公衆衛生局長通知)」以来のものである。これで保健医療ソーシャルワーカーの概念が統一され，所属機関を保健所に限定せず，「総合病院，精神病院，老人病院などの病院をはじめとし，老人保健施設，精神障害者社会復帰施設，保健所，精神保健センター」などに拡大された。

　そして「社会福祉の立場から患者や家族の抱える経済的，心理的・社会的問題の解決，調整を援助し，社会復帰の促進を図る医療ソーシャルワーカー」とした。すなわち，学問的基盤が社会福祉にあること，およびこの業務の内容がまとめられた。なお，一般的な用語としてMSW(medical social worker)が，PSWなどと並んで徐々に明確化されてきた。

3) 医療ソーシャルワーカー

　MSWは，医療社会事業員，医療福祉相談員などと呼ばれてきた。最近では保健医療福祉の施設や機関で，ソーシャルワークを担当する専門職となっている。すでに大正時代から一部の病院でみられたが，第二次世界大戦後にGHQの指導により，全国の保健所，病院，療養所，心身障害児・者施設などに広まった。

　病院では主として，①医療費(保険と扶助など)や生活費など経済的問題の解決に当たっている。つぎに②治療や医療に対する不安など心理的問題，③不適

● **ノーマライゼーション**
(normalization)
全ての障害者や老人などの"社会的弱者"が，日常生活において，人権を害されない"普通"の社会状態をいう。この実現をめざした考え方にも使われている。

● **QOL**
(quality of life)＝生活の質
生活の質については，主観的な生活満足の状況からみたものと，客観的な基準を用いた測定によるものとがある。経済領域から医療分野にすすみ，さらに福祉の分野ではADLからQOLへ，という考え方がある。

● **社会資源**
(social resource)
社会にある各種のニーズを充足するため，用いられる物資や人材をいう。各種の専門職やボランティアなどの人材と，各種施設や備品，サービス，資金，制度，知識・技能，情報などをいう。

● **グループワーク**
(social group work)
ソーシャルワークの主要な方法である。グループの機能を用いて個人の成長，生活の問題などの改善や解決を促す，社会福祉の扶助技術の体系をいう。

切な行動や態度，不適応など受療上での問題，④受療に支障を生ずる家族関係，育児や家事，介護など家庭生活上での問題，⑤退院後の家庭や学校，職場への復帰の問題，⑥治療推進を妨げる職場や職業との関係の問題，などの解決や調整を図る指導や支援を行っている。

方法は患者や家族との面接，社会資源の活用や調整，グループワークの推進，コンサルテーション，ネットワークづくり，法制度の利用などによる適切な受療と健康回復，社会復帰などの支援である。

6. 精神保健福祉（mental health welfare）

1）精神保健とは

この用語は比較的新しく，1987年制定の「精神保健法」で初めて用いられた。それ以前には，1950年に制定された「精神衛生法」が示すように，精神衛生（menshe hygiene）と呼ばれていた。そしてこの両者は単に呼び方の違いだけではなく，精神衛生法では精神障害者の人権や自由の制限が強かった。

すなわち，措置（強制）入院など入院（収容）の規定が重く，しかも施設・医療側の立場が重視されていた。これに対して「精神保健法」では，人権や社会復帰の促進が喚起されるようになった。患者や家族，国民の強い批判を受けて，ノーマライゼーションなどの考え方が広がりをみせた。そして，地域ケアやリハビリテーションの充実などが求められ，さらに広くは国民の精神の健康増進が問われはじめた。こうした動きは"ノイローゼ"や，ストレスの増大による無差別な殺人事件の発生など，社会状況との関係も含めて考えねばならない。

2）精神の健康と疾病

精神の健康を考えるばあい，やはりWHOによる健康の定義が根拠になる。その定義では，健康の概念のなかに当然として，身体と精神の両面が一体的に捉えられている。人間の存在における全てを包含し，良好な状態が求められるものである。

現在のような複雑化した，しかも流動性の大きな社会での生活や高齢化した社会状況では，従来のような精神に対する影響とは異なった状況が出現する。たとえば，ストレスと犯罪，あるいは老人性痴呆に対するケアなど，新たな対応が求められている。

そこで精神の不健康や疾患，病気を診るばあいには，器質的障害に起因するものと，社会的圧迫などから生じる2つがある。精神病は臨床的には健常な一般的な人にみられない，妄想や幻覚，抑鬱などがあり，かつ脳内にその症状をつくり出す，異常な要因が認められる状態をいう。ただし，正常と異常を判定する「基準」とその判定方法など，さらには診断結果の扱い方などに慎重でなければならない。

●グループワークの原則
コノプカ（Konopka, G）による14の原則が有名である。主なものとして，メンバーとグループの個別化，参加，葛藤解決，グループへの意図的介入，制限，経験などの原則があげられる。

●コンサルテーション
（consultation）
専門的な助言を必要とする人に対し，専門性による相談・指導をすること。ソーシャルワークでは，ワーカーが専門職から援助に必要な助言や技術の指導を受けることをさす。類語にスーパービジョンがある。

●妄想（delusion）
根拠のない主観的な誤想像が固形化したもので，事実や理論による訂正が困難。誇大妄想や被害妄想などがある。一次妄想と二次妄想があり，一次は精神分裂病の主症状の一つ。妄想知覚，妄想気分，妄想着想の3つの型がある。二次は心理状態や性格の特徴などでみる。

●幻覚（hallucination）
実在しないものが知覚されたように感じられること。出現する知覚（感覚）領域によって，幻視，幻聴，幻臭，幻味，幻触や体感などに分けられる。音や光などの幻覚を要素性幻覚という。

●抑鬱状態
（depressive state）
抑鬱気分が強く，思考や行動が抑制される状態。悲哀（ひあい）感，意気消沈などの感情障害を生じる。不安感や自責感なども加わり，不眠や食欲不振，便秘などの身体症状，さらには自殺の危険が少なくない。

7. 介護福祉

1) 介護（福祉）の意味

　介護という用語がはじめに用いられたのは，1962年の中央社会審議会による「老人福祉施策の推進に関する意見」のなかである。その翌63年に制定された「老人福祉法」では，「身体上または精神上著しい障害があるために常時の介護を必要とし，かつ居宅においてこれを受けることが困難な人」とされている。

　介護とは，人びとが毎日の生活のなかで「その人らしく生きること」が，病気や障害，老いのために不可能にならないように援助することである。なお「その人らしく生きる」とは，その人がそれまでに獲得してきた生活の技法を，日常の生活に支障なく用いられることである。この精神的な満足度や価値観の尊重，社会参加などが含まれている。また介護を行う際には，常に①利用者の自立，②生命と生活の安全および安楽の保障，③残存機能の活用，④QOLの保持向上に心がけなければならない。

2) 介護福祉士とその役割

　介護福祉士は，1987年に「社会福祉士及び介護福祉士法」が制定され，国家資格として誕生した。この法律の第2条2項で，「名称独占」（無資格者の名称使用の禁止）が規定されている。ただし，「業務独占」の規定はない。このために法的には，家庭で介護している家族，寮母その他の施設職員，ホームヘルパー，ボランティア，介護人，家政婦，保健師，助産師，看護師などが介護することも可能である。

　そこで介護福祉士の役割とは，利用者の疾病や障害，老いを直接的に取り除くのではなく，これらによる生活への支障を支援によって軽減することである。したがって，利用者の支障の内容を十分に理解し，問題解決法について安全性を第一にして，具体的な方法を考案し，実施する。なお，義務と罰則には①信用を傷つける行為，②業務に関する守秘義務，③業務上での医師など医療関係者との連携，④名称独占などが定められている。そして2000年から「介護保険法」が実施され，需要が大幅に増加した。

8. ケアマネジメント（care management）

1) ケアマネジメントとは

　この概念はいまだ必ずしも明確ではないが，「多様なニーズを有する人びとが，自分のもつ機能を最大限に発揮し，健康のQOLを確保する活動を支えることである。このために公私にわたる支援活動とそのネットワークを組織し，計

●**寮母**（寮父）
社会福祉施設などの利用者の日常生活を，ケアワークの技術により，直接処遇で援助する職員である。資格は，母子生活支援施設では保育士。特別養護・養護老人ホーム，身体障害者療護施設，救護施設では定めはない。

●**ホームヘルパー**
自宅で困難を抱えながら生活している，高齢者，障害児者，難病患者などを訪問し，家事や介護などで援助する職員のこと。1級から3級まである。

画や調整によりケア機能を発揮する人やチームの活動をさす」と定義しておきたい。

　用語を分割すれば，ケア(care)とマネジメント(management)になり，ケアは介護とか介助とさらに広くは「世話をする」，という意味がある。この他に「治療」とか「処置」に近いものもあるが，これらは医療分野のものと考えたい。

　一方のマネジメントは，一般的に「取り扱い，処理，管理，経営など」に用いられていることが多い用語である。これが日本では介護保険法の実施に際し，ケアマネジャーという新たな専門職(国家資格)の誕生で注目されている。そこで次にはその定義や業務内容について説明する。

2) ケアマネジャー(care manager)

　介護支援専門員(ケアマネジャー)について，1998年の「介護支援専門員に関する省令」で，実務研修受講資格を「保健，医療，福祉の職の業務従事期間5年以上の実務経験を有する者」としている。

　この業務は「要介護者等からの相談に応じ，および要介護者などがその心身の状況などに応じて，適切な在宅サービス又は施設サービスを利用できるよう市町村，事業者，施設等との連絡調整を行う者であって，要介護者等が自立した日常生活を営むのに必要な援助に関する専門的知識および技術を有する者」(第79条2項2号)と定められている。

　指定居宅介護支援事業者および介護保健施設には必置とされ，介護保険制度による介護サービス計画(ケアプラン)の作成事業者や施設などとの連絡調整など，介護支援サービスを担当する。また要介護認定手続きに際し，被保険者の心身の状況の調整，市町村から指定居宅介護支援事業者などが受託する際に，その適否などを調査する。なお，業務による知り得た個人の秘密に対する守秘義務がある。

●チームケア

チーム医療，チームサービスなど，保健・医療・福祉などの専門職が連携・組織的に患者や利用者のニーズを充足する方法をいう。病院や施設内と居宅における総合的，継続的なニーズの充足が求められている。

第1章　現代生活と健康医療福祉

【ポイント】

❶ 現代社会とその生活の特徴について，健康医療福祉の問題に注目する。
❷ 現代の生活と，健康医療福祉のニーズ発生の背景を考える。
❸ 現代社会のライフステージに沿ったニーズと，施設や専門職配備をみる。
❹ 高齢化社会の背景と問題，健康医療福祉の対応を考える。
❺ 価値観と生活様式，生活習慣病との関係を自分の生活で捉えてみる。
❻ 日本の社会福祉を歴史・文化と結びつけ，あるべき方向を考える。
❼ 日本の医療社会史から特徴と問題，あるべき方向を考える。

1. 現代社会の生活文化

1）現代社会と文化

　現代社会とは，その時点に生活している人びとからみた時代をいい，それ以前は「過去」であり，過去の歴史である。反対に自分たちの生きている時代からみて，未来は現代の生活や過去の歴史から推測され，展望され，さらにはあるべき姿として期待されるものでなくてはならない。

　歴史の上からみると，遠い古代からそれぞれの時代に生きた人びとの努力によって，現代の文化が形成されていることがわかる。したがって現代に生きるわれわれは，先人たちの築いた貴重な文化や生活資源を有効に用い，さらに自然環境を地球的広がりのなかで保全し，より豊かな文化と生活環境をつぎの時代に受けつぐ責任を担っているわけである。そこで現代社会における政治，経済，社会，文化の関係を中心にして，自分の健康な生活を実現させていくことを，国際的な視野に立って考えていきたいと思う（図1-1）。

2）経済社会の発展と生活環境

（1）経済成長とその影響

　わが国においては，1960年代から1973年の石油ショックに至るまでの間，生産性向上による利潤と経済成長を急ぐあまり，生産活動および製品の安全性などに配慮が不足していた。そのために新たな社会問題が派生した。すなわち，「水俣病」や阿賀川における「イタイイタイ病」で知られる水銀やカドミウムの中毒などを招いた。他にも「カネミ油症事件」，さらに以前には「森永ヒ素ミルク事

◉**水俣病**
1953年以来，日本チッソ水俣工場からの排水中に含まれた，メチル水銀が水俣湾に流出した。水中生物間の食物連鎖により，魚介類に高度に水銀が再濃縮され，これを摂取した人たちに，水銀中毒が生じた。

◉**イタイイタイ病**
富山県神通川流域に大正時代からみられた疾患。中高年女性に多発し，骨が痛むため，「いたいいたい」と患者が訴えたことから名づけられた。腰・背・胸，上下肢などに神経痛のような痛みを生じ，やがて歩行障害や骨折，骨変形などに進行した。原因はカドミウム，カルシウム代謝異常などが考えられた。

◉**カネミ油症**
1968年秋に福岡県で，皮膚疾患などの「奇病」が生じた。症状は塩素座瘡（ざそう：にきび）である。原因はカネミ製油工場の製品（ライスオイル）に混入された，塩化ビフェニール（PCB）であった。

◉**森永ヒ素ミルク事件**
1955年に森永乳業徳島工場で製造した粉ミルクに，有害なヒ素が混入していた。1万人あまりの乳児が亜急性ヒ素中毒を生じた。

図1-1　健康な生存をとりまく諸要因の関連図

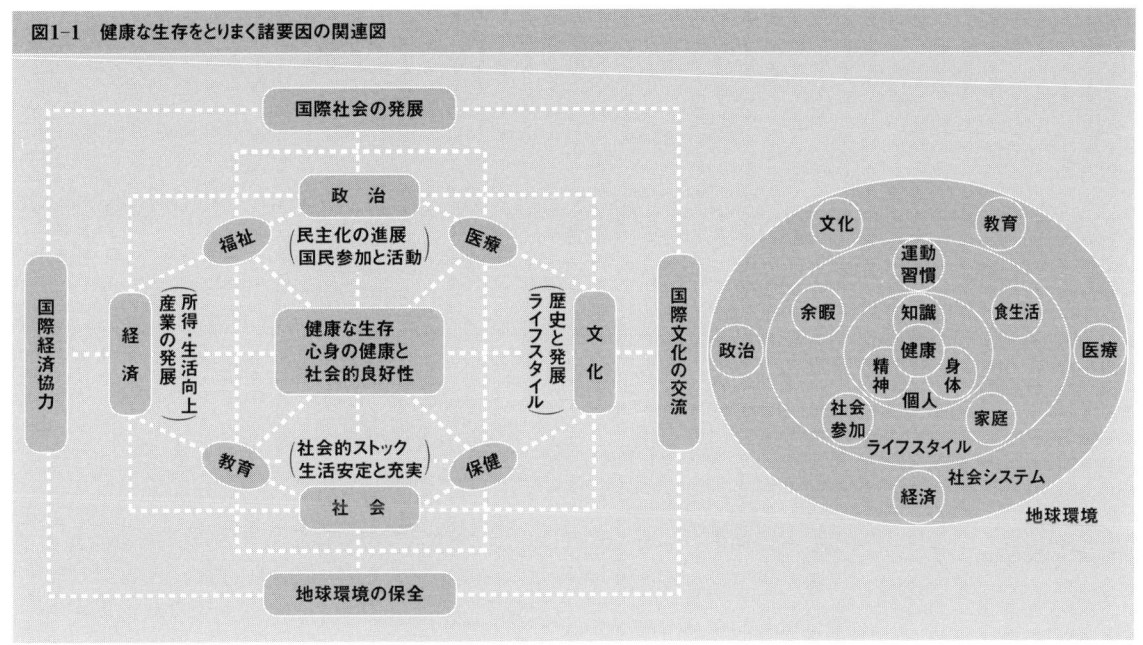

［資料］　村山正博編「からだの科学166　スポーツと健康」日本評論社，1992年

件」などの発生がみられた。これらは生産活動における欠陥が，生活環境自体を危険なものにしたり，生産された商品などが健康に障害をもたらしたものである。なお，2001年に発生したBSE（牛海綿状脳症，いわゆる「狂牛病」）などでは，政府の対応にも問題がうかがわれる。

(2) 生活と健康

また社会の複雑化や生産技術の急速な進歩，流動性の激しさなどによって精神的な疲労を生じやすい。それに加えて通勤ラッシュや交通渋滞，組織化や人間関係の複雑化，入学試験などによるストレスも大きい。

この一方では，豊かさや便利さを求める風潮に加え，飽食の時代とも呼ばれる社会のため，多くの人びとに栄養摂取の過剰化がみられる。しかも交通の発達などによって，体を動かすことが減っている。したがって歩行の減少をはじめ，運動不足による肥満や生活習慣病の激増が重大な課題とされるわけである。そこで毎日の生活の集積が生活習慣病をつくりだす，という視点から生活全般と健康の関係に焦点をあてて，説明をすすめていきたい。

●BSE（牛海綿状脳症）
イギリスをはじめヨーロッパで多発し，日本にも調査などの要望があったにもかかわらず，農林水産省が放置していたために，日本でも発生し，国民に大きな不安を与えた。発生の原因としては，牛の肉骨粉や代用乳を与えたことが疑われている。

2. 生活と健康福祉

1) 生活の多様化と複雑化

(1) 生活の多様化と影響

ひとくちに現代の生活様式あるいは集団の文化といっても，個人による違いや集団による差があるので決して一様ではない。それに加えて，現代が多様化

の時代とも呼ばれているように，自由社会においては，一人ひとりが自分の個性にあった生活ぶりを発揮しようとする。この根底には価値の多様化がすすんでおり，主として社会における物質的な豊かさを基盤にした，生活ぶりが普及している。

とくに健康面に関しては，労働時間と肉体労働の減少，住居をはじめ衛生環境の改善がみられた。一方，自動車や交通機関の利用がすすみ，歩行や運動量が激減した。これに反して肉食などによる高脂肪・高カロリー食が広がり，肥満症などの生活習慣病を多発させた。この結果，かつてのような急性感染症が著減した反面に，慢性疾患が増加して疾病と死亡の構造が変化した。

(2) 大衆社会と健康・疾病

このような社会状況について，これまで社会学者は"大衆化社会"とみなしてきた。しかし最近では多様化した社会状況のために，大衆社会の内容と評価が変わってきているように思われる。そこで，わが国における社会的状況を激変させた主な原因を列挙すると，まず第一に，第二次世界大戦での敗戦による民主化への動向が指摘できる。そして第二には，西洋の文化や物資の急激な流入があげられるであろう。なお民主化については，必ずしも十分なものとは考えられない。それはとくに議員や自治体の首長などを選ぶ選挙のあり方や政治のすすめ方，それに対する国民の参加態度に現われている。

第三には，国民による自分の健康や福祉に対する自己管理の曖昧（あいまい）さがある。この態度が最近における日本人の「生活習慣病」を造成しているのであり，まさに"タテマエ"の生活ぶりの反映である。

2) マスコミ文化とは

(1) マスコミのしくみ

先に述べたような関係は，マスコミ（mass communication）についても同様である。本来，これはコミュニケーションのすぐれた1つの方法として，個人やごく少数の人びとが，直接的に会話を交わす場合のパーソナル・コミュニケーション（personal communication）に対置されたものである。後者では意志の疎通範囲がきわめて限られ，パーソナル・インフルエンスであるが，前者は同時に不特定多数の人びと，たとえば全世界の人びとに同時に意志や情報などを伝えることができる。

この構造は，①送り手（TV・ラジオなどの放送局，新聞社，出版社，レコード会社，インターネットなど），②メディア（TV・ラジオ，レコード，ビデオ，新聞，雑誌，映画，印刷物など），③伝達内容，④受け手（視聴者，読者など国民・大衆）の4つに大別される（図1-2）。

このしくみを別の視点からみると，①だれ（送り手）が，②何（目的）のために，③いつ（状況性），④何（媒体）を用いて，⑤何（伝達内容）を，⑥だれ（受け手）に伝達するのか，ということが目に映るであろう。

(2) マスコミの功罪

マスコミはとかくマイナス面のみが批判されやすいが，長所と短所の二面性

●**大衆社会**（mass society）
多義的な概要であるが，群衆や公衆と区別される。一般の多くの人が地位や身分，職業や学歴を超えて集合体をなしている。異質性・匿名性・非個性，理性よりも情緒性の強い文化や思考・行為様式を有する。

●**パーソナル・インフルエンス**
（personal influence）
個人の態度や行動の形式に対する影響力。マスメディアよりも，家族や友人など個別的な働きかけのほうが，強い影響力となる。

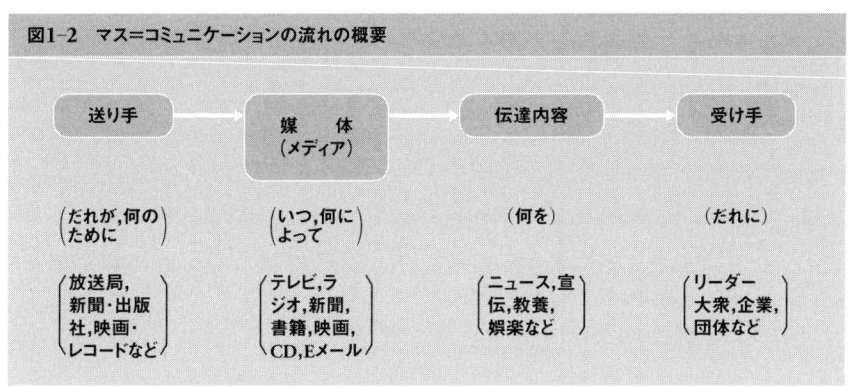

図1-2 マス＝コミュニケーションの流れの概要

[資料] 佐久間淳「保健福祉学入門」大修館書店，1993年

をもっている。その長所は何といっても，速報性があげられる。同時に全世界の人びとに向けてニュースなどが広く即時に伝達できることである。

一方，短所や注意すべきこととして，もともと送り手による一方的な伝達手段である本来的な性質と，その用い方があげられる。興味本位的な内容の放送や政治的な思想の操作などについては，正しい選択や批判の姿勢がつねに必要とされている。わが国ではNHKのような"国営放送"と，"民放"に大別され，つねに視聴率がいわれているが，問題は視聴率そのものの中味である。

3）情報化社会と情報の利用

(1)情報化社会

現代社会は情報化社会といわれているように，さまざまな情報があふれている。情報は本来，生活に対する各種の指針として意義を有するものが多い。たとえば生活の仕方，生活に必要な物資の生産方法や入手方法，使用方法などである。さらには企業における経営戦術や人事管理，生産管理や品質管理，商品の販売方法など，あるいは競争相手に関する情報までもある。そして処世術や社交術，入社試験から昇任昇格の試験問題なども含まれている。

一方，恋愛からはじまって結婚相手の探し方，交際の仕方，結婚式，生活設計，ストレス解消法，子どものつくり方から育て方，幼稚園の入園から大学に至るまでの入試に関する情報が，本や雑誌，テレビやラジオ，ビデオやパンフレット，インターネットなどで氾濫している。このため自分にとって何が最も有効なものか，選択するのが大変な時代である。

(2)健康情報とは

健康に関する情報についても，妊娠から出産，育児，子どもの病気の見分け方，病院や医療機関の紹介などがあふれている。また栄養のとり方から運動や休養のとり方までの本や雑誌も数多い。このように健康情報が氾濫しているなかで，人びとが何によって健康に関する知識を最も多く得ているかを調べた結果，最近ではテレビが最多になっている。以前には新聞や本など活字メディアが最多を占めていたが，近ごろでは映像メディアがよく利用されているようである（図1-3）。

●人事管理
（personnel management）
経営管理の重要な1つとして，労働条件や労使関係などの「労務管理」に対し，組織における人間の問題が対象。採用・配置・昇任などを扱い，個人の能力発揮が課題である。

●ストレス（stress）
セリエ（Selye H., 1907～1982）より，各種のストレス刺激（ストレッサー）に対する，全身または局所的な防衛反応，とみなされた現象。心身の緊張が続くと，副腎皮質の肥大，胸腺・脾臓・リンパ節の萎縮，胃・十二指腸などの出血や潰瘍，がん化など，原因は人間関係などが大きい。

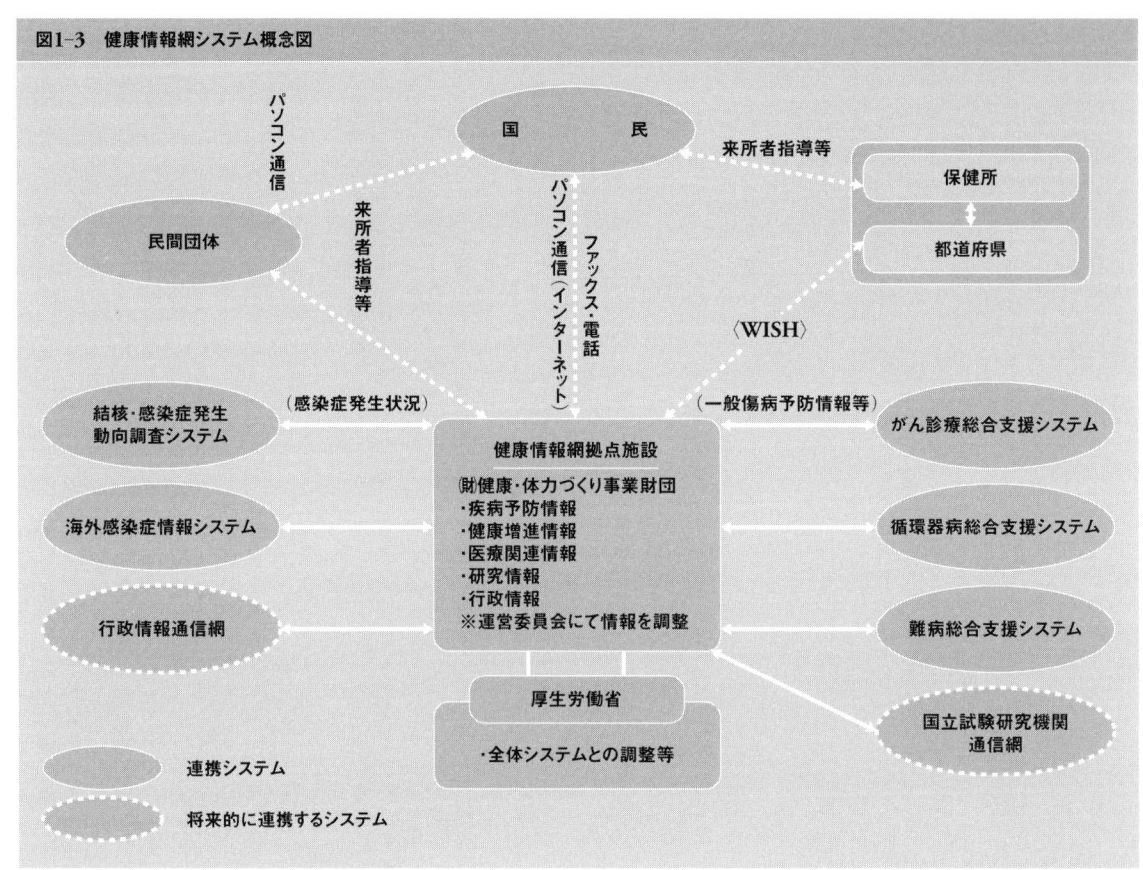

[資料] 厚生統計協会「国民衛生の動向」2002年

また活字メディアの利用には，性や年齢，地域などによる差があり，老人や中高年者より若い世代で，女性よりも男性で，農村より都市でやや多くなっている。とはいえ，全体的にみると，やはり"活字ばなれ"がはっきり現われている。したがって健康教育の上からは，対象者(国民や住民)がなるべく受け入れやすい媒体(メディア)を用い，正しい情報を効果的に伝えねばならない。

(3) 健康や福祉の情報公開

日本では長い歴史のなかで，政治など"お上(かみ)"のすることは民(たみ)(民衆)には知らさないこと，が基本とされてきた。これが権力主義や封建主義を長続きさせていたが，最近に至って国や地方自治体における"情報公開"がやや広まっている。しかし本来は，民主政治であるならば"公開"などといわなくても，プライバシーの保護と特定者の利益を除き，主権者である国民に当然示すべきものである。

これと同様の問題は"カルテの開示"についてである。まず第一に考えるべき点は，カルテはだれのためのものか，ということである。作成と保管の権利と責任が医師や医療機関側にあるにしても，基本的な人権(生存権など)を有する患者の権利は，当然としてそれを上回っている。ただしプライバシーの保持に加えて，"がんの告知"に通じるようなばあいは，状況に応じた適切な対処が求められる。

●権力(power)主義
多義的な内容であるが，個人や集団の意思により，他の個人や集団の意思や行動に影響する力である。方法には社会的・個人的な制裁，威嚇(いかく)，圧力の行使などがある。

●封建主義(feudalism)
「封建制社会」という近縁語があり，もとは中世までの領主による農民の支配制度である。産業革命や近代市民革命によって，多くは改革されたが，未だに残存もみられる。

4）がんの告知の問題

　がん告知の問題が日本では1つの課題となっており，筆者も数年前に大腸がんの注腸検査の結果，手術に先立って「告知」を受けた。この体験からも告知して良い人と悪い人がいると思った。さらには同じ患者であっても，心の準備などに段階があるので，その状況判断がきわめて大切である。すなわち，伝えたために不安や動揺だけではなく，ノイローゼになり絶望的になってしまう人もいるので，こういう人には絶対に知らしてはならない。

　がんの告知に関する実施調査では，自分自身についてよりも家族のがんに対する告知を望む例が多い。それに加えて都市部の人が農村部の人より多く，さらには若い人ほど多い。これらを総合すると，全体的には3分の2強の人が「告知」という特殊な情報を求めている。したがって，情報によって"がんを受容"し，がんに立ち向かっていく意欲と適切な健康管理を，積極的に進めて行くようにすべきである。

●ノイローゼ
（神経症，neurosis）
不安や精神的ショックなど，心因性による心身の機能障害であり，非器質的である。特徴的な症状により，不安神経症，心気神経症，恐怖症，強迫神経症，離人神経症，抑鬱神経症，ヒステリーなどに分けられる。年代別にみると，幼児期には心身症，青年期に多様な症状や問題行動，老年期に抑鬱，不安神経症が多い。

3. 日本古来の医療史

1）医療の社会史

(1) 医療の機能と役割

　医療は医学の社会的な適用である。したがって医学を適用する対象として，まず社会の状況を的確にとらえ，その機能を適切に用いることが課題となる。また医療は社会的機能であり，その社会の状況によって質や量が規定される面が少なくない。このような関係を中心にすえてみると，医療は社会的存在として時代や社会とともに変遷しながら，歴史を形成していることがわかる。

(2) 社会のなかの医療

　そこで社会・文化のなかに医療を位置づけ，時代や歴史の流れに沿ったとらえ方をしてみたい。まず形や質を厳密にいわなければ，医療は人間の歴史とともにあった，といえるであろう。すなわち，病気やけがはいつの時代にも人間についてまわるものであり，人間のいるところには必ず発生する。そして人間は，その苦痛や恐怖から解放されようとして，医療という行為を行うわけである。

　ところが，原始時代や古代，さらにくだって中世くらいまでは，「医療」は必ずしも独立した機能としての存在ではなく，「宗教」と結びついたり他の職業と兼業されていた時代が長かった。むしろ本格的な医療が，独立した専門職（たとえば医師など）の手によって行われるようになったのは，近代社会以降のことである。

(3) 原始・古代の医療

　科学が未発達な時代においては，病気やけがの発生はすべて自然界を支配している"神の力による"ものと考えられていた。さらには生も死も神によって定

●医療の社会化
各国の近代化過程において，医療サービスの利用は，ごく一部の富裕階級に限られていた。これを一般の人びとが利用できるように，医療保険や医療保障制度が創設・導入された。

められた宿命と考えられていた。人間はただひたすら祈祷し，神仏の力にすがる以外に方法はなかった。すなわち呪術や祈祷の時代であり，医療は主として祈祷師などの手で行われていたのである。

特定の人の手でごく初歩的な治療法がなされてきた。このような生活の知恵や経験から導かれ，受け継がれたものが民間の伝承療法として，古くから行われていたことも周知のとおりである。

●民間（伝承）療法
医師や薬剤師など専門職による，医学や薬学などの知識・技術体系に基づく医療ではなく，民間のなかで生み出され，受けつがれている療法をいう。

2）大陸からの医学導入

(1) 東洋医学の導入

先に述べた日本古来からの民間療法とは別に，西暦414年に允恭天皇の病気治療のため，朝鮮のすすんだ医学が要請され，新羅から金武という医師が来日し，治療に当たり，回復したのちに帰国したことが記されている。これが海外からの導入の最古のものと考えられるであろう。

この後，459年にも日本からの求めにより，高麗から徳来という医師が来日して，難波で代々医業を営み難波薬師として，その名が広く知られていたことが伝えられている。

(2) 中国医学の導入と普及

552年には仏教が伝来し，中国から漢方医学がもたらされ，仏教の布教につれて広く流布するようになった。562年に呉の知聡が，薬方書や明堂図（針灸のツボを示す人体図）などをもって来日し帰化した。そして608年に小野妹子が遣隋使として派遣され，これに恵日と福因が医学修業のために同行した。15年間の留学の後に帰国し，医学の普及に努めた。754年には唐の名僧鑑真が来日した。彼は仏教の教えだけではなく医術にもくわしく，とくに薬物の鑑別にすぐれていたため，朝廷は彼を医育にも任じた。こうして，仏教および医術の普及に大いに貢献した。

さらに大宝律令（701年）や養老律令（718年）に医疾令が示され，医事をつかさどる役所として，典薬寮が設けられた。その長官を典薬頭と呼び，医事行政の最高責任者とした。この下に医博士という学術にすぐれた者を任じ，医学教育に当たらせた。ちなみに，学費はすべて公費であり，代々医者の子弟が優先的に入学でき，定員に余裕があるときは一般の少年で優秀なものが入学を許された。年齢は13〜16歳であり，修学年限は内科で7年，小児科と外科は5年，耳鼻口歯科は4年間であった。

この内容は当時としては世界に誇れるものであったが，この一部分が実行されただけに終わった。また典薬頭がやがて世襲化したことや，医者の子弟が入学を優先されていたことなど，医師の堕落に通じる面も多くみられた。

(3) 仏教と医学

●薬師寺，施薬院，悲田院
薬師寺は聖徳太子が用明天皇の病気治癒（ゆ）を願い，薬師如来像を本尊として創建したのが起こりである。
施薬院・悲田院は730年に光明皇后が設立した。施薬院は貧しい人に施薬するところで，平安初期に病者や孤児を収容していた。
悲田院も仏教の慈悲の心で，貧困者・病人・孤児などを収容世話したところである。

仏教の興隆に伴い，天皇などが病気になると，高僧たちが治癒を祈り，新たに寺が建てられていった。奈良の薬師寺は天武天皇が皇后の病気回復のために建立した。そして奈良時代に施薬院や悲田院がつくられ老僧や貧民に医療を施し，仏教の慈悲による保護が行われた。これは現在の医療福祉の原点とも考え

られる。またこの時代の982年には、日本最古の医書といわれる『医心方』(30巻)が、丹波康頼により刊行された。これは大陸伝来の医学をまとめたものであり、主として貴族階級に対して用いられた。一般民衆では草根木皮などが用いられ、神仏への加護の祈りや呪術以外に方法がなかった。

その後、鎌倉幕府が開かれ、貴族文化の時代から武家の時代に移った。医学も和気家、丹波家など世襲による京都の宮廷医を除き、浄土宗や禅宗などの僧侶による医学が広まり、僧医が増えるとともに民衆の間にも入っていった。そして貧民や病弱者を救済する社会事業も行われた。この時代に臨済宗の開祖栄西が医書『喫茶養生記』(2巻、1214年)を著わした。また梶原性全はすぐれた医書『頓医抄』(50巻)を、1302年にほぼ完成させていたといわれている。

さらに室町、安土桃山の時代には、室町の初期1360年ころに、僧有隣が『福田方』(12巻)を宗の『和剤局方』などにより、独自のものを加えてつくりあげた。これには病気の12分類と、それぞれの原因、症候、診断、予後と最後に治療法が述べられており、当時の中国にはみられない日本独自のものが示されていた。一方、その後も竹田昌慶や僧月湖らが明に留学し、医学を修めるとともに当地で活躍し、多数の医書をたずさえて帰国し影響を残した。

これらにより各科による専門医が出現し、名医が多く生まれた。また堺の阿佐井野宗瑞は明の熊均の著『医書大全』(24巻)を翻訳し、1528年に日本最初の医書を出版した。そして戦国時代から後にかけて日本の医学界に君臨したのが、田代三喜と曲直瀬道三であり、三喜は明に12年間留学し、帰国後に名声が高く、彼に学んだ道三は京都に啓迪院という塾を開き、多くの医学生を育てた。また『啓迪集』を1574年に書き、これによって日本の医学はふたたび仏教から離れ、独自の方向が開かれた。

3) 西洋医学の伝来

(1) ポルトガル医学の活動

1543(天文12)年にポルトガル船が種子島につき、銃をはじめ西洋の文物をもたらした。その後天主教などとともに、西洋の医学が"南蛮医学"と呼ばれ、大陸を経ず直接わが国に導入されるようになった。そして早くも1557年には、ポルトガル人アルメイダ(Luis Almeida)によって、大分県に西洋式の慈善病院が建てられた。しかし彼らの活動は、やがて本国から聖職者の医療行為を禁止する規則が伝えられたり、キリシタン禁令や鎖国政策(1639〜1858年)、という不幸な歴史に向かい、わずか50年ほどで主な活動は終わった。しかしこの功績が大きかったので、それを讃えて地域医師会が、記念病院を設立し地域基幹病院として現在も運営している。

一方、その後もルソン島に渡り医学を学んで長崎に帰り、栗崎流外科を開いた栗崎道喜やポルトガル人宣教師で、後に帰化して沢野忠庵となったフェレイラ(Christovao Ferreira)らによって外科が伝えられた。

(2) オランダ医学の足跡

やがて1600年には、オランダ船リーフデ号が豊後水道に来航し、鎖国後も長

●南蛮医学
南蛮とは南方異民族をいう。タイ、ルソン、ジャワなどを経て日本にはポルトガル人、スペイン人が伝えた。アルメイダの活躍が知られる。

●キリシタン禁教
キリスト教徒を示すポルトガル語(クリスタン)が、転訛(か)した日本語。1612年に幕府が直轄(かつ)領内に、禁教令を発し、翌年全国に禁制を発した。1614年に宣教師や信徒に迫害を始めた。

●鎖国政策
江戸幕府が1633年に、キリスト教の弾圧と外国貿易を厳しく統制し、対外交通が禁止された。その後、長崎の出島に限り、オランダとの交易が続き、3世紀に及ぶ鎖国が、ペリー来航などの外圧と幕府崩壊で終わった。

崎の出島に商館を設け，長く西洋唯一の交流国となった。出島のオランダ商館には，館長や館員などがおり，この人たちの診療に当たる医師がきていた。その後，鎖国が終わるまでの間に，約100人もの医師が来日し，診療のみならず西洋の医学や文化を日本人に伝えた。

(3) 紅毛外科

●紅毛外科
江戸時代にオランダ人など，赤毛の人をさし，とくにオランダ人を「紅毛人」と呼んだ。オランダ医学による外科をいった。

オランダ医学は"紅毛外科"として名声を高め，とくに日本人の上流階級の間に「蘭学」などとともに影響をもたらした。はじめは外人との通訳（通詞と呼ばれていた）が，西洋の医学や学問を身につけた。猪股伝部は，1649年に来日したカスパル（Caspar Schambuerger）から学び，カスパル流外科を伝えた。さらに楢林鎮山は，医学を習得して『紅夷外科宗伝』を著わし，後に医師として楢林外科を開いた。その後，幕府の求めによって派遣されたレイネ（William ten Rhijne, 1647～1700）は，日本人に医学を伝えるとともに多数の患者を治療した。しかし待遇に不満を感じて日本を去り，帰国後，日本の樟脳について発表したり，針灸術をはじめて西洋に伝えた。また1690年にはケンペル（Engelbert Kampfer, 1651～1716）は，医学を教えると同時に長崎で治療を行った。一方，日本の歴史，政治，文化，物産，動植物などを広く調べて1727年に発表した。

●ケンペル（1651～1716）
1690年に来日したドイツの博物学者・医者。長崎の出島の商館員を治療し，3年間の在日中に動植物の採集や観察を行い，「廻国奇観」（1712年）で日本を紹介した。

また通詞の本木良意は1697年に没する前，西洋の解剖書（ドイツ人レムメリンJohann Remmelinの著書のオランダ語訳本，1667年出版）を翻訳した。これは1772年に鈴木宗云の尽力で『和蘭全躯内外分合図』として出版された。したがって，杉田玄白（1733～1817）らによる『解体新書』より1世紀も前のことであった。

(4) 蘭方医学者の輩出

●前野良沢（1723～1803）
江戸中期の蘭学者・医者。40歳を過ぎてオランダ語を学ぶ。長崎で医学を修め，1771（明和8）年に杉田玄白らと小塚原刑場で，刑死者の解剖を見，1774年に「解体新書」を訳した。

前野良沢（1723～1803）は江戸で青木昆陽（1698～1769）に学び，のちに長崎に出て学んだ。また杉田玄白は父がオランダ外科医であり，実利主義者であった。そして彼は『解体新書』の完成に中心的な役割を果たした。当時の状況は彼の『蘭学事始』に描かれており，『解体新書』ができる前年に予告編ともいうべき『解体約図』という図解の小書を発行している。なお「神経」という用語は玄白の手によるものである。

●蘭学事始（1815年）
杉田玄白が83歳で書いた回想録である。解体新書の翻訳の経緯などを示す。上下2巻で杉田玄白が清書した。「蘭東事始」「和蘭事始」の写本がある。福沢諭吉らが1869（明治2）年に和蘭事始を「蘭学事始」に直した。

玄白や良沢を継ぎ蘭学をさらに発展させたのが，大槻玄沢（1757～1827）であり，外科書『瘍医新書』の翻訳や解体新書の改訂『重訂解体新書』を残した。また内科では，宇田川玄随が『西説内科撰要』（18巻）を訳している。このほか，多くの業績が示され，解剖や各科別の理解がいっそう前進した。

1823年にはドイツ人のシーボルト（P.F.von Siebold, 1796～1866）が，オランダ商館の医官として来日した。彼は日本人に種痘を試みたり，治療や医学，自然科学の知識を伝えた。1824年には彼の塾が長崎につくられ，全国から医学生が集まり，外科，眼科，産科などを臨床や講義で指導した。なかでも美馬順三が課題論文として提出したオランダ語による賀川流の産科「日本産科問答」は，1825年にバタビアの学術誌にのり，さらにそのドイツ語訳がドイツの産科雑誌にのせられた。これは日本人による西洋の学術雑誌にはじめてのった医学論文とされている。

一方，シーボルトの下に提出された高野長英の「茶樹の栽培と茶の製法」は，

すぐれたオランダ語で書かれていた。

そしてオランダ医学と漢方医学を合わせた流れに，外科の華岡青洲(1760〜1835)があり，通仙散(マンダラゲとトリカブトが主成分)による麻酔剤を用いたことで知られている。

オランダ医学はやがて全国的に広がり，宇田川玄真に洋医を学んだ坪井信道(1795〜1848)が，医業のかたわら1829年に江戸で日習堂(塾)を開いた。この門下生として緒方洪庵(1810〜1863)など医学界の秀才が輩出した。また信道はオランダ語から『万病治準』(21冊)を翻訳した。またシーボルトに学んだ伊藤玄朴は，1833年に象先堂(塾)を開いたほか，種痘の実施に貢献するとともに，洋薬の製造を前進させた。

1838年には緒方洪庵が大阪に適々斎塾(適塾)を開き，同じころ佐藤泰然(1804〜1872)が和田塾をおこした。そこから後に幕末から明治にかけて活躍した，秀才が多く育ったことで知られている。

(5) イギリス医学などの動向

日本におけるイギリス医学の影響をみるには，幕末にイギリス公使館付医師として来日し，戊辰戦争，鳥羽伏見の戦いなどで官軍の傷病兵の治療にあたり，活躍したW・ウィリス(Willis, 1837〜1894)や公使であったパークス(H. Parkes, 1828〜1885)らの動きに注目したい。ウィリスは横浜につくられた軍病院でも働いたことが知られている。当時，イギリスが官軍を支援していた関係で，戊辰戦争などでは官軍側の軍医として活躍した。

横浜の病院は後に東京神田のお玉ヶ池に移され，種痘所から西洋医学所となり，さらに「医学所」として，のちに下谷に移されて大学東校と呼ばれ，やがて東京大学へと発展していった。

ところが明治新政府の発足に伴い，国家方針が当時の憲法にみられるとおりドイツに範を求めた。こうした関係からも後に述べるドイツ医学が登用されることになり，ウィリスは不遇の身となった。彼を鹿児島の医学校に迎える役割を果たしたのが，西郷隆盛であった。破格の給与額に同意したウィリスは，鹿児島において医学校で教育に当たる一方，藩病院の後身である病院でよく働いた。当時の病院日誌などが，医療の内容を伝える貴重な資料として残されている。だが，わが国においてはドイツ医学が隆盛し，その陰で一部に命脈を保ち続けた。

なお，幕末から明治にかけての西洋医学をみるとき，フランス医学も考えねばならないが，オランダ医学からドイツ医学の選択の流れのなかで，フランス医学の影響力はあまり強くなかった。

(6) 明治維新とドイツ医学

日本の医学とドイツ人との関係では，1823年に来日して活躍したシーボルトの存在があげられる。しかし彼はオランダ商館の医官であったので，ドイツ医学の日本への導入には，緒方洪庵によるドイツの名医フーフェラント(C.W.Hufeland, 1764〜1836)の内科書(蘭訳本)の翻訳，『扶氏経験遺訓』(30巻，1857〜1861年)などが考えられる。

●緒方洪庵(1810〜1863)
江戸末期の蘭方医，大阪で医業を開き，適塾(緒方塾)を設け，福沢諭吉らを輩出した。種痘も行った。

●ウィリス(1837〜1894)
1861(文久1)年に，公使館付医官として来日し，明治初期の日本医学に大きな影響を与えた。

●パークス(1828〜1885)
幕末から明治初年の駐日イギリス公使。在日外交団をリードし，明治維新政府の成立を助けた。江戸城開城を仲介し，明治政府を列国に先駆けて承認するなど，日本の近代化に貢献した。

●フーフェラント(1764〜1836)
ワイマール公の侍医，イエナ，ベルリン大学教授を歴任した名医。ゲーテやシラーらとも親交があり，コレラや天然痘の予防に努め，ジェンナーの種痘法をドイツに紹介した。「医学必携」(1836年)は，緒方洪庵らによって翻訳され，幕末の医学界に強く影響した。

サイドバー

●**コッホ**（1843-1910）
結核菌やコレラ菌の発見で知られる。医学者・微生物学者。細菌学の創始者であるが、初期の粗末な顕微鏡を用い、ほとんど独学で研究した。多くの細菌を発見し、1890年のツベルクリン開発など、予防にも貢献が大きかった。

●**基礎医学**
人体の構造を捉える解剖学、人体の機能をみる生理学、化学の視点などによる生化学がある。他に病理学、人類遺伝学、細菌学、微生物学、免疫学、血清学、薬理学、医用電子工学、細胞学などがある。

●**講座制**
大学での研究・教育の基礎単位として、教授のもとにヒエラルキーをつくる。現行の制度では、教育組織として学科目制が、医学部以外で普及している。

●**医局**（制度）
一般の病院や大学病院の講座、診療科ごとに設けられている。医師の研修や治療チームの連絡や統括の単位。医局に入ることが医師としての研修・就職、診療、地位、身分の全てを規定づけ、この頂点が主任教授である。

●**医制**（1874年）
明治政府の衛生行政の方針を示した。訓令的な性格をもつ指令。原案は長与専斎（ながよせんさい）がつくり太政官（現在の内閣に相当）に答申された。内容は①衛生行政の確立、②医学教育、③医師開業免許制度、④近代薬局と医薬分業の各制度の確立などである。

●**公的・私的病院**
日本では医師が医療法人をつくり、病院の経営が行われている。私的病院が約8割を占め、国や自治体、社会保険や日赤、済生会などによる公的病院は2割ほどである。

本文

しかし、実質的に日本の医学の方向を左右したのは、明治に入ってからであり、相良知安らによるドイツ医学採用の決定であった。それまで広く普及していた漢方医学や、オランダ医学に代わって、なぜドイツ医学の採用になったかを考えてみる必要がある。

これにはいくつかの理由があげられるであろう。その第一はオランダ医学で用いられていたテキストが、ドイツ医学書の翻訳であった。ドイツ医学はR・コッホ（Robert Koch, 1843～1910）の細菌学などにより、当時の世界で最高水準に達していた。第二には、西南戦役などのさいに伝染性疾患や戦傷病者が多数発生し、それらへの対応が漢方医学よりすぐれていた。こうした医学的なことに加えて、オランダ語とドイツ語の近縁性、さらには明治憲法がプロシャ憲法を範としたことなどがあげられる。このような国情や当時の人脈による影響も大きい。

(7) 医制公布とドイツ医学

以上のような歴史的背景により、明治7(1874)年に医制が公布された。このなかにドイツ医学に範を求めることが明示されており、以後、約1世紀にわたって日本の医学を体系づけた。これには長所と短所があり、伝染病が多かった時代での基礎医学の重視は評価されてよい。だがこの一方には、日本の医学教育における講座制、医局制度や主任教授の権力の強さなど、さらには医師と他の医療専門職における地位の格差、医師と患者の"上下関係"の形成など問題も少なくなかった。これらには"タテ社会"といわれるような、日本人の認識に起因する面も大きく作用している。

4. 医療体系と医療サービス

1) 医療体系の特徴

(1) 日本の医療体系

日本の医療体系は1874(明治7)年の「医制」に基づいていた。当時のドイツにおける制度を範として、「医薬分業」なども示されたが、実施されない"日本的な形"が第二次世界大戦後まで続いた。そして戦後における一連の民主化の動きのなかで、戦勝国アメリカの医療制度を導入することになった。それでも医薬分業のない日本的な医療が行われてきた。

さらにアメリカと大きく異なる点のひとつは、日本の病院の多くが私立の経営であるのに対し、アメリカでは公立的なものが多いことである。つぎには、医療保険制度の違いがある。同じ自由主義の経済社会における医療サービスの利用でも、費用負担をみると、アメリカでは医療保険が主として私的・商業ベースであり、保険会社との契約・加入である。これは日本における生命保険や自動車保険などと同様のものである。

これに対して日本における医療保険は、1961年から全国的に実施された国民

皆保険制度にみられるとおり，健康保険はすべて公的なもので占められてきた。ただし最近では"がん保険"など，民間会社の扱っている保険も少しずつ広まっている。それは別として，医療費支払いの大部分は，この公的保険と一部分に対する自己負担，公的負担によってなされている。

(2) 医療組織の課題

医療は患者に対する診断と，それにもとづく一連の治療行為を主体とする社会的行為である。そして医療の主たる対象が「治療」におかれてきた。ところが1970年代にいわれだした包括（総合）医療という考え方には，健康増進や予防，リハビリテーションが含まれるようになった。

図1-4　第三次医療法改正による医療施設の体系図

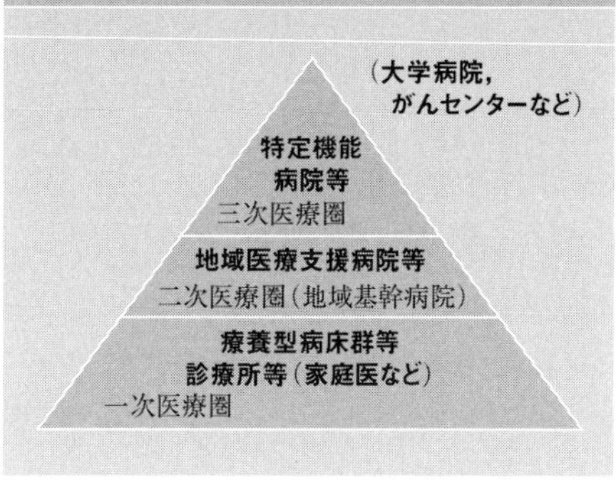

（大学病院，がんセンターなど）
特定機能病院等　三次医療圏
地域医療支援病院等　二次医療圏（地域基幹病院）
療養型病床群等　診療所等（家庭医など）　一次医療圏

これは対象領域の拡大だけでなく，医療が医学の社会的適用である，といわれる場合に医学も社会の進歩に合わせ，必然的により高度な医療サービスを提供するようになる。つまり診断や治療の過程に最新の機器や技術が導入され，多様な専門職の参画を必要とし，医療の統合的組織化が新たな課題とされている。

そこで社会的機能としての医療は，当然，独立した構造による社会システムを形成する。したがってこのシステムには，患者や老人，障害者のニーズへの対応以外に，ときには収益の方向を強めたり，偏向していく危険性すら内包している例がみられる。このため医療の利用者すなわち国民は，医療の本質をよく理解するとともに，つねに監視していなければならない。

2) 医療体系の問題

(1) 地域医療の整備（図1-4）

医療の利用体系は大別すると，イギリスのような国営のサービス方式と，日本やアメリカのような自由開業制と医療保険の適用による，サービスの利用方式に分けられる。わが国においては明治時代から自由開業制となっており，医業を営むのに有利なところで開業する方法がとられてきた。このためどうしても，医療施設のアンバランスな配置となり，"無医村"や"無医地区"を発生させる一方では，大都市に集中しやすい傾向をもっている。

こうした不均衡を是正するために，厚生省（当時）は都道府県に対して「地域医療福祉計画」の策定と，その計画にもとづいた整備につとめるように指示した。これは主として病院病床の規制であり，病床の効率的利用をはじめ，地域保健活動の推進による住民の疾病予防に加え，健康増進にも努めることが盛り込まれていた。

(2) 医療圏と機能の問題

地域医療の整備を考える上で，まず大切なことは地域の特性とニードの内容を検討し，「地域単位の機能」をいかに発揮するかである。都道府県から提出された「計画」をみると，ニーズに対応した病床数の算出は，一定の算定方式にしたがってはいる。ところが算出された数値は，たんに現存の医療勢力圏を温存

●無医村・無医地区
無医村とは，村内に医療機関のない村である。現在では"無医町"もあり，改善が遅い。「無医地区」とは，地域の中心的な場所からおおむね4km以内に，住民が50人以上が居住している地区で，かつ1時間以内に医療機関がないもの。

●医療圏・診療圏
(medical service area)
日本では医療サービスの供給側から，医療圏をみるものが多い。しかし，他方にある利用側からもみなければならない。一般には，第1次〜第3次医療圏に分けられる。

し，数字合わせのような結果を示したにすぎない。したがって，地域住民の健康を守る実行値を明示し，住民の健康を積極的に増進させるリーダーシップと役割を発揮してほしい。

第2章　体の構造と機能

【ポイント】

1. 体の部位と名称，最小単位である細胞，遺伝子，染色体，組織の構造と機能などを知る。
2. 運動器官の主な骨格，筋肉の構成と機能，運動による機能向上を考える。
3. 神経系の主な系統，中枢神経，末梢神経，脳や脊髄の働きを知る。
4. 循環器系の主な血管，血液，リンパなどの構成と機能を広く学ぶ。
5. 呼吸器系の各器官の構成と機能，呼吸と運動の関係などを考える。
6. 消化器系の口腔，食道，胃，肝臓，胆嚢，腎臓，小腸，大腸などの構造と機能を知る。
7. 泌尿器系，生殖器系の構造と生理的機能，生殖機能を学ぶ。
8. 内分泌系のホルモンや甲状腺，副腎の働きと薬剤利用などを考える。
9. 感覚器系の主な視覚，聴覚，平衡感覚，味覚，臭覚，皮膚感覚を知る。

1. 体の最小単位——細胞

1）細胞の構造と役割

①**人体の構造と組織**　人体は60兆ほどの「細胞」から形成されている。構成を小さいほうから順にみると，細胞が集まって「組織」をつくり，組織がさらに各「器官」を形成している。そしてこの器官がそれぞれの機能を発揮するために，各系（統）をなしている。

②**細胞と機能**　細胞は生物の構造・機能の単位であり，1個の細胞からなる単細胞の生物もあるが，人体のようにそれぞれに機能を有する多くの細胞から形成される生物もある。この細胞は大きさや形態が一定ではないが，一般には直径が10～30μmくらいの大きさで，外側を細胞膜に包まれた内部に細胞核があり，これを細胞質（液）が覆っている（図2-1）。

　この核と細胞質とを原形質といい，細胞質には特定の機能をもつ細胞内小器官と無数の基質がある。細胞小器官のミトコンドリアはエネルギーをつくり，ゴルジ小体は分泌顆粒の合成，中心小体は細胞分裂に関与し，リソゾームは細胞内の不要物質を分解処理する。リボゾームはたん白合成に関わっている。

●**細胞（原形）質**
（cytoplasm prot plasm）
細胞内は半流動性の物質で満ちている。この物質が細胞の全活動を制御するため，原形質という。核の内部のものが核質・核形質であり，この他を細胞形質と呼ぶ。

●**基質**
（ground substance, matrix）
細胞質の有形質（細胞小器官など）以外の均質で無構造にみられる部分が，基質（硝子質）と呼ばれる。支持組織の基質ではコラーゲン線維，血液では血漿（けっしょう）をさし，結合組織や骨などを形成している。

図2-1 細胞の構造

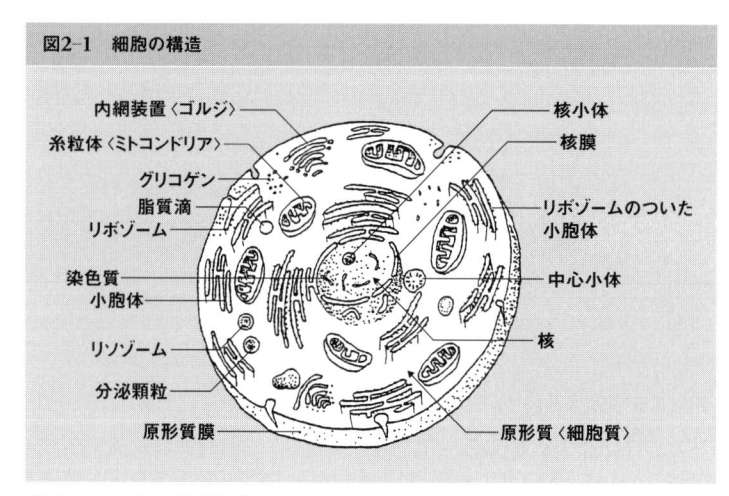

[資料] 佐久間淳「生活習慣病Q&A」駿台曜々社，1998年

●**靱帯**(ligament)
人体の各所にあるが，主なものは骨と骨の連結部および骨間にある。強い線維性の結合組織により，骨の連結と運動の制御などに関与している。線維の量・場所で違い，紐帯結合，縫合，釘植がある。

●**腱**(tendon；sinew)
骨格筋の起始部と停止部は弾性が少なく，強い結合組織線維の束でできており，これを腱という。一般に鞘(さや)状であるが，しばしば膜状に広がり腱膜となる。

2) 人体の主な組織

一定の形態と機能を有する細胞の集合体を「組織」といい，人体の各「器官」を形成する材料である。この組織を分類すると，

①**上皮組織** 皮膚など体の表面の上皮，口腔・消化器など内腔の表面を被っている。

②**結合組織** 組織の間を埋め，内臓の表面を被う皮膜をなしている。骨と骨を結びつける靱帯，筋と骨を結ぶ腱などを形成する。

③**軟骨組織** 骨より柔らかく弾性をもち，骨とともに骨格をつくり，外力に耐える。関節面の摩擦を防ぎ，骨の結合部におけるショックや荷重を和らげ，鼻や耳介も形成している。

④**骨組織** 骨細胞の間にカルシウムや燐酸を沈着させ，石灰化させている。

⑤**筋(肉)組織** 筋には骨格筋，平滑筋，心筋の3種類がある。骨格筋は1つの骨と他の骨を付着させる。この組織には黄紋構造がみられるので，「黄紋筋」と呼ばれる。機能面からみると，自分の意志で(随意に)動かせるのが，「随意筋」である。「平滑筋」とは，黄紋構造のない筋肉であり，内臓や血管の壁をつくり，自分の意志では動かせないので「不随意筋」という。なお，心筋は黄紋筋であるが，不随意筋である。

⑥**神経組織** 神経組織は，神経細胞と指示細胞である神経膠(質)組織でつくられている。神経細胞には軸索という1本の細長い突起がある。1個の神経とそこから出ている全ての突起を合わせて「ニューロン」という。これは構造・機能的な単位であり，広範な連鎖によって神経系を形成している。

2. 運動器系

1) 運動器系の要点

人体は筋肉で骨を動かして「運動」する。この運動のための筋肉(骨格筋)と骨を合わせて運動器(系)という。これは発育・成長とともに一定レベルまで発達し，老化によって低下・弱化する。逆に適切な訓練により機能の増進・発達が得られるが，最近いわれている「運動不足」とは，この機能を維持するのに必要な運動量と質の不足である。運動器系は以下のように分けられる。

①**骨格系の概要** 人体は約200個の骨によって形成されている。骨の形により手足にある長い骨(長骨)，短い骨(短骨)，平たい骨(扁平骨)，不規則な形の骨(不規骨)に分けられる。骨の連結が「骨格」をつくり，この連結部分の動くものを「関

節」という。なお，2つの骨の間に空間がなく，動かないものが「不動結合」である（見返し①参照）。
②**関節**　関節包に包まれており，関節包の周囲にある靱帯によって，補強されている。骨の接触（骨）面は軟骨であり，関節包の内部表面の滑膜から滑液が分泌され，関節の動きを円滑にする。関節は形態の違いによって，動く方向や可動範囲に差がある（見返し②参照）。
③**脊柱**　椎骨が重なって脊柱をつくる。「椎骨」は頸椎が7個，胸椎が12個，腰椎が5個，仙椎が5個（これらが1個の仙骨となる），尾椎が3〜5個（1個の尾骨となる）から形成され，椎体の間に「椎間板」がある。脊柱は頸部と腰部で前方に曲がり（前弯），胸部と仙骨部で後方に曲がり（後弯），体重を支えている。直立して，2本足で歩くため4足動物と異なる構造をもち，脊柱の中に「脊髄」があり，保護されている。
④**骨の組成**　骨の表面は「骨膜」で被われ，大量のカルシウムによる堅い骨質と，血球を産生する柔らかい骨髄で形成されている。骨は運動器官としての役割だけでなく，カルシウムの貯蔵や造血にも関与する。

2）骨格筋

①**骨格筋の形態**　人体は約400個の骨格筋をもち，体重の約30％を占めている。骨格筋は主に紡錘形であり，両端が細い腱で骨につき，伸縮しない。
②**骨格筋の性状**　大脳皮質にある運動野からの指示が脊髄をとおし，末梢の運動神経線維により，筋肉に伝えられて骨格筋が収縮する。「筋肉」は筋細胞の集合であり，筋細胞は筋原線維でつくられ，この線維に含まれているミオシンとアクチン（蛋白質）の作用で，筋肉が収縮する。

3. 神経系

1）神経系の要点

動物に特有な「神経」系は，人体の各器官を調節・統制している。神経系は全身のネットワークで，外界からの情報を捉えて中枢神経系（脳，脳幹部，脊髄）に伝える。逆に中枢からの指示を全身に送り，行動をコントロールする。
①**神経系の構造**　神経系は神経細胞（ニューロン）でつくられ，中心的な機能をもつ中枢神経と，これにつながる末梢神経に分けられる。末梢神経のうち，脳とつながっているのが脳神経であり，脊髄につながっているのが脊髄神経である（図2-2）。
②**脳神経**　脳神経は左右12対，脊髄神経は左右31対であり，神経細胞はヒモや糸のような形で，太さが異なり，太い神経を神経信号（インパルス）が伝わる速度は，毎秒60ｍの速さである。
③**感覚（知覚）神経**　視覚，聴覚など五感による情報とともに，体内の臓器など

●**骨化**（ossification）
胎児期から成長期の骨組織の形成，間葉細胞から骨芽（こつが）細胞がつくられる。骨基質を形成し，その中に埋没して骨細胞になる過程をいう。骨化には軟骨性骨化と膜内骨化（結合組織性骨化）がある。

●**関節包**（articular capsule）
関節の両骨間は，骨膜に続く結合組織性の関節に包まれ，なかは閉鎖腔になっている。関節包は2層でなり，外層は強い膠原（こうげん）線維による関節包の線維膜である。内層は疎性結合線維の滑膜で，滑液を分泌し，関節面の動きをスムーズにしている。

●**椎間板**（intervertebial）
椎間板は，軟骨終板，髄（ずい）核，線維輪による。ムコ多糖を含むゲル状の髄核を，輪状の層状構造の線維輪が囲んでいる。線維輪の老化や退行変性で，髄核が脱出しやすくなると，椎間板ヘルニアになる。

●**脊髄**（spinal marrow）
中枢神経系の一部で，出入りする脊髄神経により，頸部，胸部，腰部，仙骨部に分け，31分節に分けられる。脊髄の内部構造は，知覚神経路と，運動神経路および脊髄の各部を連絡する3つからなる。

●**ニューロン**（neuron）
神経組織の構成単位であり，神経機能単位でもある。細胞体と，その突起である樹状突起および神経（軸索）突起をまとめていう。樹状突起と細胞体は，信号を受容する役割をもつ。

●**インパルス**（impulse）
神経伝導は，神経細胞に生じた活動電位である。軸索のある部分で発生すると，局所電流を生じ，隣接する部分に活動電位を発生させる。この連続でインパルスが伝導される。

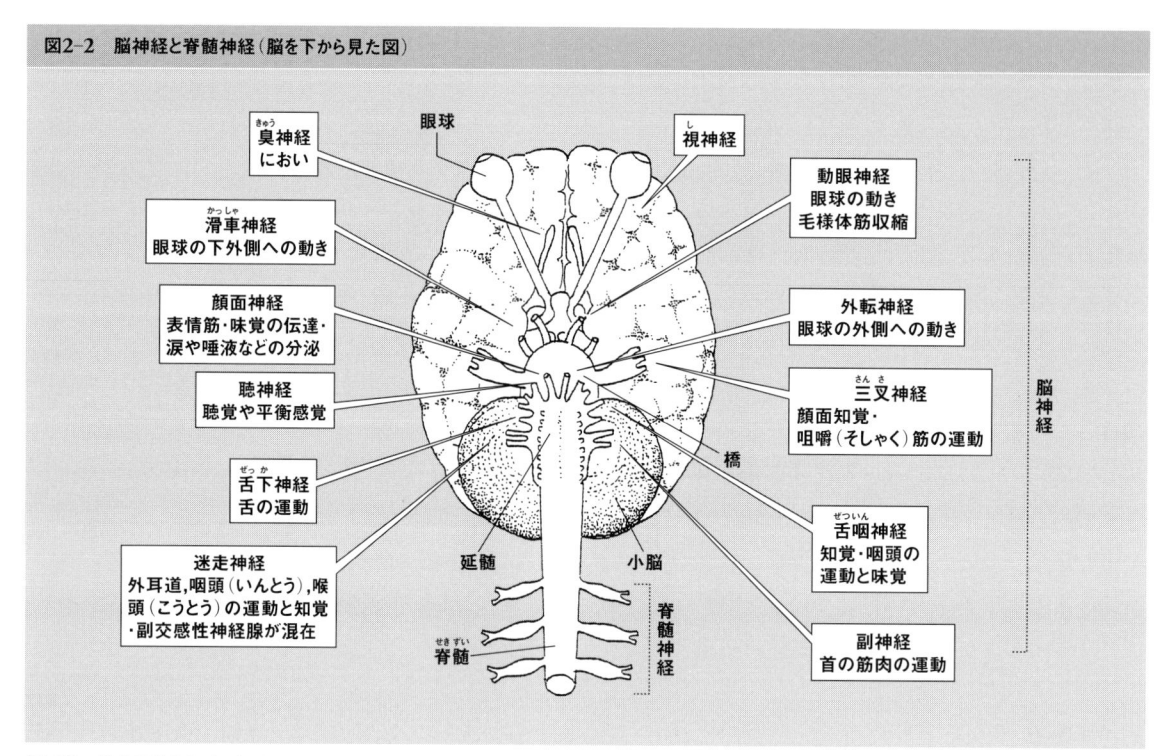

図2-2　脳神経と脊髄神経（脳を下から見た図）

- 臭神経　におい
- 滑車神経　眼球の下外側への動き
- 顔面神経　表情筋・味覚の伝達・涙や唾液などの分泌
- 聴神経　聴覚や平衡感覚
- 舌下神経　舌の運動
- 迷走神経　外耳道、咽頭（いんとう）、喉頭（こうとう）の運動と知覚・副交感性神経腺が混在
- 眼球
- 視神経
- 動眼神経　眼球の動き　毛様体筋収縮
- 外転神経　眼球の外側への動き
- 三叉神経　顔面知覚・咀嚼（そしゃく）筋の運動
- 橋
- 舌咽神経　知覚・咽頭の運動と味覚
- 副神経　首の筋肉の運動
- 延髄
- 小脳
- 脊髄
- 脳神経
- 脊髄神経

［資料］　佐久間淳「生活習慣病Q&A」駿台曜曜社，1998年

の情報を中枢神経に伝え，体調を保つ機能をする。
④**運動神経**　中枢神経からの指示を筋肉に伝え，運動をコントロールする。
⑤**末梢神経**　意志によって働く体性神経と，意志に関係なく働く「自律神経」に分けられる。
⑥**自律神経**　内臓の活動および血圧や心拍数を調整する。「交感神経系」（血圧上昇，感情の高揚など）と，「副交感神経系」（感情の沈静，血圧下降など）に分けられる。各臓器に分布しており，互いにバランスをとり臓器の働きを調整する。自律神経の中枢は間脳の視床下部にある。

2）中枢神経系の構造と機能

体調を整えて維持する中枢として，脳と脊髄は頭蓋と脊柱管という骨質の臓器内にある。頭蓋内は，内側から軟膜，クモ膜，硬膜の3層の髄膜に包まれている。軟膜とクモ膜の間は，脳脊髄（一種のリンパ）液で充たされており，この液は脊髄内の中心管や脳内の脳質とも連絡する。

①**脊髄**　約1cmの太さで上方が延髄につながり，下端が第1〜第2腰椎の高さで終わっている。脊髄は頸髄，胸髄，腰髄，仙髄に分けられる。中央部が神経細胞の灰白質，周辺が神経線維の白質であり，灰白質の中央に中心管がある。
②**脳幹**　中脳と橋と延髄であり，脳幹の白質と灰白質の分布は脊髄と似ているが，灰白質は核として独立した部位をつくる点で異なる。延髄は自律神経の中枢として，呼吸，心臓，消化器，血管運動などの中枢的機能を担っている。
③**小脳**　延髄と橋の背後にある握りこぶしの大きさで，多くのしわがあり，体

●**神経線維**（nerve fiber）
神経細胞からでた長い突起で，有髄と無髄の神経に分けられる。末梢神経では両者とも，鞘細胞の細胞質によるシュワン鞘があるが，中枢神経にはない。

●**延髄**（medulla oblongata）
脳の最下部で，脊髄の上方に続く部分である。脊髄よりふくらんでおり，表面に錐体，オリーブ（oliva），下小脳脚（索状体）などの高まりがある。

運動の調整，平衡と筋緊張などに関係している。
④**間脳** 大脳半球と中脳の間にあり，視覚や聴覚に関与する視床脳（視床と視床上部，後部）と，自律神経の中枢などがある視床下部に分けられる。
⑤**大脳** 左右2つの大脳半球からなり，厚さ2〜5mmの皮質が内部の髄質を覆っている。中枢と前脳に区別され，前脳はさらに間脳と終脳に分けられる。終脳は外套と大脳核からなり，外套の表面は外側溝，中心溝，頭頂後頭溝によって前頭葉，頭頂葉，後頭葉，側頭葉の4つに区分される。これらの大脳皮質は，図2-2のとおりそれぞれに機能している。

3）末梢神経系の構造と機能

中枢神経から発せられた脳神経と，脊髄から発する脊髄神経からの伝達を，ほぼ全身に伝える末端部分の神経経路が末梢神経である。
①**脳神経** (a)嗅神経，(b)視神経，(c)動眼神経（眼球を動かす），(d)三叉神経（脳神経で最大をなし頭部・顔面・皮膚などの知覚と運動），(e)顔面神経（表情，運動，味覚など），(f)内耳神経（聴覚，平衡感覚），(g)舌咽神経（咽頭筋，粘膜知覚，味覚），(h)迷走神経（自律神経で声帯にも分布），(i)その他がある。
②**脊髄神経** 頸部，胸部，腰部，仙骨部にあり31対に分けられる。遠心性線維による脊髄の前根と，求心性線維による後根の神経線維が脊柱管内で合流し，身体各部に通じる。主なものは尺骨，橈骨，神経と正中神経から上肢の皮膚と筋に分布する神経である。

他にも大腿，座骨，総腓骨，頸骨の各神経，肋間，馬尾の神経などがある。
③**自律神経** 内臓，血管，腺など不随意性器官に分布し，交感神経と副交感神経に大別され，大部分の臓器に関与する。呼吸・消化・循環・吸収・分泌・生殖などに拮抗的に働き，延髄および視床下部からの指示で統合・調整される。なお，この不調が「自律神経失調症」であり，めまい，不眠，動悸，腹部不快感などを生じる。

4．循環器系

1）血管系の概要（図2-3）

人体を形成する細胞や組織，器官の生存のために血液（酸素と栄養など）やリンパ液を，循環させている器官と一連の系統をいう。また循環機能には，体内に生じた二酸化炭素や老廃物の排出（排泄），体温調整などとの関係がある。
(1)血管系の構造
①**心臓** 成人のにぎりこぶしの大きさ（200〜300ｇ）で，左右の肺の間で横隔膜の上に接している。表面は心膜という膜で覆われ，その下層が心筋（筋肉）であり，この表面には心臓に栄養を供給する冠（状）動脈がある。

内部は，右心房と右心室，左心房と左心室の4つに分かれており，左心室は全

●**大脳皮質**（cerebral cortex）
大脳表層の約2.5mm程の部分を占める神経細胞の集団。表面に多数のヒダがあり，広げると表面積が2,250cm²で，140億あまりのニューロンが推定される。前頭，頭頂，後頭葉に分けられ，発生的には旧・古・中間・新皮質になる。

●**視床下部**（hypothalamus）
間脳の下部にあり，第三脳室の底および側壁の一部をなす。視床と視床下溝で分かれる。自律神経の中枢として電気刺激で，交感性反応と副交感性反応を示す。生体リズムや摂食を調整している。

●**動悸**（palpitation）
心悸亢進（こうしん）ともいう。心拍数が著増し，緊張や精神的高まりの生理的なものと，病的なものがある。病的では期外収縮，発作性頻拍症など心臓，甲状腺機能亢進，貧血など心臓以外の原因に分かれる。

●**横隔膜**（diaphragm）
胸腔と腹腔とを隔てる筋肉性の板である。胸郭の下部をつくる諸骨から発し，腰椎部，肋骨部，胸骨部をなす。呼吸運動でとくに吸気に，肋骨筋とともに重要な機能をもつ。

●**冠(状)動脈**（coronary artery）
心臓壁である筋肉に，血液を供給する栄養血管である。中膜の筋線維が発達した筋型血管。大動脈洞から左右2本の血管が出る。左右の冠状動脈となるが，分布形態で右・左優位，均衡型となり，虚血性心疾患で差もある。

図2-3　肺循環と体循環

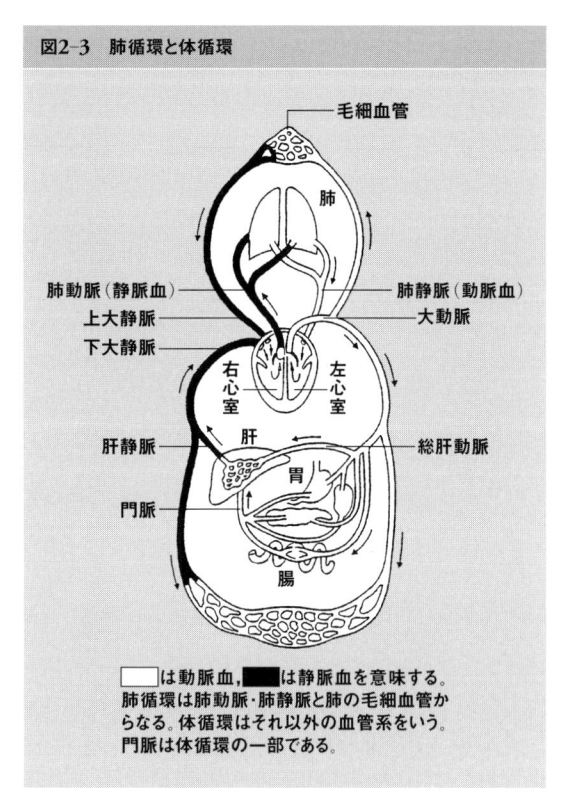

［資料］　上田敏「一般医学」ミネルヴァ書房，2002年

□は動脈血，■は静脈血を意味する。
肺循環は肺動脈・肺静脈と肺の毛細血管からなる。体循環はそれ以外の血管系をいう。
門脈は体循環の一部である。

● **炭酸ガス**(carbonic acid)
二酸化炭素（CO_2）は無色，無臭の気体で大気中に約0.03vol％ある。吸入や体内の新陳代謝などで生じたものは，呼気で体外に排出される。

● **血漿**(blood plasma)
血液の血球成分を除いた液体成分で，淡黄色でやや粘調（ねんちょう）である。比重は1.024～1.029で，血液の約55～60％を占める。酵素，ホルモンなどのたん白，ブドウ糖，脂肪，コレステロールやアミノ酸，ビタミン類などを含む。

● **電解質**(electrolyte)
溶液中で解離（電解）してイオンを生じ，伝導性をもつ物質。解離せず分子状のものを，非電解質という。生体内では，細胞の内外にあり，体液のpH，浸透圧を決定し，細胞の機能に強く関与する。

身に血液を送り出す圧力のため，右心室より厚くて強い筋肉壁でできている。心房と心室の間は，血液が逆流しないように弁で区切られており，心房と心房の間は心房中隔，心室と心室の間は心室中隔という壁で仕切られ，血流はない。

心臓の機能は，血液を動脈で全身に送り，使って古くなった血液を静脈によって，全身から回収する循環ポンプの役割である。

②**動脈系**　動脈は，一番内側がすべすべした内皮細胞で，その外側が平滑筋で外側を弾性膜で覆われ，これまでを「内膜」という。この外側にさらに平滑筋と弾性膜があり，「中膜」と呼ばれる。最も外側が「外膜」である。動脈は，静脈よりも壁が厚く，弾力性があり，血管の横断面は円形となっている。

肺に続く肺動脈以外は全てが大動脈から分かれており，大動脈は左心室から出て上行大動脈をなし，彎曲（わんきょく）して大動脈弓（きゅう）となり，胸部大動脈，腹部大動脈となっている（図2-4）。

③**静脈系**　静脈は，細胞・組織・臓器で使われて古くなった血液を，心臓に送り返す。血管壁は薄くて，弾力性が少なく断面が楕円形である。内腔には逆流を防ぐため，対になった弁が手足の血管にあり，頭部や胴体の静脈にはない。「毛細血管」は，直径が1mmの100分の1くらいの細さで，各組織や骨の中など全身に分布している。

(2) **血管系の生理・機能**

①**体循環**　血液循環は，体循環と肺循環の2系統に分けられる。「体循環」は心臓の左心室から血液を送り出し大動脈弁で逆流を防ぎ，大動脈を出た血液は全身の毛細血管まで酸素と栄養を供給する。

体循環では，新鮮な血液が1分間に約5ℓ押し出され，肝，腸，腎臓，筋肉，皮膚，その他に大動脈・動脈・小動脈・毛細血管を経て届けられる。これとは逆に各臓器などで使われ，炭酸ガスや老廃物を含んだ古い血液を，毛細血管・小静脈・静脈を経て心臓に回収する。血液が身体を1周するのに要する最短時間は約20秒であり，肺循環では僅かに約4秒という速さである。

②**肺循環**　右心室の肺動脈弁で逆流を防ぎ，肺動脈を経て肺に血液を送るのが「肺循環」である。肺に送られた古い血液は，肺に取り込まれた新鮮な酸素の多い血液と「ガス交換」され，新しい血液となって肺静脈に集められ，左心房に送られる。そして左心室から心室の収縮により，全身に送出される。

2) 血液の構成と機能

(1) **血液の成分**（図2-5）

①**体液の構成**　体重の約60％を水分が占めており，体内の液状成分を「体液」と

いう。このうち40％が細胞内液であり，残りの20％が細胞外液で，この5％が血管やリンパ管内を流れる血漿とリンパ液である。

組織液は，血漿の一部分が毛細血管壁からしみ出た成分で，この成分によって細胞は物質交換（代謝）する。組織液は再び毛細血管に取り込まれ，一部分が別の循環系であるリンパ系に入る。このリンパ系を流れる液体がリンパ（液）である。

②**血液の構成**　血球（小さい粒の有形成分）と，栄養分や電解質を含んだ血漿（液体成分）でできている。成人体重の7〜8％を占め，4ℓあまり（体重の13分の1ほど）である。血球が4割を占め残りの6割が血漿で，血球には赤血球，白血球，血小板がある。白血球はさらにリンパ球，単球，好中球に分けられる。

③**赤血球**　有形成分の大半を占め，その重量の3分の1が「血色素」（ヘモグロビン）である。血色素（Hb）は全身に酸素を運ぶ役割をもち，この色が赤いので血液が赤くみえる。これが不足すると「貧血症」となる。赤血球は骨髄でつくられ，肝臓や脾臓で壊される。

④**白血球**　赤血球よりも大きく，無色で体の外部から侵入した病原微生物（ウイルスなど）や，異物（毒素）を殺す働きをする。

⑤**リンパ球**　T細胞とB細胞に分けられ，T細胞は殺菌や異物を破壊して体を守る。B細胞は，T細胞から分化したヘルパー（助ける細胞）として，T細胞からの情報で特殊な抗体をつくったり，異物を単球（マクロファージ）や好中球が食べやすくする物質を産出し，T細胞の働きを助ける。

(2) **血液型**

ヒトの赤血球の膜には無数の血液抗原があり，この血球凝集反応によって血液型を分類する。遺伝的に個体差があり，これを「血液型」といい，分類には一般的にABO式とRh式が用いられている。型には，A型，B型，AB型，O型の4つがあり，輸血には型の適合が不可欠である。

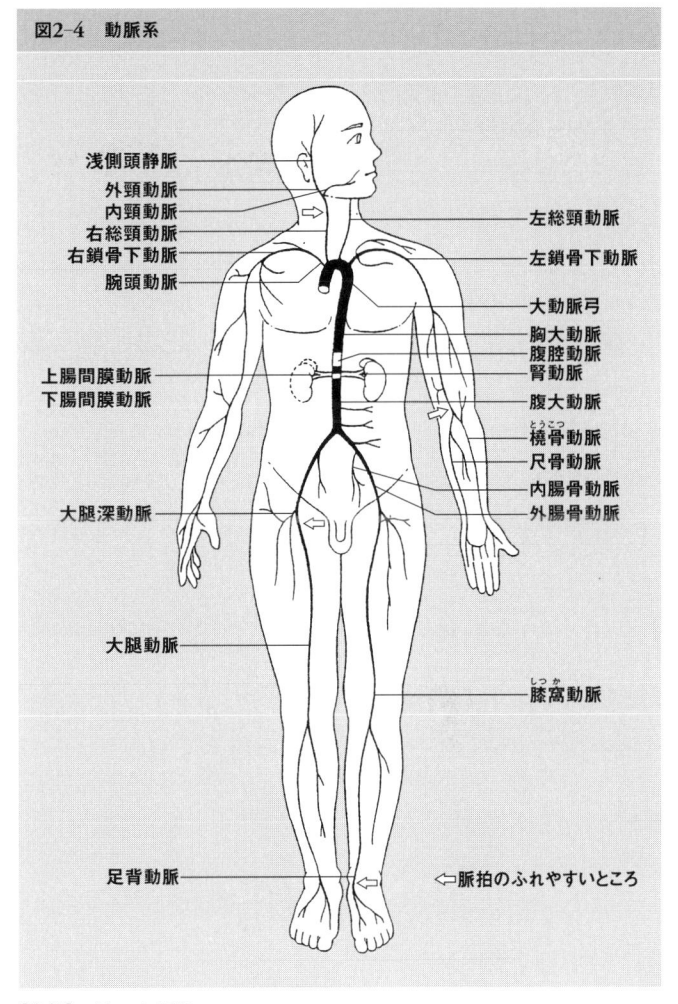

図2-4　動脈系

浅側頭静脈
外頸動脈
内頸動脈
右総頸動脈
右鎖骨下動脈
腕頭動脈
左総頸動脈
左鎖骨下動脈
大動脈弓
胸大動脈
腹腔動脈
上腸間膜動脈
下腸間膜動脈
腎動脈
腹大動脈
橈骨動脈
尺骨動脈
内腸骨動脈
外腸骨動脈
大腿深動脈
大腿動脈
膝窩動脈
足背動脈
⇦脈拍のふれやすいところ

［資料］　図2-3に同じ。

●**貧血症**（anemia）
体内の赤血球数またはヘモグロビンが，正常範囲（13mg/dℓ）以下に減少した状態をいう。原因は，造血材料の不足，造血機能の障害，出血，赤血球の崩壊・溶解などである。

●**血液型不適合**
(incompatibility)
供血者と受血者の血液型が異なり，輸血できない相互の関係をいい，輸血可能な例を適合という。夫婦間や母子間で不適合だと，不妊・流産，溶血の原因になる。

図2-5 血液の成分

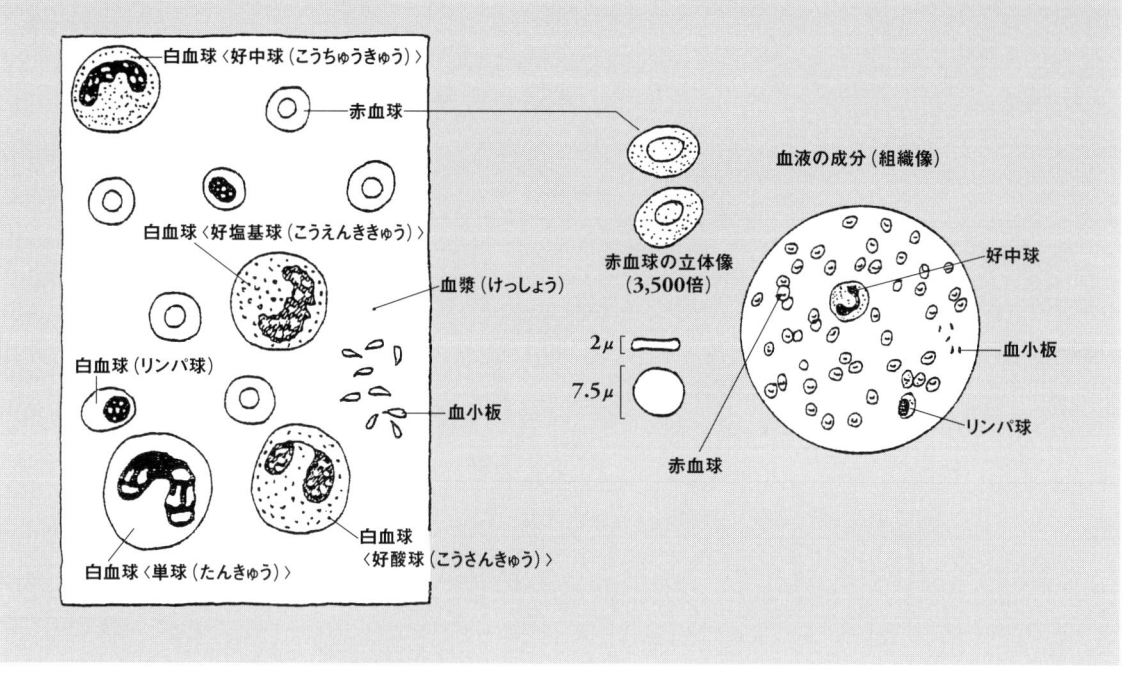

[資料] 佐久間淳「生活習慣病Q&A」駿台曜曜社，1998年

5. 呼吸器系

1) 呼吸器系の構成（図2-6）

①**外呼吸と内呼吸** 呼吸は生存に必要な酸素（O_2）を取り入れ，代謝の結果に生じた二酸化炭素（CO_2）を排出する，ガス交換の働きをいう。組織に酸素を供給し，生体の恒常性（血液の酸塩基平衡）を維持する。

呼吸には，外（肺）呼吸があり体外から肺に空気を取り入れ，「肺胞」で血液中のガスを交換する。もう1つの内（組織）呼吸は，各組織に搬入した血液から酸素を組織に取り入れ，組織内にある二酸化炭素を血中に排出する。一般に「呼吸」というばあいは前者をさす。後者は主として循環器系の働きによる。

②**鼻腔** 鼻の孔を入り鼻中隔で左右に分かれ，空気の取り入れと吐き出しを行う。内部表面は粘膜で覆われ，血管が多く分布し，鼻腔を通過した空気は適度な温度と湿度となり，咽頭から器官，気管支を経て肺門に送られる。副鼻腔内には鼻毛と鼻粘膜があり，空気中の異物（ホコリなど）を取り除いている。

③**咽頭・喉頭** 咽頭は一般に"のど"といい，一部分は口腔の後壁をなし，下方は食道と喉頭に続いている。喉頭は，上端に喉頭蓋があり，嚥下の際は喉頭の入口を閉じて，飲食物の気道への流入を防ぐ。

④**気管・気管支** 咽頭から喉頭へつづき，これが左右に分岐し，気管支になるまでの軟骨でできた管状の器官が「気管」である。これは成人で約10cmの長さが

●**恒常性**（homeostasis）
ホメオスタシスは，生体が体内外の状況に対し，生理的・形態的に生命の安定を保つ働きである。体温，心拍，血圧，体液量などの安定的・恒常的な維持であり，自律神経や内分泌の調整をいう。

●**嚥下**（swallowing）
嚥下反射ともいい，口腔内に入った食物を咽頭および食道を経て，胃の中に送り込むこと。口腔，咽頭，食道の3段階に分けられる。口腔では随意的に，咽頭および食道では反射的に行われる。

あり，垂直に下行して第5胸椎の高さで左右の気管支に分かれ，肺に続いている。

⑤**肺** 肺は胸郭内に心臓をはさんで左右にあり，右肺が男性で約570g，女性が500g，左肺は男性が約490g，女性が430gである。表面の深い切れ込みにより，右肺は上・中・下葉の3つに，左肺は上・下葉に分けられる。

気管支は肺に入り，しだいに細かく枝分かれし，末端にブドウの房のような「肺胞」がある。肺胞は直径が0.1～0.2mm程の囊状を呈し，全部で7～8億個あり，表面積が90m²に達する面積にある無数の毛細血管中の血液と，肺胞内の酸素とのガス交換を行う。

2) 呼吸運動のしくみ

①**呼吸運動** 肺や肺胞には自動能力がなく，横隔膜と胸郭（12対の肋骨と12個の胸骨による）の動きで受動的に肺が伸張し，弾力によって肺がもとの形に戻る。これで肺内に空気が出入して呼吸となる。

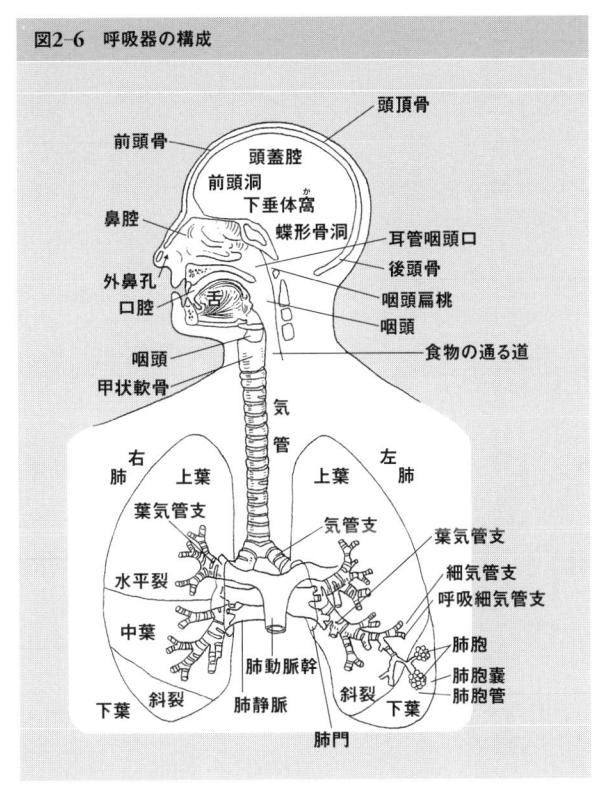

呼吸運動は，呼吸中枢神経によって自動的に調節され，随意・意識的に調節できる。安静時の呼吸は毎分12～15回である。

②**吸気（息を吸う）** 安静時には横隔膜が収縮して下に下がり，外肋骨筋などが収縮し，肋骨が上方に上がり胸郭が広がる。深呼吸では，補助呼吸筋の収縮も加わって胸部が一層広がる。

③**呼気（息を吐く）** 安静呼吸時には肺の弾性で受動的に行われる。深呼吸では，内肋間筋などの働きで胸郭を下げ，腹壁筋の収縮で腹部の内臓を横隔膜と一緒に押し上げて胸腔をせばめ，息を吐き出す。

[出典] 図2-5に同じ。

図2-6 呼吸器の構成

● **胸郭**（thorax）
胸椎，肋（ろっ）骨および胸骨で構成される円錐形をしたカゴ状の骨格，内部に胸腔および腹腔上部を入れている。関節で骨は可動的につながり，肋骨の上下運動で胸郭を変動させ，胸式呼吸を行っている。

● **安静時の呼吸**
一般に「安静」時は，必ずしも厳密ではない。静かな部屋で椅子に座り，くつろいでいるような状態をいう。厳密には，一定の日数をベッドに臥床・安静にさせ，測定する。

6. 消化器系

1) 消化器系の構成（図2-7）

（1）消化器の構造と機能

①**消化と吸収** 摂取した食物を細かく砕いて，腸管の膜を通過できるようにすることを「消化」という。栄養素が腸管壁から体内に取り込まれる過程が「吸収」である。消化は各消化器の段階による消化液・攪拌と，消化管内を先に送る蠕動に区別される。

②**消化器** 消化器とは口から肛門に至るまでの「消化管」と，消化液を分泌する唾

● **蠕動**（peristalsis）
蠕動運動ともいう。消化管や他の管腔臓器は縦走筋と輪状筋が協働し，内容物を前進させている。この蠕動には消化管を制御する神経系，消化管壁内の神経反射，消化管の平滑筋などの関与がある。

図2-7 消化器系の構成

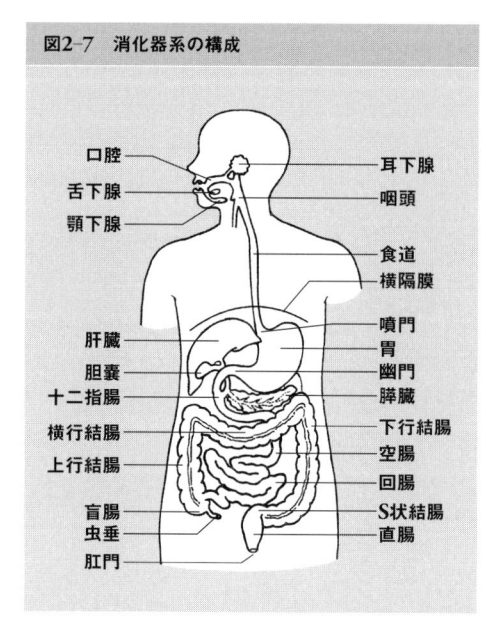

```
口腔            耳下腺
舌下腺          咽頭
顎下腺
                食道
                横隔膜
肝臓            噴門
胆嚢            胃
十二指腸        幽門
                膵臓
横行結腸        下行結腸
上行結腸        空腸
                回腸
盲腸            S状結腸
虫垂            直腸
肛門
```

［出典］図2-5に同じ

●**味蕾**(tast bud)
舌にある茸状乳頭，葉状乳頭，有郭(かく)乳頭の粘膜上皮のなかに多数の味蕾がある。卵形の小体で，上皮表面の開口部から基底膜までの長径が約70μmで，人間の舌には約1万個ある。年齢によって数は変化する。

●**ペプシン**(pepsin)
ペプシンAなど胃液に含まれるプロテアーゼをいう。胃粘膜細胞で不活性な前駆体ペプシノゲンがつくられる。塩酸の作用でアミノ酸が離脱し活性化する。

液(消化)腺，肝臓，膵臓などから成っている。

③**口腔** 口腔は消化器の入口であり，唇(上下)から咽頭に進む。底部に舌があり，上方を口蓋という。前方の骨がある堅い部分が硬口蓋で，骨のない柔らかい部分が軟口蓋である。

④**舌** 舌は黄紋筋であり，表面は粘膜で覆われ，無数の舌乳頭(小突起)がある。乳頭には味覚を感じる味蕾があり，舌は消化器とともに味覚器，発声器の機能ももっている。口蓋には耳下腺，顎下腺，舌下腺の3つの唾液腺がある。

⑤**歯** 乳歯は生後6～7か月頃から生え始め，2歳頃に生え終わる。6～7歳頃に永久歯と生え替わっていく。永久歯は32本(切歯2本，犬歯1本，小臼歯2本，大臼歯3本が左右上下4対)である。歯はエナメル質，象牙質，およびエナメル質の内部にある血管や神経などの歯髄でできており，歯を支えている組織を「歯周」という。

⑥**食道** 口からつながる食道は約25cmの筋肉の管で，横隔膜を貫いて胃に続いている。食道の内側は粘膜であり，その外側を何層かの筋肉で囲った管である。食道に入った食物は蠕動運動により，5～6秒で胃に達し，液体は1秒程で胃に入る。

⑦**胃** 消化管の中で一番ふくらんだ部分であり，胃と食道との境に噴門があり，出口として十二指腸につながる部分を幽門という。胃の壁は粘膜と3層の筋肉からなり，一番外側は腹膜で覆われている。粘膜にはヒダが発達しており，食物が入ってくると3倍の1.5ℓ程にふくらむ。

胃に入った食物は，強い蠕動・攪拌運動により，胃腺から分泌された胃液と十分に混じる。胃液の塩酸の作用で酸性となり，唾液アミラーゼのデンプン糖化作用が止まり，胃液のペプシンでたん白質が分解され，食物が粥状になる。

⑧**小腸** 小腸は十二指腸・空腸・回腸の3つに分けられ，全長が6～7mの筋肉による管状の腸管で，体内では3m程に縮んでいる。内腔には多くの輪状のヒダがあり，ヒダの表面に無数の小突起をもつ絨毛を有し，小腸の表面積は約200m²になる。この広さで消化された内容物から栄養分を吸収している。

⑨**十二指腸** 約25cmのC字型の腸管で，C字型の中に膵頭を抱え込む。入口の球部に続く部分に乳頭があり，膵臓からきた膵管と肝臓から出た胆嚢から来た総胆管が合流する。この膵液や胆汁が十二指腸に入り，内容物の消化吸収を進める。空腸と回腸との明確な境界はないが，はじめの5分の2が空腸で後の5分の3が回腸であり，内面に長さ1mm程の腸絨毛が発達し，吸収面積を広げている。

⑩**大腸** 大腸は盲腸・結腸・直腸から成り，成人で1.2～1.7mの長さである。小腸から大腸への入口に回盲弁があり，盲腸は大腸のはじめの部分で左下部に虫垂が付いている。結腸は大腸の大半を占め，上行・横行・下行・S状結腸からなる。直腸は約20cmでS状結腸と肛門との間にあり，がんの好発部位である。なお，大腸は主として内容物から水分を吸収し，便を固形化する。

⑪**肛門** 肛門は消化管の最末端で長さが2.5cm程の，大便の排出栓である。肛門

には内外側に二重の輪状括約筋があり，閉じている。排便刺激神経によって括約筋をゆるめて排便する。なお，排便の姿勢(和式便器)・便の固さ，肛門の不潔などで痔を生じる。

⑫**肝臓**　肝臓は右上腹部横隔膜直下にある。人体で最大の臓器(成人で1.2kg)として，腺で胆汁を分泌する。胆汁の導管が胆管であり，胆嚢からの管と合流して総胆管となり，膵臓からの膵管とともに十二指腸に注ぐ。門脈からの糖質・蛋白質・脂質などの消化・代謝の中心であり，肝細胞に含まれる酵素が作用している。

　肝臓の機能は，(a)胆汁等の分泌，(b)グリコーゲン，たん白質，脂質，核酸などの合成・分解，(c)解毒，(d)造血・血液凝固・赤血球破壊などである。

⑬**胆嚢**　肝臓の下方やや右寄りにある中空の臓器で，肝臓から分泌された胆汁を胆管を経て溜め約6～10倍に濃縮し，胆嚢管によって総胆管に送る。胆汁は脂肪の消化，および脂溶性ビタミン類などの吸収に関与している。

⑭**膵臓**　胃の後方にあり，十二指腸と脾臓との間に水平に横たわる。右端が太くて左端が細い，約15cmで重さが70gあまりの柔らかい臓器である。消化に必要な膵液の外分泌と，糖代謝に関わるホルモン(インスリン)の内分泌腺でもある。

　膵液にはたん白や脂肪，炭水化物などを分解する各種の酵素が含まれており，また膵臓内には内分泌細胞をもち，他と区別されるランゲルハンス島がある。ここからグルカゴンやインスリンなど，糖分解などに関与するホルモンを分泌している。

7. 泌尿器系

1) 泌尿器系の構造(図2-8)

①**泌尿器**　泌尿器とは血液などから尿を産生する腎臓と，尿を体外に排泄する尿路(尿管，膀胱，尿道)からなる。

②**腎臓**　腹腔の後壁上部の前面で脊柱の両側に，ソラマメ状の縦が10cm，幅が5cm，厚さが3cm程で重さが100g程である。腎臓の上に赤褐色の帽子のように副腎が載っている。腎臓は表層に近い皮質と深部の髄質に分けられ，髄質には円錐状の腎錐体があり，その先端が丸い腎乳頭となり，ここから尿が滲出する。これを腎杯で受けて腎盂に集め，尿管を経て膀胱に送る。尿が膀胱に250mℓくらい溜まると尿意を生じ，尿道から排泄される。

③**尿の生成**　腎臓は血液を濾過しており，心臓から拍出された血液の20%(1分間に約1ℓ)程が腎臓をとおり，老廃物や有害物質，過剰に摂取された塩分などを尿で体外に放出する。腎動脈の一部は，糸球体という糸のように細い動脈が絡み合った組織につながり，糸球体の膜(血管膜)が濾紙の機能をもっている。血圧によって膜を通過した原尿は，二重膜で包んでいる糸球体(ボウマン)嚢の

●**痔(核)**(hemorrhoids)
肛門および直腸静脈叢(そう)の静脈鬱血のため，静脈が瘤状に拡張しておこる。①鬱血：習慣性便秘，妊娠，和式便器，食事，直腸炎など，②実性充血：アルコール，喫煙など，③素因：成人男性に多い外痔核，内痔核，中間痔核，高位痔核などがある。

●**総胆管**
(common bile duct)
総肝管と胆嚢管が合した，1本の胆管路をいう。8～10cmの長さで，径が3～5mmの管が，下部でさらに膵管と合した後に，十二指腸下行部の乳頭に開口する。

●**門脈**(portal vein)
腹腔内にある胃・小腸・膵臓・脾臓などの消化器の静脈血を集め，肝臓に運ぶ静脈をいう。血流は低圧で，酸素飽和度は動脈血より低く，静脈よりは高い。肝細胞へ酸素や物質を運ぶ管である。

●**脂溶性ビタミン**
(lipid-soluble vitamin)
ビタミンA, D, E, Kをいう。イソプレンの誘導体であり，体内で脂質とともに代謝される。肝臓や脂肪組織に貯蔵され，血中でリポたん白などによって運ばれる。尿では排出されず，便で排出される。

●**ランゲルハンス島**
(langerhans islet)
膵(すい)臓内に島状に散在し，インスリンを分泌する細胞群である。膵内でもとくに膵尾に多く，直径が100～200μの大きさで，ほぼ球形に近い。5種類のホルモンを分泌する。

●**グルカゴン**(glucagon)
ランゲルハンス島の細胞から分泌される，アミノ酸29個による，分子量約3,500のペプチドホルモン。グリコーゲンを分解し，血糖を上昇させる。

図2-8 泌尿器系

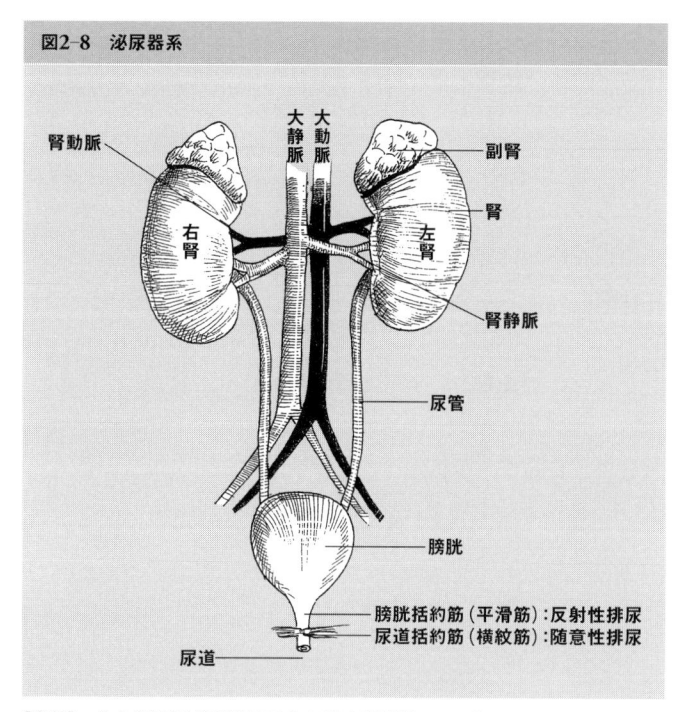

[資料] 佐久間淳「生活習慣病Q＆A」駿台曜曜社，1998年

● ボウマン囊（のう）
(Bowman's capsule)
糸球体嚢は，腎臓皮質にあり，糸球体とともにマルピギー小体（腎小体）をつくる。糸球体血管から濾過（ろか）された薄い尿成分を受け，尿細管へ送り，尿が濃縮される。

● ペプチド (peptide)
2個以上のαアミノ酸が，ペプチド結合により結合したもの。アミノ酸の数が2～5のものをオリゴペプチド，10～50をポリペプチド，50以上を広義にたん白質という。代謝調節，抗菌，抗ウイルス，抗腫瘍などの活性をもつ。

● ステロイド (steroid)
シクロペンタノヒドロフェナントレン環をもつ化合物の総称。ステリン，胆汁酸，性ホルモンなど。生理作用をもつものが多く，ステロイドホルモン剤に広く利用されている。

なかに溜まる。

血液のうちで血球やたん白質などは，糸球体の血管内に残る。なお，糸球体嚢を合わせて「腎小体」といい，腎小体とそれにつながる尿細管を合わせて「ネフロン」（腎単位）という。濾過される体液量は，若い人で1分間に100mℓ，1日に150～200ℓになる。これが尿細管を通過する際，身体に必要な有効物質が再吸収される。

④**尿管** 腎臓でつくられた尿を腎盂（じんう）から膀胱に導く管が「尿管」であり，口径が4～7mmで長さが28～30cmである。外膜・筋層・粘膜の3層で弾性があり，管の内壁はヒダが寄り合い，尿の流量でふくらむ。

⑤**尿道** 膀胱の出口から尿道口までの管が「尿道」であり，男性が20～23cmで女性が4～6cmと短い。男性では膀胱の出口に「前立腺」があり，尿道を挟んでいる。中高年になって前立腺が肥大すると尿の出が悪くなりやすい。また，尿道が射精口を兼ねており，前立腺がんの発生が少し増えている。一方，女性は尿道が短く構造も細菌が入りやすく，尿道・膀胱炎を招くことが多い。

8. 内分泌系と外分泌系

1）内分泌（腺）系

(1)ホルモンと分泌腺

①**内分泌腺** ホルモンは身体の諸器官の働きを促進・調整する"分泌成分"である。内分泌細胞から産生され，腺組織で脈管系に直接放出される。排出管がないため「内分泌腺」と呼ばれる。汗や胃液などのように分泌物が導管により，身体の表面や消化管に分泌される「外分泌腺」と異なる。

②**ホルモン** 本来の意味は「刺激するもの」であり，内分泌腺で産生され直接血液中に分泌され，標的器官においてその機能を促進・調整する。分泌器官には，(a)下垂体，(b)甲状腺，(c)副甲状腺，(d)膵臓，(e)副腎皮質，(f)髄質，(g)男女性腺，(h)胎盤，(i)視床下部，(j)消化管などがある。化学的性状では，たん白・ペプチド性，ステロイド性，アミノ酸・誘導体に分けられ，微量で物質代謝やホルモンの産生・調整にも関与している。

(2)内分泌器官の構成

①**下垂体** 頭蓋骨底部のほぼ中央部にあるそら豆大の器官で，前・中葉の腺性

下垂体，後葉の神経性下垂体からなっている。性腺，副腎皮質，甲状腺など他の内分泌腺を刺激し調整するホルモンを分泌する。内分泌腺の中枢機能を有している。

②**甲状腺**　気管の入口，喉ぼとけの下にある約20ｇの蝶形の器官で，サイロキシンなどのホルモンを分泌する。神経の興奮，体内組織や炭水化物の代謝を促進し，酸素の吸収や供給のために心拍数が増え，心拍出量を促進し調整させる。なお，この甲状腺の機能亢進症がバセドウ病である。

③**副甲状腺（上皮小体）**　甲状腺の後に埋もれるようについている。パラトルモンを分泌し，血液中のカルシウムや電解質（イオン）濃度のバランスと，リンの量を調節する。

④**胸腺**　胸骨の直後にあり，左右両葉に分かれ，正中腺で互いに癒着している実質器官である。免疫に関係するリンパ球やT細胞などに関与している。

⑤**膵臓**　35頁でもふれているが，消化に必要なリパーゼなどの膵液を分泌する「外分泌腺」であるとともに，糖代謝のためにインスリンを血液中に分泌する「内分泌腺」をもつ。膵液はPHが約8.5の弱アルカリ性で，たん白質分解のトリプシンなどでアミノ酸に分解する。

　ブドウ糖の利用や血糖値を調節するインスリンは，β細胞から分泌し，グルカゴンはα細胞から分泌される。なお，インスリンの分泌と糖消化の不足が「糖尿病」であり，最近では日本人に著増している。

⑥**性腺**　視床下部・脳下垂体の指示で男女の性腺が刺激され，各ホルモンを分泌する。また，男性の精巣，女性の卵巣の働きによる性機能をコントロールし，性の特徴を示す。

⑦**副腎**　左右の腎臓の上に接着している内分泌腺（腎臓と無関係）である。内部は内側の髄質と外側の皮質から成り，髄質からアドレナリンとノルアドレナリンが分泌される。これらは末梢血管の収縮や血圧の維持に作用する。皮質は外側から球状・束状・網状の3層に区別される。

　球状層からはアルドステロン（水分・電解質の代謝），束状層からはコルチゾンなど（糖代謝），網状層からはアンドロジェン（男性ホルモン）の各ホルモンが分泌される。なお，副腎の主な疾患にはクッシング症候群がある。副腎皮質ホルモンの合成剤が広く用いられ，時には副作用を生じている。

2）主な外分泌腺

（1）外分泌腺の種類

①**外分泌腺**　腺から出た分泌液（物）が管を通り，内臓または身体の外に出るものをいう。なお，内分泌については36頁を参照されたい。

②**外分泌腺の種類**　主なものを体の上から下にみていくと，(a)涙腺，(b)瞼板腺，(c)気管腺，(d)鼻粘膜，嗅腺，(e)唾液腺，(f)乳腺，(g)食道腺，(h)胃腺，(i)十二指腸腺，(j)小腸腺，(k)前立腺，(l)尿道腺，(m)皮膚汗腺，脂腺などがある。

●**アミノ酸**（amino acid）
1分子内にアミノ基かイミノ基と，酸基が共存したものの総称。分子内で塩基性と酸基性で塩をつくる。一般に水溶性が多く，両性イオンとなる。ふつうは狭い意味で，生体内にあるたん白質をつくるアミノ酸をさしている。

●**サイロキシン〔チロキシン〕**（thyroxine）
甲状腺ホルモンの1つで，ヨード化チログロブリンが，甲状腺上皮細胞のたん白分解酵素で加水分解されて産出する。基礎代謝の維持，糖質，脂質，たん白質などの代謝のために必須である。成長・成熟，分泌調整に関与する。

●**リパーゼ**（lipase）
中性脂肪に作用し，脂肪酸とグリセリンへの加水分解を触媒する酵素。エステラーゼに属し，体内の消化酵素として胃液，膵液，腸液中に分泌され，消化作用をしている。

●**トリプシン**（trypsin）
膵臓から分泌されるセリンプロテアーゼの1つ。トリプシノゲンとしてつくられ，十二指腸でエントロキナーゼ，トリプシンで活性化する，腸内で食物のたん白質を消化させる。

●**アドレナリン：エピネフリン**（adrenaline）
動物の副腎髄質でつくられる，基本的な交感神経性ホルモン。ストレスが加わると，交感神経が興奮し，アドレナリンを分泌させる。心拍数を増し，血管収縮で血圧上昇，血管拡張，血糖値上昇，中枢神経の興奮などを生じる。

●**ノルアドレナリン**（noradrenaline）
副腎皮質から分泌されるホルモンの1つ。交感神経の末端から出る神経伝達物質の1つ。アドレナリンからメチル基がないもの。血管を収縮し血圧を上昇させる。

(2) 外分泌腺の機能

①涙腺と涙　眼瞼の後方にある涙腺から，微量の涙が絶えず流出し，角膜の乾燥を防ぎ，異物を除去して清潔を保ち，角膜に栄養を与えている。ドライアイでは涙が不足し，眼球表面が乾いた状態になり傷つきやすい。

②瞼板腺　上下の眼瞼にある腺から脂肪性分泌液が出て，まばたきをスムーズにし，眼球を傷つけない保護作用をしている。目やにはこれらの液が乾燥し固形化したものである。

③気管腺　気管，気管支の粘膜には多くの腺があり，粘液を分泌して呼吸での乾燥を防ぎ，ホコリなどの異物を痰として線毛で喉の上部に送り咳で体外に排出する。

④鼻粘膜，嗅腺　鼻柱隔や奥にある鼻腔の表面を覆っている粘膜には，無数の嗅腺があり，各種の臭い成分を捉える分泌液を出している。捉えた臭いを信号で脳の嗅覚野に送って判断する。鼻腔からの粘液は鼻腔内に適度な湿度を保ち，吸収した空気中の細菌やホコリを粘着させ，鼻汁として体外に排出させる。

⑤唾液腺　主な唾液腺は，耳下腺・顎下腺，舌下腺の3つであり，他に小さいものがある。分泌成分は腺の場所で異なり，飲食物により延髄などの自律神経が適切な液を分泌させる。1日に出す唾液は1ℓあまりである。

⑥乳腺　脳下垂体の乳腺刺激ホルモンが分泌され，乳房が発達する。妊娠して出産が近づくと，乳腺が急に発達し，出産に合わせて乳を分泌する。乳は乳管洞に蓄えられ，乳児が乳頭を吸うと乳が出る。

⑦食道腺　食道の内面を覆う粘膜にある分泌腺から粘液が出て，飲食物の通りをよくする(34頁参照)。

⑧胃腺　飲食物が胃に入ると，その信号が脳の延髄に伝えられ，胃の内壁にある多くの胃腺から胃液が分泌される。胃底の腺からは塩酸とペプチドが出てたん白質を消化し，幽門の腺からは粘性のガストリンが分泌される(34頁参照)。

⑨十二指腸腺　内壁の多くの腺からプロテアーゼが分泌され，たん白質を分解する。また胆嚢や膵臓から送られてきた消化液も，消化吸収に作用している(34頁参照)。

⑩小腸腺　内壁のヒダにある無数の絨毛から多様な成分の小腸液が分泌され，澱粉，糖分，たん白質，脂肪などを全て分解し，栄養分の消化吸収を完了させる(34頁参照)。

⑪前立腺・尿道球腺　射精管と尿道の起始部にあり，精臭のある乳白色でアルカリ性の漿液を，多くの導管によって尿道に分泌する。この液は精子の運動を促進させる。尿道球腺は粘液を分泌し，尿道に適度な湿気を与え，尿の流出をスムーズにする(36頁参照)。

⑫皮膚汗腺，脂腺　全身の皮膚には200万個もの汗腺があり，体温が上昇するとエクリン汗腺の出口を開いて汗を放出し，熱を放散させる。逆に寒さや体温低下時には汗腺を閉じて，体温の散失を防いで体温を調節する。

　脂腺は皮膚の毛穴の奥にあり，「皮脂腺」ともいう。これから分泌した脂肪は，皮膚の表面に適度な柔軟性を保ち乾燥を防いでいる。なお，新陳代謝によって

● **線毛**(cilium)
動物の組織細胞の表面や原生動物の体表に，可動性の短い毛状の突起をいう。長さ15ミクロン，直径0.2ミクロンで多数が線毛で，長くて少ないものを鞭(べん)毛という。

● **ガストリン**(gastrin)
胃の幽門部粘膜から，血中に分泌される，消化管ホルモン。胃液分泌を促す，17個のアミノ酸からなるポリペプチドである。

● **プロテアーゼ**(protease)
たん白質，ポリペプチドなど，ペプチド結合の加水分解を触媒する酵素の総称。たん白質の消化を助ける消化酵素であり，ペプトンやアミノ酸の製造などにも利用されている。

● **エクリン(汗)腺**
(eccrine gland)
外分泌腺の1つで，細胞の固形成分は分泌せず，分泌液だけを細胞膜を通して分泌する腺。腋下やそけい部にあるアポクリン腺やホロクリン腺などと異なる。

皮膚は新しく生まれ変わる。脇の下や陰部にあるアポクリン腺からは，発汗時などに体臭をもつ成分が分泌される。

● **アポクリン（汗）腺**
(apocrine gland)
腋下や外耳道，乳輪，肛門周囲から外陰部にある。思春期から急に発育する。汗腺からの分泌物が，体臭のもとになる。

9. 生殖器系

1) 性別と生殖器系

(1) 性染色体と性別

①**染色体** 染色体は細胞核内にある糸球体で，遺伝情報の伝達に重要な役割をなしている。デオキシリボ核酸(DNA)を主成分とし，自己増殖性がある細胞内小体で，生物種ごとに数や形態が決まっている。男女とも23対で46本の染色体をもち，このうち1対2本が性を決定する「性染色体」である。男性はXY，女性はXXの組み合わせでYが男性となる。これ以外は共通な「常染色体」である。

②**精巣と卵巣** XY染色体をもつ個体は，受精から7週目ころより精巣が，XX染色体をもつ個体は8週目ころから卵巣の分化が始まる。

● **デオキシリボ核酸**
(deoxyribonucleic acid)
[DNA]
核酸の一種で遺伝子の本体。2本のポリヌクレオチド鎖が，塩基間の水素結合で並列し，ねじり合った二重らせん構造をしている。人間では1個の細胞に，約1.8mの長さのDNAが入っており，これに遺伝情報が収納されている。

(2) 性別の決定

①**泌尿器，生殖器** 男性ではウォルフ管が発達し，精管，精嚢，射精管などの生殖器を形成する。ミューラー管は受精後11週目までに退化し，4か月後には陰茎の発達がみられる。女性ではミューラー管から子宮，腟，卵管などが形成され，ウォルフ管は退化する。

②**思春期** 男性は男性らしい体つきになり，陰毛が生え，陰茎が発達し射精が起こるようになる。女性では，月経（初経）がみられ，乳房が発達するが，はじめは月経周期（平均28日）は一定しないことが多い。

2) 生殖器の構成と機能

(1) 男性生殖器の構成と機能

①**男性生殖器** 陰茎，精巣，精巣上体を包んでいる陰嚢，精管，前立腺などで形成され，泌尿器，性交器の機能も兼ねている。

②**陰茎** 外部に出ている陰茎体（一対の海綿体と尿道を囲む尿道海綿体），体内にある陰茎根，亀頭からなり，性的興奮で自律神経が働き，海綿体が充血し勃起が生じる。

③**陰嚢** 皮膚と平滑筋による袋の中に精巣があり，精子をつくり貯蔵しており，精子の活動のため精巣の温度は，体温より少し低く調節されている。

④**精巣（睾丸）** 精子をつくるとともに男性ホルモンのアンドロゲンを分泌し，女性を妊娠させる機能をもち，男性の性徴をつくる。精液1mlには約一億の精子が含まれるが，最近では若い世代に精子数の減少が認められ，授精能力の低下が注目される。

⑤**精管，前立腺** 精子は精巣上体に3週間ほど滞留した後に，精巣輸出管が合流した精巣上体管を通り，さらに精管を経て射精管から射出される。前立腺の働

● **アンドロゲン**(androgen)
雄（男性）の第二次性徴を発現させる，ステロイドホルモンの総称。精巣から産出され副腎皮質であり，卵巣からは副次的に分泌する。

きは38頁を参照。

(2) 女性生殖器の構成と機能

① **女性生殖器** 恥丘，大陰唇，小陰唇，陰核，腟前庭などによる外性器と，卵巣，卵管，子宮，腟などの内性器で形成されている。

② **恥丘，陰唇** 恥丘は骨盤を形成する骨の1つで，膀胱前面にふくらんだ恥骨がある。大陰唇は，恥丘から会陰部に達する3～5cmの唇のような組織である。小陰唇は大陰唇の内側にあり，ヒダ状をしており前方で合し，陰核を包む陰核包皮となっている。

③ **卵管** 卵管は子宮の左右の端から卵巣につながる10cm程の管状の臓器である。先端は手を広げたような形で，卵巣から排卵された卵子が先端から卵管に入り子宮に向かう。卵管では分泌液が出され通りやすくなり，線毛の働きで子宮に向かう。一方，射精によって腟内に入った精子が子宮を通って卵管に入り，卵管内で卵子と結合して受精する。

④ **子宮外妊娠** 受精卵は子宮に向かうが，卵管内に溜まって発育すると「子宮外妊娠」となり，卵管が破れ大出血などの危険を生じる。

⑤ **卵巣** 左右に一対で子宮の両側にあり，表面が白色の結合組織で包まれ，拇指頭大である。外側の皮質と内側の髄質でできている。髄質には血管，神経，結合組織が含まれ，皮質には卵胞があり，卵子はこの膜を破って，28日周期で1つずつ排卵され月経となる。

⑥ **子宮** 骨盤内にあり，洋なし型で平常は鶏卵大である。上方3分の2のふくらんだ部分が子宮体で，下方3分の1の円錐状の部分を子宮頸という。子宮は外側から外膜，筋層，内膜の3層を成している。子宮筋は脳下垂体から分泌されるホルモン（オキシトシン）で収縮する。内膜はエストロゲン（卵胞ホルモン）や，プロゲステロン（黄体ホルモン）により，月経を生じている。受精すると内膜が発達して胎盤が形成される。受精卵は子宮体に着床して胎児となり，胎盤から臍帯により栄養を得て発育する。

⑦ **腟** 腟入口から子宮頸部まで，筋肉性の伸展性がある7～8cmの管状の臓器である。最奥部に固い子宮頸部が突出しており，腟円蓋という。前方は膀胱に接し，後方は直腸に接している。腟には横に走る多くのヒダがあり，粘膜で覆われ，出産や老化によってヒダが減少して平坦になる。

腟内はグリコーゲンの代謝で乳酸を産生し，酸性が保たれて細菌の増殖を防いでいる。なお，日本人には子宮頸がんが多かったが，最近では奥のほうの子宮体がんが増えた。また，淋菌やトリコモナス原虫，カンジダなどによる腟炎が少なくない。

● **卵胞（期）**
(follicular phase)
月経周期を卵巣の変化から分類し，月経の第1日から約14日間の卵胞期と，排卵後の黄体期になる。

● **淋菌・病**(gonococcus)
ナイセリア菌属に含まれ，淋病を起こすグラム染色性陰性の双球菌。尿道，子宮頸膜，肛門など粘膜の化膿・炎症。性交などで感染。

● **トリコモナス原虫**
(trichomonas)
腟・口腔・腸トリコモナスがある。性交，経口摂取などで感染し，腟炎が多く，尿道・膀胱炎もある。

第3章　地域社会の健康福祉レベル
—死因, 死亡率と寿命—

> 【ポイント】
>
> ❶ 地域社会における人口構成の実態と, 人口を形成する背景を考える。
> ❷ 人口構成の特徴と健康, 医療福祉ニーズの状況に注目する。
> ❸ 地域社会の健康状態を捉える健康指標を理解する。
> ❹ 地域社会の性・年齢階級別の有訴率, 自覚症状, 受療率をみる。
> ❺ 通院率, 入院日数などを地域の健康医療福祉施設との関係でみる。
> ❻ 地域社会の主な死因と死亡率を, 都市と農村などで比べる。
> ❼ 地域社会の寿命を比較し, その背景や原因を考える。
> ❽ 死亡率や寿命を国際比較し, 日本の特徴を理解する。

1. 地域社会の人口構成

1) 地域社会と人口構成

　地域社会を特徴づけている要素の1つに人口構成がある。そしてその構成は, 性別, 年齢, 職業, 産業, 交通, 社会階層などが主な要素であるが, 最近では外国人の流入により, 新たな問題を投じている地域もある。たとえば東京の池袋周辺のある地区などは, 日本人よりも外国人の居住者のほうが多い, という状況である。これらの構成要素は, 一つひとつが切り離されているのではなく, 相互が複雑に結びついて, 複合した因子となっている。

　そして最近の人口構成として, 最も注目されるのが人口高齢化であり, その年齢構成である。これはライフステージ(p.131図9–5参照)との関係で形成され, 保健医療福祉のニーズ(needs)に影響する。しかも財政支出をはじめ, 専門職や施設整備などの対応が求められてくるので, 社会保障などの面からも注目すべき大切なものである。

　また商品の消費とも強く結びついているので, マーケット・リサーチの上からも注目される。若者の消費動向の把握と新商品の開発, 販売戦略などが知られているが, 最近では老人の増加が注目され, 老人がターゲットにされることも少なくない。一方, 過疎化と人口高齢化の進行を抑制する対策として, 大学や産業の誘致による地域活性化なども各地で考えられており, さまざまな取り組みがなされている。

●職業と分類
(occupational classification)
職業は生計維持のため, 社会的連帯と自己実現をめざす, 持続的な活動。この社会学での分類は専門的, 管理的, 事務的, 販売的, 熟練的, 半熟練的, 非熟練的職業の7大分類である。

●社会階層(級)(social class)
階級ということが多いが, アメリカ社会学の影響で, 階層が用いられてきた。経済的所有などを背景にした権力, 威信による上下的な差異評価による。身分・地位の定着化などがある。

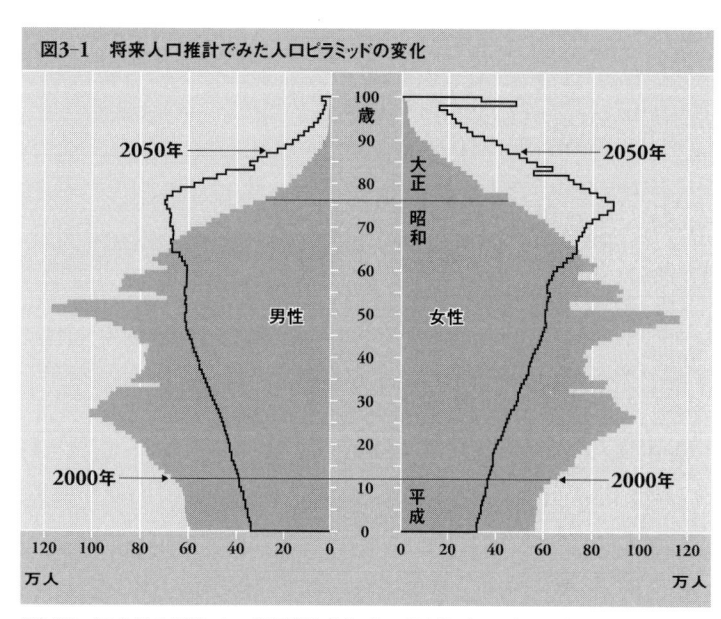

図3-1 将来人口推計でみた人口ピラミッドの変化

[資料] 国立社会保障・人口問題研究所「日本の将来推計人口」2002年

2) 年齢構成と保健医療福祉ニーズ

　1950年におけるわが国の人口ピラミッドは図3-1のとおりである。その後1971～74年の第二次ベビーブームの時期をピークとして，出生数が減少をつづけ，2001年の出生数は約117万人となった。この出生率は人口千対では約9.3の低さである。このため年齢3区分別人口をみると，年少人口が14.4％，生産年齢人口が67.7％，そして老年人口が18.0％に達した（表3-1，p.103表7-2参照）。

　これを医療福祉からみると，生産年齢人口の割合が高く，反対に従属人口指数（年少人口＋老年人口／生産年齢人口）が低ければ，それだけ医療福祉などの負担が軽くなるわけである。そこで2000年における老年人口の都道府県別比率をみると，最高は島根県の25.5％，ついで秋田県の24.3％，高知県の24.1％の順になっている。反対に最も若いのは埼玉県の13.5％，次が神奈川県の14.4％，沖縄県の14.5％と続いている。

●年齢3区分別人口
人口構成を0～14歳（年少人口），15～64歳（生産年齢人口），65歳以上（老年人口）に分けたもの。日本では一般に老年人口が7％以上を「人口高齢化社会」といい，14％以上を「高齢社会」と呼ぶ例が多い。

2. 地域社会の健康と疾病

1) 地域社会の健康状況と健康指標

　地域社会における健康状態をみるためには，健康状態のよさをみる平均寿命の長さや体位，体力，有病率や罹患率の低さ，寝たきり老人や痴呆老人の低率さなどがあげられる。この他，母子保健の諸率，たとえば新生児や乳幼児死亡率の低さ，さらには自殺率や交通事故死亡率の低さなども考えられる。

　しかし平均寿命について，全国の状況を市町村別にみられるような細かい統計は，費用や手数の関係でそう簡単にはつくれない。これは従来，都道府県別について国勢調査人口から求められてきた。また体位や体力などに関しては，一定の抽出標本を用いた調査結果が示されている。一方，学童・生徒の体位や疾病・異常については，文部科学省の「学校保健統計調査」により，毎年の身体検査の結果が表わされている。

　これは学校医の診断によるものであり，目や耳，歯などが広く調べられている。これに対して一般の成人については，従来は一定の抽出対象地域における対象者が，毎年「国民健康調査」によって調べられてきた。これは国民の有病率（人口千人当たり）として示されてきたが，1986年からは「国民生活基礎調査」に

●国勢調査（national census）
国の人口状況などを総合的に把握する調査。日本では1920年に第1回を実施。原則として5年ごとに行われ，最新は2000年に行われた。領土内の常住者すべて（外国人の外交，軍関係者とその家族は除く）を対象に，全数調査をする。

●国民生活基礎調査
旧厚生省の4つの調査を統合し，世帯を対象に新たに国民の保健，医療，福祉，年金，所得などの調査を加えたもの。1986年から毎年行われ，3年ごとに大調査を，その中間年に簡易調査が行われる。

表3-1 人口動態総覧

	実数		人口千対の率	
	2001年	2000年	2001年	2000年
出　　　　　生	1,170,665	1,190,547	9.3	9.5
死　　　　　亡	970,313	961,653	7.7	7.7
乳　児　死　亡	3,601	3,830	※ 3.1	3.2
新 生 児 死 亡	1,909	2,106	※ 1.6	1.8
自　然　増　加	200,352	228,894	1.6	1.8
死　　　　　産	37,469	38,393	※1) 31.0	31.2
自　然　死　産	15,695	16,200	※1) 13.0	13.2
人　工　死　産	21,774	22,193	※1) 18.0	18.1
周　産　期　死　亡	6,489	6,881	※2) 5.5	5.8
妊娠満22週以後の死産	5,127	5,362	※2) 4.4	4.5
早 期 新 生 児 死 亡	1,362	1,519	※2) 1.2	1.3
婚　　　　　姻	800,003	798,138	6.4	6.4
離　　　　　婚	285,917	264,246	2.3	2.1

注――※は出生千対，※1)は出産千対の率である。
　　※2)は出生数に妊娠満22週以後の死産数を加えたものの千対。
[資料]　厚生統計協会「国民衛生の動向」2002年

統合され，世帯および医療施設の両面から広く捉えられるようになった。

2) 有訴者率の比較

　この調査は従来の4つの調査を統合し，全国から抽出した約24万世帯，約80万人について都道府県レベルの解析までを可能とした。3年ごとの大調査とその中間年の小調査である。2001年における腰痛や肩こりなどの訴えについて，人口千人当たりの地域別有訴者率をみると，全国平均の322.5に対して南九州を除くと，広島県の354.0を筆頭にして西日本に高率な県がやや多い。この点は当然，人口の年齢構成に影響されるので，65歳以上や85歳以上でみると，ほぼ加齢による増加傾向が認められる(図3-2)。

　また2001年の人口千人当たり通院者率を都道府県別にみると，全国平均の313.8に対して，秋田県の354.7を最高に，島根県の347.3，長崎県の345.4などが続いている。これらは長崎県のような原爆被災の例外を除けば，人口高齢化の状況を反映するもののように思われるが，南九州の例などをみると必ずしも単純ではない。反対に低いほうをみてみると，沖縄県の226.6がきわだっており，山梨県の282.0などが続いている。そして沖縄県以外からいうと，概して関東を中心にした東日本と南九州が低い，といえる状況である。

3. 性・年齢階級別の有訴者率

1) 性・年齢階級別の有訴者率

国民の健康状態を最も広く捉えているのが，厚生労働省が3年おきに行う，「国民生活基礎調査」による「有訴者率」である。1988年から人口高齢社会に対応するため，従来の調査から内容が変更され，3年ごとに大規模調査が行われている。

自覚症状や通院状況に伴う生活影響を，「傷病をもつ者の生活影響」，「傷病とは診断されてはいないが，健康上の問題で生活に影響ある者」を把握しようとするものである。

このなかで「病気やけが等で自覚症状のある者」を，「有訴者」(医療施設や老人保健施設への入院・入所を除く)とした。そして人口千人に対する割合を「有訴者率」という。2001年には全国で322.5であり，年齢階級別にみると，加齢に伴う増加が認められ，65歳以上では約半数を占めている。

なお，最低率は男性の15～24歳で180.0，女性では5～14歳の204.6である。そして男性の総数284.8に対し，女性が358.1とかなり高率になっている。

2) 自覚症状と内容

自覚症状のある者(有訴者)は，2001年には32.3%であった。逆にいえば約7割の者が「自覚症状」がない。ただし注意を要することは，自覚がないことが「病気」ではない，とはいえないという点である。むしろ気がつかないうちに病気(がんや虫歯など)が，すすんでしまい重症化することは珍しくない。

そこで自覚症状の主な内容をみると，腰痛，肩こり，手足の関節が痛む，などが多い。これらは一見して中高年者にみられる症状，といえるであろう。したがって人口高齢社会が進行すれば，必然的に増加しやすくなる。しかし最近では若者にも腰痛がみられ，肩こりは子どもも訴えている。

こうした状況を捉えるためには，年齢調整を加えた統計分析が必要となる。さらに基本的なことは，栄養，運動，休養など生活習慣を整えることなどによる健康の自己管理である。

3) 性・年齢階級別通院者率(表3-2)

「通院者率」とは，医療施設，老人保健施設，施術所(あんま，はり，きゅう，柔道整復)に通院，通所している者の人口千人当たりの割合をいう。2001年には全国で313.8であり，男性が287.4で女性が338.6である。

これを年齢階級別にみると，15～24歳の男性で112.6，女性で138.2がともに最低率となっている。そして14歳以下で

● **自覚症状調査**(subjecttive symptom research)
一般的に自覚症状および「自覚」には，個別差が大きい。疾病の診断と健康管理のため，個人および集団での健康状態を把握する。客観的な調査，分析，評価の体系を確立したい。

● **年齢調整死亡率**
年齢構成が大きく異なる集団間の死亡率や，特定の年齢層に偏在する死因別死亡率などを比較する場合，年齢構成の差を除く。標準化死亡比ともいい，基準人口には1985年の人口が用いられている。

図3-2 性・年齢階級別にみた有訴者率(人口千対)

平成13年('01)

男		年齢		女
284.8		総数	358.1	
299.4		0～4歳	267.7	
217.7		5～14	204.6	
180.0		15～24	233.9	
205.6		25～34	297.7	
244.9		35～44	330.2	
271.1		45～54	370.1	
346.3		55～64	418.7	
439.6		65～74	505.9	
521.4		75～84	559.5	
543.7		85歳以上	548.4	
		(再掲)		
469.1		65歳以上	527.9	
498.8		70歳以上	544.4	

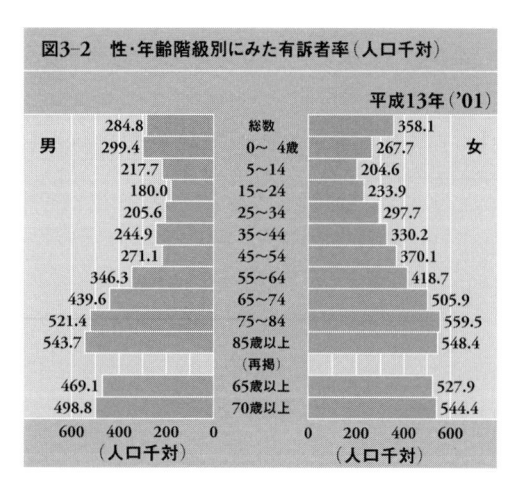

注——総数には年齢不詳を含む。
[資料] 厚生労働省「国民生活基礎調査」2002年

は女性より男性が，15～84歳では逆に女性が高率である。だが，男女ともほぼ加齢による上昇が認められ，65歳以上では6割を超えている。

そこで傷病の内容に注目すると，多いものに高血圧症，腰痛症，虫歯，肩こりなどが目につく。高血圧症は日本人に多い疾患であるが，問題はその背景をなしている遺伝的なものと，それよりも問題となるのが生活のあり方といえる。とくに高血圧や虫歯などには，健康の自己管理のあり方が大きく作用していることを軽視できない。

表3-2　性・年齢別の有訴者率と通院者率　　　　　　　　　　（1999年）

	有訴者率(千対)		通院者率(千対)	
	男	女	男	女
総数	269.0	338.5	259.2	308.3
0～4	228.2	207.3	170.8	150.6
5～14	181.3	168.1	160.0	141.5
15～24	151.5	213.6	92.0	120.9
25～34	194.5	269.4	122.0	177.7
35～44	229.8	289.3	172.5	194.4
45～54	263.2	348.44	261.4	292.8
55～64	356.0	431.7	405.9	448.3
65～74	467.0	532.4	577.5	623.8
75～84	564.4	590.3	656.3	691.8
85歳以上	556.1	558.6	589.8	612.9
再掲				
65歳以上	498.3	553.7	599.0	644.6
70歳以上	532.9	575.3	630.5	669.7

［資料］　厚生労働省「国民生活基礎調査」2001年

4. 健康意識，ストレスなど

1）健康意識の状況

まず健康に対する認識や判断の状況が問われるが，これらの質的内容(信念・態度・行動など)に影響を与えるのが「健康教育」である。したがって逆に考えると，健康意識の表出のある部分は健康教育の影響を反映している。ただし2001年の厚生労働省による「国民生活基礎調査」で捉えられているのは，アンケートに答えられた結果である。

たとえば，全国の6歳以上(医療施設や老人保健施設への入院・入所者と，1か月以上の就床者を除く)を無作為に抽出し，その意識をみている。この人たちによる健康状況が「よい」(24.2%)と「まあよい」(16.4%)，という回答を合わせると40.6%になる。「ふつう」が41.8%で，「よくない」(あまりよくない＋よくない)が11.5%となっている。

こうした健康意識の形成に与える影響因子の分析と，この意識が次にどのような行動(健康行動という)を伴うか，に注目しなければならない。

2）日常生活への影響

厚生労働省による2001年の「国民生活基礎調査」では，6歳以上の者で医療施設や老人保健施設への入院・入所者と，1か月以上の就床者を除いた結果が示

●高血圧症(hypertension)
血圧は，循環血圧が血管壁を圧する圧力である。心拍出量と全末梢血管抵抗との積で示される。高血圧症は，原因不明な本態性(原発性)と，原因明白な一次性(続発性)に大別される。収縮期血圧が140mmHg以上で，拡張期血圧が90mmHg以上が高血圧症である。

●健康意識(will of health)
健康教育などにより，健康の知識や技術，態度，行動が体系化される。そして健康に対する判断(健康観)が確立する。これらを反映し，健康に対する個人および集団の意識が表出される。

●健康行動
(health behavior)
健康のための行動であり，個人と集団のものに大別される。健康づくり，健康自己管理のための健康(生活)習慣が，健康と生活習慣病を形成する。適切なものと誤った行動(喫煙など)がある。

表3-3 性・年齢階級別にみた6歳以上の者の
日常生活に影響のある者の率(人口千対)　　平成13年('01)

	日常生活に影響のある者					
		日常生活動作	外出	仕事・家事・学業	運動・スポーツ等	その他
総数	103.0	34.9	32.1	45.7	31.0	14.0
男	92.3	29.9	24.9	38.4	31.0	12.9
女	113.0	39.5	38.8	52.5	31.0	15.0
6〜14歳	40.8	10.6	4.9	12.2	22.9	5.8
15〜24	46.7	12.2	7.9	19.8	19.9	6.4
25〜34	52.5	13.8	11.8	28.6	15.8	8.1
35〜44	67.8	16.7	13.4	35.9	20.6	11.0
45〜54	87.2	22.2	16.8	45.5	25.3	13.5
55〜64	117.9	32.5	29.7	54.2	35.6	17.5
65〜74	181.0	62.1	68.1	76.3	53.2	22.4
75〜84	287.7	131.1	141.0	114.1	68.8	31.3
85歳以上	422.0	277.8	222.9	130.9	101.5	47.3
(再掲)						
65歳以上	235.0	102.4	104.1	92.7	62.3	27.3
70歳以上	271.5	126.5	128.4	105.5	68.5	30.8

注――日常生活への影響を複数持っている場合は,それぞれに計上している。
[資料]　厚生労働省「国民生活基礎調査」2002年

されている。健康上の問題による日常生活への影響のある者は,全国で人口千人当たり103.0である(表3-3)。そして男性の92.3に対し,女性は113.0と高くなっている。

影響の内容は,「仕事・家事・学業」が45.7で最多であり,ついで「日常生活動作」が34.9,「外出」が32.1,「運動・スポーツ等」が31.0と僅差である。

そこで性・年齢階級別にみてみると,「仕事・家事・学業」では,男性の38.4に比べて女性は52.5と高い。また「日常生活動作」で29.9対39.5,「外出」でも男性の24.9に対して,女性が38.8と高率である。ところが「運動・スポーツ等」では,差がみられない。なお,年齢階級別では男女を合わせたもので,加齢とともに上昇しており,6〜14歳が40.8であり,85歳以上では422.0に達し10倍強である。

3) 健康行動と悩み,ストレス

健康行動のうちでも「疾病予防行動」の側面の強い,健康診断や人間ドックの受診状況(2001年)をみてみよう。20歳以上で過去1年間に「受けたことがある」が60.4%であり,男性が66.0%で女性は55.2%とさらに低い。

受けなかった主な理由は,「心配な時はいつでも病院などで診てもらってい

●人間ドック
合成語であり,船舶の建造と点検修理を行うドックを,人間(主に中高年者以上)が,体の異常などの検査診断のための施設名に転用した。1945年ころから用いられ,初期には1週間程の入院を要したが,最近では"半日ドック"もある。

表3-4 施設の種類別推計患者数と割合（1999年）

	入院		外来					
	人数(千人)	%	人数	%	初診		再来	
					人数	%	人数	%
総　　数	1,482.6	100.0	6,835.9	100.0	1,104.6	100.0	5,731.3	100.0
病　　院	1,401.3	94.5	2,132.7	31.2	264.9	24.0	1,867.8	32.6
一般診療所	81.3	5.5	3,553.6	52.0	646.1	58.5	2,907.5	50.7
歯科診療所	—		1,149.7	16.8	193.6	17.5	956.1	16.7

［資料］　厚生労働省「患者調査」2001年

るから」が，男女とも50歳代以降に加齢とともに増加している。逆に「受けたいと思っているけど機会がない」が，男女とも25～34歳で最多を占め，加齢とともに減少する。なお，「仕事のあり，なし」では，「あり」が明らかに多い。

また12歳以上で日常生活に悩みやストレスが「ない」人は44.0%で，「ある」が49.0%を占めている。「ある」という人ではその原因が，「仕事に関すること」で37.2%，「自分の健康や病気」で29.8%，「収入・家計，借金」で22.1%を占めている。性別には男性が「仕事に関すること」で50.4%，女性では「自分の健康や病気」が31.9%で最多である。

5. 受療率と患者数の状況

1）患者数の推計

1999年の「患者調査」によると，調査日に全国の医療施設で受療した推計患者数は，入院患者が約150万人，外来患者が約700万人であった。入院患者の94.5%が病院に，また一般診療所に5.5%が入院していた。一方，外来患者は病院に31.2%，一般診療所に52.0%，歯科診療所に16.8%が受診していた（表3-4）。

これらの患者の年齢に注目すると，65歳以上が入院の6割，外来の4割を占め，加齢による増加傾向がみられる。そこで地域における医療機関と，交通機関などの状況を反映する，都道府県を超えた患者の流入と流出の状況をみよう。すると，入院で6.1%，外来で3%がこれに相当する。入院・外来とも大都市に近住地からの流入がみられ，東京圏では埼玉，千葉，神奈川県などからの流入が大きい。愛知，大阪，京都，奈良や佐賀などの各県にも認められる現象であり，この是正には「地域医療整備（計画など）」のあり方が問われている。

2）地域別の受療率（図3-3）

まず受療率については，厚生労働省の「患者調査」と，各自治体などによる「国民健康保険」の受診状況からみることができる。1999年の患者調査では全国の人口10万人当たり受療率は，入院が1,170，外来が5,396である。これは人口の

●地域医療計画（community medical planning）
地域住民の健康を守るため，現状（問題）の把握とその問題解決・改善の目標と方法・手順を設定すること。日常の生活圏として2次医療圏を定め，都府県単位に3次医療圏とする（北海道は例外で6つ）。

●患者調査（patient survey）
病院，診療所など医療機関を利用する患者の傷病名，入院期間，退院の事由などを把握する。1948年の「医療施設面からみた医療調査」が，1953年から現行名になった。

図3-3 都道府県別(患者住所地)にみた受療率(人口10万対)

平成11年('99)10月

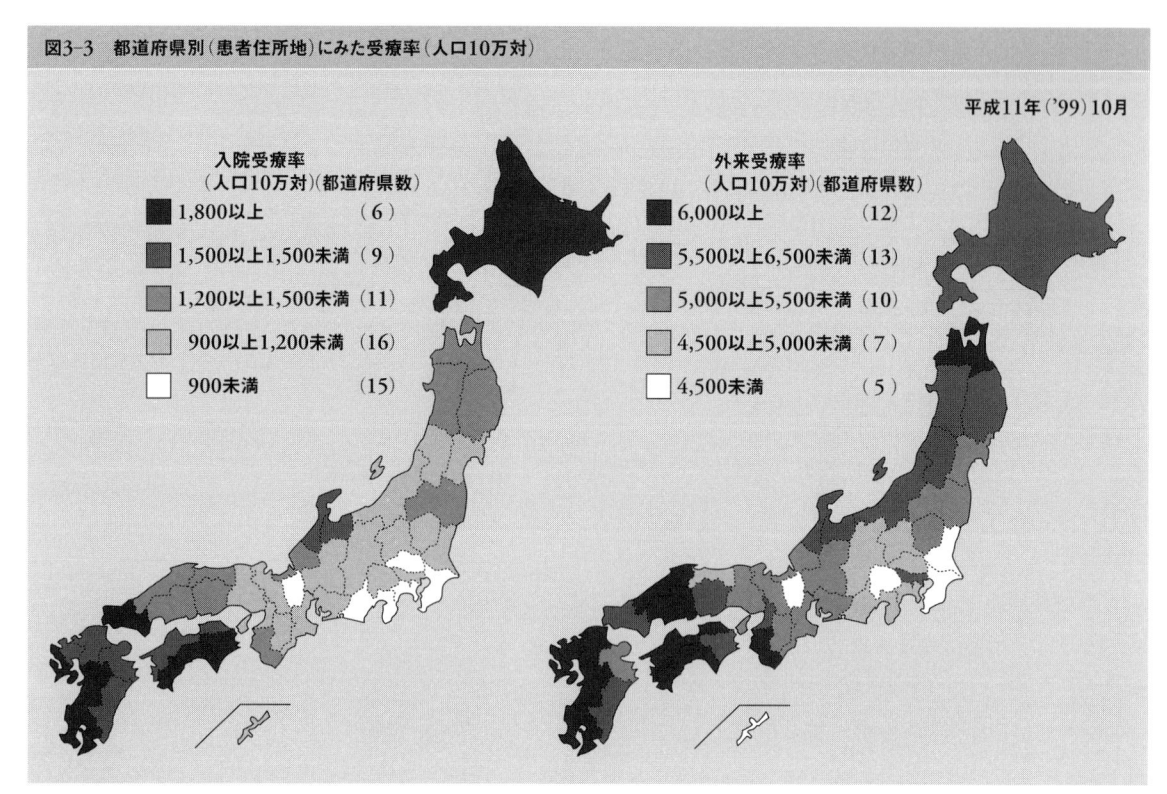

入院受療率
(人口10万対)(都道府県数)
- 1,800以上　　　　　(6)
- 1,500以上1,800未満　(9)
- 1,200以上1,500未満　(11)
- 900以上1,200未満　(16)
- 900未満　　　　　(15)

外来受療率
(人口10万対)(都道府県数)
- 6,000以上　　　　　(12)
- 5,500以上6,500未満　(13)
- 5,000以上5,500未満　(10)
- 4,500以上5,000未満　(7)
- 4,500未満　　　　　(5)

[資料]　厚生統計協会「国民衛生の動向」2002年

約1.2％と5.4％に相当する。年齢別にみると入院では10～14歳が138人で最低率であり，加齢に伴って上昇し，90歳以上が12,399を占めて最高となる。また外来では15～19歳が1,920で最低率を示し，75～79歳が15,009人で最高率となっている。全国総数(平均)は，人口10万人当たり6,566である。これに比べて高知県の8,705を最高に，長崎，佐賀，熊本など四国・九州の各県が高率である。反対に低いのは，沖縄，千葉，茨城，滋賀などの各県であり，最高と最低の県では2倍近い差がみられる。

なお，受療率の高い県は概して人口当たり病床数など医療施設が多く，逆に受療率の低い県は人口に対する医療施設の比率が低い，という傾向を表わしている。これに加えて，高齢者の割合に注目する必要がある。

3) 長い在院日数の背景

(1) 在院日数とは

1999年の「患者調査」による平均在院日数は，全病床総数で39.3日，一般病床で37.2日，精神病床で492.1日ときわめて長い。精神病床の長さがまず目につくが，一般病床でもアメリカに比べると約4倍，ヨーロッパと比べても2倍ほど長いことが問題である。この背景には地域医療のあり方，在宅ケアと医療施設内ケアとの一貫性を欠くことの問題などが指摘できるであろう。

(2) 在院日数の比較

国内の状況について，市町村単位の比較ができるのは，国民健康保険による

●医療施設調査
全国の医療施設分布とその機能実態を捉えるため，1948年から厚生省が医療統計調査の一部として行ってきた。1953年から医療施設調査が，従来のものを静態調査で3年ごとに，施設の開設や廃止などを動態調査としている。

1件当たり入院日数である。ここで2000年の「病院報告」をみると，全国の全病床の合計(平均)が39.1日であるが，最長の佐賀県が58.2日，次いで高知県の58.1日，山口県の56.6日などが続いている。一方，短いのは長野県の28.0日を筆頭に，山形県と神奈川県の31.5日，東京都の31.6日などが僅差で続いており，東京をはじめ首都圏の各県に代表されるように，東日本で短く，四国，九州で長い(表3-5)。

この主な理由として考えられるものは，まず第一に，地域の年齢構成があげられ，第二には，地域医療の内容が考えられる。つまり，東京都や神奈川県などには，大学病院をはじめ専門機関の付属病院などが多く，そこで検査や診断が行われ，治療は地元でつづけるというケースも指摘できるからである。このほか，医療施設や交通に恵まれ，早期発見と早期治療により，軽症のために早く治るという点も考えられるであろう。

表3-5 病床の種類別にみた平均在院日数(各年間)

	平均在院日数	
	平成12年('00)	平成11年('99)
総数	39.1	39.8
精神病床	376.5	390.1
感染症病床	9.3	11.0
結核病床	96.2	102.5
一般病床	30.4	30.8
(再掲)		
療養型病床群	171.6	165.3

注——療養型病床群においては「新入院患者数」，「退院患者数」に加え，同一機関内の「他の病床から移された患者数」および「他の病床へ移された患者数」を計上し，算出している。
[資料] 厚生労働省「病院報告」

6. 地域社会の生活と寿命

1) 地域別の平均寿命

(1) 寿命の主な原因

人間の寿命・平均余命は，その人の一生における生活の全体的な集積を反映する面と，親から与えられた遺伝的素因の2つの面がある。そしてこの2つは，相互関係をもつ面が少なくない。たとえば生まれつき体の弱い人は，それを基本にした生活設計を立てたり，弱さを克服しようとしたりする。さらには，個人の属している集団(日本，都道府県など)の社会経済，文化(医療など)のレベルが大きく影響している。

著者はかつて都道府県別の平均寿命について，巨大都市である東京都と大阪府の区市別平均寿命を比較分析した。それによると，いずれの地域でも強く作用している因子は，社会経済的要因であった。もっとわかりやすくいうと，社会階層を表わす所得や学歴が寿命を延ばす因子として認められた。

ただし，東京都における最強の因子が「学歴」であるのに対して，大阪府では「所得」が最も強く作用していた。そして，前者で第3次産業の就業者比率の影響が認められたのに対して，後者では第2次産業の就業者率がより強く影響していた。一方，人口の移動については，最近の流入人口率が寿命の伸びにプラスの作用をもち，反対に生まれたときから転居しない人の率は，マイナスの作用が認められた。この理由には，流入人口は概して若い世代が多く，逆に非移動者率は年齢が高く，商業や農業など伝統的な職業従事者が多い。しかもこれらの

●平均寿命
0歳の平均余命を「平均寿命」といい，0歳の人の平均生存年数を示したものである。

●平均余命
(expectation of life)
X歳の人のその後の生存年数の期待値で，X歳以上の定常人口の合計を，X歳に達するまで生存する人数の期待値で割って算出する。

●生命表 (life table)
ある年次の年齢別死亡率が，将来も継続すると仮定し，集団での死亡・減少する過程を示すもの。生存数・率，死亡数・率，定常人口，平均余命などの生命関数を用いて示される。

図3-4 都道府県別平均寿命

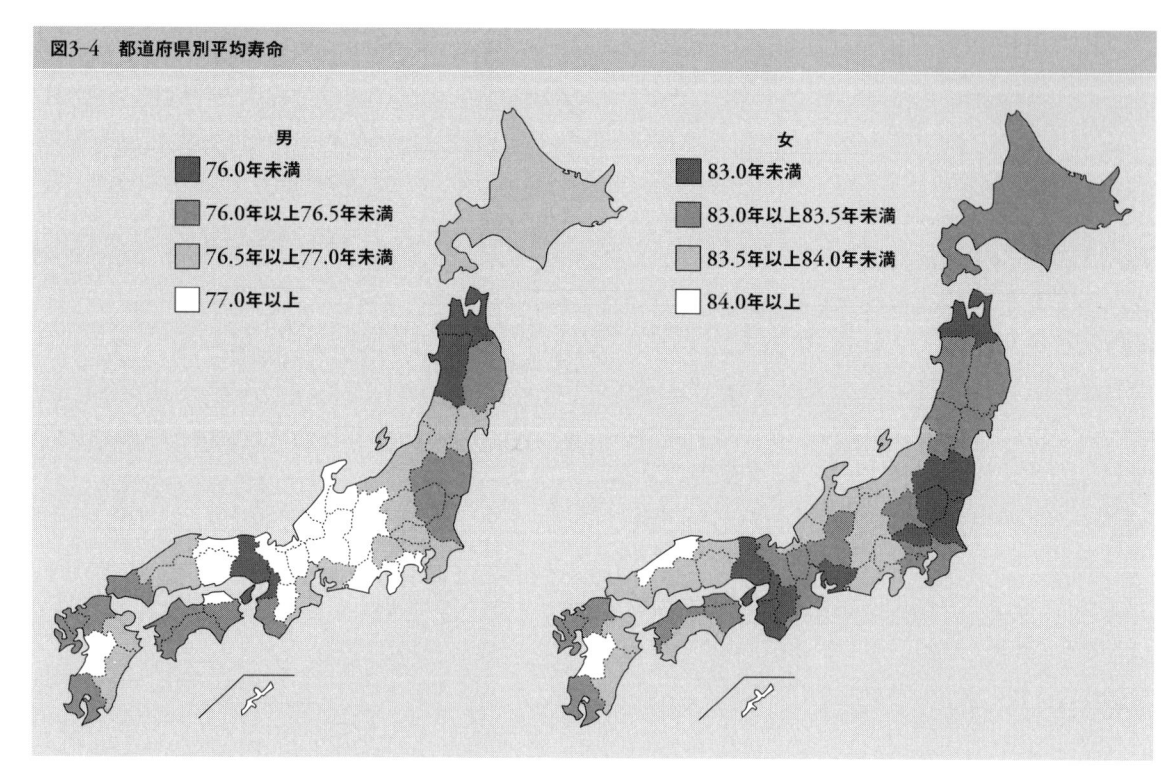

男
■ 76.0年未満
■ 76.0年以上76.5年未満
■ 76.5年以上77.0年未満
□ 77.0年以上

女
■ 83.0年未満
■ 83.0年以上83.5年未満
■ 83.5年以上84.0年未満
□ 84.0年以上

［資料］厚生省「平成7年都道府県別生命表」1997年

職種の死亡率の高いことと関係している。

(2) 短命地域の分析

ここでは短命な地域の例として，東京から比較的距離が近く，男性の寿命第1位の長野県に隣接した，山梨県南巨摩郡早川町をあげて紹介したい。町は山梨県の南西部にあり，東西16km，南北38km，面積が370km²の広さを有し，櫛形山系と白根山系に囲まれた山岳地帯である。交通は下部駅か身延駅からバスで30分，または甲府駅からバスで90分程かかる。

最近の人口は約1,800人であり，人口密度は約5人／km²と低く，老年人口が約50％である。職業は主として農林業であるが，平坦地が少ないため小規模農業世帯が多く，道路工事や採石現場などでの労働，温泉旅館などの手伝いが主体である。これらのため概して労働時間が長かった。

こうした生活を反映し早川町の死因は，最近の死因第1位は全国と同じくがんが約30％を占めているが，第2位には老衰の約15％，第3位が脳卒中の約14％である。がんの多さに比べて心疾患の少なさが目につく。そこで少し古いが1974～78年における男性の標準化死亡比（SMR）をみると，がんが10万対82.9，心疾患が同46.2，脳卒中が同89.8となっている。

そこで厚生省（当時）による1985年の平均寿命をみると，男性が64.7歳，女性が75.3歳であった。これは山梨県においても短いほうであり，全国に比べて男性は9歳短く，女性は3.6歳も短くなっている。

この原因として第一にあげられるのは，かつてから脳血管疾患の死亡率が高かったこと。第二には，肝がんともあわせて悪性新生物による死亡率の高さが

●標準化死亡比（SMR：standardized mortality ratio）集団の年齢構成差を，基準死亡率で調整した数値（期待死亡数）に対する実際の死亡数の比である。主に小地域の比較に用いるが，分子は最低100人以上を必要とする。

考えられる。これらの改善には日常における生活や労働のあり方に加え，住民による健康自己管理の重要性が問われてくるであろう。

2）地域別平均寿命の比較

(1) 都道府県別の比較（図3-4）

地域における寿命の長さをみるには，厚生労働省による「地域生命表」があり，これによって都道府県別と，市町村別レベルまでがわかる。ただし，5年ごとの作成のため，最新の男性の全国平均は2001年のデータであるが（78.1年），都道府県別のデータは1995年のものが最新となり，長野県の78.1年が最も長く，ついで福井県の77.5年が続いている。一方，女性では全国が84.9年（2001年）で，都道府県別では1995年には第1位が沖縄県の85.1年，ついで熊本県の84.4年の順である。なお，1995年における全国の平均寿命は男性は76.7歳，女性は83.2歳となっていた。

反対に短いのは，男性では青森県の74.2年，ついで大阪府の75.0年，長崎県などの順である。女性では，大阪府の81.2年，ついで栃木県の81.3年などが続いている。これらの状況を合わせると，男女とも沖縄県，長野県などが長く，反対に青森県や大阪府の短いことが目につく。この背景をみると，青森県の例では冬の気温の影響が考えられるが，長野県の成績のよさなどからいうと，必ずしも温度だけの原因ではないことがわかる。また，東京，愛知，大阪などの大都市の下落が目につく。

(2) 寿命の性差（図3-5）

寿命は多くの動物で雌のほうが長く，人間も同様である。しかしその原因については，必ずしも明らかではない。まず2001年のわが国における状況をみると，男性の78.07歳に対して女性が84.93歳で，6歳の開きがある。これを30年前の1955年でみると63.60歳と67.75歳であり，4.15歳の開きであった。したがってその差は拡大傾向にある，といえるであろう。ただしこの傾向がいつまで続くかは，両性の死亡率の変化によって異なってくる。

ここでとくに注目しておきたい点は，地域における性差の大きさと，沖縄県や長野県のように男女とも寿命の長いところと，逆に男女とも短い青森県や大阪府のような例がみられること。これとは別に一方だけが長い，あるいは短い，という相違についてである。その理由には，やはりこうしたところにも，地域のおかれている状況が複雑に反映されている。そして寿命の性差は，ライフサイクルや老後の生活をめぐって，保健医療福祉のケアなどに大きな影響をもたらしてくる。

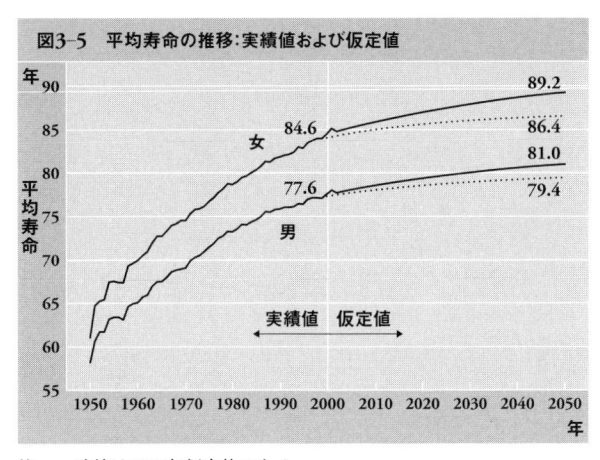

図3-5　平均寿命の推移：実績値および仮定値

注——破線は1997年仮定値である。
［資料］厚生統計協会「国民福祉の動向」2002年

● 完全・簡易生命表

完全生命表は，第10回生命表（1955年）から，5年ごとに行われる，国勢調査の確定人口に基づいて作成する。簡易生命表は，人口動態統計（概数）と，推計人口により作成される。前者に比べて計算も簡略され，毎年算出し，最新の動向を示す。

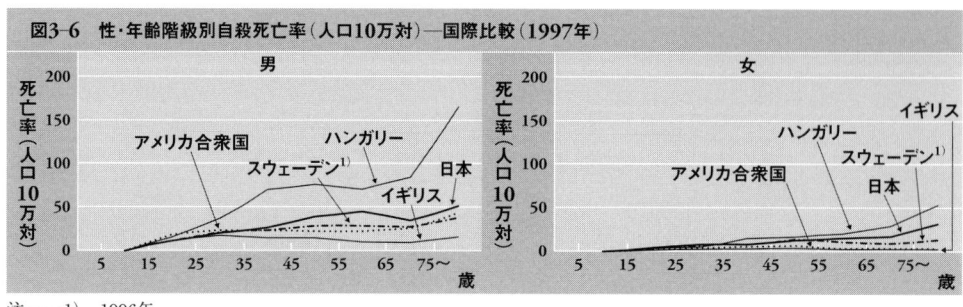

図3-6　性・年齢階級別自殺死亡率（人口10万対）—国際比較（1997年）

注——1）1996年
［資料］厚生労働省「人口動態統計」
　　　　WHO「World Health Statistics Annual 1997～1999」

7. 地域社会の自殺率と死亡率

1) 地域社会と自殺

　自殺という現象を社会学的な視点から科学的に捉えた，デュルケム（E.Durkheim, 1858～1917）の『自殺論』は有名である。彼は自殺の要因として集団・社会の規範や拘束力に注目し，カトリック社会に比べてプロテスタント社会における自殺の高率さについて説明した。

　また日本における高齢者の自殺率の高さは，ハンガリーなど東ヨーロッパ諸国と並んで注目されるものである。最近では男子の45～64歳と，男女の75歳以上で高率さが目につくが，諸外国には例のなかった20歳前後にみられた高い山は低くなった（図3-6）。自殺の原因には，その社会の文化や社会体制の状況が反映されており，一般的には閉鎖社会における個人への重圧，また一方では社会変動の激しさによる，不安定な社会の個人におよぼす影響が考えられる。しかし，わが国における1998年の自殺動機をみると，男性では「病苦など」が31％を占め，ついで生活・経済問題が約2割，アルコール中毒症や精神障害が16％，家庭の問題が約9％となっている。女性では「病苦など」が45％で，アルコール中毒症などが24％を占めている。

　なお地域別には，2000年に全国の平均が人口10万人当たり24.1であるのに対し，最高の秋田県が38.5で突出し，ついで新潟県が32.9であり，宮崎県の32.6，岩手県の32.1が僅差で続いている。昔から高率として知られている県は，県内に高率な地域が存在していることを物語っている。なお，最近では不況やリストラなどにより，40～60歳代男性の増加が注目される。

2) 地域別死亡率の比較

(1) 死亡率とは

　死亡率には，粗死亡率と年齢調整死亡率（従前の訂正死亡率）とがある。前者はある集団の1年間における死亡数を10月1日現在の人口で除し，千人当たりでみたものである。1963年と1966年における全国の死亡総数が67万人で，この100

●**自殺論**（1897年）
デュルケムの先駆的な論著であり，自殺の諸要因を社会学的な視点で捉えたものである。自殺は，死生観や運命観，宗教観など集団の文化や思考様式と強く関連している。

●**カトリック**〔旧教〕
(catholic church)
ローマを中心に，古代末期から中世にかけて西欧に広まったキリスト教。カトリックは普遍という意味であり，正統を継ぐものと主張し，儀礼を尊重する信徒が世界で9億人いる。

●**プロテスタント**〔新教〕
(protestant)
16世紀にルターやカルビンらによる「宗教改革」で，ローマ教会（カトリック）に反抗（プロテスト）して成立した。旧教が教義を中心としているのに対し，個人の信仰を中心にする。信徒は世界で4億人。

●**アルコール中毒**(alcoholism)
アルコール摂取により血中濃度が上昇し，精神身体の中毒状態をいう。急性と慢性にわけられ，肝障害や人格障害を生じやすい。依存症患者は2万人前後と推計されている。

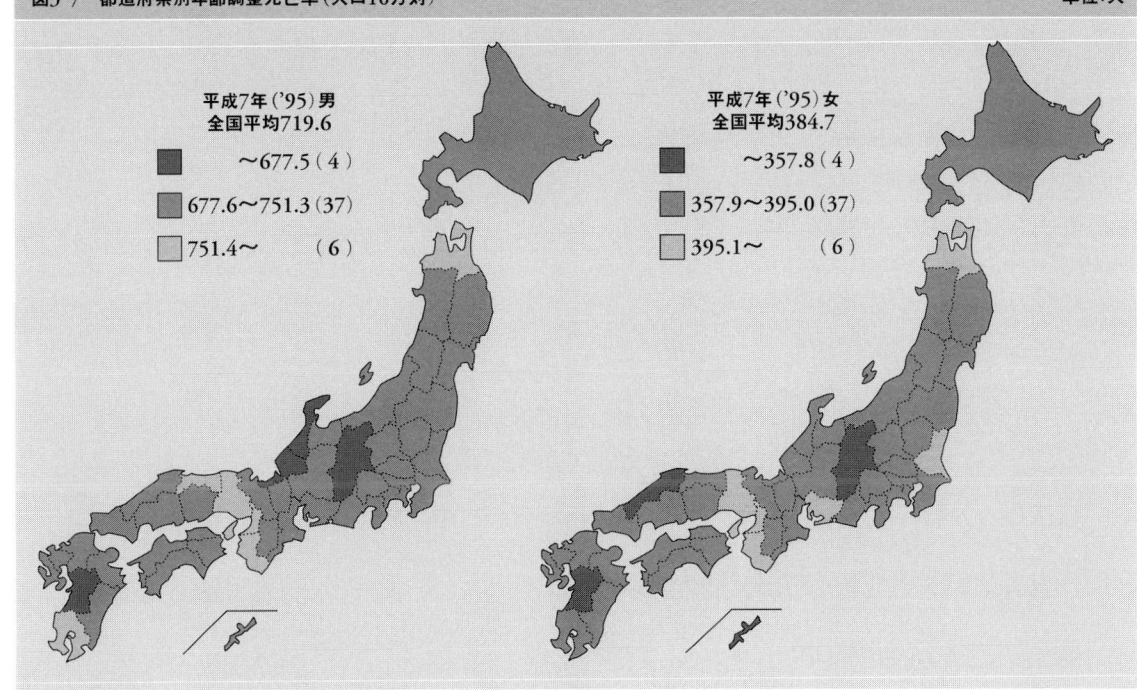

図3-7 都道府県別年齢調整死亡率（人口10万対）　　　　　　　　　　　　　　　　　　　　単位：人

平成7年（'95）男
全国平均719.6
■ ～677.5　　（4）
▨ 677.6～751.3（37）
□ 751.4～　　（6）

平成7年（'95）女
全国平均384.7
■ ～357.8　　（4）
▨ 357.9～395.0（37）
□ 395.1～　　（6）

注——年齢調整死亡率の基準人口は，「昭和60年モデル人口」である。
　　　階級分けについては，標準偏差により，3階級に分けている。
[資料]　厚生省「平成7年都道府県別年齢調整死亡率」

年間での最少であり，その率は7.0と6.8を示している。これが明治から大正にかけては20台の高率で推移していた。それが第二次世界大戦後に著しく改善され，最も低い年には6.0まで下がった。しかしその後は人口高齢社会の進行によって，1988年からは6.5を数え，2001年には7.7になっている。

　これには先に述べた「自殺」と並んで，「交通事故死亡率」なども影響する。さらには地域社会の特徴を示すものであり，道路の状況だけではなく，そこに住んでいる人びとの生活態度などをも反映している。

　そこで，地域の人びとの生活構造との結びつきが強い健康について，死因と死亡率からみることにしたい。最近のように「生活習慣病」による死亡率が60％を超える時代には，ことさら地域社会における生活様式のあり方が大きく影響してくる。

(2) 都道府県別の死亡率（図3-7）

　死亡率は集団における高齢者の比率によって大きく異なる。したがって，高齢者の割合の差による影響を統計学的に取り除いた方法，つまり年齢調整死亡率（以前の訂正死亡率）でみないと，正しい比較にはならない。

　1995年における都道府県別の年齢調整死亡率でみると，全死亡について男性では長野県の10万人当たり617.9，福井県の661.3など，南関東，東海，日本海側と沖縄に低率がみられる。女性では沖縄県の322.9，熊本県の337.4などの他，東日本において男性と同様の傾向がみられるが，西日本においては，中国，四国，沖縄に低率県が多く男性と少し違った傾向を示している。

●交通事故死亡率
交通事故死傷者数は，1999年に105万人におよぶ。その死亡率は人口10万人当たり11人程である。即死と24時間内の死亡事故をさし，受傷事故で入院加療30日以上を重傷，30日未満を軽傷事故という。

●生活構造 (life structure)
人びとの生活を構成する諸要素と，その関連による構造化した状態をいう。物心両面にわたり，物質的，社会的，文化的，時間空間的などの複合した枠組みから，意識・行動がパターン化する。

表3-6 性・部位別にみた悪性新生物の年齢調整死亡率（人口10万対）——国際比較

	男			女			
	悪性新生物	胃	肺[1]	悪性新生物	胃	肺[1]	乳房
日本（'00）	171.9	31.3	36.8	84.3	12.5	9.9	8.9
アメリカ合衆国（'97）	175.6	4.8	57.6	121.1	2.2	30.0	21.2
フランス（'96）	213.4	8.3	51.8	96.8	3.1	7.2	21.7
ドイツ（'97）	191.6	13.1	49.7	116.6	6.9	11.0	23.5
イタリア（'95）	199.1	16.5	58.9	105.1	7.8	9.0	22.0
オランダ（'97）	206.8	10.6	67.3	124.4	4.6	16.1	28.7
ノルウェー（'95）	172.3	10.6	35.3	117.1	5.5	14.3	21.3
スウェーデン（'96）	144.8	7.6	24.7	108.1	4.0	14.1	18.5
イギリス（'97）	185.4	10.3	50.7	130.0	4.4	22.7	26.0

注——年齢調整死亡率の基準人口は世界人口である。日本も世界人口である。 1）気管，気管支及び肺を示す。
［資料］ 厚生労働省「人口動態統計」
WHO「World Health Statistics Annual 1997～1999」

①**がん** 男性では中部地方に低率県がみられる反面，東北，近畿，北九州に高率県が多い。また女性では，中国，四国，南九州に低率県が多く，北陸，近畿，北九州に高率県が多くみられる。
②**心疾患** 男女とも北海道，東北，関東，近畿に高率県が多い。
③**脳卒中** かつてから男女とも西日本に低率県が多く，東北，北関東など東日本に高率県が多かったが，最近では差が小さくなっている。

このほか，乳幼児の死亡率などについては，第7章において母子の健康福祉の面から広く説明する。

8. 死亡率の国際比較

1）粗死亡率と年齢調整死亡率

ここでは成人の死亡だけを扱い，母子に関しては第7章で扱うことにしたい（表3-6～8）。これらの表は調査年次に差があるので，それを念頭において人口千人当たり粗死亡率を国際比較してみよう。日本は2000年に男が8.6で女が6.8である。これに比べて，カナダ（1997年）は男が7.5で女が6.8で日本より低率になっている。

そこで年齢調整死亡率をみると，日本（2000年）の男が5.2で女が2.7である。これに対してスウェーデン（1996年）の男が6.1，女が3.8，フランス（1996年）の男が6.7で女が3.5など，いずれも日本より高率である。このような粗死亡率と年齢調整死亡率との差は，対象集団の老年人口割合の差に起因していることが大きい。逆にいうと死亡率が低いことは，それだけ寿命が長くなり，当然のこ

表3-7 心疾患の死亡率(人口10万対)と構成割合—国際比較

	日本 ('00)	アメリカ合衆国 ('97)	フランス ('96)	イギリス ('97)
死亡率(人口10万対)				
心疾患	116.8	260.7	184.6	291.6
慢性リウマチ性心疾患	2.0	1.8	1.6	2.9
虚血性心疾患	55.9	174.2	81.0	237.6
肺循環疾患及びその他の型の心疾患	58.9	84.8	101.9	51.1
構成割合(%)				
心疾患	100.0	100.0	100.0	100.0
慢性リウマチ性心疾患	1.7	0.7	0.9	1.0
虚血性心疾患	47.8	66.8	43.9	81.5
肺循環疾患及びその他の型の心疾患	50.5	32.5	55.2	17.5

[資料] 厚生労働省「人口動態統計」
WHO「World Health Statistics Annual 1997～1999」

ととして高齢者の割合が高くなる。したがって，表面的には粗死亡率が上昇しやすくなってくる。

2) 主な死因と死亡率比較

最近における日本人の死因と死亡率をみると，いわゆる3大死因の第1位が悪性新生物（がん）である。その総数は年間30万人（2000年）であり，人口10万人当たり235人となっている。部位別には肺・気管・気管支，胃，大腸の順であるが，肝や大腸などが増加傾向である。第2位の心疾患は15万人で10万対120人，3位は脳血管疾患で13万人強，10万対111人程である。そして第3位までの死因は，①がんが31%，②心疾患が15%，③脳卒中が14%であり，合わせると総死亡の約6割になる。

悪性新生物の年齢調整による10万人当たり死亡率は，日本（2000年）の男性の171.9に対し，フランス（1996年）の213.4などが多い。反対に少ない国ではスウェーデン（1996年）の144.8がきわだっている。アメリカ（1997年）は日本より高い水準である。女性では日本（2000年）が84.3であり，フランス（1996年）が96.8で続いて低い。これにイタリア（1995年）の105.1，スウェーデン（1996年）の108.1などが続いている。反対にイギリス（1997年）の130.0の高さが目にとまる。

3) 心疾患，脳血管疾患の死亡率

日本では心疾患の死亡率が1985年に死因の第2位となり，その後は2年間だけ脳血管疾患と入れ替わった他は，ずっと第2位を続けている。これは人口10万人当たり116.8（2000年）であり，イギリスの291.6（1997年），アメリカ（1997年）の260.7に比べると半数以下である。一般に欧米では虚血性心疾患が多く，イギリスは日本の5倍，アメリカは4倍である。

●**心疾患**(heart disease)
心疾患とは，心筋梗塞や狭心症など虚血性心疾患だけでなく，慢性リウマチ性心疾患，心不全などを含む。ただし高血圧による高血圧性疾患は含まない。

●**脳血管疾患障害**
(cerebrovascular disease)
この内容は大別して，脳梗塞と脳出血であり，他にもくも膜下出血などがある。最近増えた梗塞(血管が詰まり血流障害による実質の壊死)であり，脳血栓は血液のかたまりが，血管内につかえて血流障害を起こす。他に血管からの出血(脳出血)がある。

●**虚血性心疾患**
(ischemic heart disease)
冠動脈系の病変により心筋（心臓壁）に血流が供給不能，減少による心臓機能の障害をいう。主に冠動脈硬化で生じ，原発性心停止，狭心症，心筋梗塞，心不全，不整脈の5つ。

表3-8 脳血管疾患の粗死亡率・年齢調整死亡率（人口10万対）―国際比較

	粗死亡率[1]		年齢調整死亡率[2]	
	男	女	男	女
日本（'00）	102.7	108.2	60.4	37.6
アメリカ合衆国（'97）	47.8	71.2	37.0	32.8
フランス（'96）	63.5	84.9	39.9	27.9
ドイツ（'97）	83.8	142.9	60.5	47.0
イタリア（'95）	102.7	138.3	62.4	49.9
オランダ（'97）	61.5	93.8	48.2	39.9
ノルウェー（'95）	96.0	132.4	58.9	45.9
スウェーデン（'96）	96.0	132.3	50.4	40.7
イギリス（'97）	85.9	138.1	55.1	48.7

注――1） 粗死亡率は，年齢調整死亡率と併記したために，粗死亡率と表したが，単に死亡率といっているものである。
　　2） 年齢調整死亡率の基準人口は世界人口である。日本も世界人口である。
［資料］ 厚生労働省「人口動態統計」
　　　　WHO「World Health Statistics Annual 1997～1999」

一方，脳血管疾患は"日本の国民病"ともいわれるように，ずっと第1位を続けてきたが，1981年に悪性新生物が第1位になった。その後，1995年と1996年を除いて第3位となり，2000年には死亡率が人口10万人当たり105.5である。とくに脳梗塞が増加し，反対にかつて多かった脳内出血が減少した。なお，くも膜下出血は増加している。そこで年齢調整10万人当たりでは，日本の男性の60.4（2000年）に比べてアメリカが37.0，フランスが39.9であり，他もみな日本よりも少ない。女性では日本の37.6に対して，フランスの27.9，アメリカの32.8などいずれも低率である。

第4章　健康医療福祉施設と生活環境

> 【ポイント】
> ❶ 「地域保健法」(1994年)の目的,内容,制定の背景を理解する。
> ❷ 保健所の職員,業務の主な内容を理解する。
> ❸ 市町村保健センターの設置とその業務,目的を学ぶ。
> ❹ 地域の生活環境の実態に注目し,健康との関係を考える。
> ❺ 医師,歯科医師,薬剤師,保健師などの地域分布に注目する。
> ❻ 病院,診療所,歯科診療所,病床などの地域分布をみる。
> ❼ 社会福祉士,介護福祉士,MSW,ケアマネージャーなどの状況を知る。
> ❽ 保育所,老人ホーム,障害者施設などの健康医療福祉施設の分布をみる。

1. 生活環境と健康

1) 生活と身近な環境

　人間の健康な生活を保つためには,安全で衛生的な空気と水,食糧や住居,被服などを欠くことができない。また人間は生活していくために,必ず家族や職場などにおいて,個人や集団の置かれている「環境」により,影響を受けざるを得ないのである。

　たとえば,われわれは暑さ寒さなどの気温によって影響される。さらには食糧の供給や経済の状況による作用も大きい。このような自然環境や経済・社会,文化や歴史などの外部環境だけではなく,個人の体質のように先天的な内的環境にも影響される。これらが個人の性格や行動,思考様式などを規定づけていることが少なくない。

　生まれながらのハンディキャップがある人は,それによって生活全般にわたる制約が大きい。また生まれた時からアレルギー体質(アトピー性)の人は,蕁麻疹などの過敏なアレルギー反応を示し,生活に支障をきたすことが多い。最近では花粉症の人が多くみられるが,これは花粉の飛散する環境に対する個人の体質的反応である。しかし,地域住民の生活と健康を守るため,開発に際しては環境アセスメントが重要とされる。

2) 健康,医療福祉ニーズの変化

　地域社会における健康(保健)施設を代表する1つとして,まず保健所をあげた

●ハンディキャップ(handicap)
障害の状態を表し,インペアメント(impairment)「機能障害」と,ディスアビリティ(disability)「能力障害」,ハンディキャップの「社会的不利」の3つに分けられる。

●アトピー性(atopy)
アレルギー体質の1つで,とくに小児に多いが,成人にも少なくない。特定の物質による抗原に対する抗体の反応をいう。皮膚炎,鼻炎,気管支喘(ぜん)息などが合併する,家系・遺伝性がみられる。

●環境アセスメント
(environmental assesment)
環境の大きな変動のおそれがあるとき,その対応の決定に際し,環境変化の情報,確認に基づいて,予測,分析し公表する対策・行動をいう。

い。2001年には全国で約600か所あり，疾病予防，健康増進，環境衛生などの公衆衛生活動に当たっている。かつては人口10万人に対して，ほぼ1か所の設置が考えられていた。しかしその後1994年に制定の「地域保健法」により，都道府県が設置する地域保健の広域的，専門的，技術的拠点としての機能強化が示された。また保健，福祉の連携促進のため二次医療圏などに基づく，所管区域の見直しと規模の拡大化が求められた（表4-1）。

この背景には，急激な人口高齢化と出生率の低下，疾病構造の変化・生活習慣病の増加，地域住民のニーズの多様化などがあった。これらによりサービスを受ける人たち，生活者の立場を重視した地域保健の体系化が求められた。

そこで都道府県と市町村の役割を見直し，住民に身近で利用頻度が比較的高い，母子保健サービスなどの実施主体を市町村に移した。また老人保健サービスと一体化した，生涯にわたる健康づくり体制の整備を進めた。保健行政の権限の一部が市町村に移譲され，従来の「保健所法」が「地域保健法」に改められた。

3）地域保健法の改正

阪神・淡路大震災などによって地域住民の生命，健康の安全に影響する事態が多発し，「危機管理」のあり方が問われた。加えて2000年からの「介護保険法」の施行などに際し，同年につぎの事項が改正された。
①地域における健康危機管理態勢の確保
②介護保険制度の円滑な運用のために，地域保健対策として取り組みを強化すること
③ノーマライゼーションの推進
④21世紀における国民健康づくり運動（健康日本21計画）の推進
⑤保健所および市町村保健センターの整備
⑥地域保健対策に係わる人材の確保および資質の向上

このうち①に関して，2001年に「ガイドライン」が全国の各自治体などに配布された。これらの推移をみると，当面する健康問題への行政サービスの対応が認められる。ただし単なる机上のプランだけに終わらせないためにも，住民・国民の参加と自治体の行政組織における責任分担などを明確にすることが大切である。

2. 地域保健施設の状況

1）保健所の職員と業務

保健所長は医師であり，他にも医師，歯科医師，薬剤師，獣医師，診療放射線技師，臨床検査技師，管理栄養士，保健師などの職員を配置することになっている。2000年度末には常勤職員が全国で3万余人であった。なお，最近では所長が非医師でも良いのではないか，という考え方が議論されつつある。

●疾病構造の変化
性・年齢階級，地域や国，さらには時代による集団の病気のなり立ちは異なっている。だが，同一・近縁の集団内には，共通した疾病が生じやすい。第二次世界大戦直後までの日本では，結核や赤痢（せきり）など伝染性疾患が多かった。経済成長後には，生活習慣による糖尿病など慢性疾患が多い。

●危機管理
（crisis management）
もとは軍事的な危機に対する対処をした。最近では日常的な災害や，阪神淡路大震災，三宅島噴火，さらにはテロ対策，原子力発電所事故，コンピュータネットなど人為的災害も含め，事態に対する対応，収拾処理をいう。

表4-1 都道府県別にみた二次医療圏・保健所・市町村保健センター数一覧表

	二次医療圏	保健所	市町村保健センター		二次医療圏	保健所	市町村保健センター
総数	363	582	2,364	三重	4	9	41
				滋賀	7	7	46
北海道	21	30	122				
青森	6	6	36	京都	6	23	33
岩手	9	10	50	大阪	8	18	52
宮城	5	12	59	兵庫	10	29	78
秋田	8	9	42	奈良	3	6	38
				和歌山	7	8	32
山形	4	4	25				
福島	7	8	60	鳥取	3	4	20
茨城	9	12	80	島根	7	7	32
栃木	5	6	37	岡山	5	11	52
群馬	10	11	53	広島	7	10	59
				山口	9	10	42
埼玉	9	22	84				
千葉	8	16	78	徳島	6	6	18
東京	13	36	78	香川	5	5	26
神奈川	11	38	35	愛媛	6	9	55
新潟	13	14	98	高知	4	10	36
				福岡	13	22	67
富山	4	5	29				
石川	4	5	29	佐賀	5	5	29
福井	4	6	27	長崎	9	10	33
山梨	8	8	41	熊本	11	11	54
長野	10	11	87	大分	10	10	34
				宮崎	7	9	23
岐阜	5	8	77				
静岡	10	12	72	鹿児島	12	16	66
愛知	11	32	77	沖縄	5	6	22

注——1) 二次医療圏は2001年3月31日現在。
　　2) 保健所数は2002年4月1日現在。
　　3) 保健センター数は2001年3月31日現在。
　　4) 政令市と特別区の保健所については，当該都道府県の箇所数に加えた。
［資料］ 厚生労働省健康局総務課地域保健室調べ

地域保健法による保健所の業務は，

① 地域保健に関する思想の普及および向上に関する事項
② 人口動態統計その他地域保健に係わる統計に関する事項
③ 栄養の改善および食品衛生に関する事項
④ 住宅，水道，下水道，廃棄物の処理，清掃，その他の環境の衛生に関する事項
⑤ 医事および薬事に関する事項
⑥ 保健師に関する事項
⑦ 公共医療事業の向上および増進に関する事項
⑧ 母性および乳幼児並びに老人の保健に関する事項
⑨ 歯科保健に関する事項
⑩ 精神保健に関する事項
⑪ 治療法が確立していない疾病その他の特殊の疾病により，長期に療養を必要とする者の保健に関する事項
⑫ エイズ，結核，性病，伝染病その他の疾病の予防に関する事項
⑬ 衛生上の試験および検査に関する事項
⑭ その他地域住民の健康の保持および増進に関する事項

この他，必要に応じて行う5項目の事業が示されている。

2）市町村保健センター

1987年に旧保健所法が制定され，保健所は公衆衛生活動の最先端の役割を担ってきた。しかし，第二次世界大戦後における経済成長後に，国民の生活様式などが大きく変化した。これに伴って疾病構造が激変し，健康に対するニーズも多様化した。こうした状況に対応するために，厚生省（当時）は1978年度から市町村保健センターの設置を促し，その後1983年の老人保健法の施行により，しだいに設置が広まってきた。設置主体は市町村長であり，国が建設費の3分の1を予算の範囲内で補助することになっていた。そして1994年の「地域保健法」によって補助が法定化された。これでは施設整備に対し，1施設当たり9千万円の定額の補助に改められた。これらのために2000年度末には，全国の市町村に2,364か所が設けられた。

この施設は国民の健康づくりを推進するため，地域住民に密着した健康相談，健康教育，健康診査（断）などの対人サービスを総合的に行う拠点である。また，地域住民の自主的な保健活動の場として役立つことをめざし，保健所がとかく"管理的"ニュアンスを有するのと異なっている。とくに市町村レベルにおける身近な，住民による健康づくり活動を活発に展開する「場」として，活用されることを期待したい。

3）地域医療計画

わが国では，地域社会における病院と診療所の機能分担などが，必ずしも明確ではない。この根底には，地域医療のシステムが確立されていない，などの

● **人口動態統計**
(vital statistics)
一定・特定期間の人口の動きを調査し，変動要因を明らかにする。1871(明治4)年の戸籍法により，出生，死亡，婚姻，離婚，死産などが毎年1月1日～12月31日の届出で集計される。

● **精神保健**(mental health)
精神的な健康の保持，増進であり，疾病予防(第1次予防)，早期発見・早期対応(第2次予防)，再発予防(第3次予防)が重要である。従来の精神衛生の拡大を目指す。

● **健康相談**
(health counseling；consultation)
心身の健康に関する相談と指導助言が含まれる。保健指導の面が強く，面接が基本であるが，電話やメールなども用いられる。学校では学校医が行い，担任教員が立ち会う。

● **地域医療**
(community medecine；care)
地域社会を単位として，医療機能の状況をみたもの。日本では自由診療制により，治療を中心としてきたが，包括医療や医療の体系化が求められた。機能的な配置が，第1次から第3次医療圏に分けて考えられる。

問題が認められる。たとえば厚生省（当時）が1990年度を目標にして，各県に「地域医療計画の策定と運用」を指示した。これを受けて都道府県は，「地域保健医療計画」を策定した。この中で地域特性などを勘案した医療圏が定められ，保健医療サービスの供給目標などが示された。しかしこの後にも「無医村」の存在など，いまだに問題の多いことは明白である（p.23，図1-4参照）。

　この計画でとくに注目すべきことは，地域の人口に対する適切な病床数など，医療施設の配備と調整についてである。これ以前にも，1985年における医師の養成配備の指標として，一般医が人口10万人当たり150人，歯科医師が同50人と示された。ところがこれは，目標年次を待たずして達成され，最近ではむしろ"医師過剰時代"ともいわれている。それに合わせてもう1つの基本的な課題は，医師などの地域偏重性の問題である。

3. 保健医療職員の状況（表4-2）

1）地域社会と医師の分布

　厚生省（当時）は欧米諸国におけるその人口比率からみて，わが国における1つの目標として，1985年における一般医師の比率を先に述べた数値としたわけである。ところがこの目標値はすぐに達成されただけでなく，2000年末には約26万人（人口10万人当たり約201.5人）に近づき，"医師過剰"の方向をたどっている。

　それでいながら地域別にみてみると，最多の徳島県，京都府と東京都では人口10万人当たり270人に近く，ついで高知県でも260人を超えている。一方，最少の埼玉県では122人にすぎない。これに千葉県，茨城県，岐阜県が続いている。つまりこれらは，いずれも首都圏など大都市周辺に多くみられる。さらには西日本に比較的多い県がみられる反面，関東以北，東海，中部に少ない県が目につく（図4-1）。

　ただし東京都のように，大学や研究所などの付属病院の多いところと，他の県を単純には比較できない。また東京周辺の各県のように，交通手段を用いて東京の医療機関がよく利用されている地域と，そうでない地域をそのまま比較することは適切ではない。医療機関へのアクセシビリティ（到達性）などを含めた比較をすべきである。

　それは別として，医師比率の高い地域とは，第1に東京都などのような大都市であり，各種の経済・社会資源の集中しやすいところである。第2には，徳島県などのように老人が多く，逆に老人ホームの定員が少ない例もある。第3には，人口流出のため医療施設率が高くなっている地域があげられる。

　反対に少ない地域には，埼玉，千葉，茨城の各県のような，人口の急増に対して医療施設や医師数の追いつけない状態が認められる。つぎに沖縄県のような，遠隔地で各種社会資源の保有が困難であり，しかも多くの離島を抱えてい

表4-2 届出医療関係者数と率(人口10万対) (2000年)

専門職	実　数	率(10万対)
医師	255,792	201.5
歯科医師	90,857	71.6
薬剤師	217,477	171.3
保健師	36,781	29.0
助産師	24,511	19.3
看護師・准看護師	1,042,468	821.4
歯科衛生士	67,376	53.1
歯科技工士	37,244	29.3
あん摩マッサージ指圧師	96,788	76.3
はり師・きゅう師	141,697	111.7
柔道整復師	30,830	24.3
理学療法士(PT)	26,944	21.2
作業療法士(OT)	14,880	11.7

[資料] 厚生労働省「医師・歯科医師・薬剤師調査」,「医療施設調査・病院報告」,「衛生行政業務報告」

るところは,他と同一には論じられない。したがって,その対策も当然違ってくる。

2) 歯科医師の地域分布

歯科医師も一般医師の傾向とほぼ似ているが,後者のほうがいっそう都市に集中しやすい。2000年末における全国の届出数は9万人強であり,人口10万人当たり約72人となり,"過剰時代"を示している。同年末の医療関係従事者数を人口10万人当たりでみると,最多の東京都が122人を数えてきわだっており,徳島県,福岡県などの順に多い。

反対に少ないのは,福井県の約44人,ついで青森県,石川県などが続いており,最少の福井県は最多の東京都に対して36%ほどである。こうした地域格差について単純にはいえない面もあるが,せめてかつて厚生労働省の示した指標である人口10万人当たり50人は,一日も早く確保したいものである。

3) 薬剤師の分布

日本では1874(明治7)年の「医制」で,「医薬分業」を示していたが,実際には分業化されないまま1世紀を経た。とくに第二次世界大戦後においては,サリドマイドやスモン,さらには非加熱血液製剤によるHIVウイルス感染など,"薬害"が続発した。

日本は世界の主要国のなかで,医薬分業が行われていない唯一の国となっている。1956年に医師法と薬剤師法が改正され,原則的に医薬分業の方向が示された。しかし実際に処方箋の発行枚数が増えたのは,1974年の処方箋料の大幅な引き上げ以降であった。

そこで薬剤師数をみてみると,2000年末には21.7万人あまりで,人口10万人当たり171人となった。ただし実際の従事者数は全国で13万人程であり,人口10万人当たり113人となっている。最多は徳島県の293人であり,東京都,富山,大阪が200人を超える反面,少ないのは青森県の105人,宮崎,島根,沖縄の各県が僅差で続いている。

4) 保健師,助産師,看護師(表4-3)

2000年末における就業保健師は全国で3.7万人弱である。増加が小さく,人口10万人当たり29.0人にとどまっている。この多くは保健所や市町村など,公的機関に勤めているが,人口高齢社会における保健業務や公衆衛生行政などの需要に対し,不足は明らかである。

就業助産師は2.5万(人口10万人当たり19.3)人を数え,このうち8割強が病院

● **サリドマイド**(thalidomide)
西ドイツで開発された催眠薬で,ヨーロッパや日本で広く服用された。妊娠初期に服用した妊婦から,アザラシ症奇形児が多く出産され,薬害のため使用禁止された。最近では進行性などのがん治療で注目される。

● **スモン**(SMON)
subacute myelo optico neuro-pathyの略であり,キノホルム剤の服用で生じた神経変性疾患である。下痢・腹痛などからはじまり,足先から下半身に及ぶ運動・神経障害をもたらした薬害をいう。

図4-1 都道府県(従業地)別にみた医療施設に従事する人口10万対医師数

2000年12月31日現在

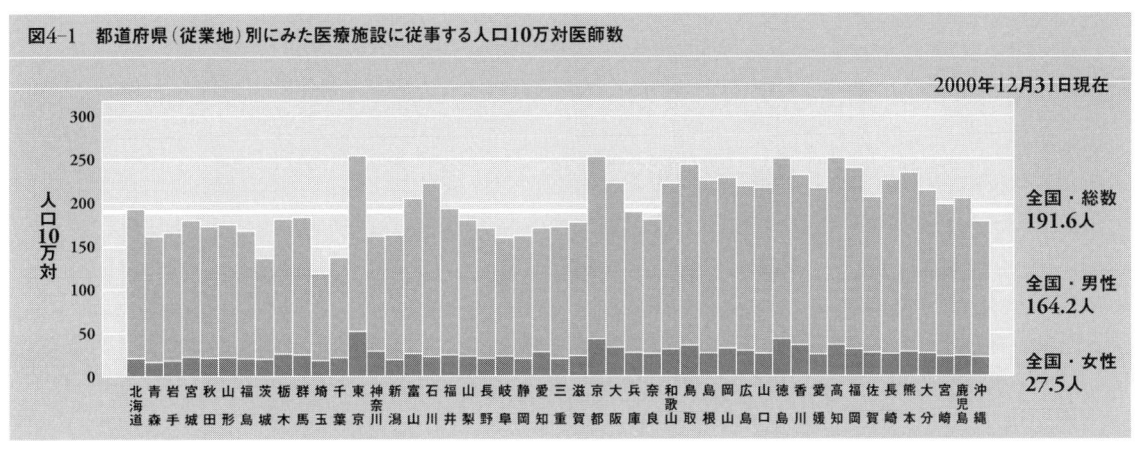

全国・総数 191.6人
全国・男性 164.2人
全国・女性 27.5人

[資料] 厚生労働省「医師・歯科医師・薬剤師調査」

や診療所に勤務しており,自宅分娩の減少を反映している。

就業看護師(准看護師を含む)は104万人強であり,人口10万人当たり約822人である。この就業先は71%が病院であり,次が診療所の19%である。看護職のうち看護師は不足が続いていたが,最近では全国に4年制大学なども増え,年間養成数では総定数が22万人強となっている。問題は准看護師などの資質向上と待遇についてであり,離職の防止や育児後の再就業の促進など,改善すべき点が少なくない。

5) 理学,作業療法士など

医療の領域では治療だけではなく,リハビリテーションなどのニーズへの対応が強く求められている。日本において最も不足していた分野である。理学療法士や作業療法士をはじめ,視力や聴力,言語の回復やさらには心理・神経などの治療と連動した機能回復を促進させる専門職が求められているのである。

なお2000年末には,歯科衛生士が6.7万人,歯科技工士が3.7万人強みられるが,後者は減少している。また診療放射線技師や臨床検査技師は,放射線による診断用の撮影や治療のための照射などに係わる。臨床検査技師は診断に要する検体や検査物の処理・検査などを担当する。

6) その他の医療職

比較的新しい職種として,臨床工学技師などがあり,医療機器のうちでも電子工学などの知識・技術分野の広まりに対応するものである。これに対して比較的早くからあったものに,あん摩マッサージ指圧師,はり師,きゅう師,柔道整復師がある。また,気管挿入などの扱いで注目されているのが,救急救命士であり,緊急時の対応として医師の不在時なども含め,新たな体制が求められている。

●**理学療法士**(PT)
(physical therapist)
身体の障害に対し,基本的な動作能力の回復のため,運動療法や物理的な方法(温熱,寒冷,水,電気,赤外線など)を用いる国家資格者である。

●**作業療法士**(OT)
(occupational therapist)
障害の回復のため,作業活動により治療,訓練,指導,援助を行う国家資格の専門職。対象者の状況に合わせ,日常生活,生産活動,表現および創造,遊び,レクリエーションなどの活動にわたる。

表4-3 就業医療関係者数　　　　　　　　　　　　　　　　　　　　　　　　　　　各年度末現在

	平成2年(1990)	4('92)	6('94)	8('96)	10('98)	12(2000)	対前々年 増減数	対前々年 増減率(%)
保健師	25,303	26,909	29,008	31,581	34,468	36,781	2,313	6.7
助産師	22,918	22,690	23,048	23,615	24,202	24,511	309	1.3
看護師	404,764	441,309	492,352	544,929	594,447	653,617	59,170	10.0
准看護師	340,537	354,501	369,661	383,967	391,374	388,851	△2,523	△0.6
歯科衛生士	40,932	44,219	48,659	56,466	61,331	67,376	6,045	9.9
歯科技工士	32,433	32,629	34,543	36,652	36,569	37,244	675	1.8

[資料] 厚生労働省「医師・歯科医師・薬剤師調査」,「医療施設調査・病院報告」,「衛生行政業務報告」

4. 地域の医療施設

1) 病院の地域分布

病院は,医師法で「医師又は歯科医師が,公衆又は特定多数人のため医業又は歯科医師業を行う場所であって,患者20人以上を入院させるための施設」と定められている。

わが国においては明治7(1874)年の医制公布から,医師が「医業を営む」ために,自由開業制をたどってきた。したがって,開業の有利なところに集中しやすい必然性がある。また病院の開設などについては,同じ自由主義経済体制であるアメリカでは,設立主体(経営者)の80%が公的なもので占められている。それに対して日本では,逆に8割強が私的なものによって占められており,大きな違いがみられる。さらにイギリスでは医療が国営であり,日本やアメリカとは基本的に異なっている。

そこで2000年末におけるわが国の病院数をみると,9,266を数え,10万人当たり7.3である。そして最多を示す高知県の18.1に対し,最少の神奈川県が4.3であり,4倍強の差がみられる。なお種類別の病院では,精神病院が1,058で11.4%,一般病院が8,205で88.6%となっている。1990年ころには1万を超えたが,その後は総数で減少が続いており,前年比－0.5%である(表4-4)。

2) 病床の地域分布

そこで病院病床をみると,2000年には約165万床を数え,人口10万人当たりでは約1,300床である(図4-2)。最多の高知県は2,512床できわだっており,次いで鹿児島県の2,045床,徳島県の2,016床,熊本県の1,981床などの順に多い。なお全般的には北海道,北陸,四国,九州に多く,大都市周辺の埼玉県の876床,神奈川県の881床,千葉県の949床などが少ない,という特徴をみせている。

病床には先に述べた他に一般診療所の病床がある。これは2000年に全国で

●病院の種類と数
精神病院が1,058,結核病院3,一般病院が8,205(2000年)で,やや減少傾向にある。

表4-4　医療施設の種類別にみた施設数の年次推移　　　　　　　　　　　　　　　各年10月1日現在

	昭和59年('84)	62('87)	平成2('90)	5('93)	8('96)	11('99)	12('00)
総　数	131,832	137,275	143,164	149,878	156,756	163,270	165,451
病　院	9,574	9,841	10,096	9,844	9,490	9,286	9,266
精神病院	1,015	1,044	1,049	1,059	1,057	1,060	1,058
伝染病院[1]	12	13	10	7	5	—	—
結核療養所	31	19	15	11	7	4	3
一般病院	8,516	8,765	9,022	8,767	8,421	8,222	8,205
総合病院(再掲)[2]	1,020	1,073	1,130	1,163	1,166		
療養型病床群を有する病院(再掲)	—	—	—	41	494	2,227	3,167
一般診療所	78,332	79,134	80,852	84,128	87,909	91,500	92,824
有　床	26,459	24,975	23,589	22,383	20,452	18,487	17,853
療養型病床群を有する一般診療所(再掲)	—	—	—	—	—	1,795	2,508
無　床	51,873	54,159	57,263	61,745	67,457	73,013	74,971
歯科診療所	43,926	48,300	52,216	55,906	59,357	62,484	63,361
有　床	65	57	51	49	47	47	46
無　床	43,861	48,243	52,165	55,857	59,310	62,437	63,315

注——1)　「伝染病院」は，感染症の予防及び感染症の患者に対する医療に関する法律が1999年4月から施行されたことに伴い，廃止された。
　　　2)　「総合病院」は，1998年4月1日に廃止された。
[資料]　厚生労働省「医療施設調査」

21.7万床を数えており，前年比3.3％の減少を示している。また日本では小規模な非公立病院が多いため，100床以下の病院が全体の41.1％を占めている。

そこで都道府県が公示した「医療計画」から，必要病床数に対する既存病床数を一般病床でみてみたい。未充足は，埼玉県，東京都，新潟県，長野県などであり，逆に過剰といえるのは高知県や福岡県など四国，九州などに多い。また精神病床でもほぼ同様の傾向が認められる。

3）診療所の地域分布

診療所は「医師又は歯科医師が，公衆又は特定多数人のため医業又は歯科医業を行う場所であって，患者を入院させるための施設を有しないもの又は19人以下の患者を入院させるための施設を有するもの」をいう。

そして2000年における一般診療所は，全国で約9.3万施設であり，人口10万人当たりでは73.1施設である。和歌山県が101.2で最多を示し，ついで島根県，東京都などが続いている。これも西日本に多い傾向が明らかである。なお，少ないのは沖縄県の50.7を筆頭に，埼玉県，茨城県が僅差を示している。これら一般診療所における病床数は22万弱であり，減少している。

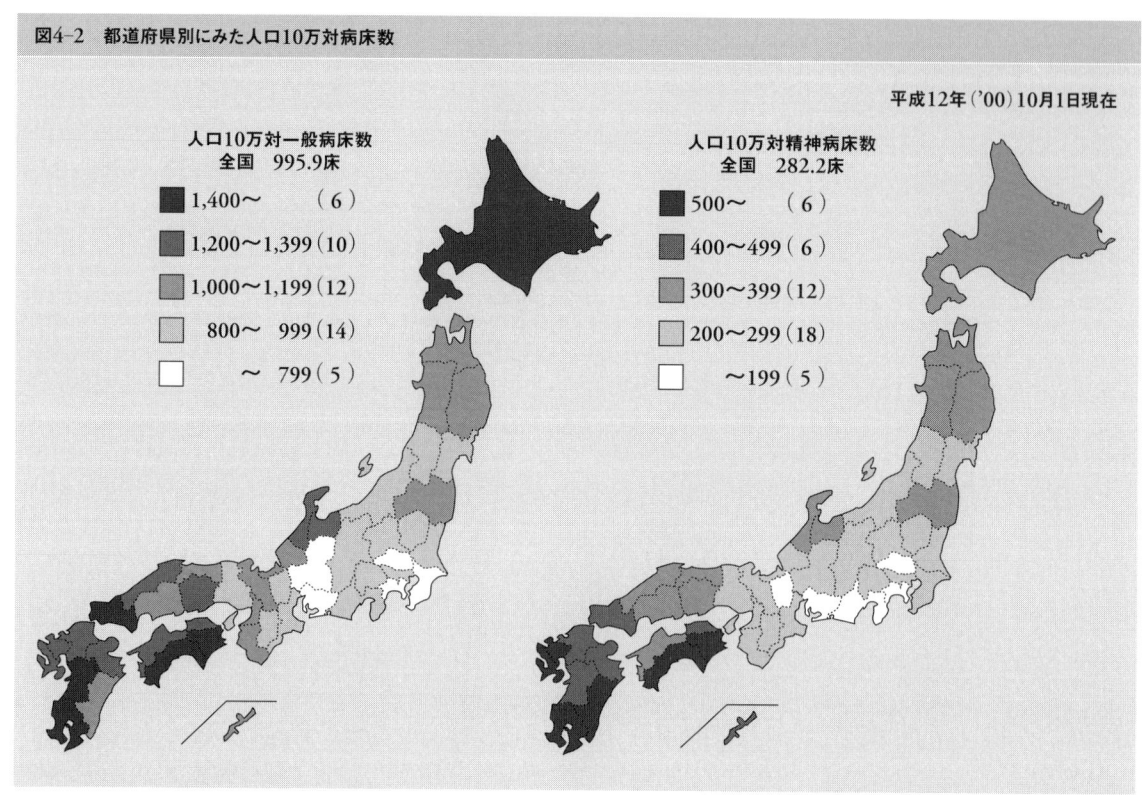

図4-2 都道府県別にみた人口10万対病床数

平成12年（'00）10月1日現在

人口10万対一般病床数
全国 995.9床
- 1,400～ （6）
- 1,200～1,399 （10）
- 1,000～1,199 （12）
- 800～999 （14）
- ～799 （5）

人口10万対精神病床数
全国 282.2床
- 500～ （6）
- 400～499 （6）
- 300～399 （12）
- 200～299 （18）
- ～199 （5）

［資料］ 厚生労働省「医療施設調査」

　一方，2000年における歯科診療所は，全国で6.3万余施設を数え，人口10万人当たりでは49.9である。最多は東京都の82.6でひときわ多く，次は大阪府の56.8，これに福岡県などが続いている。逆に最少は福井県の33.1であり，これに山形県や滋賀県などが続いている。

5. 地域福祉と生活

1）社会福祉の状況

（1）社会福祉と生活

　序章でも示してあるが，社会福祉とはすべての人びとが幸せな生活を実現した状態をさし，その実現のための社会的な働きを含めていう。それは日本国憲法第25条で，「(1)すべて国民は，健康で文化的な最低限度の生活を営む権利を有する。(2)国は，すべての生活部面について，社会福祉，社会保障および公衆衛生の向上及び増進に努めなければならない」と規定されている。

　ここにみられるとおり，「社会福祉」は最も関係の強い社会保障および公衆衛生と並記されているが，これはそれぞれについても，また相互の関係についても，かなり抽象的な表現である。その後，1950年における社会保障制度審議会が，「勧告」として内容を相当明確に表現した。

すなわち，「社会保障制度は，疾病，負傷，分娩，廃疾（はいしつ），死亡，老齢，失業，多子その他困窮の原因に対し，保険的方法または直接公の負担において経済的保障の途を講じ，生活困窮に陥った者に対しては，国家扶助によって最低限度の生活を保障するとともに，公衆衛生および社会福祉の向上を図り，もって，すべての国民が文化的社会の成員たるに値する生活を営むことができるように保障することを目的とする」とされたのである。

このうち社会福祉については，「国家扶助の適用を受けている者，身体障害者，児童，その他援護育成を要するものが，自立してその能力を発揮できるよう，必要な生活指導，更生指導・保護，その他の援護育成を行うことをいう」と規定している。

(2) 生活被保護者(図4-3)

つまり，社会保障は社会保険，国家扶助(生活保護)，公衆衛生(医療を含む)，社会福祉の4分野の上位概念として位置づけられているのである。

なお，「生活保護法」の目的は，その第1条に示されているとおり，憲法第25条の理念に基づき，国が生活に困窮するすべての国民に対し，その困窮の程度に応じ，必要な保護を行い，その最低限度の生活を保障するとともに，その自立を助長することを目的としている。保護実人員は1950年ころの200万人以上から1995年には88万人に減り，その後の経済状況を反映しており，1999年には100万を超えた。市部に86万人，郡部に14万人の被扶助者がみられる。人口千人当たりでは，全国が7.9であり，最高の福岡県が16.8，ついで北海道の16.5，沖縄県の13.2が続いている。これは炭坑閉山，疾病や障害者などを反映するものである。

2) 在宅福祉の見直し

(1) 施設ケアと在宅ケア

わが国はイギリスや北欧に比べて福祉行政が遅れていた。そのために従来は経済給付を中心にしており，給付範囲がきわめて制限されていた。そして，家族で扶養が困難な高齢者や障害児・者を施設に収容する方向をとってきた。また痴呆性老人などや障害の重い人の場合は，病院に入院させる方法が行われてきた。これらの結果，入院日数の長期化がすすみ，さらには病床をふさいでしまうので，病床数を増やすことになり，世界に例をみないような人口に対する病床率の高さを示す地域をつくり出している。

そればかりではなく，当然，医療費や医療保険の費用の増加などと結びついているのである。加えて，高齢者の増加は必然的に有病者数を増やすことになり，とくに後期高齢者には何らかの病気が多く，寝たきり老人や痴呆性老人の出現も多くなりやすい。一方，若年者における障害児・者による福祉ニーズも多様化しており，病院や老人施設だけでは対応が不可能な状態になっている。

(2) 在宅ケアの整備

人間の本来的な存在を考えると，だれしもが家族と一緒の楽しい生活を望んでいる。ことに障害を有する幼児や老人などからも，家族による暖かいふだん

●**更生指導**
保護施設の1つである「更生施設」において，更生の必要な者に対し指導を行うもの。

●**更生保護**
非行少年や犯罪者などに，健全な市民生活への復帰のために行われる事業の総称をいう。1996年の更生保護事業法で，特別な法人格の「更生保護法人」となり，仮釈放，保護観察，更生緊急保護，犯罪予防活動，恩赦(おんしゃ)などで保護する。

●**生活保護の原理**
生活保護法の第2～4条で示され，第2条の要件を満たす者の保護は「無差別平等の原則」による。第3条で保障する生活水準が「最低生活保障の原則」に基づく。第4条で保護受給に際し，資産・能力・親族扶養，他の法律利用などを優先活用する「保護の補足性の原理」が定められている。

●**医療保険**
(health insurance)
医療保障の中心として疾病，負傷(労働によるものは別)などに対し，医療や費用を給付する社会保険の一種である。原資は被保険者，国，地方公共団体，使用者ないしは保険者の拠出による。

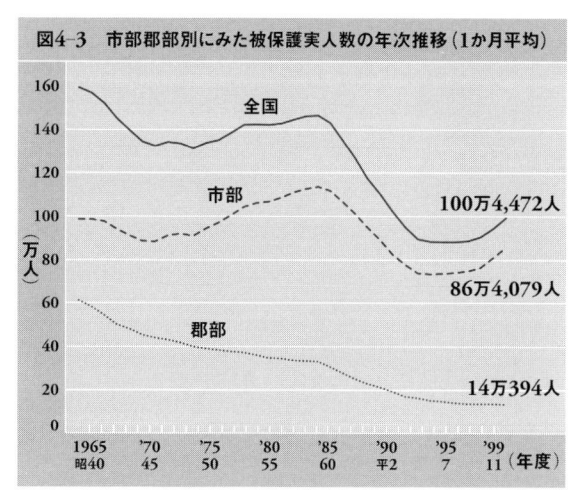

図4-3 市部郡部別にみた被保護実人数の年次推移(1か月平均)

[資料] 厚生省「社会福祉行政業務報告」

のケアが望まれる。ただし家族ケアには，おのずと機能上の限界性がある。とくに高齢者世帯などでは，介護者自体も高齢になっていることが多い。また徘徊や危険性を伴う痴呆性老人などでは，たえず注意を要する被介護者も少なくない。

介護者の就労に支障が生じたり，育児や地域社会の行事参加などの用事と重なることも心身に重くのしかかる。このために虐待，心中や自殺などの不幸に追い込まれる例がしばしばみられる。したがってこのケアには，外部からの医療をはじめ介護専門職などやヘルパー，さらにはボランティアを含めた支援体制が不可欠となっている。つまりここで求められているものは，介護体制の充実であり，地域健康福祉システムの確立にほかならない。

6. 健康, 医療福祉ニーズと施設

1) 健康, 医療福祉施設の状況

それぞれの地域における健康，医療福祉ニーズは，そこに住む住民の生活とそれに対応した公的，私的サービスの状況を反映している。そしてこれらには強い相互作用があり，ニーズが強いのでサービスが向上する面と，サービスの向上が新たなニーズを産みだす面とが認められる。

これはまた，そこに住む住民の年齢構成や家族構成などとも強く結びついており，特徴的な差異を表出する。ここに地域特性と呼ばれるものの歴史や文化，経済社会的要因などとの作用関係が認められる。経済成長後にみられた生活の多様化と並列したニーズの多様化が，サービスの質と量にわたって需要を増大させた。この背景には権利意識の強まりなど，国民・住民の意識の変化が表出している。一般的に都市と農村では，都市のほうが明らかにサービスへの要求が強い。したがってニーズの充足方法にも，地域の特性や社会資源を生かした対応策の案出が必要となってくる。

2) 福祉施設の種類と動向 (表4-5)

地域社会における高齢者に対する健康福祉施設には，老人福祉法(1963年)による特別養護老人ホームをはじめ，老人保健施設，介護利用型軽費老人ホーム(ケアハウス)，高齢者生活福祉センターなどがある。また保護施設には，生活保護法(1946年)による救護施設，更生施設，医療保護施設，授産施設，および宿泊提供施設の5種類がある。児童福祉法(1947年)による施設には，保育所，児童厚生施設(児童館，児童遊園など)，児童養護施設，児童自立支援施設などが

●訪問介護員
(ホームヘルパー)
自宅で生活する上で困難を抱える，高齢者，障害児・者，難病患者などに対し，訪問して家事や介護の援助を行う。在宅福祉，自立支援のため介護福祉士や厚生労働省が定めた，研修講座を受講し認定された者をいう。

●ケアハウス
(介護利用型軽費老人ホーム)
1989年に創設された軽費老人ホームの1つ。自炊ができない程度の身体機能の低下により，独立生活が不安で，かつ家族の援助が困難な高齢者が，介護が必要になると在宅サービスを利用する。

●保育所
児童福祉法第39条により，保護者が就労や疾病で保育に欠ける乳幼児を保育する施設。就学前の児童が対象であるが，就学後には"学童保育"があるが，これは保育所ではない。

●児童厚生施設
児童福祉法による児童遊園，児童館などで健全な遊びにより，健康を増進し，情操を豊かにする施設である。

表4-5 社会福祉施設の推移

年次	1956	'70	'80	'90	'95	'98	'99
総数	12,085	23,917	41,931	51,006	58,786	65,845	68,856
老人福祉施設		1,194	3,354	6,506	12,904	19,106	21,820
保護施設	1,150	400	347	351	340	336	335
児童福祉施設	10,558	20,484	31,980	33,176	33,231	33,198	33,166
母子福祉施設		52	75	92	92	93	91
知的障害者援護施設		204	786	1,732	2,332	2,726	2,884
身体障害者更生援護施設	105	263	574	1,033	1,321	1,577	1,668
婦人保護施設		61	58	53	52	52	51
精神障害者社会復帰施設				90	233	401	473
その他の社会福祉施設	272	1,259	4,757	7,973	8,281	8,356	8,368

［資料］ 厚生統計協会「国民の福祉の動向」2002年

ある。これらと並んで行政機関として，児童相談所，福祉事務所，市町村保健(福祉)センターなどがある。母子保健法(1965年)による施設には，保健所，市町村保健(福祉)センターなどがある。母子福祉関係施設には，児童福祉法による母子生活支援施設と母子および寡婦福祉法(1964年制定，81年改正)による母子福祉センター，母子休養ホームがある。

知的障害者福祉法(1960年)による援護施設には，入所と通所の更生施設，入所と通所の授産施設，通勤寮，福祉ホーム，福祉工場などがある。

身体障害者福祉法(1949年)による身体障害者更生援護施設には，肢体不自由者，視覚障害者，聴覚・言語障害，内部障害，身体障害者療護，重度身体障害者更生援護，福祉ホーム，授産，福祉工場，A・B型福祉センター，在宅障害者日帰り介護，更生センター，補装具製作，点字図書館，点字出版，聴覚障害者情報提供などの各施設がある。さらに売春防止法による保護施設およびその他の施設からなっている。

3) 福祉施設・設備の概要

落ちついて療養ができることを目標に，療養室，診察室，機能訓練室，談話室，食堂，浴室，レクリエーション・ルーム，サービス・ステーション，調理室，洗濯室，汚物処理室，デイ・ケアのためのデイ・ルーム(ケアを行う場合)などの設置が定められている。なお，耐火構造でエレベーター，避難階段，階段の手すり，廊下の幅・手すりなどの基準もある。

7. 医療福祉の専門職

1）専門職の養成と確保

(1) 医療福祉専門職と背景

　保健医療の分野と比べると，福祉分野における職員には「業務独占」とか，国家試験による資格付与が行われるものがやや少ない。その主たる理由として，わが国における福祉サービスが本格的になってから日も浅く，またスタートから，困窮者に対する経済的給付を中心にしてきたことなどがあげられる。しかし，高齢化の急速な進行や，国民の生活の多様化などに伴い，福祉ニードも多様化しており，それらに対する適切な対応が求められている（表4-6）。

　こうした状況下で，従来からあったソーシャルワーカーのうちで，とくにMSW（medical social worker）は早くから国家資格制度の確立を要望してきた。しかし現在までにまだ実現していない。それでも全国の主要な病院において，医療サービスの受給などについて福祉に視点を合わせて，法律の適用を中心に業務を続けている。今後この分野におけるニーズの増加が予想されるので，専門職としての位置づけと活用が強く望まれる。

(2) 介護体制の強化と専門職

　人口高齢化に伴い，当然，後期高齢者（75歳以上）を中心として有病者が増え，寝たきり老人や痴呆性老人も増えてくる。また一方では，それらを介護する人も高齢者が多くなり，さらに一般的傾向として，核家族化と高齢者世帯，一人暮らし老人の増加などのため，介護機能の低下が心配される。

　したがって，今後は居宅における家族介護を支援し，家族生活を基本としたケアシステムを確立しなければならない。ここではケアニーズを有する患者・老人・障害者に対するケアサービスだけでなく，家族が持続的な介護を可能とするように専門的知識や技術をもって，家族を援助する専門職の養成が急務とされている。

　このほか，国際的にも先進諸国においては，各種の専門職種を積極的に養成し，保健医療福祉を一体的に捉え，協同によるチームサービスの展開がみられている。またわが国においても，各種の年金などの利用を含め，いわゆるシルバーサービスやシルバー産業が拡大し，福祉サービスの新たな広がりを示している。したがって福祉サービスが公的なものに限定されず，民間の創意工夫と活力を生かした，より適切で効率的なものが切望される。

　こうした動向とともに，サービスの質がたえず問われており，そのためには適正な質の確保を保障する方法として，資格制度を明確にしていくことが必要である。この状況を受けて1987年に，「社会福祉士及び介護福祉士法」が公布され，1988年4月から新たな専門職が養成されるようになった。

● **ソーシャルワーカー**
（social worker）
やや抽象的だが，ソーシャルワークの担当者をさす，社会福祉専門職の総称でもある。仕事は，クライアントの主体性を尊重し，自らが問題を解決していけるように，自立を側面的に援助する。

● **医療ソーシャルワーカー**
（MSW）
保健医療におけるソーシャルワーカーで，現在は主として大病院にいる。疾病や障害による生活の諸問題をもつ患者，家族の問題解決や自助促進を援助する。

● **シルバーサービス**
高齢者および関係のある分野の購買力を対象とした，商品やサービスの販売をいう。内容は有料老人ホーム，在宅サービス（介護，入浴，福祉用具，給食），スポーツ，旅行などがある。

● **シルバービジネス**（老人産業）
公的福祉制度で対応できないニーズに対し，企業などが営利事業（商売）として，サービスを提供する。1980年代から在宅介護，家事援助，有料老人ホーム，給食，衣料，保険，住居，余暇などに広まっている。

表4-6 社会福祉従事職員数の年次推移　　　　　　　　　　　　　　　　　　　　　　　　　　（単位　人）

	1994	1995	1996	1997	1998	1999	2000
総数	917,886	970,366	1,035,911	1,071,544	1,162,347	1,243,531	1,377,655
社会福祉施設職員	722,480	763,465	803,861	827,189	881,861	936,058	1,061,366
ホームヘルパー	86,223	101,527	118,336	128,415	157,711	176,450	177,909
その他	109,183	105,374	113,714	115,940	122,775	131,023	138,380

備考　1．社会福祉施設職員数は，「社会福祉施設等調査報告」による．
　　　2．「ホームヘルパー」欄は，「社会福祉行政業務報告」による．
　　　3．「その他」は福祉事務所，民生一般，児童相談所と社会福祉協議会の職員．
［資料］　厚生統計協会「国民の福祉の動向」2002年

8．社会福祉士と介護福祉士

1）社会福祉士

　「社会福祉士」は，その名称を用いて専門的知識と技術により，身体上もしくは精神上の障害，あるいは環境上の理由により，日常生活に支障がある者の福祉に関する相談に応じ，助言，指導その他の援助を行うことを業とする者をいう．この養成には，4年制福祉系大学の指定科目履修，同じく福祉系短期大学での3年間と，実務歴1年間，同4年制大学で基礎科目を履修し，6か月の短期養成を加えたもの．一般大学などにおける4年間と，一般養成施設の1年間の養成を足したものなど，全部で11種類のルートがある．これらの課程を経た後に，受験資格が得られ，社会福祉士登録簿に登録を受けた後，厚生労働大臣による指定試験機関が行う試験に合格し，はじめて資格が与えられる（表4-7）．

2）介護福祉士

　この養成には，高校などの卒業後，養成施設で2年間，あるいは福祉系大学などで学び，これに1年間の養成コースを経た者，実務3年間ないしはこれに準じた実務の後に，介護福祉士試験に合格した者，介護にかかわる技能検定に合格した者など，6種類のルートが認められている．なお試験および登録に関しては，社会福祉士の場合と同じである（図4-5）．

(1) 社会福祉士，介護福祉士の義務

　この資格を有する者は，
　①専門職としての信用を傷つけるような行為が禁じられている．
　②正当な理由がなく，業務に関して知り得た人の秘密を漏らしてはならない．
　③業務を行うに際しては，医師その他の医療関係者と連携を保たねばならない．
　と定められている．

表4-7 介護福祉士と社会福祉士の受験者と合格率推移

区分	介護福祉士			社会福祉士		
	受験者数	合格者数	割合	受験者数	合格者数	割合
第1回(1989)	11,973人	2,782人	23.2%	1,033人	180人	17.4%
2 (1990)	9,868	3,664	37.1	1,617	378	23.4
7 (1995)	14,982	7,845	52.4	5,887	1,560	26.5
8 (1996)	18,544	9,450	51.0	7,633	2,291	30.0
9 (1997)	23,977	12,163	50.7	9,649	2,832	29.4
10 (1998)	31,567	15,819	50.1	12,535	3,460	27.6
11 (1999)	41,325	20,758	50.2	16,206	4,774	29.5
12 (2000)	55,853	26,973	48.3	19,812	5,749	29.0
13 (2001)	58,517	26,862	45.9	22,962	6,074	26.5
14 (2002)	59,943	24,845	41.4	28,329	8,343	29.5

［資料］ 厚生統計協会「国民の福祉の動向」2002年

(2) 名称独占

両専門職以外の者は，その名称を用いてはならない（名称独占の資格）とされている。これらの規定に反したときは，登録の取り消し，名称の使用停止，行政命令，罰則の適用などが定められている。

3) 実態把握，ニーズの予測と対策

(1) 身体障害者（児）の動向

在宅の身体障害者（18歳以上）については，5年ごとに抽出調査が行われ，2001年には全国で324.5万人とされている。5年前に比べると10.6%の増加がみられた。障害の種別では，肢体不自由者が54.0%，聴覚・言語障害者が11.0%，内部障害者が27.0%となっており，内部障害の増加が目につく。

年齢構成をみると，70歳以上が45.7%を占め，60歳以上では73%に達し，高齢化による増加が認められる。さらに障害の程度では，1, 2級の重度障害者が46%に達し，重度化の傾向がみられる。

一方，在宅の障害児（18歳未満）は総数が約8.2万人とされ，5年前よりも0.4%増加した。この反面，1級の障害児が2.8万人から3.1万人に10.3%も増え，重度化の傾向を示している。

(2) 将来のニーズ予測

これは地域社会を単位として，保健医療福祉の現状におけるニーズを把握するだけではなく，それらに基づいて将来のある時点におけるニーズを予測するものである。予測の手法はいろいろと開発されているが，わが国では従来あまり「予測」を立て，実行し結果を分析・評価することがなかったので，いまだに低いレベルにとどまっていることが多い。

しかし，地域保健医療福祉サービスの計画化や対策を考える場合に，欠くことができない。むしろそれらのサービスについて，地域社会ごとに組織化され

図4-5 各種養成課程

社会福祉士の養成課程

社 会 福 祉 士 資 格　（登録）

社 会 福 祉 士 試 験

短期養成施設等（6か月）　　　一般養成施設等（1年以上）

- 福祉系大学等（4年）／指定科目履修
- 実務1年＋福祉系短大等（3年）／指定科目履修
- 実務2年＋福祉系短大等（2年）／指定科目履修
- 福祉系大学等（4年）／基礎科目履修
- 実務1年＋福祉系短大等（3年）／基礎科目履修
- 実務2年＋福祉系短大等（2年）／基礎科目履修
- 一般大学等（4年）
- 実務1年＋一般短大等（3年）
- 実務2年＋一般短大等（2年）
- 実務4年

・児童福祉司
・身体障害者福祉司
・査察指導員
・知的障害者福祉司
・老人福祉指導主事

5年

介護福祉士の養成課程

介 護 福 祉 士 資 格　（登録）

- 養成施設2年以上
- 養成施設1年：福祉系大学等／社会福祉士養成施設等
- 養成施設1年：保育士養成施設等
- 高校等

介護福祉士試験
- 実務3年
- 実務3年に準ずる者

精神保健福祉士の養成課程

精 神 保 健 福 祉 士 資 格　（登録）

精 神 保 健 福 祉 士 国 家 試 験

（社会福祉士は一部試験科目免除）

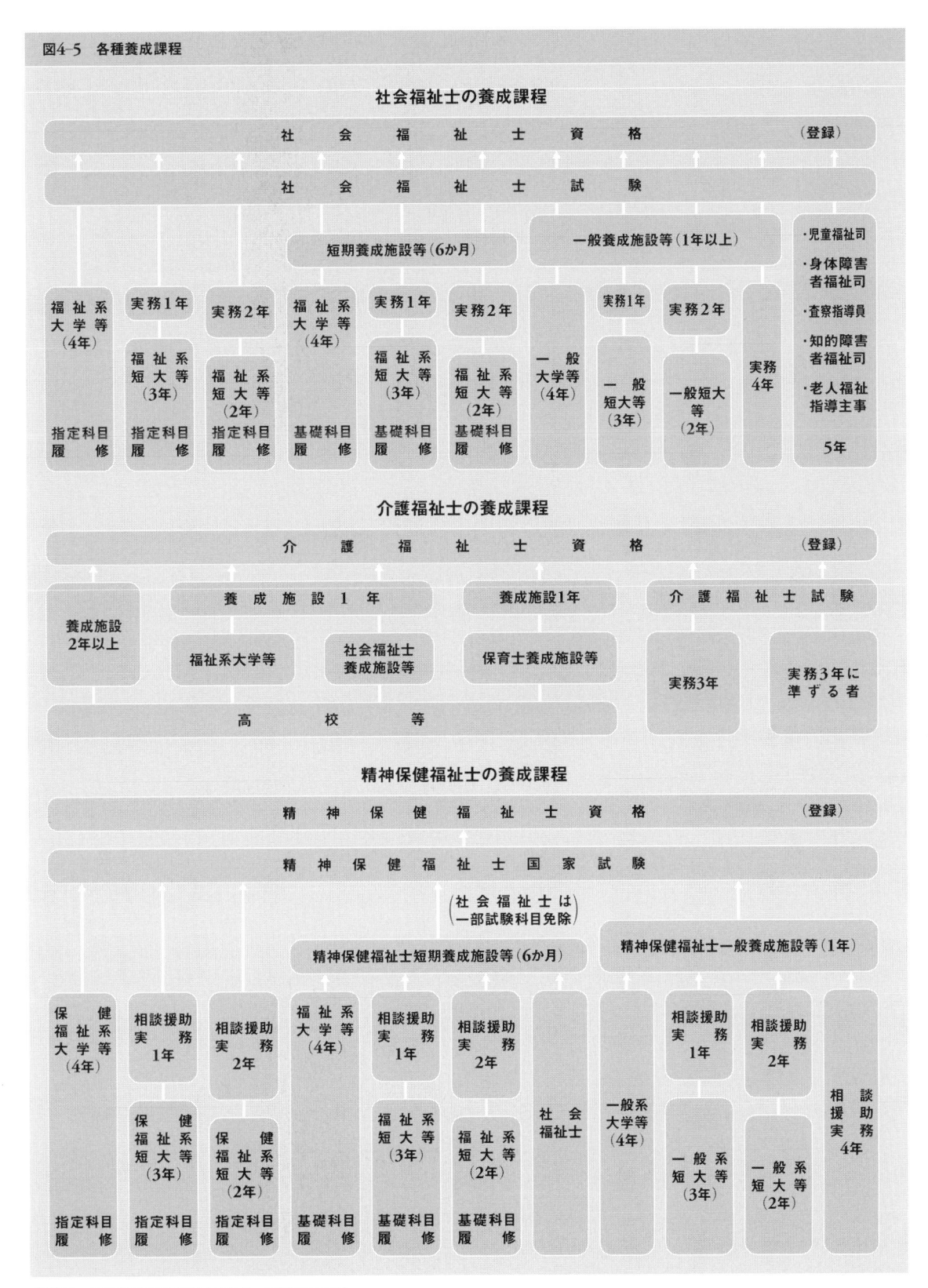

精神保健福祉士短期養成施設等（6か月）　　精神保健福祉士一般養成施設等（1年）

- 保健福祉系大学等（4年）／指定科目履修
- 相談援助実務1年＋保健福祉系短大等（3年）／指定科目履修
- 相談援助実務2年＋保健福祉系短大等（2年）／指定科目履修
- 福祉系大学等（4年）／基礎科目履修
- 相談援助実務1年＋福祉系短大等（3年）／基礎科目履修
- 相談援助実務2年＋福祉系短大等（2年）／基礎科目履修
- 社会福祉士
- 一般系大学等（4年）
- 相談援助実務1年＋一般系短大等（3年）
- 相談援助実務2年＋一般系短大等（2年）
- 相談援助実務4年

［資料］ 厚生統計協会「国民の福祉の動向」2002年

た形態と，適切にシステム化された内容や機能の向上を含め，効率的なサービスの体系化がより強く求められている。

　この背景には，人口高齢化に伴うニードの必然的増加に加え，生活様式の多様化や権利意識の強化などの見逃せない要因がある。したがってこれらの状況も含めて，人口構成の推移など関連諸要因を各分野から広く集め，それらの分析をとおして将来のニーズ予測ができるわけである。

第5章　家族，地域の健康福祉

【ポイント】

1. 家族の成立基盤と形態や機能，歴史，文化，社会経済との関係でみる。
2. 現代社会における家族の特徴と問題，その対策を自分の生活上で考える。
3. 家族の構造と機能の変化，健康福祉の管理機能の現状に注目する。
4. 少子高齢社会の背景と育児，高齢者，障害児・者，病人のケアの状況をみる。
5. 地域社会(コミュニティ)の意味と成立基盤，その働きと住民との関係を考える。
6. 都市と農村の役割，成立基盤を歴史，文化，経済社会の側面からみる。
7. 人口の流入流出による過密過疎の背景，その問題を生活環境から考える。
8. 都市と農村における健康福祉ニーズと，健康医療福祉の対応状況をみる。

1. 家族と世帯

1) 家族と世帯の違い

　家族は婚姻による夫婦を中心にした近親者が，愛情や人格によって結合し，生活を共同にする小集団である。家族は人間の歴史とともに古くから存在しており，その形成の基本をなす婚姻の形態は，国家や民族，社会体制，あるいは時代によって異なっている。さらに，家族の構成員数や役割分担などにも相違がみられる。そして類似概念の「世帯」(household)は，家計を同一にした小集団である。世帯には非血縁者を含める場合もあるのに対し，家族は血縁による結合に限定されている点に特徴がある。

2) 家族制度と家族形態

(1) 古いイエ制度

　家族のあり方やその存続を規定する家族制度にも，社会体制が反映されている。第二次世界大戦の直後までは，明治憲法(大日本帝国憲法)下における旧民法によってイエの存続が重視され，人格が軽視されていた。とりわけ嫁は婚家の家風と夫に従い，イエの継承者を産み，育てる役割とイエの労働力とみなされた。その地位は，きわめて弱かった。また相続制度も，イエの存続を中心とした長子相続が主流をなしていた。21世紀の現在でも，結婚式の案内状には○○家の○男と，○○家の○女との結婚と表記され，式場にも○○家と○○家の「結婚式」と表示されている。これらの表現にも，昔から結婚が家と家との間で

●**家族形態**(family forms)
家族の人数規模や結びつきの形。家族構成は量と質でみられ，量では大家族や小家族がある。質では家族員の続柄から夫婦家族，直系家族，複合家族に分けられる。

●**明治(大日本帝国)憲法**
(1889年)
封建的な幕藩体制から近代的な国家体制をめざしたが，絶対的君主制の国家形態をつくった。憲法草案には内閣の法律顧問であった，ドイツ人のH.ロエスレルの影響があった。

●**長子相続**(primogeni-ture)
財産が最年長の子にのみ相続される制度やしきたり。長子には長男と長女があるが，日本では主として長男に相続された。

行われていることを認めることができるであろう。

(2) 新家族制度と家族問題

一方，第二次世界大戦後における新憲法と新民法では，イエに代わって人格が重視されているとともに両性の本質的な平等と，婚姻が両性の合意によるものに改められた。加えて相続が家督相続から均分相続へと変わった。しかし民主的で合理的な新しい家族の理念が，個々の家族に十分には育っていない。そのために最近では，①育児と高齢者扶養，②病人や障害者ケア，③子どものしつけと教育，④家族の人間関係，⑤家庭内暴力(DV：ドメスティック・バイオレンス)，⑥所得と家計，⑦財産相続などの家族問題を発生させている例が少なくない。

3) 家族の諸形態

(1) 前近代的家族

家族を歴史的にみると，古典的な家族を代表するものに「家父長制家族」がある。古代ローマなどにみられた大家族による家族員を，絶大な権力を背景にした男子の家長が統率していた。これが世襲化して，支配と服従の形態が固定化され，封建制社会の一因をなしていた。この後に「家産制家族」が現われた。これにも家長による支配がみられたが，産業や生産力が拡大し，家族をとりまく社会的状況が変化していた。それに伴って家族員に土地や財産の一部が分与され，さらには分家が行われるようになった。

(2) 核家族(表5-1)

先にふれた家族形態や「家族類型」に対して，近代家族を代表するものに，アメリカの人類学者マードック(G.P.Murdock, 1897～1985)のいう，「核家族」(nuclear family)がある。これは夫婦と未婚の子どもによって構成されるものであり，家族の基本的な単位とみなされ，「単位家族」とも呼ばれている。経済成長後のわが国では，核家族時代ともいわれたように，世帯全体の約60％がそれによって占められている。この家族は別にふれる単独世帯(一人暮らし)の24％とともに，小家族化の主因として，たんに形態上での縮小にとどまらず，家族機能の弱小化をもたらした。この結果，健康や医療福祉のニーズに対する対応が困難となり，家族の外部にある各種サービスの需要を増加させている。

(3) 拡大家族

他方，核家族がつながった家族構成を「拡大(張)家族」(extended family)という。これは親夫婦と子どもの家族などによる"三世代世帯"などで知られており，世帯全体の10％強を占めているが減少しつつある。それでも，老親と子ども家族との同居率が50％を占め，先進国では高率を保っているほうである。なお，平均寿命の伸びによって，四世代世帯もかなりみられるようになった。したがって，家族構成をはじめ住居問題や家族内における人間関係のあり方が，新たな課題として注目されつつある。

(4) 本(定)位家族と生殖家族

本位家族(family of orientation)とは，自分の生まれた家族をいい，それは選

● **男女の平等**
憲法第14条の「法の下の平等」と第24条の「家族生活における個人の尊厳と両性の平等」が示されている。

● **家督相続**
家督とは，跡とりのこと。嗣子(しし)，長子，総領などで日本では主に長子による相続だった。

● **家父長制家族** (patriarchal family)
家父長の伝統的な支配権力と，家族員の服従を基盤とした父系的な世襲家族である。古代や中世の近東やヨーロッパにみられた。

● **家族類型** (family types)
歴史文化のなかで形成された配偶者数，権威の所在，家族統合の基礎などの基準にした類型で，ル・プレーは，第一子の直系相続，家父長制，夫婦家族に3分類した。

● **家族構成** (family composition)
質からみた家族の親族による形成と，家族員数の大小の量から形成される。家族周期のステージにより異なる。

表5-1 世帯構造別にみた世帯数及び構成割合の年次比較

	総数	単独世帯	核家族世帯			三世代世帯	その他の世帯	平均世帯人員	世帯類型別			
			総数	夫婦のみの世帯	夫婦(ひとり親)と未婚の子のみの世帯				高齢者世帯	母子世帯	父子世帯	その他の世帯
	推計数(千世帯)							(人)	推計数(千世帯)			
昭30年(1955)	18,963	2,040	8,600[1]			8,324[2]		4.68	425	486		18,052
35 ('60)	22,476	3,894	10,058[1]			8,523[2]		4.13	500	424		21,552
40 ('65)	25,940	4,627	14,241	2,234	12,007	7,074[3]		3.75	799	335		24,806
45 ('70)	29,887	5,542	17,028	3,196	13,832	5,739	1,577	3.45	1,196	369		28,321
50 ('75)	32,877	5,991	19,304	3,877	15,428	5,548	2,034	3.35	1,089	374	65	31,349
55 ('80)	35,338	6,402	21,318	4,619	16,700	5,714	1,904	3.28	1,684	439	95	33,121
60 ('85)	37,226	6,850	22,744	5,423	17,322	5,672	1,959	3.22	2,192	508	99	34,427
平 2 ('90)	40,273	8,446	24,154	6,695	17,458	5,428	2,245	3.05	3,113	543	102	36,515
7 ('95)	40,770	9,213	23,997	7,488	16,510	5,082	2,478	2.91	4,390	483	84	35,812
10 ('98)	44,496	10,627	26,096	8,781	17,315	5,125	2,648	.	5,614	502	78	38,302
11 ('99)	44,923	10,585	26,963	9,164	17,799	4,754	2,621	.	5,791	448	88	38,596
12 (2000)	45,545	10,988	26,938	9,422	17,516	4,823	2,796	2.76	6,261	597	83	38,604
	構成割合(%)								構成割合(%)			
昭30年(1955)	100.0	10.8	45.4[1]			43.9[2]		.	2.2	2.6		95.2
35 ('60)	100.0	17.3	44.7[1]			37.9[2]		.	2.2	1.9		95.9
40 ('65)	100.0	17.8	54.9	8.6	46.3	27.3[3]		.	3.1	1.3		95.6
45 ('70)	100.0	18.5	57.0	10.7	46.3	19.2	5.3	.	4.0	1.2		94.8
50 ('75)	100.0	18.2	58.7	11.8	46.9	16.9	6.2	.	3.3	1.1	0.2	95.4
55 ('80)	100.0	18.1	60.3	13.1	47.3	16.2	5.4	.	4.8	1.2	0.3	93.7
60 ('85)	100.0	18.4	61.1	14.6	46.5	15.2	5.3	.	5.9	1.4	0.3	92.5
平 2 ('90)	100.0	21.0	60.0	16.6	43.3	13.5	5.6	.	7.7	1.3	0.3	90.7
7 ('95)	100.0	22.6	58.9	18.4	40.5	12.5	6.1	.	10.8	1.2	0.2	87.8
10 ('98)	100.0	23.9	58.6	19.7	38.9	11.5	6.0	.	12.6	1.1	0.2	86.1
11 ('99)	100.0	23.6	60.0	20.4	39.6	10.6	5.8	.	12.9	1.0	0.2	85.9
12 (2000)	100.0	24.1	59.1	20.7	38.5	10.6	6.1	.	13.7	1.3	0.2	84.8

注——1) 「夫婦のみの世帯」と「夫婦(ひとり親)と未婚の子のみの世帯」を一括計上している。
2) 「ひとり親と未婚の子のみの世帯」・「三世代世帯」と「その他の世帯」を一括計上している。
3) 「三世代世帯」と「その他の世帯」を一括計上している。
4) 平成7年の数値は兵庫県を除いたものである。
[資料] 昭和60年以前の数値は,厚生省「厚生行政基礎調査」
平成2年以降の数値は,厚生労働省「国民生活基礎調査」

●**パラサイト**(parasite)
本来は，寄生物をいい"寄生生活"は，生物が他の生物（宿主）の体内や体表から，栄養を摂取し，発育や増殖する状態をさす。最近では，親離れをしない独身者のことをいう。

択することができない。この点において，子どもの命運が大きく決定づけられている。そして一定の成長までは生まれた家族に所属し，結婚によって新たに生殖家族(family of procreation)を形成するわけである。ところが最近では，こうした子どもの独立に対して，親の子ばなれや反対に親から乳ばなれができないパラサイト，という光景が目につく。これらはいずれも家族による人格の成長が妨げられたものであり，家族診断と健全な家族のあり方が望まれている。

2. 家族機能と健康福祉

1) 家族機能（表5-2）

アメリカの社会学者オグバーン(W.F.Ogburn, 1886〜1959)によると，近代以前における家族は，経済，地位賦与，教育，保護，宗教，娯楽，愛情の7つの機能を有していた。それが愛情以外は，企業，学校，教会などに移譲されたという。さらにはパーソンズ(T.Parsons, 1902〜1979)も，①子どものパーソナリティ形成，②成人のパーソナリティ安定，を家族の究極的な機能とみなしている。このように家族の機能は明らかに縮小化されており，より本質的なものに集約されたともいえよう。この点についてマードックも，家族の本質的なものといえる，性・経済・生殖・教育の4つをあげ，これらの機能は他に移譲できないものとしている。

2) 家族による健康福祉管理

上に示した3人の学者による家族機能には，健康福祉の機能が明白ではないが，家族の本来的な機能の1つである，主婦を中心とした相互の慰安・保養，あるいは介護の機能があげられる。この点はオグバーンのいう愛情を根底とした行為であり，こんにちでも広くみられるものである。

ただし現在では，病気の治療などに際して，専門家による診断や処置が必要な場合，各種の専門機関が使い分けられている。病気の程度や症状に応じて対応しているが，そこでも家族に残されている部分は決して少なくない。いや，むしろ入院して加療する場合でも，家族による愛情に根ざした励ましなどが，患者を元気づけたり，治療の意欲を高めたりするので，その効果は測り知れないものがある。

これと反対に，医学的には治癒しているにもかかわらず，本人がなかなか治癒を認めない背景などに，家族関係が複雑に絡んでいる，とい

表5-2 家族機能の概要

次元	対内的機能 （成人個人に対する）	対外的機能 （社会全体に対する）
固有的機能	性の充足，愛情 生殖・教育	性的統制 種族保存
基礎的機能	生産・就職，所得確保 消費・扶養	労働再生産 生活保障
派生的機能	教育・訓練	文化伝達・発展
	保護 休息（心身の健康 確保と増進）	社会の安定化 （精神・文化 の発展）
	娯楽 信仰（文化・精神 的安定化）	

［資料］ 大橋薫「現代家族の病理学」（『社会学評論』98号，1974年）より著者作成。

う例がよく見受けられる。こうした事例には，とくに老人のケアをめぐって家族が退院に消極的で，いつまでも老人を引き取らない，という現象も散見される。さらに入院やホーム入所を老人が望む背景には，家族との人間関係の悪さなどが認められる例が大半を占めている。今後は，これらの状況を分析し評価・判定する「家族診断」の専門家が新たに求められてくるであろう。

●**家族診断**
(family diagnosis)
危機に陥り，かつ自力でその問題が解決できない家族などに，援助を目的として，家族の状態を診断すること。精神医療で，患者を取り巻く家族の力動的関係などを捉える。

3. 地域社会の健康福祉

1）地域社会の形成（図5-1）

地域社会とは，一定の地域的広がりの範囲における人びとの生活の共同性による生活圏や，ある程度他の地域と区別ができる社会をいう。しかし，現代のように情報や交通の発達した社会では，一定の地域を区切ってみても，その内部に外から情報や人が入り込んでいるので，区切られた範囲だけの共通な生活を維持することはきわめて困難である。とくに大都市周囲の地域では，通勤先や通学先と「住居」という生活の場が2つにまたがっている人が多い。

さらには，地域に住む人びとも仕事の関係などによる転居のために流動性が大きい。したがって近代以前の社会や，そうした伝統的な形態を持続する一部の例外を除けば，地域社会の存続すら困難になっている。事実，日本では第二次世界大戦の敗戦により，長く続いてきた共同体的な村落などの地域が崩壊し，それに変わるべき新しい時代の地域社会は，いまだに形成されていないとみられる面が大きい。無秩序な都市周辺部の拡大やマスコミなどによる都市化だけが進行している。

そのような状況を反映し，"まちづくり"とか"地域づくり"，さらには"村おこし"などということが，しばしばいわれているのである。また最近では，人口高齢化した地域における老人の健康福祉を支えたり，核家族化した社会における若い母親の育児などの支援に，地域社会のあり方が新たにクローズアップされてきた。加えて，成人病の予防や健康増進のため，地域保健福祉活動が新しい課題とされている。

●**生活圏**(life area)
広くは生物が生態系の中での生活範囲。狭くは日常における人間の生活・関係範囲。生活用品の購入や所得活動での通勤・通学・購買・娯楽などの圏域をさす。関係の強さにより，第1次生活圏から第3次生活圏などに分けられる。

2）コミュニティとは

マッキーバー（R. M. MacIver, 1882～1970）が，その著「コミュニティ」（The community, 1917）などで，地域社会の成立について，住民による共通の感情の存在を示した。そし

図5-1 地域社会の形成と発展の要素

```
                コミュニティ・キーパーソンの養成確保
コー                                                    オー
ディ            各種地域社会資源の連携・組織化            ガナ
ネー                                                    イザー
ター            各種専門・非専門サービスの展開            機
機能                                                    能
                多様なコミュニティニーズへの対応

         地域社会の形成と発展（住民パワー＋リーダーシップ）
   多様な伝統文化（歴史），社会・経済的背景と共通な感情・意識を
        共有する住民が，生活する地域的な広がりの活動体
```

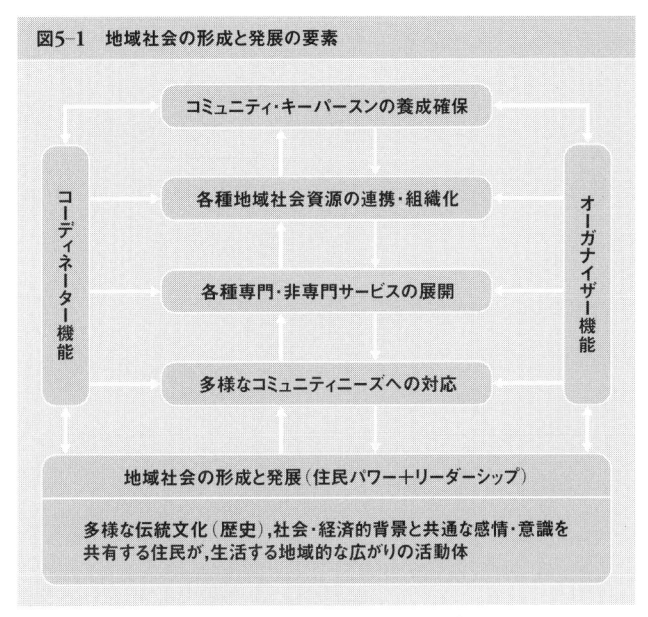

[資料] 佐久間淳「保健福祉学入門」大修館書店，1993年

●まちづくり・村おこし
(community revitalization)
古くから部落やムラなどで，地域社会の発展を願った活動がみられた。第二次世界大戦後や，とくに経済成長後のものは，共同体や地域連帯の弱化を含め，地域住民の主体性が問われている。

●アソシエーション (association)
集団類型の1つで，マッキーバーが「コミュニティ」(1917年) で示した。特定の共通的関心や目的の実現のため，人為的に形成された集団をさす。結社体，機能集団，派生集団，第2次集団ともいう。

●都市化 (urbanization)
都市的になる状況をさし，広義では都市的な生活状況が国家範囲に広がること。都市周辺部への都市の広がり。特定地域の産業構造変化。都市の行動様式の農村への浸透。個人の行動・思考様式の都市的な広がり。計画・新興地域の景観の変化などをさす。

て，①われわれ（共通）意識，②役割意識，③依存意識をコミュニティ感情の三要素としている。

第二次世界大戦後の日本では，この概念を「地域社会」と訳していることが多い。よく考えてみると，かつてから伝統的な共同体としてみられてきた日本の地域社会は，彼のいうコミュニティとは同一視できないものである。つまり彼のいうコミュニティとは，アソシエーション（association＝機能社会）との対立概念である。それは"古き良き時代"の欧米の村落を原型とし，地域住民の互いの愛情に支えられた結合形態であった。しかも人びとには個人主義や自由主義が強く，その根底には人格と権利の意識が成長していたのである。

4. 都市の生活と健康福祉

1）都市の人口規模と施設整備

ひとくちに都市といっても古代都市，中世都市，そして現代の都市があり，しかも千差万別である。たとえば，同じ大都市でも東京都の特別区と大阪市，さらに横浜市とではかなり違っている。それは，そこに住んでいる人びとの年齢階層や職業，社会階層や社会意識，生活様式や文化などによるものと考えられる。

一般的に都市をみるときには，まずその大きさについて人口規模に目が向けられる。その市の総数は，表5-3のとおり650あまりである。これは明らかに，都市を質の面よりも量の面にウエートをおいてみているわけである。しかし現在のわが国における都市施行要件によると，①人口は5万人以上，②中心市街地の戸数が全戸数の60%以上，③人口の60%が商工業など都市的業態に従事する者およびその人と同一の世帯に属していること，④都市の施設を備えていること，などが示されている。ところが，住宅，道路，公園，さらには下水の整備などに注目すると，その多くが決して満足のいくものではない。

2）人口の都市集中と生活環境

(1) 人口移動の要因

産業構造の変化が，農林漁業から都市産業へと労働力を移行させ，それにともなって人口の都市集中化が進行した。この結果，過密化と生活施設の不足が，住宅不足，地価高騰，大気の汚染や騒音，日照障害，交通渋滞など生活環境の悪化を招いていることは，周知のとおりである。表5-3のように1953年における市部人口は，7,525万から45年後の1998年には3,582万人近くに増えている。この間に郡部の人口は約100万人減少した。この結果，わが国の人口は80%強が都市に集中して生活するようになった。

そこで1km²あたりの人口密度をみると，1990年における市部は922人となり，郡部はわずか104人にとどまっており，きわめて対照的な状況を示している。

表5-3 都市と農村部の世帯数と割合の推移(単位,千世帯)

年次	世帯総数	市部	大都市(100万人以上が12市)	その他市(約650市)			郡部町村が約2,600
					10万人以上	10万人以下	
1953	17,180	7,525	2,954	4,571			9,655
'60	22,476	15,160	4,838	10,322			7,316
'70	29,887	21,992	6,211	15,781	7,774	8,007	7,894
'80	35,338	27,754	7,906	19,848	10,121	9,727	7,584
'90	40,273	32,043	9,174	22,869	12,571	10,298	8,230
'98	44,496	35,818	10,954	24,864	13,528	11,335	8,678
	割合	%	%	%	%	%	%
1953	100.0	43.8	17.2	26.6			56.2
'60	100.0	67.4	21.5	45.9			32.6
'70	100.0	73.6	20.8	52.8	26.0	26.8	26.4
'80	100.0	78.5	22.4	56.2	28.6	27.5	21.5
'90	100.0	79.6	22.8	56.8	31.2	25.6	20.4
'98	100.0	80.5	24.6	55.9	30.4	25.5	19.5

[資料] 厚生省「厚生行政基礎調査」,厚生労働省「国民生活基礎調査」

　ここでとくに注目したいのは,都市における過密化であり,その影響である。こうした問題は,東京をはじめニューヨークなど世界の大都市に共通している。

(2)巨大都市の出現

　ところが,東京などの大都市は,その人口が多くても1,800万人である。しかし,いまのままでいくと,21世紀には中南米をはじめ世界に,2,000〜3,000万人もの巨大都市の出現が予測される。したがって,人間の生活のあり方や都市のあり方が基本的に問われねばならない。また日本では,全国の自治体の数が約3,200あり,そのうち市は全体の20%を占めている。そして2002年には東京の50km圏に約3,000万人,同大阪圏に約2,000万人,名古屋圏に約1,000万人が住み,総人口の半数近くを占めている。

(3)都市計画

　このため市部人口が80%強におよんでおり,反対に郡部の人口は20%弱にすぎない。こうした過度の人口集中化を改めるため,政府機関や大学・研究所などの地方分散化の考え方がある。そこで都市計画や地域計画とそのすすめ方が注目されてくるが,筑波研究学園都市など一部の成功例を除くと,その実現には多くの障害がつきまとっており,成功に至る道のりはきわめてきびしい。

●メトロポリス〔巨大都市〕(metropolis)
都市の周辺を含め,機能的な地域の結節的中心と捉え,その都市をメトロポリスという。東京23区などを,メトロポリタン・エリアと呼ぶ。

●メガロポリス〔超巨大都市〕(megalopolis)
複数の近接した都市が拡大し,連結し相互の経済社会,文化などの交流が高まり,1つの巨大都市帯を形成したものをいう。京浜,中京,阪神都市圏など。

●都市計画(urban planning)
都市の機能や環境について,経済・社会・物理的諸要因を総合的に捉え,あるべき内容を質量にわたり,先見的に体系化して提示すること。

5. 農村の生活と健康

1) 農村の変化

　わが国における第一次産業の就業率は4％まで減少した。しかもコメの輸入自由化をはじめ，肉や果物などの輸入拡大がアメリカを中心に外国から強く迫られており，農業がきびしい状況に立たされている。日本の農業は古くから米作を主体としてきたが，狭くて比較的平地の乏しい地形による，小規模経営の集約農業では，どうしても生産コストが高くなり，外国との競争に不利である。加えて，食生活の変化によるコメの消費量などの減少も大きく，最近ではつねに過剰傾向となっている。また，野菜なども含めて農作物は気象条件に左右される面が強く，労力の多いわりに不安定性がつきまとっている。したがって農業の後継者や嫁が得にくいことは，周知のとおりである。しかも農村の生活には，家族をはじめ地域社会による制約が多く，若い世代からはあまり好感をもたれていない。

2) 農村の健康

　一方，農村の生活と健康の関係に注目すると，一般的には牧歌的でのどかな田園地帯における生活は，健康にプラスの面が大きいと考えられている。しかし実際には，わが国の職業別年齢調整死亡率を厚生労働省の資料でみると，男性の農林漁業の従事者は，最も高いサービス職業従事者についで第2位の高さである。

　では，この理由について考えてみよう。まず農村に高い死亡率といえば，従来から日本人に多かった脳血管疾患（脳卒中）があげられる。この原因の第一は高血圧であり，しかも中高年者が成長期だった頃に，タンパク質の摂取が少なかったために，血管のもろさもあり，脳出血をいっそう多くしてきた。この死亡率は，第二次世界大戦後に著しく改善されたが，それでも都市に比べて明らかに高率である。

　一般的に農村では塩分摂取の多さに加え，屋外の労働，とりわけ冬季の寒冷にさらされる労働や真夏の酷暑の下における労働が多かった。かつて日本家屋では，とくに便所や風呂場の温度差などが，脳卒中による死亡率を高めていた。これらの改善のため家族や地域社会による，健康をベースにした取り組みをはじめ，生活構造の変化がみられるので，今後の推移に注目したい。

●**集約農業**
労働力などを単位面積当たりの土地に，多量に投入する農業をいう。土地が少ないうえに人口が多く，かつ賃金が安い地域で行われる。対比用語が「粗放農業」である。

●**塩分摂取量**
日本人には高血圧症が多く，これに塩分多摂取が関与している。予防対策の1つとして，1日量を10ｇ未満と示されたが，実際には12〜13ｇである。

6. 地域健康活動の組織化

1）地域保健の捉え方

(1) 地区診断とは

　公衆衛生の対象は，集団の健康保持増進である。その集団を単位として，一定の広がりをもつ「地域」における「住民」の生活と，健康の状況を一体的に捉える。また，地域住民の健康の保持増進のために何が必要か，それをどんな方法で充足させるか。さらには住民による自主的な活動を促進するために，どんなアプローチが適切か，などを考える最も基本的な手法が「地区診断」である。

　わが国で「地区診断」が積極的に行われはじめたのは，1950年代半ばからであった。勝沼晴雄らの公衆衛生学者と柏熊岬二らの社会学者からなるチームワークにより，埼玉県千代田村（現在の羽生市内）で行われた成果などが有名である。なお地域社会における健康と生活に関する調査として，1950年代から社会学者の福武直らと，公衆衛生学者の山本幹夫らが行った「アメリカ村の調査」なども貴重である。

(2) 地区把握の方法

　「地区把握」と「地区診断」が公衆衛生の分野において，地域をとらえるためによく用いられている手法である。この両者には必ずしも厳密な区別はない。前後関係からいうと正確な「地区診断」により，地区が正確に把握されるのである。大切な点は，その地域に存在する保健医療福祉ニーズの実態把握と並んで，その効率的な充足方法を案出する手がかり，ないしはそのための資料を得ることである（表5-4）。

　したがって地区把握を行う立場や目的，さらには予算や人手などによって，捉える方法，対象や範囲，分析の深さなどに相違がある。そしてこの手法は，社会学による「社会調査」の手法を導入したものである。その主な内容は表5-4に示すとおりであり，人口構成や産業構造などと合わせてとらえる。

2）健康福祉の組織化

(1) コミュニティ・オーガニゼーション

　1960年代後半に，わが国では欧米社会で創出された社会福祉事業の1つの技術である，CO（community organization）の考え方が導入され，普及した。この考え方も時代によって変化しているが，①地域社会における健康福祉施設や機関の連携化，②地域社会における健康医療福祉ニーズと社会資源との調整，③健康福祉の増進をめざす複数の住民組織の協力，協調の促進およびそのプロセス，④健康福祉推進のための地域住民の組織化，⑤地域社会の行政などに対する健康福祉向上の住民組織からの要求運動，⑥地域における保健，医療，福祉の一体化とそれによるサービスの展開，などが主な内容である。なお，これらは互いに重なり合う部分が多い。

●**地区診断**
（community diagnosis）
社会学の視点から小地域の諸問題を，社会調査によって捉える。その後，主に公衆衛生分野で用いられ，各種の統計資料や調査の結果から，対象地域の健康問題，その原因を把握し，健康増進に役立てる手法である。

●**地区把握**
公衆衛生学による視点から，地域住民の健康増進をめざす活動で，まず対象地区の実態を捉えること。

●**コミュニティ・オーガニゼーション**（community organization）
広狭の2つの解釈があり，広義には一定範囲を対象とした，地域や集団の構造的な組織化をいう。狭義には社会福祉分野におけるソーシャルワークの1つとして，アメリカで体系化された技術をいう。

●**社会福祉事業**
1951年に制定された社会福祉事業法では，その理念を「個人の尊厳の保持を基本とした福祉サービスの提供」とする。内容により，第1種と第2種社会事業に分けられる。

表5-4 主な地区把握・診断の対象と方法

主な項目	主な内容
1）自然・環境の状況	地図・地形，広さや気象，自然の景観と環境など。
2）交通・立地の状況	道路・交通網など。
3）歴史・文化の状況	伝統的文化・慣習，生活様式，意識・態度，文化施設と利用，文化活動など。
4）政治・経済の状況	政治や選挙など，住民の参加活動，産業構造と生産・出荷額，購買力・消費動向，地域の商品売上額など。
5）人口と人口扶養の状況	人口量と密度，年齢別，老年人口割合や従属人口，産業別人口など。
6）家族と介護機能の状況	核家族，単独世帯など家族機能と介護能力，高齢者世帯，一人暮らし老人，寝たきり老人，痴呆老人と家族の関係，母子・父子世帯など。
7）人口動態と寿命の状況	出生，粗死亡と訂正死亡率，主要死因，妊産婦死亡，新生児・周産期死亡率，自然・人工死産率，平均寿命など。
8）社会的人口動態の状況	人口の転入・転出，非移動，結婚と離婚率など。
9）社会階層などの状況	職業，所得，学歴，居住区域，社会的地位など。
10）地域と住居の状況	種類，所有区分，建て方，広さなど。
11）都市化・農村化の状況	都市，農村の施設，住民の生活形態，意識・態度など。

［資料］ 佐久間淳「保健福祉学入門」大修館書店，1993年

　一方，地域社会が解体された状況をコミュニティ・ディスオーガニゼーション（community disorganization）という。これは第二次世界大戦後，わが国の大都市を中心によくみかけられる現象である。都市化によりコミュニティのまとまり（地域性や共同性），さらには地域住民による共通目標が喪失した。このため地域による相互扶助や地域福祉，生活環境改善などに対する地域活動や地域そのものへの関心を失った住民を増大させた。

　また人口の流動化も地域連帯を弱化させる強い要因である。過疎地などでは人口が流出し，人口希薄のために交通，教育，医療などの生活施設の維持や生計持続が困難に陥り，地域の崩壊を招いた例が少なくない。

(2) 住民参加と住民の包摂

　わが国においては，民主化の状況を示す1つとして，「住民参加」という言葉がよく用いられている。これは文字どおり，住民の自発的・協調的な参加（community participation）である。たとえば自主的参加と主体的な活動の選択や決定であり，「住民参加と健康福祉行政」などと呼ばれ，並列的な存在関係となっている。住民参加には，政策決定などへの住民代表の参加と，いま1つは個々の住民が直接参加して活動する方法の2つに大別される。

　なお，コミュニティ・インヴォルブメント（community involvement）とは，住民や集団がコミュニティに包摂され，一体的なものとみなされる点が強い。したがって，住民や集団が上位にある「地域社会」に受動的に取り込まれ，一体化されるような状況になりやすい。

　このような傾向は，日本の長い歴史の中で国民や住民が政治に対して，つねに受動的な立場におかれてきたことに起因するところが大きい。地域社会にお

●住民参加
（resident's participation）
地域住民が主体的・自主的に，地域の政治や健康福祉の増進活動に参加すること。参加には直接参加と，代表を選び参加させる間接参加の2つがある。

ける保健医療福祉の組織活動により，住民の保健福祉の水準を高めようとする場合，だれ（どの機関）がリーダーシップを発揮するかは，活動の成功を左右する重要な1つとなる。一方，村落を中心にして日本人には，フォロワーとなるタイプの人は少なくない。

地域社会の状況に注目すると，表5-5のような主導性をだれが握っているかがわかる。これらはそれぞれ一長一短があるので，地域に合致したものを選んで活動推進に結びつけることが望まれる。最終的には，自分の健康は自分で守る，という方向にすすむためにも住民の自主性を育てることが大切である。それには，健康教育の手法が最も効果的と考えられる。

(3) ネットワーキングとは

わが国においては，ネットワーキング（networking）の状況が注目される。この背景には大衆化社会が進展する一方で，企業や職場における管理化や組織化が急速にすすみ，これらの根底には利己主義が広く深く潜行している状況が認められる。

今井らは「ネットワーク組織論」で，ネットワークについて「経済社会は，道路，鉄道，航空，あるいは電気通信などの社会基盤のうえになりたっている」という。そして「道路網がどうできるかとか電気通信のネットワークがどのように使いやすくなるかということは，人と人，組織と組織とのつながり具合い，つまり関係のあり方を決め，部分と全体の関係を形成していく……」という。

これは「経済社会」を中心にした発想であるが，本書の著者は「ネットワーキング」を，地域社会における保健医療福祉を増進するために，必要な1つの重要な要素と考えている。つまり，ここでいう「保健」と「医療」と「福祉」は，これまでの日本では個別のものとして扱われてきた。まずこれらを地域の特性と合わせ，いかに連携させ有効な機能が発揮できるか，を考えることがネットワーキングの出発点である（p.13，図1-1参照）。

したがって，地域社会のニーズに対して適切に対応すべく，地域の各種社会資源などの効果的な組織化が求められる。これには各機能体がそれぞれの機能（役割）を分担することが基本となる。たとえば病院間あるいは病院と診療所，保健所，老人ホーム，デイケア施設などと在宅の患者や障害者，老人を抱えた家庭，さらにはその家庭ケアを支援する行政，各種のボランティア活動などの連携化・組織化にほかならない。したがって，ネットワーキングのできる人がまず必要であり，そのリーダーシップ（能力）に負うところがきわめて大きい。なお実質的には，コミュニティ・オーガニゼーションの実態を示す一面ともいえるであろう。

●**リーダーシップ**（leadership）
集団の成員または集団の形成に際し，他者・対象者に対し，その自主的・潜在的な意思や能力を引き出し，育成・促進させ，目的達成に導くこと。

●**フォロワー**（follower）
集団内の階層性がある人間関係などで，上位者や威光のある人，その方針に対し，相対的に弱い立場で従う人。リーダーの指示を受け，目的達成などに動く内実をいう。

●**ネットワーク**（network）
一定の広がりをもつ網目状の人間関係，施設や機関の機能的な連携化をさす。また，各種の集団や国家間にも，貿易や文化などの促進・相互交流のため，形成されている。
医療や福祉では，ニーズの充足のために形成され，利用される。

●**利己主義と利他主義**（egoism & altruism）
利己主義は，一般に自分の利益のみを追求する考えや態度をいう。本来の自己を基準にし，ものの判断や考え方をする。コントの利他主義は，他者の幸福と利益による，社会連帯を示したもの。

●**ボランティア**（volunteer）
個人の自由意思で，金銭的な報酬を求めず，社会的な貢献の活動で連帯を生み出す人びとをいう。学校教育などにボランティア活動を導入し，成績評価，人物評価に用いる際には，強制にならないように注意を要する。

表5-5 地域保健・医療福祉推進の主導性・型と特徴

主導性の型	主なメリット	主なデメリット・問題点
1）自治体主導型	予備確保，行政組織の連携と活用	医師等専門職確保，医師会との協力問題，手続きの煩雑さ
2）保健所主導型	地域保健の実績，一定の専門職確保	人的・財的不足，住民組織活動の指導性の弱さ
3）医師会主導型	医師の協力と活動，他医療職の協力	住民との連携不足，行政やほかの専門職との連携の困難さ
4）学識者主導型	計画立案・理論化が有利	実践力が弱く，散発的参画に終わりやすい
5）住民主導型	住民の主体的参加と活動	医師等専門職，財源，活動時間等の確保が困難
6）特定機関主導型	独自の決定で活動の展開が可能	孤立しやすく，他機関との調整等の問題
7）混合型	個々の利点の選択的組み合わせ	主導性の不明化，孤立・競合が起こりやすい

注──概略的に類型化したものである。
［出典］ 佐久間淳「保健福祉学入門」大修館書店，1993年

7. 地域社会の健康福祉増進

1）戦前の地域保健活動

(1) 地域保健師活動の先駆

橋本正己は「自主的な住民活動の見地から重要な事実として，明治10年代の半ばに衛生に関する民間の自主的な地区活動として，後年の衛生組合の濫觴となった衛生地区組織が，東京，静岡をはじめ各地に発生したことをあげなければならない」と述べている。そしてこの背景に，明治10年以降のコレラ流行が契機となっていることを指摘している。他方，現在の保健師活動の先駆として，大正7(1918)年に東京で巡回産婆の計画が初めて実施され，その後，大正12(1923)年の関東大震災によって，さらに促進されたという。済生会が罹災者に対する訪問看護を開始し，聖路加病院でも母子の保健指導を中心とした訪問指導事業をはじめた。また大正13(1924)年には，大阪市が訪問看護婦を採用していることが伝えられている。

(2) 専門職の養成，施設の設置

こうした状況に対応すべき施設の設置や専門職の養成をみると，内務省をはじめ民間の機関でも手がけはじめられるようになった。そして昭和10(1935)年には，都市保健館(現在の保健所)が東京の京橋に，農村のそれが埼玉県所沢市に，アメリカのロックフェラー財団の資金援助で開設された。さらに昭和13(1938)年には，国立公衆衛生院が創立されるなど，地域保健に対する専門職の養成がすすめられた。

ところが，その後の世界的な不況とその対処のなかで，わが国はしだいに軍国主義化してゆき，地域住民による自主的な活動の広まりを，抑圧する方向にすすんでしまった。つまり第二次世界大戦の敗戦を迎えるまで，軍国主義的な

●保健所(health center)
1935年の東京の都市保健館，1938年の所沢市の農村保健館の設置。その後，国の指導機関となるのは，国民の体位向上をめざし，保健所法が制定された1937年である。1947年に保健所法が改正され，新しい保健所となった。

地域組織と活動に統制されていたわけである。この思想に基づいた行動様式は，日本人に深く浸透しており，その後の民主的な発想と活動の成長を強く抑制し，現在に至っていることが認められる。

なお最近では，医師などの育成数が充足から過剰傾向の状況に転じている。この反面には，心理・精神面を含めた疾患の増加などに対し，その防止（予防）や治療に当たる専門職の不足がみられる。つまり時代を反映した新しいニーズの充足や問題を解決する，新たな専門職が緊急に必要とされている。

2）戦後社会と自主的活動

(1) 制度の変化と国民の意識

日本人にとって，第二次世界大戦の敗戦は先に述べたような，多くの弊害を打破すべき天与の機会ともなった。新しい日本国憲法の下に民主化がすすめられた。しかし衛生行政の改革までも含めて，いずれも連合国側の指示によって実行されたものである。

これらの改革は，あくまでも制度上などに関するものであり，実際に制度を支えて運用するのは国民であり，その一人ひとりの意識や生活態度を反映するものである。つまり，表面的な制度上の改革が行われたものの，そこに生きる国民の自覚や認識の深部にまでは，改革がおよんでいないのである。

(2) 衛生害虫をなくす運動

ところで，第二次世界大戦後における住民による自主的な活動として，その第一には，何といっても"ねずみやハエと蚊をなくす運動"があげられる。この活動の背景には，当時の日本で猛威をふるっていたコレラや赤痢，疫痢（えきり）など消化器系の伝染病の流行があった。これらと並んで，多大な不安を与えていた日本脳炎の流行が指摘できる。このほか呼吸器系の疾患として，結核をはじめインフルエンザやジフテリアなどの影響も大きかった。

さらに，いまではみられない狂犬病もあった。梅毒や淋病などの性病，皮膚病や流行性結膜炎，トラコーマ，回虫などの寄生虫症は日本人の90％以上にみられた。これらのために多くの犠牲者を出したり，多大の苦痛をおよぼしていた。しかもこれらの病気は，自分一人だけの力ではどうにもならないので，協力してその撲滅のために行動を展開したわけである。当時，全国では日本人の半数以上におよぶ人びとが何らかの形で，この運動に参加したとも伝えられている。

その活動の主なものとして，害虫などの駆除と清掃，衛生と栄養を中心とした母子衛生，さらには農村部における便所や台所の改善をはじめ，生活全般におよぶ合理化と改善があげられる。この動向については，橋本正己による「公衆衛生と組織活動」(1955年) に詳述されている。このような広がりをみせた活動も，その後数年間で関心が所得の増加と生活の安定へと推移した。また活動の成果として衛生状態の改善，および社会の安定などによって衰退していった。

●衛生害虫
ハエ，蚊，ノミ，シラミ，イエダニ，ゴキブリ，毒蛾，南京虫，ツツガムシ，ヒゼンダニなど感染，病害にかかわる虫であり，一般的には害虫という。

●寄生虫病予防法
1931年に寄生虫予防のため制定され，対象虫は回虫，十二指腸虫，住血吸虫，肝臓ジストマの他，主務大臣の指定する寄生虫病とする。また医師，保健所長，都道府県知事，市長など自治体の業務を規定していたが，1994年に廃止された。

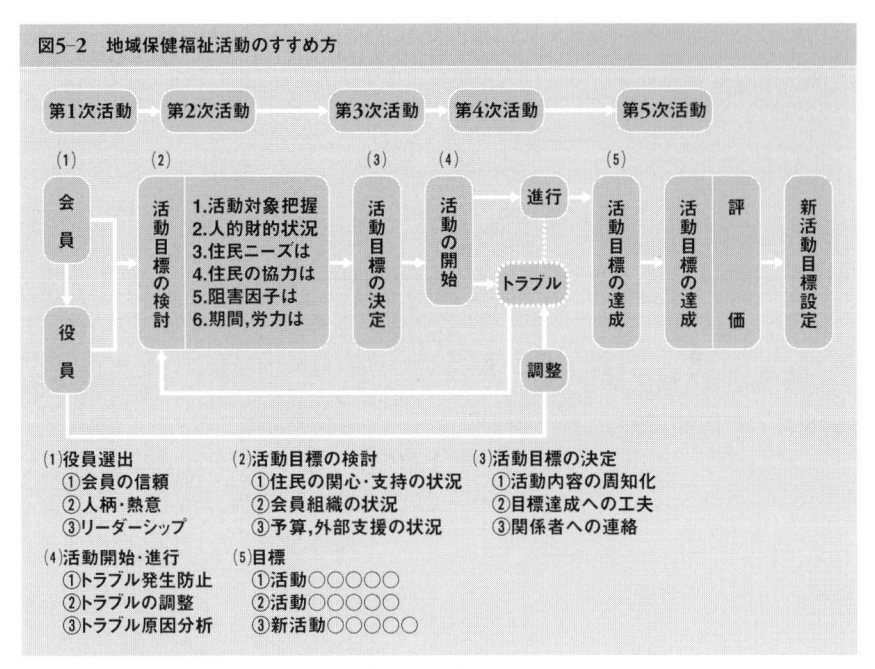

図5-2 地域保健福祉活動のすすめ方

[資料] 佐久間淳「保健福祉学入門」大修館書店，1993年

3) 地域健康福祉づくり活動

(1) 地域保健福祉組織活動（図5-2）

　この名前は，ごく一部の人たちを除いてあまり知られていない。そこでこの意味を簡単に示すと，地域の人びとの自主的な参加と活動による，住民の健康増進をめざした組織的活動といえる。かねてから"住民運動"という名称が広く知られているが，それには一定の思想性の存在がみられることが多かった。

　ところがこの活動は，本来的に思想的なものではなく，純粋に健康そのものの向上が主眼とされており，活動の広がりを求めるときに，中立的な立場が最も普遍性の大きな要素となっている。その活動体（組織）を構成する三要素としては，1) 住民，2) 行政の支援，3) 医師など専門職の協力がある。

　この活動内容を大別すると，①活動計画の策定，②活動の実行，③目標達成度ないしは計画と実行に対する評価に分けられる。なおわが国では，往々にして計画策定だけを発表し，実行の進行状況やその成果などについての報告は，ほとんどされないことが多い。

(2) 生涯健康づくり運動

　厚生省が1978年から推進した健康づくりの内容は，
　①生涯にわたる健康増進
　②健康づくりの基盤整備
　③健康づくりの啓蒙普及

の三本柱からなっていた。これらの内容からもわかるとおり，まさに老人保健法の事業と一体的なものである。

　この活動の先駆的なものとして，岩手県沢内村などにみられた事業とその成果が知られている。同村では昭和30年代初頭から，それまで高率だった新生児や乳児の死亡をゼロにすることを目標に，村民による強力な活動を展開し，そ

●健康福祉づくり活動
ウォーキング，ジョギング，禁煙，栄養，休養など健康によい生活習慣を取り入れ，健康の維持・増進を図る。1978年に厚生省（当時）が10か年計画の「国民健康づくり計画」を発足させた。健康・体力づくり事業団を設立し，国民の健康教育や普及啓蒙活動を行っている。健康増進に加え，疾病予防，診断，治療，リハビリテーションを包括して，健康づくりという。

れを達成した。そして次には，それまで驚異的な高率さであった，脳卒中の死亡率の低減に取り組んで大きな成果を示したことが有名である。

(3) 地域単位の健康増進活動

この活動はその地域にある問題を，住民の創意工夫や努力を中心にして解決するものである。したがって，他の地域で成功したものをそのまま導入しても，必ず成功するとは限らない。むしろ参考やヒントにはなるが，その大部分は地域に適した方法の創出にかかっている。

そこで，活動の目標設定や活動のあり方が問われてくる。著者の住んでいる千葉県習志野市(現在人口15.4万人)は，1974年に市民健康づくり計画を策定した。神奈川県では1977年に「新神奈川計画」のなかで，県民の健康づくり計画が示された。また埼玉県では「ヘルシー埼玉21」が1986年に策定された。

これらに共通する問題は，第一に住民が活動計画の策定に参加していないことである。第二には，活動のすすめ方や活動の成果についての「評価」がなされない。そればかりではなく，評価の方法や指標などがほとんど用意されていない，という点である。第三には，住民の参加がなかなか得られないことが指摘できる。しかしこうした計画は全国各地で，都道府県単位や市町村単位で策定され，それぞれの活動として展開されている。

一方，地域住民による活動の推進方法は，図5-2のように有志の人びと(行政からの働きかけが多い)の集まりができ，そのなかから役員を選出する。そして活動目標を参加者で話し合って決定し，実行する。この"参加者で決めた"という実績が大切であり，決定に参加したことの責任の自覚が，以後の活動を推進していくうえで重要なカギとなる。またときには，トラブルも発生するので，上手に解決しながら目標に向かって活動をすすめることが大切である。

活動の方向性や進行状況などに関しては，評価の基準や軌道修正などの柔軟性，合理性などがつねに必要となる。なお活動のすすめ方については，同図に示してあり，活動の進度を細かく第1次から第5次までの段階にわけ，それぞれについて説明してある。

第6章　学校と職場の健康福祉

【ポイント】

❶ 心身の発達が著しい幼児の健康福祉について，広く歴史の推移でみる。
❷ 児童生徒の体位発達を，社会経済の推移と合わせて歴史的に捉える。
❸ 児童生徒の体力の状況を，生活様式の変化と合わせ統計を用いて調べる。
❹ 児童生徒の疾病，異常，死亡率などを原因や背景と合わせて捉える。
❺ 職場(域)の集団的な特徴と，健康福祉の状況を「産業保健」からみる。
❻ 職業・労働と疾病，死亡率など健康福祉の状況を広く比較してみる。
❼ 職場の事故，労働災害，職業病などの発生を業種や企業規模でみる。
❽ 健康福祉の状況をライフステージで捉え，適切な対処方法を考える。

1. 学校——児童青年期の健康福祉

1) 幼児の健康福祉の推移

(1) 幼児の健康福祉

①**児童生徒の健康福祉**　この内容に関しては，別に第7章で母子の健康福祉について，制度面と実際の健康状況を中心にしてふれている。ここでは重複をさけ，それぞれのライフステージの中でとくに幼児，児童生徒の健康福祉と生活を主体にし，問題点にスポットを当てて考えてみたい。

②**顕著な改善**　まず乳児・幼児死亡率の推移をみると，70年ほど前には出生千人に対して約170人が死んでいた。それが第二次世界大戦直後(1947年)には76.7人に減り，その後の約56年間，つまり2001年には3.1まで激減した。これはWHOなどの専門家の間では，"ミラクル"だと賞賛された。

③**改善の背景**　この背景には，まず第1に平和な社会で産業活動が活発化し，経済の高度成長がもたらされ，それに伴う所得の上昇があげられる。そして第2には所得増加による生活水準の上昇とともに，栄養，休養，衛生などの健康管理に関する知識や技術の向上が指摘できる。第3には公衆衛生の改善による伝染性疾患の激減があり，そして第4には医学の進歩による貢献があげられるであろう。

(2) 児童生徒の疾病・異常

①**裸眼視力**　文部科学省の「学校保健統計調査」によると，2001年度における裸眼視力が1.0未満の者が，幼稚園の5歳児では27.2%である。それが小学校低学

●**乳児死亡率**
乳児とは，生後1年未満の児をいう。この出生1,000に対する1年間の死亡。死亡数÷出生数×1,000で示される。

●**幼児死亡率**
幼児とは，誕生日から就学前の児をいう。幼児総数で年間の幼児死亡数を割ったもの。

年では20%を割る時期もあるが、その後はほぼ年齢の上昇とともに増加し、小学生全体では25.4%、中学生で48.2%、高校生で60.3%に達している。なお、性別では女子のほうが全年齢にわたってかなり多く、高校生では約61.5%におよんでおり、その原因の究明と予防対策が強く望まれる。

②歯・口腔　次に虫歯の状況をみると、幼稚園の5歳児で61.5%に達し、小学生では75.6%で、中学生ではほぼ同水準で推移し、高校生になると83.7%にも上昇する（表6-1）。性別では中学生以下で男子が、以上で女子がやや多くなっている。

そして、虫歯に対する処置が完了している者は、幼稚園の5歳児で23%強であり、ほぼ年齢とともに上昇し、小学生で36%、中学生で41%、高校生で49%ほどである。性別ではどの年齢でも女子がやや高率を示している。

2）学齢期の死亡

(1) 死因、死亡率

この年齢層における健康状況を2000年の「人口動態統計」による死亡率からみると、まず10～14歳の死亡率は人口10万人当たり11.4で、全年齢層の中で最も低い。性別では男子が14.8で、女子が7.9と少し低率である。その主な死因は、第1位が不慮の事故、第2位が悪性新生物（がん）、第3位が自殺である。2000年には5～19歳で約3,900人が死亡し、そのうち事故や自殺が半数強を占めており、この年齢層の特徴を表わしている。第二次世界大戦までは諸外国に例をみない高率な青年期の自殺が続いていた。それが戦後には是正され、新たに自殺年齢の低下が注目された。しかしその後は、あまり注目されるような変化はみられない。

(2) 事故死

事故死の多くは交通事故によるものである。これに加えてとくに幼児を含めて溺死の多いことは、諸外国に例をみない状況である。そこで学校管理下における死因に注目すると、最も多いのが「突然死」であり、全体の約60%を占めている。これは主として心臓の異常によるものであるため、心電図検査などによる厳密な診断と、適切な対処および予防が大切である。ちなみに、2001年の文部科学省「学校保健統計調査」の結果では、小学生から高校生までの心電図異常をみると、2～3%前後もあることに注目を要する。なお、最近では子どものアレルギー症の増加、心因性の疾患、低体温化などの動向にも注目したい。

● **人口の静態と動態統計**
（vital statistics）
一定の時点での人口を捉えたのが静態統計。日本では国勢調査等。動態統計は、1年間の出生、死亡、結婚、離婚などの集計である。

● **突然死〔急死〕**
（sudden death）
内因的と外因的急死があり、一般的には内因は病死であるが、外因死は法医学の対象になることが多い。心臓・中枢神経・呼吸器などの疾患と乳幼児急死症候群、青壮年のポックリ病などである。

2. 児童生徒の体位と体力

1）児童・生徒の体位

(1) 体格の変化

わが国では、児童生徒の体格測定が1888年から行われており、すでに100年を

表6-1 主な疾病・異常等の推移

	裸眼視力1.0未満の者(%)	うち0.3未満の者(%)	むし歯(う歯) 計(%)	うち未処置歯のある者(%)	寄生虫卵保有者(%)	肥満傾向(%)	ぜん息(%)
幼稚園							
平成8年度('96)	21.4	0.6	73.7	51.8	1.3	0.7	1.0
9('97)	23.1	0.5	71.2	43.5	1.0	0.7	0.9
10('98)	25.8	0.5	67.7	42.0	1.0	0.6	1.3
11('99)	24.0	0.5	67.0	41.9	0.8	0.6	1.5
12('00)	28.7	0.5	64.4	39.4	0.8	0.7	1.3
13('01)	27.2	0.5	61.5	38.1	0.6	0.6	1.3
小学校							
平成8年度('96)	21.7	4.9	89.3	52.2	2.4	2.6	1.1
9('97)	26.3	6.0	84.7	43.8	2.1	3.0	1.7
10('98)	26.3	5.9	82.1	42.0	2.0	2.8	2.3
11('99)	25.8	5.7	80.8	41.8	1.7	2.7	2.6
12('00)	25.3	5.5	77.9	40.0	1.4	2.7	2.5
13('01)	25.4	5.5	75.6	39.2	1.2	2.8	2.5
中学校							
平成8年度('96)	43.6	19.1	89.6	48.3	…	1.8	1.0
9('97)	49.7	21.7	83.7	37.9	…	1.8	1.4
10('98)	50.3	22.1	81.9	36.1	…	1.9	1.6
11('99)	49.7	22.2	80.1	35.5	…	1.7	2.0
12('00)	50.0	21.8	76.9	33.3	…	1.7	1.8
13('01)	48.2	20.7	73.8	32.6	…	1.9	1.9
高等学校							
平成8年度('96)	57.5	31.3	93.0	47.2	…	1.2	0.5
9('97)	63.2	34.2	89.4	39.3	…	1.4	0.9
10('98)	62.5	33.8	88.2	38.2	…	1.4	1.1
11('99)	63.3	35.4	86.5	35.8	…	1.4	1.3
12('00)	62.5	34.9	85.0	35.3	…	1.5	1.3
13('01)	60.3	33.2	83.7	34.9	…	1.5	1.3

注——1) 10年前から調査項目が存在し，かつ「その他」を除いた疾病・異常の中から被患率の高い上位5つの疾病・異常を取り上げている。

[資料] 厚生統計協会「国民衛生の動向」2002年

超えている。この間，身長および体重は年齢により多少の差はあるが，第二次世界大戦の前から直後にかけての一時的な低下を除くと，全体的には上昇をたどった。とりわけ戦後における経済社会の安定期，成長期にかけての上昇が著しい（図6-1）。

(2) 体位の性別・地域別推移

なお男女の平均値を比べると，身長が10，11歳で，体重は11歳だけ男子を女子が上回っている。次に地域別の状況を2001年における男女の14歳でみると，まず男子の身長は，全国平均が165.5cmである。秋田県と新潟県の166.6cmを最高とし，東北や山陰で高く，逆に沖縄県の164.0cmを筆頭にして，鹿児島と宮崎県の九州，山口県，四国に低い県が多い。女子の平均は156.8cmであり，男子とほぼ同様の傾向がみられる。なお，1900年から100年間の平均身長をみると，17歳の男子が約13cm，女子が約11cm伸びていたが，最近では伸びが小さくなっている。

体重については，肥満の問題もあるので平均値だけではいえないが，男子の全国平均が55.5kg，女子が50.9kgである。男女とも青森県が58.4kgと52.6kgで第1位であり，反対に少ないのは男子で鹿児島の53.4kgに山口，鳥取県が続き，女子では三重県の49.4kgなどが目につく。そして1900年以降の100年間には，男女とも身長の伸びより体重の伸びが小さいので，それだけ"スリム化"しているわけである。

(3) 体形の状況

ちなみに，体形についてBMI（Body Mass Index：体格指数）でみると，男子の全国平均が20.2であり，身長の1番高い秋田県が20.5である。そして1番身長の低い宮崎県が20.2で，ややスリムといえる。一方，女子は全国平均が20.6を示し，身長の高い秋田県が21.0で，逆に身長の低い沖縄県が20.7である。つまり若干の差がみられるが，いずれも平均値では問題がない。

● **BMI**（Body Mass Index）
体格・体位指数と訳され，国際的に最も広く用いられている。この22が理想体形とされている。
$$\frac{体重(kg)}{体長(m) \times 体長(m)}$$

● **肥満傾向**
標準や正常域を超えているが，肥満（症）と判定できない範囲。BMIでは26〜30未満をさし，30以上が肥満である。

そこで2001年の文部科学省による「学校保健統計調査」から，肥満傾向の数値をみると，5歳の幼稚園児で0.7％，小学生（6〜11歳）が2.8％となっている。性別では男性のほうがやや多い。なお，肥満とは逆に"やせ願望"による，誤った食事制限などが見られるので，有効な健康教育が大切である。

2) 児童・生徒の体力（図6-2）

(1) 体力テストの内容項目

①**体力テスト**　体力については文部科学省が，自分の体力や運動能力の状態がわかるような，スポーツテストの実施方法を定めている。これに基づいて毎年「新体力テスト」が行われている。（1998年度から内容が少し変更された）。

②**新体力テスト**　体力テストとして，(a)握力（kg），(b)上体おこし（回），(c)体前屈（cm），(d)反復横とび（点），(e)20mシャトルラン（折り返し数），(f)持久走・急歩（男子1,500m，女子1,000

図6-1　17歳の体格100年間の変化

（年齢は，各年4月1日現在の満年齢）

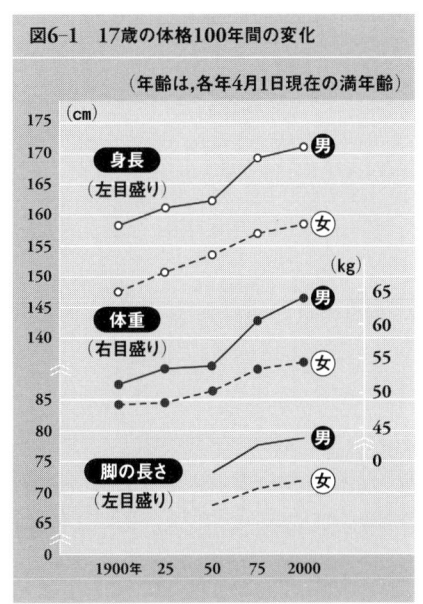

［資料］朝日新聞，2002年10月14日

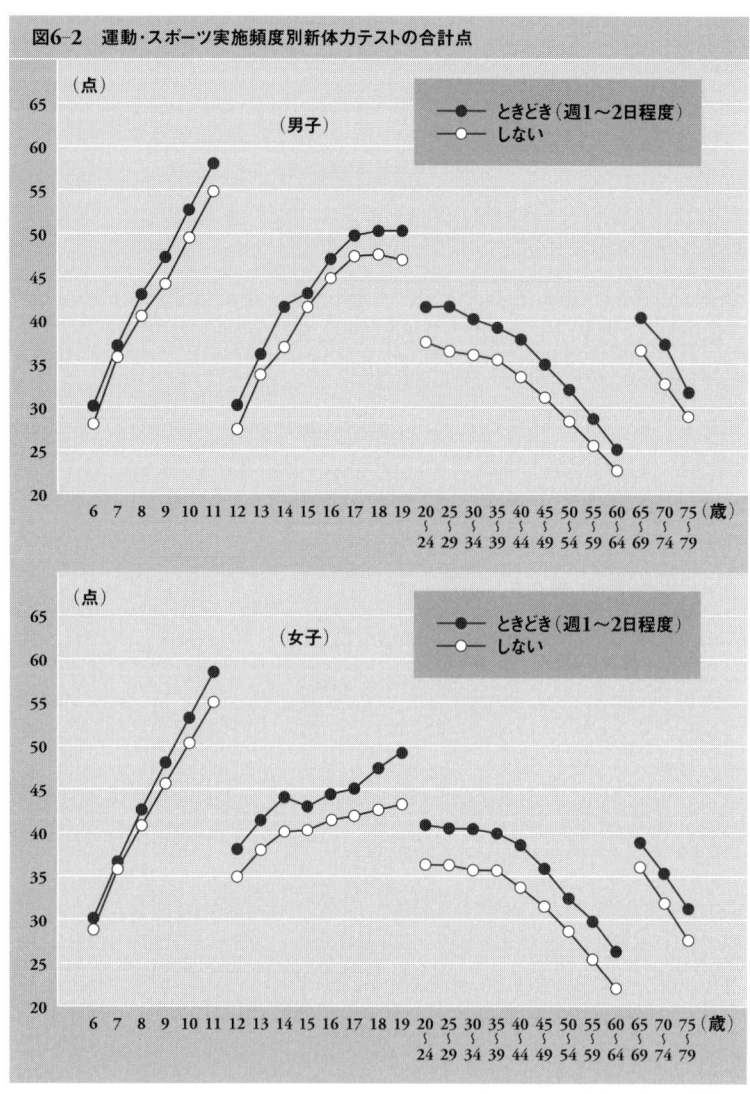

図6-2 運動・スポーツ実施頻度別新体力テストの合計点

（男子）
● ときどき（週1～2日程度）
○ しない

（女子）
● ときどき（週1～2日程度）
○ しない

[資料] 文部科学省「体力・運動能力調査報告書」2001年

●体力（physical strength）
必ずしも定義が確定されず，身体と精神に分け，防衛体力と行動体力に二分する。また，行動力と抵抗力の二分法や総合体力を身体・抵抗・精神・生活力に分けるものがある。

●敏捷性
この測定には，反復横とび，全身反応時間，ステッピングなどがみられる。敏捷性は中枢神経系の伝達速度と，筋肉の収縮速度で決まる，素速さのこと。

m／秒），(g) 50m走（秒），(h) ソフトボール投げ，ハンドボール（小学生はソフトボール）投げ(m)，(i) 立ち幅とび(cm)，の9種目について評価する。

(3) 体力テストと比較

①**握力** そこで2000年度の状況をみると，6歳以上の男女別に示されており，握力では6歳の男子が9.5kg，女子が8.6kgである。これが年齢の上昇につれて増え，15歳では男子が39.9kg，女子が25.9kgになる。なお参考までに，全年齢における最高値に注目すると，男性では30～34歳の50.3kgであり，女性では35～39歳の30.6kgである。

これを約20年前の1979年度と比較できる種目でみてみると，15歳の男子が41.3kgであり，女子が28.0kgを示している。つまり，男子で1.4kg(3.4%)，女子で2.1kg(7.5%)の減少が認められる。これらは握力だけに限らず，全体的な筋力の低下などが心配される。

②**反復横とび** 2000年度には15歳の男子が51.1点，女子が42.0点であるが，約20年前には男子が43.3点，女子が38.1点となっていた。したがって，男子で18.0%，女子で12.6%の増加である。

③**50m走** さらに50m走では，男子が7.5秒で女子が9.1秒を示している。これが約20年前には男子が7.6秒で，女子が8.8秒であった。そこで男子では1.3%の改善だが，女子では3.4%の低下がみられる。

④**持久走** 持久走（男子1,500m，女子1,000m）は，2000年度に男子が378.5秒で，女子が303.7秒である。これに対して1979年度には男子が362.7秒で，女子が287.9秒となっている。したがって，男子は16秒(4.4%)多く，女子では15.8秒(5.5%)多くなった。つまり，それだけ走力が低下したことを示している。

⑤**体力の低下** これらの結果から，最近の児童・生徒（大学生，勤労青年を含む）の特徴をみると，敏捷性や瞬発力，体力一般についてはやや向上傾向を示すものもある。筋力や持久力では水平的なレベルを示している。この反面，筋持久力や柔軟性については，明らかに劣っている。かつて，子どもの骨折や捻挫が

増加したため，反射神経の低下などがいわれたことがあった。最近では体力低下，身体活動の不活性化などが問題である。
⑥**体力低下の背景**　これには受験戦争の激化のためや，近くに安心して遊べる場所がないこと，クルマ社会などにより，幼児期からの歩く量の絶対的な減少，遊びの内容が変化したことなども含めた生活全般の変化が，広く反映されているものと考えられるであろう。

● **瞬発力**（power）
瞬間的に発揮される動的な筋力で，単位時間に発する筋力である。垂直とび，立ち幅とび，階段駆け上がり，自転車こぎ，ボール投げなどで測定される。

3. 産業，職業，労働と健康福祉

1) 近代産業の発展と問題（表6-2）
(1) 近代産業の誕生

日本における「産業革命」は，1880年代（明治10年代）ころに始まった。労働者としては，明治10年代から官営の紡績工場に「女工」が募られ，「女工哀史」などで知られる低賃金・長時間による過酷な状況が続いた。その後，製鉄などの重工業がすすめられ，農家の次男，三男が都市に集まり，苦難な労働生活に従事した。この状況がようやく第二次世界大戦後に，労働者の人権を守るために新憲法による労働三権（団結権，団体交渉権，争議権）や，「労働三法」が制定され，大きく変化した。したがって，この1世紀あまりの間に，著しい変化と発展を遂げて今日に至っているのである。

(2) 産業構造，労働形態の変化
①**産業構造の変化**　かつての日本は農業国として，第1次産業が主体をなしており，その構造が第二次世界大戦後まで続いた。それがこの半世紀の間に第1次産業（農林，水産，牧畜）を，4％以下まで減少させた。そして第2次産業（鉱業，製造業，建設業など）が30％，第3次産業（通信，金融，サービス業など）が66％程度と合わせ，占めている。
②**労働形態の変化**　これは機械化により単純・肉体労働の多くを，機械に移行し，肉体労働を激減させた。さらには，能率の向上をもたらし「労働時間」の短縮化に貢献した。これらが重労働を必要とする産業を減らし，機械化が相乗して労働形態を激変させた。加えて，劣悪な危険作業による事故死や，従来型の"職業病"の発生予防と合わせ，パソコン操作などのVDTの作業による眼精疲労などが新たな問題となっている。これらが健康と生活に大きな変化をもたらしつつある。

2) 労働衛生・保健の歴史
(1) 労働力確保と労働者保護
①**労働力人口**　わが国の労働力人口は，2001年には約6,800万人であり，そのうち「就業人口」は6,400余万人である。そして経済不況などのため，約340万人が「完全失業者」となり，史上最多を示している。15歳以上人口の約1億890万人の

● **労働三権**
日本国憲法第28条で保障する労働者の基本権で，団結権・団体交渉権・団体行動権（争議権）をさす。

● **労働三法**
労働関係に関する3つの基本法で，労働組合法，労働基準法，労働関係調整法をいう。

● **職業病**
（occupational disease）
作業環境や労働条件が不適切のため生じる，健康障害。扱う原材料や製品の持つ毒性，作業所の騒音・粉塵・ガス，放射線などの障害やじん肺など。労働基準法第35条に提示されている。

表6-2 労働力調査による産業3部門別就業割合   (%)

	1970	1980	1990	1999	2000	2000 (万人)
第1次産業	17.4	10.4	7.2	5.2	5.1	326
第2次産業	35.1	34.8	33.6	31.1	30.7	1,979
第3次産業	47.3	54.6	58.7	63.1	63.7	4,103
計	100.0	100.0	100.0	100.0	100.0	6,446

注——第3次産業には分類不能の産業を含む。
[資料] 総務庁統計局「労働力調査」

なかで,「非労働人口」は4,125万人である。したがって,労働力人口比率が62.0%となり,最近ではこの低下がみられる。

②**労働者の保護** かつては劣悪な労働状況が続く中で,結核や性病などの伝染病が広がり,若者を中心に多くの犠牲者を生じていた。この状況に対して1911年に,ようやく労働者保護のための「工場法」が制定され,さらに遅れて16年から施行された。この法律では,当時,広く行われていた女工や子どもの夜業を禁止しており,経営側から施行が強く反対された。他にも1905年に「鉱業法」の施行をみたが,いずれも過酷な労働条件を反映するものであった。

(2) 労働衛生と安全確保

①**労働衛生** 日本の労働衛生は劣悪な労働条件と並び,環境などがきわめて不備なものが多かった。しかも,1999年に発生した東海村のウラン加工施設での臨界事故では,廃液処理に際し危険物を素手で扱うなど,こんにちでも決して安心できる状態ではない。したがって,かつては炭坑・鉱山爆発や化学工場での爆発・火災などによる死傷,中毒の発生が少なくなかった。

職業病といわれた粉塵による塵肺,鉛,有機溶剤,ガス,化学薬品の中毒,チェーンソーなど振動工具,視力や聴力の障害などの予防が「労働衛生」や「労働保健」の課題である。

②**労働安全衛生** 1947年の「労働基準法」による,安全衛生に関する規定などを集大成し,「労働安全衛生法」が1972年に制定された。これによって業務内容の多様化に伴う健康障害の防止,安全で快適な職場環境の形成をめざす作用を,労働憲章などで示した。たとえば労働衛生の3つの管理として,(a)作業環境管理,(b)作業管理,(c)健康管理がある。これと並んで安全衛生教育がすすめられ,職業性の傷病を減少させるのに寄与したことに注目したい。

(3) 労働行政と事業内の管理体制

①**労働衛生行政** 2001年からは旧厚生省と旧労働省が合体し,新しく「厚生労働省」となった。この中で労働基準局が設けられ,第一線実務は都道府県に労働局(47)と,労働基準監督署(343署+45署)が配置されている。ここに基準監督官および地方労働衛生専門官を配し,さらに学識経験者や労働衛生指導医などの非常勤職員などを加え,指導などに当たっている。

②**事業場内の管理体制** 事業者は規模に応じて,必要な安全衛生管理体制の整

●**労働基準法**
(labor standard low)
憲法第27条(勤労条件の法定の原則)から,労働時間などの労働条件の最低基準を定めた基準法,1947年に制定。

●**労働憲章**
労働基準法の付属法として,最低賃金法,家内労働法,均等待遇の原則や男女同一賃金の原則などを示す総則である。

備が義務づけられている。常時50人以上の労働者を使用する場合は，労働者の健康障害の防止や労働災害の発生防止のため調査や審議をし，事業者に対して意見を述べる「衛生委員会」を設け，毎月1回以上は会を開かせる。

「産業医」は1996年の労働安全衛生法の改正により，専門性を有する産業医として，要件を充たすものと定められた。常時50人以上の労働者を使用する事業場は産業医を選任し，労働者の健康管理を行わせることになった。なお，50人未満の事業場は，この健康管理に努めることが示された。

表6-3 労働災害・交通災害・火災による被災者数

	昭60('85)年	平2('90)	7('95)	12('00)
労働災害	901,855	797,980	665,043	603,101
交通災害	690,607	801,522	922,677	1,155,697
火災	9,297	8,925	9,635	10,176

[資料] 労働災害の被災者数は，厚生労働省「労働者災害補償保険事業年報」労災保険新規受給者数である。
交通災害，火災は，それぞれ警察庁，消防庁の資料による。

3) 労働災害の状況（表6-3）

(1) 災害の発生推移

わが国の労働災害の被災者は，交通事故者数につぐ数となっており，社会的・経済的な損失と影響が大きい。1961年をピークとして，その後は減少を続けた。死亡者数は2000年に1,889人で，前年の1,992人より103人減った。なお，2000年における労働災害被災者数は60万人あまりであり，交通事故が116万人，これらに対して火災による死亡が約1万人である。

①**事業別の災害** 2000年における4日以上の休業死傷者数は133,948人であり，これを事業別にみると，製造業と建設業の2つで過半数となっている。そこで業種別の「災害度数率」に注目すると，まず全業種の減少傾向が認められる。とくに82年から第1位を続けてきた「林業」が，1982年の13.9から99年には2.5に下がり，第3位となっている。

$$災害度数率 = \frac{労働災害の死傷者数}{延労働時間数} \times 1,000,000$$

②**業種別業務上の疾病** 表6-4にあるように2000年における業種別の業務上に生じた疾病件数は，総件数が8,083件である。この内で最多は製造業の2,208件であり，全体の27.3%を占めている。これを「年千人率」（次式）でみると0.2であり，鉱業が8.9で最高率である。

$$疾病者数年千人率 = \frac{疾病者数}{労働基準法適用労働者数} \times 1,000$$

●**労働災害**
(industrial accident)
労働者が業務上（通勤・帰宅中を含む）に，負傷または病気，死亡する事故をさす。労働基準法第8章で使用者に，被災労働者に対し無過失の補償責任を示す。最近ではOA病やハイテク労災，過労死が注目されている。

4) 労働保健と健康診断

(1) 職場の健康診断

①**健康診断** 職場の健康診断は，(A)一般健康診断と，(B)特殊健康診断の2つである。前者は，(a)職場における健康阻害因子による影響を早期発見し，総合的な健康状況を把握する。(b)その労働者の当該作業への就業の可否，引き続いてその作業に従事する適否（適正配置）を判断するものである。(c)労働者の健康状況を経済的・総合的に把握し，健康管理，作業管理，作業環境管理に反

表6-4 業種別業務上疾病者数の年次推移

(単位 人)

	総数	製造業	鉱業	建設業	運輸交通業	貨物取扱業	その他
昭50年('75)	24,953	10,809	1,416	4,618	2,975	1,166	3,969
55 ('80)	18,644	7,020	1,394	3,965	2,518	600	3,147
60 ('85)	14,588	5,298	974	2,679	1,835	433	3,369
平2 ('90)	11,415	3,824	583	2,078	1,708	233	2,989
7 ('95)	9,230	2,844	482	1,843	1,157	131	2,773
11 ('99)	7,817	2,136	490	1,230	963	82	2,916
12 ('00)	8,083	2,208	480	1,216	971	107	3,101
	(0.2)	(0.2)	(8.9)	(0.3)	(0.4)	(0.7)	(0.1)

注――昭和54年から疾病分類が一部変更されている。
( )内は疾病者数年千人率。
[資料] 厚生労働省「業務上疾病調べ」

映させる,など健康に働ける基本をなしている。

②一般健康診断の結果　2000年の健診実施事業所は全国で87,797であり,受診者は約1,145万人であった。「有所見者」(異常とその疑いのある者)が,約510万人で44.5%を占めた。これを業種別にみると,農林業の63.8%が最高率であり,つぎは清掃・と畜業の60.8%,畜産・水産の59.8%の順となっている。なお,診断項目別には,血中脂質(コレステロールなど)が26.5%,肝機能検査の14.4%,血圧の10.4%が順に続く(表6-5)。

③特殊健康診断の対象　粉塵,放射線,騒音,その他の有害因子にさらされる業務の従事者を対象としている。これは(a)粉塵作業,(b)高圧室内業務と潜水業務,(c)放射線業務,(d)製造禁止物質・特定化学物質等の製造,取扱業務,(e)鉛業務,(f)4アルキル鉛等業務,(g)特定有機溶剤業務の7種類である。

④特殊健康診断の状況　2000年には対象の業務数が84に増え,健診を実施した事業場が8万余,受診者が160万人あまりにおよんでいる。そして有所見者の総数が6.0%にのぼり,「二硫化炭素」に関わる業務が18.7%で最高率を示す。次に「騒音」が17.3%,「マンガン等」が9.5%で続いている(2000年)。この他「じん肺検診」があり,受診者が19万人弱で有所見が6.4%にのぼる。したがって,労働環境の状況に注目を要する。

(2)労働災害の認定と補償

①労働災害と補償　労働者災害補償保険法により,業務上の事由または通勤による労働者の負傷,疾病,障害,死亡などに対して迅速で公正な保護のために,必要な保険給付が行われる。また被災労働者の社会復帰の促進など,労働者に対する福祉増進に寄与する事項が定められている。

②業務上の疾病と認定　「業務上疾病」は労働基準法第75条の規定による。範囲は1号から9号までに分けられており,「認定基準」は厚生労働省労働基準局長による,行政通達として示されている。なお,2000年に「過労死」と関係の強い脳

表6-5 定期健康診断実施結果(業種別 単位 千人)

(1999年度)

	健康実施事業場数 1)	受診者数	所見のあった人数 2)	所見のあった者(％)
総数	86.5	11,426.0	4,901.2	42.9
製造業	33.2	4,846.8	2,087.3	43.1
鉱業	0.1	9.0	5.3	58.6
建設業	4.7	466.1	233.5	50.1
運輸交通業	7.5	738.1	368.3	49.9
貨物取扱業	1.0	108.1	50.0	46.2
農林業	0.2	11.0	7.1	64.6
畜産・水産業	0.1	5.2	2.8	54.8
商業	13.5	1,429.8	577.1	40.4
金融・広告業	3.7	630.6	241.2	38.3
映画・演劇業	0.1	12.7	5.1	39.9
通信業	1.1	203.1	100.0	49.2
教育・研究業	2.5	379.4	158.0	41.6
保健衛生業	6.2	842.1	296.8	35.2
接客娯楽業	3.2	315.2	138.9	44.1
清掃・と畜業	2.0	242.7	138.5	57.0
官公署	0.2	38.9	19.6	50.3
その他の事業	7.2	1,147.2	471.9	41.1

注——1)「健康実施事業場数」は健康実施延事業場数である。
　　 2)「所見のあった人数」は，労働安全衛生規則第44条及び第45条の健康診断項目の有所見者の数である。
　　 3)「所見のあった者の割合」は，所見のあった人数を受診者数で割った値である。
[資料] 厚生労働省「定期健康診断結果調べ」2001年

および心臓疾患について，予防のため二次健康診断が新設された。

4. 健康福祉の教育

1) 学校の健康福祉教育

(1) 学校での健康福祉の教育

①学校の健康教育　「健康教育」を広くみると，健康の意味・意義(価値)，信念・態度・行動などの形成に影響する，意識や行動の変容と変容過程の合理性を体系的に伝達する社会的機能をいう。狭くみると，個人や集団にとって最適な健康水準に到達する，最も効率的な健康の知識や態度，意識と行動の促進をめざすものである。

　対象者の状況に適した内容と方法で，効果的な意味伝達のために，計画化・

体系化された活動をいう。厚生労働省の所管では「衛生教育」といい、文部科学省による学校教育では「保健教育」と呼ばれている。職場では「衛生教育」と、「健康教育」の両方が用いられつつある。

②**学校保健** 文部科学省設置法第5条で、学校保健は「学校における保健教育および保健管理をいう」と定められている。

(2) 保健教育と指導

①**保健教育** 学校教育法(1947年)による教育活動で、保健学習と保健指導に二分される。前者は、各自が生涯を通じて健康を自己管理し、増進できる資質や能力を教科の中で指導育成する。

②**保健指導など** 健康の自己管理のために健康の保持増進、疾病予防や治療・回復に必要な知識や実践法を指導する。特別活動などの教科外指導や個別指導、健康相談、保健室での指導、および学校保健法第1条の「保健管理」などがある。

2) 職場の健康教育

(1) 職場の衛生・健康教育

職場は企業規模などによって大差があるが、大別すると2つになる。その第一は作業環境と作業内容などの安全衛生に関する教育である。これはまず労働災害の発生防止に重点が置かれている。第二は中高年労働者を中心とした、「生活習慣病」の予防である。高血圧や糖尿病、動脈硬化と心疾患などの予防では、日常生活における栄養摂取と運動との関係が大きいからである。

(2) 労働安全衛生管理

とくに生産企業においては、製品の品質管理を中心として、生産管理が重視されている。この影響が安全や健康面の管理にも波及しつつある。それは生産能率などを支える基本が、労働者の心身の健康を基盤としているからである。

(3) 人間関係と精神の健康

職場の労働環境だけではなく、作業に対する個人の適性や組織と人間関係の状況にも、十分な配慮が必要である。とくにストレスと血圧や心疾患などの関係にも注意を要する。勤務形態と心身の疲労、たばこやアルコール中毒、メンタルヘルスなど、健康阻害因子の除去と対処法の教育が一層強く求められる。

●**保健管理**
内容は、主体管理(心身の管理)、環境管理(環境衛生・安全の管理)、生活管理(学校生活の管理)である。この中で、健康診断による健康把握と疾病予防、環境点検や清掃、通学などが守られる。

●**保健教育**
保健管理とともに学校保健を二分しており、内容は保健学習と保健指導に分けられている。健康増進のための、健康の本質の理解、保健知識の習得。健康生活を設計する能力の習得、健康生活の実践である。

●**保健指導**
教科外で行われ、保健にかかわる全指導をいう。健康面での生活指導である。実践力の発達のため、当面の健康問題を中心にし、クラスや個人を対象に、特別活動や学校行事の中で行われる。

第7章　母子の健康福祉

【ポイント】

❶ 母子の保健福祉の理念と施策の現状を広く捉える。
❷ 母子，母性，乳幼児，思春期の保健をライフステージに沿って考える。
❸ 少子化の社会的背景とその改善，対応策を具体的に考える。
❹ 少子化と人口構造の変化，およびその対策などを福祉対策も含めて考える。
❺ 離婚，母子，父子家庭の現状に注目し，保健福祉施策を考える。
❻ 寡婦，一人暮らし老人の保健福祉施策を生活史に沿って考える。

1. 母子保健

　母子保健は，母性と小児の健康の保持・増進を図る保健活動であり，人間の一生の健康を形成し，維持していくうえで，きわめて重要な意味をもつ。

　母子保健を対象別にみると出産可能な年齢，つまり思春期から更年期までの母体の健康管理を目的とした「母性保健」と，母子保健法第6条で規定する1歳未満の「乳児」や，満1歳から小学校入学前までの「幼児」を対象とした「小児保健」に分けられる。

　そこで，この状況をよく表わす母子保健統計（表7-1）と，そこで展開されている母子保健活動の内容を，妊産婦，乳児，幼児，思春期の順に述べてみたい。

1）母性保健

　「妊産婦死亡率」は，妊娠あるいは分娩中に女性が死亡する割合で，妊産婦のおかれた医療環境や社会的な状況も反映する指標として，国際的にも広く用いられている。

　妊産婦死亡率は，出産10万件（これには死産も含まれる）に対する母体の死亡数で，わが国では1999年に5.9（全国で死亡数は72人）に減少し，国際的にも高い水準に到達している。

　母性保健管理は，母子保健法や母体保護法によって実施されている。母子保健法第2条には「母性は，すべての児童が健やかに生まれ，かつ育てられる基盤であることに鑑み，尊重され，かつ保護されなければならない」と規定されている。また第8条，第10条では，都道府県および市町村が，母子保健について個別的または集団的に指導および助言し，地域住民とともに，必要な知識の普及に

表7-1 わが国の最近の主な母子保健統計の推移

	出生数	死亡数(全年齢)	乳児死亡		死産数		人工妊娠中絶(件)	妊産婦死亡率[2)]	合計特殊出生率
			死亡数	(率)[1)]	自 然	人 工			
1998	1,203,147	936,484	4,380	3.6	16,936	22,052	333,220	6.9	1.38
1999	1,177,669	982,031	4,010	3.4	16,711	21,741	337,314	5.9	1.34
2000	1,190,560	961,637	3,830	3.2	16,182	22,211	341,146	6.3	1.36
2001	1,170,662	970,331	3,599	3.1	15,704	21,763	341,588	—	1.33

注——1) 出生1,000対
　　 2) 出産(出生+死産)10万対
[資料] 厚生統計協会「国民衛生の動向」2002年

努めることとしている。

妊娠，出産，育児に関する保健指導は，市町村によって次のように行われている。

すなわち，妊娠すると母子保健法第15条に規定されている妊娠届を市町村に提出することになっており，これに基づき，母子健康手帳が交付される。この手帳には医療の経過が記録されるが，必要な健康教育情報も記載されている。

これらの手続き以後，妊産婦には医師，助産師，保健師などによる家庭訪問や保健指導，健康診査，母親教室などが実施される。

出産後の母体の健康管理は，母子保健事業の一部として，つまり小児の健診などと抱き合わせに行われているものもある。

2) 死産率の動向

注目されるのは人工妊娠中絶件数で，2001年には，表7-1のように341,588件もある。これは届出があった者で，それ以外を含めるとさらに多くの胎児が人工的に生命を絶たれているのである。これは人工搔爬(そうは)，つまり子宮に宿した胎児を物理的に除去することで，母体の損傷と生理的，心理的影響などを考えると憂慮される社会的現象である。

母性保健で国際的に注目されているのが，「リプロダクティブ・ヘルス／ライツ(性と生殖に関する保健／権利)」である。

このテーマは，1994年にカイロで開かれた国連の人口・開発会議で採択され，以後20年にわたる国際的な行動計画となっている。その意義は，女性が「身体的，精神的，社会的に良好な状態」で，「安全で満足な性生活を営めること，子どもを産むかどうか，産むならばいつ，何人産むかを決定する自由をもつ」ことである。つまり，性と生殖に関する女性の「自己決定権」の保障である。

低開発国では現在でも1日に4万人の乳幼児が餓死しているが，そのような状況でも出産抑制についての施策がなされず，多産多死が繰り返されているのは人類の悲劇であり，21世紀の大きな課題である。

また，アフリカのある国では国民の3人に1人がエイズで，平均寿命が10年も低下したが，それでもコンドームなどによる予防策が未発達であるという。つ

●母子健康手帳

母子保健法15条により，妊娠した者は届出をし，母子健康手帳が交付(同16条)される。行政は届出によって，妊婦から乳幼児までを一貫して把握し，適切な対応を実施する。この手帳は，妊娠，出産および育児に関する一貫した健康記録であり，行政からの保健や育児の情報を伝える。内容は記録と情報である。

●リプロダクティブ・ヘルス／ライツ

(reproductive health/right)
性と生殖に関する健康／権利は，1994年に国連の人口開発会議で採択された概念である。「身体的，精神的，社会的に良好な状態」で「安全で満足な性生活を営めること，子どもを産むかどうか，産むならばいつ，何人産むかを決定する自由をもつ」と定義されている。女性の教育，健康，地位向上により，自己決定権の保障が不可欠である。

まり，人口爆発や多産多死，エイズの蔓延などの抑止には，女性の地位と知識の向上が不可欠で，それに正面から取り組んでいるのが1975年以来，各地で開かれている「世界女性会議」である。

3）乳幼児保健

わが国の育児環境を1世紀にわたってみると，第二次世界大戦後における改善が著しい（表7-2）。年間出生数が戦争直後には約270万人に達し，昭和40年代（1960年後半〜1970年前半）の第2次ベビーブームでも200万人を超えていたが，その後は減少を続け，2001年には117万人となっている。

一方，母子保健の水準を表わす指標に「乳児死亡率」がある。これは母子の健康状態や生活状況だけでなく，その国の衛生状態や文化レベルを反映する重要な指標である。これは出生千件に対する生後1年未満の乳児の死亡数であるが，わが国でも大正時代には180程度で，戦後の1947年には76.7であった。

それが経済の復興とともに急速に改善され，最近では表7-1のように3.1にまで減少している。これは先進諸国が5前後と低いなかでも最も好ましい数値であり，なお減少を続けているのは高く評価されてよい。

しかし，「発展途上国」をみると，100前後，あるいは統計に表わせないほど劣悪な国が多い。国連統計でも，前述のごとく4歳以下の乳幼児が1日に4万人も餓死し続けている状況で，このような著しい「南北格差」をみると，わが国などの先進諸国による支援と，格差の解消の重要さが明らかとなっている。

なお1999年の乳幼児死亡4,010例の過半数は新生児死亡，つまり生後28日未満の死亡で，その内訳をみると先天奇形，変形および，染色体異常が37.8％と多く，ついで呼吸や血管・血液障害の35.7％などである。

出生以後の育児指導は市町村が行うが，低出生体重児（2,500g未満）や慢性特定疾患児には，保健所による訪問指導などが行われる。

市町村が行う母子保健事業は，妊婦の健康診査，両親学級，訪問指導，乳児，1歳6か月児，3歳児の健康診査，育児学級など多彩である。

小児の健康診査では，フェニールケトン尿症とかクレチン症など，先天性の代謝異常や甲状腺異常などを早期に発見し，心身障害児の発生予防をはかるマス・スクリーニング検査が，すべての新生児に実施されている。異常が発見されると，小児慢性特定疾患治療研究事業による公費治療が受けられる。このような難病や特定疾患児，低所得層で治療の必要がある妊婦などには，養育医療や医療費の援助が行われている。

●人口爆発
世界人口は1950年には25億であったが，2000年には60億を超えた。これは，この半世紀の人口増加が，先進国は1.4倍であったのに対し，発展途上国は2.8倍という急激な「人口爆発」のためで，2050年には世界人口は約90億になるという。

●健康診査
(health examination)
一般にいう健康診断を老人保健法などでは，診断と検査を合わせて「診査」という。

●フェニールケトン尿症
小児の先天性代謝異常の1つで，早期発見と治療により心身障害の発生を予防できる。そのため，すべての新生児に検査が実施されており，発見されると公費による食餌療法などが行われている。

表7-2　育児の100年史

1900	（明治33）　貧窮家庭の子供らを無償で保育する二葉幼稚園設立
1920	（大正9）　ごろ　都市部に公立託児所
1947	（昭和22）　児童福祉法成立
1967	美濃部革新都政
1973	大阪府摂津市が保育所建設の超過負担金の支払いを求めて国を提訴
1980	ごろ　ベビーホテル事故続発
1986	保育所措置費の国負担2分の1に
1989	合計特殊出生率1.57ショック
1992	（平成4）　育児休業法施行
1994	エンゼルプラン策定
1995	緊急保育対策5カ年事業始まる
1997	児童福祉法大幅改定。保育所入所は措置から利用者の選択に
1999	新エンゼルプラン策定　少子化対策特例交付金

［資料］　朝日新聞，2000年2月29日より

4）思春期保健

　WHOでは，二次性徴の出現から性成熟までの段階を「思春期」と定義している。年齢的には「十歳代」とみてよいが，この年代は身体が急激に成長・変化し，心理的・情緒的なアンバランスが発生しやすい。一方，体力は著しく高まるため，不安定な行動が社会的にも逸脱して，しばしば社会問題となっている。

　母体の保護に影響する「逸脱」とか「非行」で，一般的なものに喫煙がある。女子高校生の喫煙率は16%，「毎日喫煙する」者が8%で，女子の大学生はより高率とみられる（2001年調査）。

　40種以上の発がん物質やがん促進物質のほか，200種もの有害物質を含むというたばこを成長期の女性が習慣的に喫煙し，喫煙率が増加を続けているのは，保健対策上も放置できない現象である。男子高校生の37%という喫煙率も，女子とまったく同様である。

　また，いわゆる「発達促進」，つまり成長現象の低年齢化と，性情報の氾濫，携帯電話の悪用などによって，性的行動が低年齢化し，十歳代の妊娠中絶が増加しつつある。また，麻薬や覚せい剤などの薬物乱用や性感染症も「若者」を汚染しつつある。

　喫煙とか薬物乱用は，接触しないことが最良の防止策といわれるので，学校教育の現場でも「予防」に重点を置いた健康教育が展開されている。

2. 少子化の背景

1）戦後のベビーブーム

　戦後の1947年には，第1次ベビーブームで約270万人が出生し，この傾向は5年も続いた。

　その後，出生数は若干減少したものの，約20年後には第2次ベビーブームとなり，再び年間出生数が200万人を超えた。しかし，それ以後は年々減少し，2001年には117万人となっている。その理由は，女性が子どもをあまり出産しなくなったためである。

　女性が生涯に産む子どもの平均人数を「合計特殊出生率」という。合計特殊出生率は第1次ベビーブームのころは4.32，第2次ベビーブームでは2.14程度であったが，2001年には1.33に低下している。なぜ，このように低下したのか，その背景を探ってみると次のようになる。

2）女性の高学歴化と少子化

　かつてのように子どもを4人も育てるとなると，人生の多くを出産と育児に追われ，体力も消耗し，人生をエンジョイできなくなる。経済的にも出費がかさむ。

　女性が高学歴化し，男性と同様の労働条件となり，家庭にいる時間が少なく

●**クレチン症**（cretinism）
先天性甲状腺機能低下症，先天的な甲状腺ホルモンの低下，欠損または機能不全の総称。甲状腺機能の低下，無形成など甲状腺自体（原発性）の異常と，甲状腺刺激ホルモン放出不能など，下垂体性（2次性），視床下部性（3次性）があり，女児は男児の3倍。

●**マス・スクリーニング検査**
（mass screening test）
一般に「集団健診」をさし，対象集団の受診者の多くは，正常である。この対象者の中から「異常者」をふるいわける検査法をいう。screeningを一次健診と呼ぶこともある。

●**喫煙率**
わが国では男性の喫煙率は約50%で，ロシアの67%，フランス40%，ドイツ37%，アメリカ28%などと比較しても高いほうである。
女性の喫煙率は約10%で，諸外国の20～30%に比較すると低いが，最近の若い女性では増加の傾向といわれる。

なった。また高学歴化は「キャリア・ウーマン」を生み出し，晩婚，晩産，非婚が増加してきた。

核家族化によって，かつての「姑(しゅうとめ)」に育児が頼めず，保育所，託児所などの子育て環境も充実していない，ことなどが指摘される。

そこで，1994年には，旧文部，厚生，労働，建設の各省による子育て支援策（エンゼルプラン）が策定され，緊急保育対策5カ年事業などがスタートした（図7-2, 3）。

これは，1999年には「少子化対策推進基本方針」に引き継がれ，「新エンゼルプラン」となり，さらに2000年には「健やか親子21」（図7-1）が策定され，わが国の母子保健活動の目標が示された。この新エンゼルプランには，母子保健対策として乳幼児健康支援一時預かり事業，周産期医療ネットワークの整備，不妊専門相談センターの整備などが織り込まれている。

●エンゼルプラン（1994年）
極端な少子化の進行に対し，文部・厚生・労働・建設の4省合意により，1994年に出された国の子育て支援のための10か年計画。正式名称は，「今後の子育て支援のための施策の基本的方向について」。その後1999年に「新エンゼルプラン」が策定された。

3）育児環境の整備

しかし，2002年7月6日付朝日新聞によると，保育所入所の待機状況は続いている。すなわち，小泉内閣は「待機児童ゼロ作戦」をすすめているが，厚生労働省の49市区を対象とした調査では，入所児童は356,294人で前年より14,000人も増えたが，待機児童は14,047人でほぼ横ばいである。一方，全国的にみると待機児童数は約21,000人で，いわゆる「えり好み」をしているケースを含めると35,000人に達するという。

●新エンゼルプラン（1999年）
従来のエンゼルプラン（1994年）と「緊急保育対策等5か年事業」の見直し。働き方や保育サービスに加え，相談・支援体制，母子保健教育，住宅などの総合的な実施計画である。

以上は保育所などに関する状況であるが，育児休業に関する法律が1997年から施行された。これは「育児休業，介護休業，育児又は家族介護を行う労働者の福祉に関する法律」で，子どもが1歳になるまでの一定期間，事業主が育児のための休業を保障し，あるいは乳幼児の養育に配慮するべきことを定めた法律である。

また，2001年から育児休業給付が賃金の40％に引き上げられたが，実際には育児休業取得者は半数以下である。また男女ともこの育児給付を取得できるにもかかわらず，男性の取得者は全取得者の1％にも達していないという。

このように権利としての育児休業が法で定められていても，それを利用する者が少ない背景には経済不況で失業者があふれ，企業も人件費の削減を迫られているため，もし育児休暇を取ると「リストラ」されてしまうという懸念(けねん)があるものとみられる。

4）女性教員の調査例にみる実態

働く女性の「リプロダクティブ・ヘルス／ライツ」に関する調査例を次に述べてみる。これは，首都圏のA県における公立小・中学校の教員（いずれも組合員）244名を対象にして，1997年に郵送調査したもので，回答率は48.8％（119名）であった。なお，回答者の9割は小学校教員で，養護教諭が5名含まれている。また，2002年5月現在のA県の公立小学校の女性教員は12,149名（全教員の64.7％），公立中学校の女性教員は4,297名（同38.2％）である。

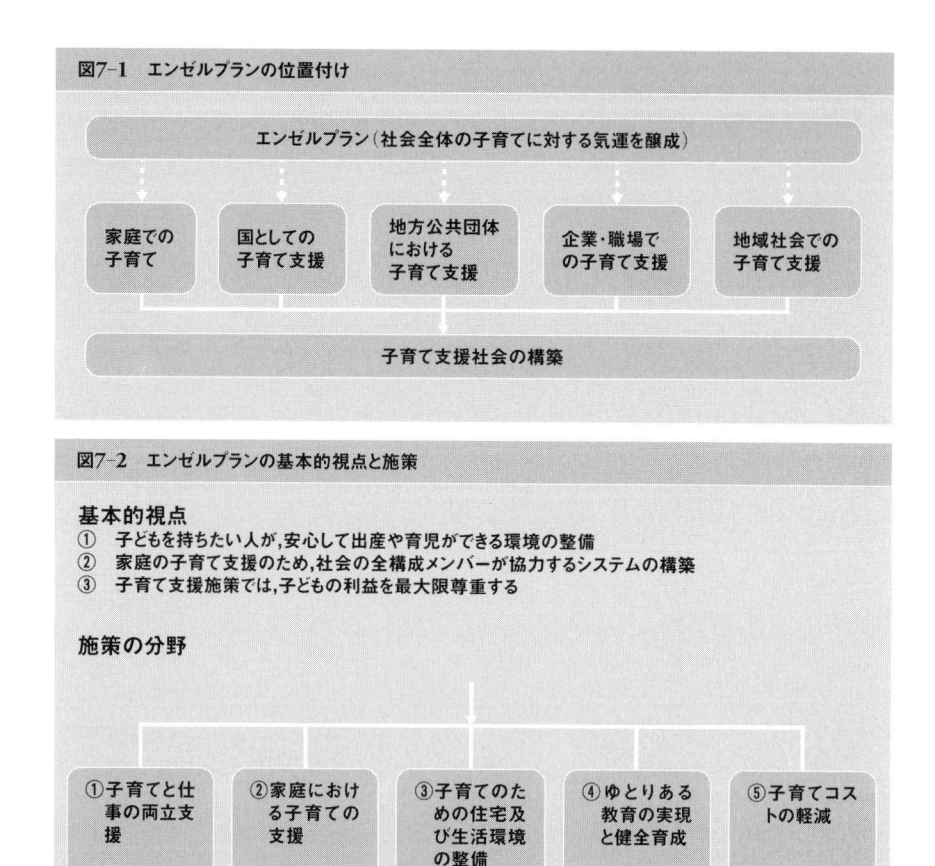

図7-1 エンゼルプランの位置付け

エンゼルプラン（社会全体の子育てに対する気運を醸成）

- 家庭での子育て
- 国としての子育て支援
- 地方公共団体における子育て支援
- 企業・職場での子育て支援
- 地域社会での子育て支援

子育て支援社会の構築

図7-2 エンゼルプランの基本的視点と施策

基本的視点
① 子どもを持ちたい人が，安心して出産や育児ができる環境の整備
② 家庭の子育て支援のため，社会の全構成メンバーが協力するシステムの構築
③ 子育て支援施策では，子どもの利益を最大限尊重する

施策の分野

① 子育てと仕事の両立支援
② 家庭における子育ての支援
③ 子育てのための住宅及び生活環境の整備
④ ゆとりある教育の実現と健全育成
⑤ 子育てコストの軽減

重点施策

- ・育児休業給付の実施
  ・多様な保育サービスの充実
  　　　　　　　など
- ・地域子育て支援センターの大幅拡充
  ・母子保健医療体制の充実　　　　　　など
- ・ゆとりある住宅の整備
  　　　　　　　など
- ・教育内容や方法の改善
  　　　　　　　など
- ・保育料の軽減や負担の公平化
  　　　　　　　など

［資料］ 厚生統計協会「国民の福祉の動向」2001年

　回答者の平均年齢は44.8歳で「夫がいる」が92%，「子どもがいる」が86%である。また親と同居している者は23%である。

　「妊娠中に仕事上で困った経験」は「あり」が80%で，その内訳は体育や授業で「立ちっぱなしでつらい」が最も多い。次いで「つわり」などの身体的苦痛が45%，「切迫流産，流産」が13%で，なかには「流産2回，切迫流産1回」もいた。

　これらの対策としては，「校長と交渉した」「組合で話し合った」「病休」「入院」のほか，「がまんした（がんばった）」が17名（14%），「体育や遠足などは代わってもらった」が11名（9%）などがある。

　「男性から楽しているとみられ，イヤミを言われた」「遠足と体育は代わってもらったが，運動会の練習には出ないわけにはいかず，後になってこのときの無理が悪影響した」「まだ妊娠がはっきりしていなかったので，口に出して言えず，

図7-3　「健やか親子21」について

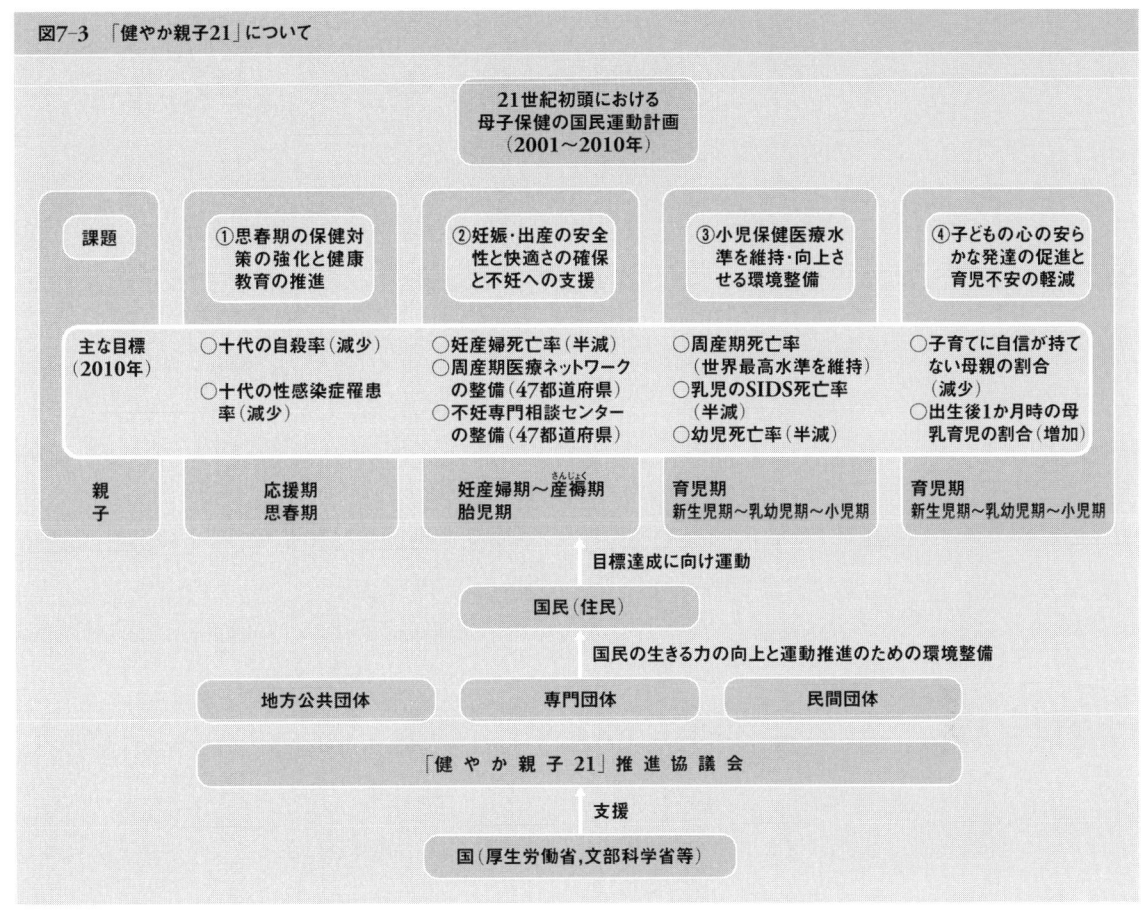

```
                    21世紀初頭における
                    母子保健の国民運動計画
                      （2001〜2010年）
```

課題	①思春期の保健対策の強化と健康教育の推進	②妊娠・出産の安全性と快適さの確保と不妊への支援	③小児保健医療水準を維持・向上させる環境整備	④子どもの心の安らかな発達の促進と育児不安の軽減
主な目標（2010年）	○十代の自殺率（減少） ○十代の性感染症罹患率（減少）	○妊産婦死亡率（半減） ○周産期医療ネットワークの整備（47都道府県） ○不妊専門相談センターの整備（47都道府県）	○周産期死亡率（世界最高水準を維持） ○乳児のSIDS死亡率（半減） ○幼児死亡率（半減）	○子育てに自信が持てない母親の割合（減少） ○出生後1か月時の母乳育児の割合（増加）
親子	応援期 思春期	妊産婦期〜産褥期 胎児期	育児期 新生児期〜乳幼児期〜小児期	育児期 新生児期〜乳幼児期〜小児期

　　　　　　　　　　　　　　　目標達成に向け運動
　　　　　　　　　　　　　　　　国民（住民）
　　　　　　　国民の生きる力の向上と運動推進のための環境整備

　　地方公共団体　　　　　専門団体　　　　　民間団体

　　　　　　　　「健やか親子21」推進協議会
　　　　　　　　　　　　　　支援
　　　　　　　　国（厚生労働省，文部科学省等）

［資料］　厚生統計協会「国民衛生の動向」2002年

バスに乗って行った」者もいる。

　また，外からみると母子福祉が完備していると思われる教育現場にも，次のような「時代遅れ」の実態が回答されている。つまり，「妊娠中に印象に残った言葉」を夫，親，同僚，生徒，保護者別に質問した結果は以下のとおりである。

　まず，『夫』は「おふくろが嫌がるから具合が悪い，悪いと言うな」「（苦痛を訴えると）わがままだ」「おなかが大きいときは，みっともないから写真は撮らない」「夫婦生活を長く拒んだら，"夫婦の義務だ"と言われた」「おふくろは産前・産後でもよく働いた」「（無理して通っているのに）そんなに具合が悪いんなら休むはずなんだから，平気だろ」など，「傷ついた」が7例である。一方，「やっぱり産んでほしい」「車で送迎」「ありがとう」「大丈夫か。気をつけろ」「あらゆる相談にのってくれた」「障害のある子どもでも育てよう」など，心暖まる「励まし」が19例もあり，夫は「優しい」がはるかに多い。

　次に『親』は，「私らの時分は臨月まで働いて，産むその時まで……」「一家で巳・虎・申（さる）と揃うのは良くない，と嫌がられた」「3人目ができたとき，バカは子どもをたくさんつくる，と言われた」など「傷ついた」は4例であるが，「励まされた」は19例とはるかに多い。

　『同僚』は，「子持ちとおなかの大きい女性には，大事な仕事は任せられない」

「これ以上,迷惑かけるな。子どもを産みたいのなら,よその学校へ行って欲しい」「妊娠中でも,元気な人と比べてとやかく言われ,一生忘れられないほど悔しかったのを覚えています。今でも許せません。この経験がいやだったので,一人しか産みませんでした」「自分から何でも言ってくれないと周りはわかりませんよ,と言われても,きつい面があった」「担任がないと,朝の通勤緩和休暇が取れていいわね,と言われてショックだった」「他人の健康など,気をつけている余裕がないことを知った」「子どもをつくってまで働かせている旦那の顔が見たい(昔はひどい男教師がいた)」「妊娠経過は個人差があるのに,自分の経験を押し付けてきた。今の若い人は甘えている,と」「職場が変わったばかりで,すぐ妊娠するな」「(主任のおばちゃん先生に)私は妊娠中に跳び箱もした,と言われて悲しくなりました」「だから私は子どもを持ちません」など,「傷ついた」が17例である。

しかし「先生の代わりはいくらでもいるが,親の代わりはいないのだから,自分の子どもを第一に考えるように」「(二度も流産しているため)大切にしてね」「先輩が勝ちとった権利を有難いと思い,さらによくしていくように」などの「励まし」も27例もある。

『生徒』の言葉には「励まし」が多い。

すなわち,「かわいい,元気な赤ちゃんを産んで下さい」というものが10例のほかに,「おなかをさすってくれた。重い物持ったらダメだよ」「先生動かないで。ぼくたちがやるから……」「体育館での集会のとき,どうぞ,と椅子を持ってきてくれた」「2人目のとき,先生にうれしいことがあるんだ,というと,階段で気をつけてね,といい,紙でつくったきれいな花をプレゼントしてくれた」など計18例であった。

しかし,『保護者』の言葉には『親』とならんで厳しいものが多い。
「産休に入るとわかっていて,何で担任持ったの」「(産休が夏休みと重なり)計画的にいきましたね」「だから女の先生は困るのよね。そんなに大変ならやめれば」「1年のときも産休で,3年でまた産休なんて運が悪すぎます」「まさか先生が担任中に出産などないでしょうね(という同性の言葉)」「まだ若いのだから,うちの子の担任のうちは妊娠しないで」「先生は産休はとらないでしょうね」など,「傷ついた」が17例もいたが,『親』と同様に,「励まし」の方が23例と多かった。

しかし,これらの「かけられた言葉」の記入者は,最も多い『同僚』の場合でも全部で46名(38.6%)しかおらず,あとは空欄であった。面接調査などで質問すれば,「困った」とか,「傷ついた」者はさらに増加することも予想される。

この調査の約1年後の1999年4月23日付・朝日新聞には,「教員がまた女だと言う女」という「川柳」が載っている。投書者は,調査した県に住む60歳代男性で,選者の評には「均等法下」という注釈がついている。

働く女性の出産と育児は,教員においてもこのような状況であるが,今後は職場ぐるみで出産や育児に理解を示し,出産教員の補充体制を整えること,また保護者も,小学校教員の3分の2は女性であることを認識し,女性教師の出産

に「寛容」になることが必要である。このような配慮や施策がなされないと，少子化の傾向はさらにすすむと思われる。

3. 人口構造の問題

1) 人口構造の変化

2000年国勢調査によると，わが国の総人口は1億2,692万人であり，そのうち男性は6,193万人，女性は6,498万人で，女性のほうが約300万人多い。また年間の増加数は24万人であり，2007年には1億2,778万人で最多となることが予測されている。つまり，今後の約5年間で86万人増加するが，あとは減少傾向になる。

一方，わが国の性別・10歳階級別人口構成は図7-4のとおりである。50歳～52歳における著しい増加は，第二次世界大戦後の「第一次ベビーブーム」の世代が結婚して出産した「第二次ベビーブーム」によるものである。

1947年から1952年までの「第一次ベビーブーム」は年間出生数が270万人，人口千対の出生率も34.3に達した。1967年から1975年までの「第二次ベビーブーム」も年間出産数が209万人に達し，出生率も18.6から19.4と高率であった。この傾向でゆけば，2002年現在では「第三次ベビーブーム」となって，三段目の増加群が出現するはずであったが，戦後も50年になると「世相」が変わり，先細りの「筒型」になったままで，これが前述の「少子化」の表われである。

図7-4からいえることは，現在の20歳以下の減少した人口群が，それより年上にある2つのベビーブーム世代を「扶養」することになり，その負担が懸念されている。

2) 年齢3区分別人口の推移

これらを年齢3区分別でみると，表7-3のとおりである。まず14歳までを「年少人口」，15歳から64歳までを「生産年齢人口」，65歳以上を「老年人口」と呼ぶが，これらが2000年にはそれぞれ14.6％，68.1％，17.4％である。

ところが今後の半世紀をみると，年少人口は14％台が約11％に減少し，老

● 人口ピラミッド
(population pyramid)
ある時点の男女年齢別人口を，図に示したもの。出生，死亡，流出入に加え，戦争など社会・経済要因を反映する。富士山型，つり鐘型，つぼ型，ひょうたん型などがあり，富士山型は発展途上国など多産多死を示し，先進国はつぼ型を示すことが多い。

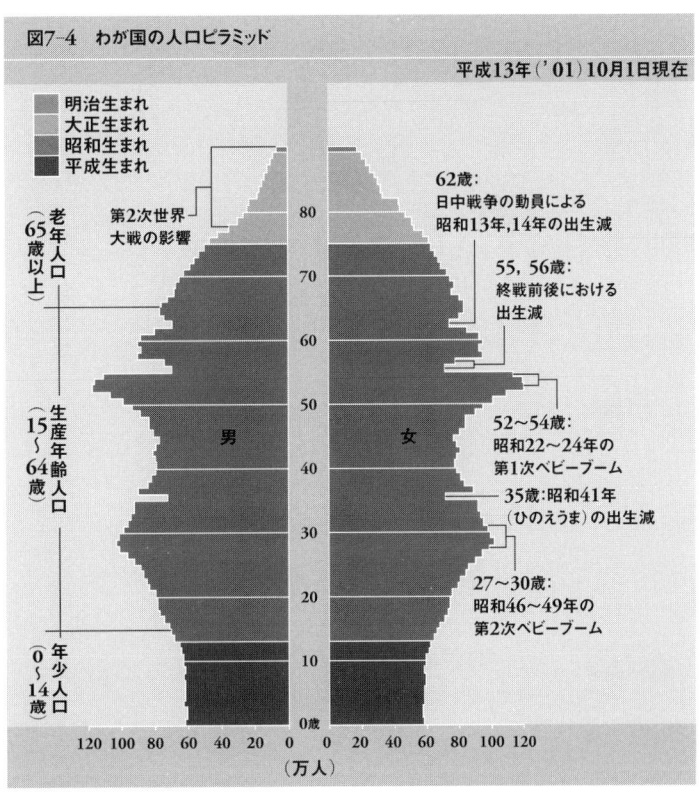

図7-4 わが国の人口ピラミッド
平成13年('01)10月1日現在

注――90歳以上人口（男19万2千人，女58万2千人）については，年齢別人口が算出できないため，省略した。
［資料］ 総務省統計局「平成13年10月1日現在推計人口」

●**年少人口**
年齢3区分人口のうち0〜14歳をいう。最近における出生率の低下に伴い，この人口が減少し，将来における日本人口の構成が心配されている。

●**生産年齢人口**
年齢3区分人口のうち15〜64歳をいう。この人口は主として生産活動に従事し，他の2つの人口（従属人口）を扶養する。このため，この人口が多いことは社会的な負担が軽くなりやすい。

●**老年人口**
65歳以上の人口をいい，その割合が7％を超え上昇している状態を「高齢化社会」という。また，老年人口割合の高い社会を「高齢社会」と呼ぶ。

表7-3 年齢3区分別・将来推計人口　　　　　　　　平成12〜62年（2000〜2050）

	人口（千人）		年齢3区分割合（%）		
	総数	うち65歳以上	0〜14歳	15〜64歳	65歳以上
平成12（2000）	126,926	22,041	14.6	68.1	17.4
22（'10）	127,473	28,735	13.4	64.1	22.5
32（'20）	124,107	34,559	12.2	60.0	27.8
42（'30）	117,580	34,770	11.3	59.2	29.6
52（'40）	109,338	36,332	11.0	55.8	33.2
62（'50）	100,593	35,863	10.8	53.6	35.7

［資料］　国立社会保障・人口問題研究所「日本の将来推計人口（平成14年1月推計）」2002年

年人口は17.4％（約2,200万人）から35.7％（約3,600万人）に増加する。一方，生産年齢人口は68.1％から53.6％に減少し，上述の「扶養」の負担増が予想できる。なお総人口は，約2,600万人減少して1億人に減ると予想されている。

現在の少子化が続き，人口構造が先細りの「つぼ形」のままであれば，このような減少となるが，ヨーロッパでは「エンゼルプラン」によって減少傾向に歯止めがかかってきたといわれる。わが国でも養育施策を充実させ，再び静かなベビーブームを呼び戻すことも可能と思われる。

なお，先進国における少子化傾向，つまり人口構造の先細りのつぼ型は各国共通の現象である。これに対して発展途上国，とりわけ経済や文化が未発達な国々では，ほとんどが多産多死，つまり人口構造が「ピラミッド型」である。このような国々では平均寿命が50歳前後で，乳児死亡率も100以上か，統計が不可能なほど劣悪な状態のままであることを，「先進国」のわれわれも注目しなくてはならない。

4．離婚，母子・父子家庭

1）離婚の増加状況

離婚には「話し合い」によるものと，どちらか一方の意思によるものとがある。「話し合い」離婚には，夫婦だけで話し合い，離婚届を市町村役場に提出して成立する「協議離婚」と，家庭裁判所で調停を行い調書を作成して成立する「調停離婚」とがある。

「婚姻を継続しがたい重大な事由」があり，かつ調停が成立しない場合には「裁判による離婚」となる。また調停が成立しても，一方が離婚に応じない場合には「審判離婚」となる。上記の「重大な事由」には，精神障害や不貞行為，保護義務違反，暴力などがある。

わが国の離婚は1965年頃から1985年頃まで年々増加した。その後いったん減少したが，この10年ほどは年々急増し，2000年には約26万組が離婚し，およそ

●**家庭内暴力**〔DV〕
（domestic violence）
家庭内での幼児や老人・障害者への暴力，虐待，子が親への暴力，夫婦間，兄弟姉妹間の暴力などをいう。

の離婚率は人口千対2である（図7-5）。

2000年における離婚の形式は9割が「協議離婚」で，「調停」「審判」「判決」など，家庭裁判所の介入を必要としたものは1割と少ない。また，それらの離婚にいたるまでの期間は，1年未満が6.9％，1～4年が24.4％，5～9年が23.0％，10～19年が22.6％，20年以上が16.5％となっている。

離婚時の子どもの有無をみると「いない」が40.5％，「1人」が27.8％，「2人」が23.1％などである。このように子どもが「いる」は約6割であるが，その7～8割は妻が子どもを引き取っている。

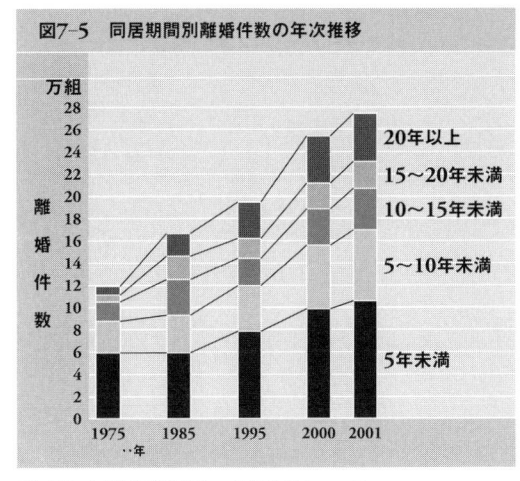

図7-5　同居期間別離婚件数の年次推移

［資料］　厚生労働省「人口動態統計」2002年

2）母子家庭への福祉施策

(1) 母子家庭の原因，経済状況

夫は経済的には主要な収入源であり，精神的にも一家の支柱であるから，これを欠いた母子家庭は不安定になりがちである。そこで母親が自らの健康を保持し，一定の収入が得られ，子どもの養育ができるようにいろいろな福祉施策がとられていることは，第12章でも述べていく。

厚生労働省による1998年の「全国母子世帯等調査」によれば，母子家庭は約95万世帯で，5年間で約16万世帯も増加している。母子家庭になった原因をみると，離婚が68.4％，死別18.7％，未婚の母7.3％などである。

母子家庭における母親の平均年齢は40.9歳（1993年では41.7歳）で，84.9％が働いており，年間平均収入は229万円（平均世帯人数は3.16人）で，一般家庭の658万円（平均2.95人）の約3割である。母子家庭に対しては，「母子及び寡婦福祉法」により，福祉事務所の母子相談員が各種の相談に応じている。2000年現在，母子相談員は1,189人（うち非常勤が830人）いる。

(2) 母子家庭への福祉の状況

また母子家庭や寡婦に対しては，2001年4月現在で13種の福祉資金の貸付が行われており，その主なものは次のとおりである。

洋裁，軽飲食，菓子，小売などの「事業を開始する資金」は283万円，「事業の継続に必要な資金」は142万円を償還期限7年以内で貸付ている。また，技能の修得や修業のために月額5万円，就職に必要な衣服や通勤用自動車などの購入には月10万円などが貸付される。

上記の資金を貸付中の者には，1～5年未満で月額約10万円の生活資金が，また児童の扶養には月額42,370円が貸付られる。修学資金としては高校生から大学生まで，それぞれ月額3万円から9万円が貸付られる。また児童の就職支度に必要な資金としては，小学生から大学生まで，それぞれ4万円から39万円が貸付けられる。児童や子の結婚資金にも30万円が貸付られる。

これらの償還期限は，およそ5年から10年であるが，母子家庭や寡婦を支援するものとして，きわめて重要な福祉的役割を果たしている。1999年における貸

付額は200億円を超えるが，修学資金がそのうちの76%を占めている。

一方，「児童扶養手当法」は，母子家庭の児童に対し，2001年では児童1人の場合月額42,370円(収入等によって減額)，2人では47,370円，3子以降は1人当たり3,000円を加算して支給している。

3) 寡婦への福祉施策

配偶者がいない女性で，子どもが20歳を超えた場合，または配偶者と死別や離別した女性で子どもがいない場合を，行政では「寡婦」という。

1998年の厚生省(当時)の調査によれば，65歳未満の寡婦は約113万人である。寡婦になった原因は死別が60.1%，離別が37.0%で，一人暮らしをしている者が30.8%となっている。

前述の母子家庭の世帯主である女性と寡婦を合計すると約208万人に達するが，このような女性に対する福祉対策は，前述の「母子及び寡婦福祉法」によって行われている。

4) 父子家庭への福祉施策

1998年の厚生労働省の調査によると，20歳未満の子どもがいる配偶者のない男子世帯は163,400世帯である。父子世帯になった理由は離婚が57.1%，死別31.8%などである。父子家庭における父の平均年齢は46.4歳で，そのうちの89.4%が働いていて，平均年収は422万円である。

父子家庭も母子家庭と同様に社会的，精神的な不安定さがあるので，福祉事務所や児童相談所などによる相談や，家庭訪問などの支援事業が行われている。

また，自治体によっては医療費の無料化や，入学祝い金などの手当も支給されている。税制面では2001年現在，年収500万円以下の「寡夫」に対し，所得税では27万円，住民税では26万円の「寡夫控除」が行われている。

5) 児童虐待・少年非行

(1) 児童虐待

わが国では，少子化が進む一方で，子どもへの虐待が急増している。それは，児童相談所への相談件数が1990年には1,101件であったものが，2000年には17,725件と16倍に増加していることからも明らかである。

そのため2000年11月には，「児童虐待の防止等に関する法律」が施行された。この法律によると，「児童虐待」とは養育者が子どもを殴る，蹴るなどの暴力をふるう(身体的虐待)，栄養不良や不潔などにしておく(ネグレクト)，性的対象とする(性的虐待)，無視とか蔑視(心理的虐待)などの行為である。

また「学校の教職員，児童福祉施設の職員，医師，保健師，弁護士，その他の児童福祉関係者は，児童虐待の早期発見に努めなければならない」とされ，立ち入り調査権や保護者の指導なども規定された。

虐待に対応する中心的な機関は児童相談所であるが，上記の関係者の緊密な連携により，虐待の未然防止，早期発見，分離保護，児童や保護者の治療，ア

フターケアなどが重要とされている。

　虐待されている児童を保護者から分離し，受け入れるのが児童福祉法41条にある「児童養護施設」である。立川博保によると，この施設は全国に553か所あり，28,000人（1999年現在）の児童が生活し，近隣の小学校，中学校，高校に通学しているという。

　児童虐待は，その家族の社会的，経済的，心理的背景が複雑に絡み合って生じる。すなわち，保護者自身の被虐待体験，経済的困難などの保護者側の要因，望まぬ妊娠から生まれたり，頑固で育てにくいなど子ども側の要因，長期入院などにより親子関係が形成されないことなどがあげられる。

(2) 少年非行

　以上は保護者（養育者）による児童への虐待であるが，児童自身による非行もまた大きな社会問題になっている。合田誠によれば，一般に非行とは法や社会規範に反する少年（児童）の行為である。またそれらは年齢などによって，14歳以上20歳未満における「犯罪少年」，14歳未満で少年の刑法に触れる「触法少年」，20歳未満で罪を犯すおそれのある「虞犯少年」に区分される。

　「国民の福祉の動向」2001年によると，これらの非行少年は児童相談所を経由し，あるいは少年法により，家庭での指導や児童自立支援施設，少年院などのルートによって対応がなされている。なお，2000年度に補導された非行少年をみると，「不良非行少年」が885,775名，「刑法犯少年」が132,336名，「触法少年」が20,477名などである。また「不良行為をなし，またはそのおそれのある児童」が入所する「児童自立支援施設」は，2001年現在55か所あり，小学生が179名，中学生が1,574名入所し，児童の自立を支援する指導が行われている。

●児童養護施設
児童福祉法による施設で，保護者がない，虐待されているなど，家庭での養育が困難で，保育を必要としている児を入所させる施設。

●児童自立支援施設
教護院の機能強化と名称変更が，1997年の児童福祉法の改正でなされた。主な変更は，児童の自立支援，入所対象に家庭環境の理由の付加，入所児童の就学義務，入所方式に自宅からの通所方式が新設された。

第8章　成人の健康福祉

【ポイント】

❶ 「成人期」について社会一般の見方と，健康面からみた特徴を考える。
❷ 「生活習慣病」の主な特徴と，その形成背景および対処法を考える。
❸ がんの原因と部位別の増減を社会文化との関係で考える。
❹ 高脂血症，動脈硬化，心臓病の形成と生活習慣の関係をみる。
❺ 肥満の実態，意識や食生活，運動と糖尿病の関係などに注目する。
❻ 高血圧と脳卒中の背景および，後遺症の問題に注目する。
❼ 国民の健康状態の推移と，それを示すそれぞれの健康指標を学ぶ。
❽ 職場および職業と疾病，災害・事故，死亡率，寿命などを考える。

1. 成人期と健康

1) 成人期の疾病

　成人とは法律上では20歳に達した者をさすが，これ以前でも法的に婚姻年齢に達し，結婚した者は20歳未満であっても成人とみなされる。また生物学的には，生殖機能の発育など，体形や機能の上からも考えられる。したがって，発育・発達により個人差が生じることになる。そして成人が高齢になると，「老人・高齢者」と呼ばれる。
　成人の期間は平均寿命の伸びとともに長くなり，加齢に伴う生活の蓄積から特徴的な疾患が生じやすくなる。これが日本では「成人病」と呼ばれてきたが，厚生省(当時)が呼称を「生活習慣病」と改めた。そしてこれらの疾患を予防し，健康増進を主要な研究対象としている研究分野が「成人保健」である。
　なお一般的に成人という用語は，「成人式」や「成人向映画」などとして用いられている。

2) 生活習慣病の患者数

　生活習慣病は病名ではない。また疾患の原因が単一でも短期的なものでもない。一般的な特徴には，加齢と密着した発現が多く，予後が慢性に推移し，増悪とともに他の疾患を併発しやすくなるなどの特徴があげられる。その形成背景に注目すると，潜行的に増悪するので初期には自覚症状が少ない。加えて正常と異常との境界が不明確であり，予後に長期の加療を必要とするため，治療

●成人病(adalt disease)
厚生省が1957年ころから用いた，行政用語である。成人病は40歳ころからの中高者にみられる疾病をいう。三大成人病として，脳血管疾患，悪性新生物，心疾患があり，予防と早期発見と治療が大切。

●成人保健(adalt health)
成人期の健康の保持・増進をさすが，行政分野で広く用いられる用語。成人病に対置される意味をもつ。しかし，成人病が生活習慣病に変わり，予防のため生活のあり方が問われている。

●生活習慣病
(life-style related disease)
食事，運動，休養や喫煙，飲酒などの生活習慣が，疾病の形成・進行にかかわる疾病。「生活習慣に着目した疾病対策の基本的方向性について」が審議会で示された(1997年)。

表8-1 総患者数,主要傷病別

(単位 千人)　　　　　　　　　　　　　　　　　　　　　　　　平成11年('99)10月

	総数	男	女
結核	71	41	30
ウイルス肝炎	380	203	177
悪性新生物	1,270	649	621
胃の悪性新生物	260	169	92
大腸の悪性新生物	228	127	101
肝および肝内胆管の悪性新生物	61	42	19
気管,気管支および肺の悪性新生物	90	60	30
乳房の悪性新生物	169	2	167
糖尿病	2,115	1,116	1,000
血管性および詳細不明の痴呆	121	35	86
精神分裂症,分裂病型障害と妄想性障害	666	330	336
パーキンソン病	126	50	76
アルツハイマー病	29	7	22
白内障	1,457	418	1,041
中耳炎	281	132	149
高血圧性疾患	7,186	2,860	4,330
虚血性心疾患	1,067	564	507
脳血管疾患	1,474	719	756
喘息	1,096	596	500
歯および歯の支持組織の疾患	4,738	2,049	2,690
胃潰瘍および十二指腸潰瘍	965	596	371
肝疾患	459	273	186
アトピー性皮膚炎	399	191	208
慢性関節リウマチ	306	63	243
前立腺肥大(症)	334	334	—

注──総患者数は表章単位ごとの平均診療間隔を用いて算出するため,男と女の合計が総数に合わない場合がある。

[資料] 厚生労働省「患者調査」2001年

●虚血性・冠動脈性心疾患
(coronaly sclerosis)
冠状動脈に脂肪,コレステロール,石灰(せっかい)などが沈着し動脈が硬化,閉塞して生じる虚血性心疾患をいう。心肥大,狭心症や心筋梗塞などをいう。

が不十分になりやすい。

では主な疾患をみると,まず高血圧症と脳卒中,動脈硬化症と心疾患など,関連性の強い疾患が多い。1999年の患者調査によると,医療機関を受診した高血圧性疾患の総患者数が719万人となっている。ついで糖尿病が212万人,虚血性・冠動脈性心疾患が107万人,脳血管疾患が147万人である。また悪性新生物が127万人であり,合計すると1,300万人を超え,数的には国民の1割になる。

しかし,後に述べる「糖尿病実態調査」などによると,受診していない人もいるので実際には,さらに多いわけである(図8-1)。

3)悪性新生物(がん)

がんは1981年に脳卒中に代わって死因第1位になり,今に至っている。子どものがんもあるが,年代の上昇とともに死亡率が上昇し,40,50歳代では全死亡の半数を占めており,改善が強く求められている。

年齢調整死亡率をみると,女性では弱い減少がみられ,男性では横ばい傾向である。そこで臓器別には,胃や子宮のがん死亡率は低下しているが,逆に肺,大腸などでは増加が認められる。この背景には喫煙,肉食などの栄養やストレスなど,生活習慣との関連性に注目を要する状況である。

さらに,肝,胆囊(たんのう),胆管,膵臓(すいぞう)のがんなど難治性のものや初発がんが治癒(ちゆ)した後に,他の部位に発生する「多重がん」の増加がみられ,有効な対処が強く求められている。なお,2000年のがん死亡数は30万人に達し,全死亡の3割に近い。人口10万人当たりでは230を超え,著増していることが目につく。

●高脂血症(hyperlipimia)
血中脂質のコレステロール,および中性脂肪値が各1つまたは両者とも異常値であるばあいをいう。動脈硬化,狭心症などを促進する。

●LDL(Low Density Lipoprotein)コレステロール
いわゆる悪玉コレステロールと呼ばれ,動脈硬化を促進させる成分で,運動不足で増え,逆に運動で減る。対比語がHDL(善玉)コレステロールである。

4)高脂血症と心臓病

日本動脈硬化学会の高脂血症診療ガイドライン検討委員会は,高コレステロール血症および高中性脂肪血症の診断基準値を示した。すなわち,血清総コレステロールが220mg/dl以上,LDLコレステロールが140mg/dl以上,空腹時血清中性脂肪値が150mg/dl以上とした。

1999年の年齢階級別受診率をみると,高血圧などと同様に40歳代後半から急増している。若年期からの生活習慣の積み重ねで,壮年期に高脂血症が形成されたと考えられる。

また心臓病では,リウマチ性(僧帽弁膜症(そうぼう)など)が減少し,狭心症や心筋梗塞などの虚血性心疾患が増加して,全心臓病死亡の約5割を占めている。1985年から第2位(途中で診断書の記入法の変更に伴い2年間だけ3位)となり,99年の年齢調整死亡率は男性が人口10万対92.2,女性が53.0である。死亡数は15.1万人で10万対120.4を数え,全死亡の15.4%になっている。

●インス(シュ)リン(insulin)
膵臓のランゲルハンス島から分泌される,糖を消化するホルモンで,不足すると糖尿病になる。

5)肥満症と糖尿病

糖尿病にはⅠ型(インスリン依存型)という,幼児期からのものがある。これは遺伝性など先天的に糖を消化するのに必要なインスリンが出ない例をいう。わが国において最近増加が注目されているのは,インスリン非依存のⅡ型であ

る。これは運動不足や過栄養により、肥満症とともに主として成人期に生じやすい。

1999年の糖尿病実態調査では、年齢調整の推計値でヘモグロビンA1cが6.1以上と、治療中の人(糖尿病が強く疑われる)が690万人、ヘモグロビンA1cが5.6以上の人(糖尿病の可能性を否定できない)を合わせると、1,370万人となり、全国民の1割強に相当する。

なお、図8-1のごとく男性の60歳代と女性の70歳代は、3割に近いことが目につく。そして男性は60歳代にピークがみられ、20歳代からの加齢に伴う増加が著しい。女性はほぼ加齢とともに増加を続けることが認められる。

図8-1 糖尿病が強く疑われる人および糖尿病の可能性を否定できない人の割合
平成9年('97)

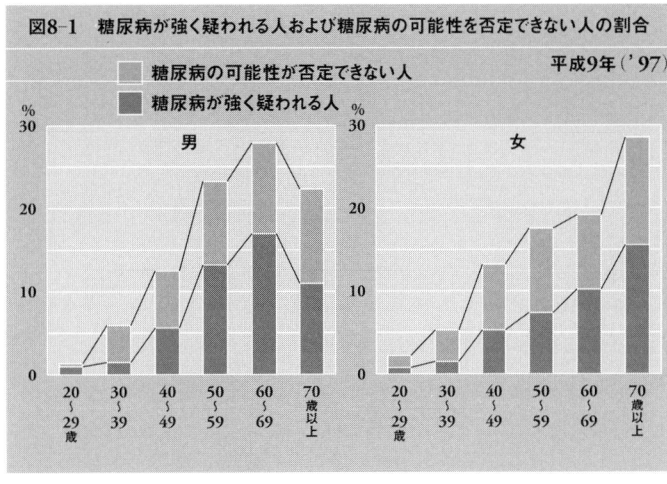

[資料] 厚生省「糖尿病実態調査」

6) 高血圧症と脳卒中

WHO(世界保健機関)とISH(国際血圧学会)が、1999年に新たな血圧分類を示した。それは収縮期血圧が140mmHg以上で、かつ拡張期血圧が90mmHg以上を軽症の高血圧という。そして収縮期血圧が160mmHg以上で、拡張期血圧が100mmHg以上を中等症の高血圧とする。さらに収縮期血圧が180mmHg以上で、拡張期血圧が110mmHg以上を重症の高血圧と定義した。

脳卒中は、1951年から80年まで日本人の死因の第1位であった。その後95年に死亡診断書の記入法が通知され、現在は第3位を続けている。脳卒中は脳出血、くも膜下出血、脳梗塞に分けられ、日本人に多かった出血の減少が、脳卒中の死亡率を低下させている。しかし87年の114.4万人から99年には147.4万人に著増した。これには人口高齢化と脳梗塞、くも膜下出血による死亡率上昇の影響が大きい。なお脳卒中の後遺症が、寝たきりの最大の原因である点にも注目し、発生の予防に一層努めるべきである。

●ヘモグロビンA1c
(hemoglobinA1c)
赤血球中のヘモグロビン(Hb)の糖化物が、HbA1cである。赤血球の寿命が約120日であり、この間に生成・蓄積され、検査前1～2か月の血糖値を反映する。

●くも膜下出血
(subarachnoid hemorrage)
頭蓋内のくも膜下腔の出血。他の病気に続く続発性、複数の症状による症候性、突(原)発性がある。脳内出血の脳室穿破(がは)によるものは続発性であり、白血病などによる症候性とは違う。突発性の多くは、脳動脈瘤や脳静脈奇形などの出血である。

2. 国民の健康状態と健康指標

1) 罹患率

一定の期間内(ふつうは1年間)に対象集団で新たに発生した患者数を、単位人口で除した率をいう。その算式は次のとおりである。

罹患率＝期間内の新患者発生数／対象人口(10月1日現在人口)×100,000

とくに結核など伝染性疾患の罹患率の把握に用いられており，この場合には年間における新患者数を，10月1日現在の人口で除している。単位はその発生頻度によって人口千人当たり，1万人当たり，10万人当たりで表わされる。なお，特殊な疾患がある地域で発生したとき，たとえば食中毒や水俣病などでは，その罹患率の高さが他の地域に比べて異常な高さを示すことになる。

2）有病者率と有訴者率

有病者率は，ある時点ないしは一定期間における疾病(患)者数が，対象人口に占める率をいう。厚生省(現・厚生労働省)では第二次世界大戦後，ずっとこの統計を示してきたが，現在では「有訴者率」に代えている。かつての有病者率は「国民健康調査」により，調査時に床についていた，休業していたという被調査者の回答に基づいていた。それは次式によって算出される。

●有病者率(prevalence rate)
ある時点での有病者数を，その時点における人口で割った，割合・率である。一方，ある期間における患者数をその集団人口で割ったものを，期間有病者率と呼ぶ。

●有訴者率
有訴者率とは，世帯員(入院者を除く)のうちで，病気やけがで自覚症状のある者をいう。
有訴者率＝有訴者数÷世帯人数×1,000

有病者率＝有病者数／対象集団人口×1,000または100,000

なお参考までに，わが国における有病者率をみてみると，1955年に人口千人当たり37.9であったが，30年後の1985年には145.2となり，約4倍に増加した。これは人口高齢化の影響が第一にあげられるが，そればかりではなく，中高年者における生活習慣病の影響も見逃すことができない。

そこで1986年における65歳以上の者の有病者率をみると，全国平均が人口千人当たり644.4である。これに対して最高は広島県の713.6，ついで神奈川県の695.5，長崎県の686.5の順である。神奈川県を除くと原爆被災の影響が考えられるであろう。

また中年層として45〜54歳をみると，全国の平均が340.2である。これに比べて最高は大阪府の371.0，ついで広島県の357.8，僅差で長崎県の357.6が続いている。この年齢層になると，原爆被災の影響はやや弱まってはいるが，それでも続いているといえるような傾向が認められるであろう。

一方，有病者率の低い県をみると，沖縄県がきわだって低く，65歳以上では477.2，中年層では256.6を示している。次に低いのは山梨県の539.5，鹿児島県の572.7などであり，概して農村部で低率である。この反面，東京や11大都市において高率を示すことからも，都市部での有病者率の高さが認められる。

なお1986年からは，「国民健康調査」など4つの調査が「国民生活基礎調査」に統合されたため，かつての「有病者率」に相当するものは「有訴者率」に改められた。この調査は3年に1回となり，その代わりに調査客体が3倍に増やされ，都道府県レベルまで把握されるようになった。ちなみに，2001年における全国の有訴者率は，人口千人当たり322.5を示し，男性の284.8に対して女性が358.1である。65歳以上では約半数を占めており，最高は広島県で最低は沖縄県であり，西日本に概して高率な県が多くみられる(p44，図3-2参照)。

3）受療率（図8-2）

これは，ある時点（期間）に医療施設で受療した患者数の単位人口に対する割合をいう。その計算は次式による。

受療率＝調査日に医療施設で受療した患者数／対象集団の人口×100,000

厚生労働省の「患者調査」による受療率は，1953年から抽出された病院や診療所を対象として実施されてきたが，1984年からは調査客体を増やし3年に一度行われることになった。そこで1999年の調査結果をみると，人口10万人当たり入院受療率が1,170で，外来受療率が5,396である。性別では男性より女性の増加が大きい。これは高齢者ほど女性の人口が多いことに加えて，外来では14歳以下と80歳以上を除き女性の受療率のほうが高い，ということを反映している。

さらに高齢者の受療率の伸びが大きく，全年齢の伸びが30余年間に2倍であるのに比べて，10倍近くの増加が認められる。この最大の原因には，老人保健法による医療と公的負担により，老人が受療しやすくなったことを指摘できるであろう。

なお，年齢階層別の受療率の推移をみると，1973年に老人医療制度（70歳以上と65～70歳未満の寝たきり老人などを対象）が実施される以前と，それ以後における差が示されている。

すなわち，高齢者の受療率が1970年に比べて75年は大差を示しており，この間に何らかの変化のあったことが考えられるであろう。そして老人医療制度が実施される以前にみられた，70歳を超えるあたりからの"減少"が，消失していることも目につくであろう。

なお地域別の受療状況については，「国民健康保険」の「受診件数」で，全国の市町村単位に捉えられるが，この加入者が農業，商店，自由業などの職業に限定されている点を留意する必要がある。

4）死因と死亡率

死因は死亡診断書によるが，表記法が1995年に改められ，死因統計の分類はWHOの「第10回修正国際疾病，傷害及び死因統計分類」（ICD-10）によるコーディングにしたがっている。

そして死亡率には，粗死亡率と年齢調整死亡率（従来の訂正死亡率）とがある。前者はある集団の1年間における死亡数を10月1日現在の人口で除し，千人当たりでみたものである。2001年における全国の死亡総数は約97万人であり，その率は7.7を示している。

死亡率は明治から大正にかけては20台の高率で推移していたが，第二次世界

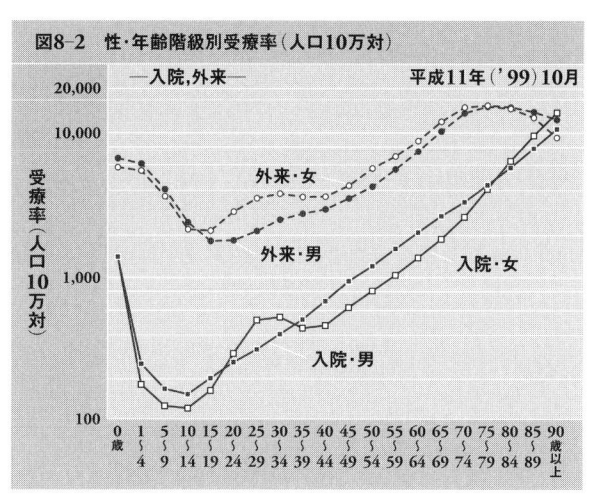

図8-2 性・年齢階級別受療率（人口10万対）

［資料］ 厚生労働省「患者調査」2001年

●**老人医療制度**
高齢者が健康に生活するための医療対策。老人保健法（1982年）では，「国民の老後の健康保持と適切な医療を確保するため，疾病の予防と治療，機能訓練などの保健事業を総合的に実施し，国民の健康向上および老人の福祉増進を目的とする」とされている。

●**受診率**（office visiting rate）
国民健康保険では，加入者の年間受診者数を，単位組合（市町村など）ごとの加入者数で割って，受診率を算出している。

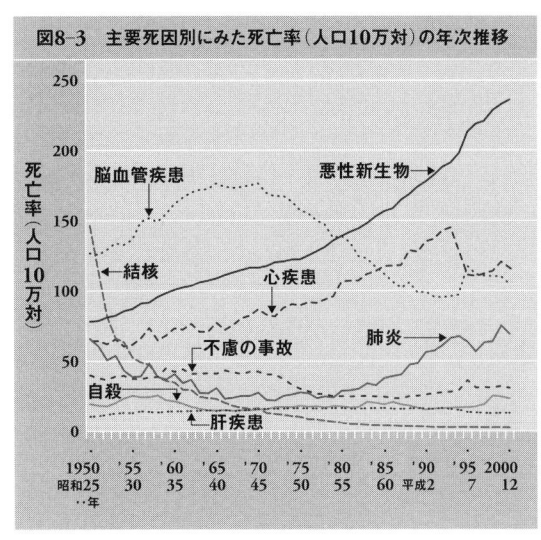

図8-3 主要死因別にみた死亡率(人口10万対)の年次推移

[資料] 厚生労働省「人口動態統計」

大戦後に著しく改善され,最も低い年には6.0まで下がった。しかしその後は,人口高齢社会の進行によって,1988年からは6.5を数え,増加の傾向といえるようになった。

そこで主要死因の上位8位(2000年時点)までについて,人口10万人当たり粗死亡率の推移を図8-3でみると,第1位の悪性新生物(がん),第2位の心疾患,第4位の肺炎(肺炎・気管支炎)の上昇が目につく。これらと反対に,かつて日本人の死因第1位を占めていた脳血管疾患(脳卒中)は,低下を続けたあとに少し増え,第3位となっている。なお,肺炎などの増加は人口高齢化による影響を反映するものである。

死亡率は,集団における高齢者の比率により大きく変化する。したがって高齢者による影響を統計学的に取り除いた,年齢調整死亡率で捉えたものをみることにしたい。

5) 年齢調整死亡率

老人割合の異なる集団の死亡率をそのままみる粗死亡率は,必ずしも厳密な把握とはいえないわけである。そこで従来は「訂正死亡率」とか「標準化死亡率」と呼ばれる方法が,年齢構成による影響を統計学的に取り除くために用いられてきた。

その呼称が厚生省(当時)によって,1991年に「年齢調整死亡率」と改められた。それと同時に以下に示す計算に使用する国の基準人口が,1985年時点の人口に改正された。なおこの方法は,一定の人口規模(10万人くらいから)の大きな集団に用いたい。もし,人口規模が小さいばあいには,何年間かの平均で算出する。

年齢調整死亡率 = {[対象集団の各年齢階級死亡率]×[基準人口集団のその年齢階級の人口]}の各年齢の階級の総和／基準人口集団の総人口×1,000

そして死因別の死亡率をみるときは,ふつう10万をかけ人口10万人当たりで示す。対象集団の年齢階級別死亡率がわかるときには直接法により,わからない(総死亡数と年齢別人口がわかる)ときには間接法を用いる。

6) 標準化死亡比

標準化死亡比(SMR;standardized mortality ratio)は,対象集団における年齢構成の差異を基準人口(1985年の全国人口)の死亡率で調整し,この数値と対象集団における死亡数との比で表わしたものである。これは小地域(小規模人口集団)の比較に用いられている。なお,開発途上国ではPMIが用いられる。

● **間接法と直接法**
年齢調整死亡率を算出する方法には,観察集団の年齢別人口が把握されているが,年齢別死亡数が求められない場合に,間接法が用いられる。直接法は,基準集団の人口構成に調整するため,得られた率が仮想値である。間接法は基準集団の年齢別死亡率に調整され,得られた数値は,直接法の欠点に対比される。

● **PMI**(proportional mortality indicator)
集団での50歳以上者の死亡数が,総死亡数に占める割合。通常は％で示し,50歳以上死亡割合という。PMIが大きいことは,若年死亡が少なく,健康水準の高さを示す。人口統計が整備されていない国で,簡単に求められる。

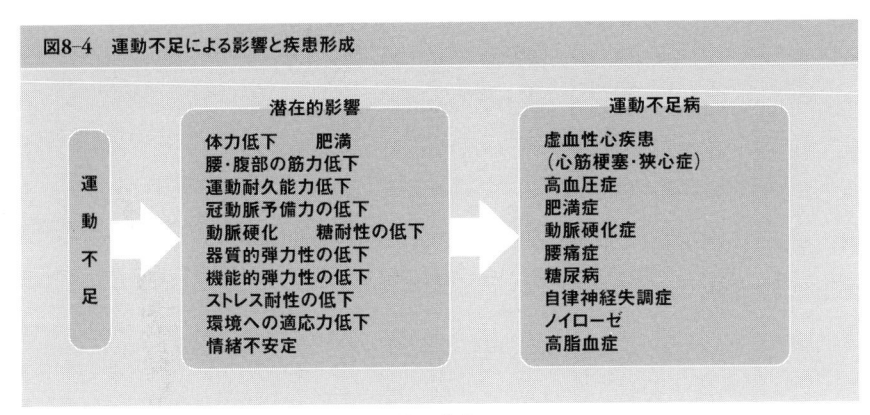

図8-4 運動不足による影響と疾患形成

| 運動不足 | → | 潜在的影響 | → | 運動不足病 |

潜在的影響：体力低下　肥満／腰・腹部の筋力低下／運動耐久能力低下／冠動脈予備力の低下／動脈硬化　糖耐性の低下／器質的弾力性の低下／機能的弾力性の低下／ストレス耐性の低下／環境への適応力低下／情緒不安定

運動不足病：虚血性心疾患（心筋梗塞・狭心症）／高血圧症／肥満症／動脈硬化症／腰痛症／糖尿病／自律神経失調症／ノイローゼ／高脂血症

［資料］　池上晴夫「適度な運動とは何か?」講談社より作成

SMR＝対象集団の実際の死亡数／基準人口集団の年齢別死亡率×対象集団の年齢別人口の総和×1,000

3. 現代の生活と肥満

1）文明生活と過剰栄養

開発のすすんだ社会における1つの問題は、肥満との戦いである、といっても過言ではない。生活習慣病の多くが毎日の生活によってつくられている。その1つの原因が栄養摂取の問題である。全世界を見渡すと皮肉にも先進国における"過剰"と、開発途上国にみられる"不足"とが並存していることがわかる。したがって人類全体からみれば、食料の生産と分配の問題であり、さちに基本的には生産力と人口扶養力の問題に結びついている。

最近のわが国では、多少の反省も表われてきているが、10数年前には"グルメの時代"とか"飽食の時代"と呼ばれる状況があった。同時に"運動不足の時代"ともいわれている。こうした状況から、"肥満（症）"がつくられているわけである（図8-4）。多くの場合に「肥満」がそれだけでは終わらず、高脂血症と呼ばれる、総コレステロールや、悪玉といわれ動脈硬化を促進させるLDLコレステロールが増える。また中性脂肪なども高くなってくる。さらに進むと動脈硬化や脳梗塞、狭心症や心筋梗塞などの心臓病になりやすくなる。

肥満と糖尿病や高尿酸血症、痛風などの関係も知られている。必ずしも「肥満」だけで、すぐに重大な病気になるとは限らなくても、高血圧など他の要因と結びついたり、逆によい（HDL）コレステロールが低いと、動脈硬化がすすみやすく、冠動脈性心疾患などを形成する。

2）肥満（obesity）意識

では「肥満」について、まず2つの問題について考えたい。その第一は、科学的

表8-2 BMI（体格指数）と肥満自己評価との関係　　n=242（％）　p<0.000

	強く思う	少し思う	あまり思わない	まったく思わない	合計
16.1-18.0	0.0	2.9	5.4	5.4	13.6
18.1-20.0	2.5	13.6	17.4	5.8	39.3
20.1-22.0	7.4	19.0	7.4	0.0	33.9
22.1-24.0	4.5	6.2	0.0	0.0	10.7
24.1以上	1.7	0.8	0.0	0.0	2.5
合計	16.1	42.6	30.2	11.2	100.0

［資料］　佐久間淳ら『大学生の生活―肥満意識と栄養，運動―』保健の科学35(3)，1994年

● 理想体重・標準体重
理想体重とは，死亡率や病気になる率が最も低く，運動に最適な体形で，かつ，美しく見える体重をいう。しかし，これらを総合的に示す科学的なものはない。そこで最も死亡率の低い体重を，標準体重と考えたい。

な方法による肥満の把握と認識である。若い女性の中には，本来的に肥満ではなくても，自分を肥満だと思い続けて，片寄った"ダイエット"をし，栄養摂取のバランスを乱している例が少なくない。著者が某女子大学，短期大学の学生について調べた結果では，BMI（Body Mass Index；体重÷身長の2乗）が平均で20.1であった（表8-2）。若い女子のため19〜24（成人男子は20〜24）を正常域（日本肥満学会では25以上を肥満）とするのに対し，24を超えたものはわずか2.5％にすぎない。それでいながら「自分を肥満だと強く思っている」と答えた者が16.1％，「肥満だと少し思っている」が実に42.6％であり，合わせると約60％に達している。

　そこで，自分の体重をどう思っているかを質問した結果，「とても多い」が11.5％，「やや多い」が36.2％であり，合わせると約半数におよぶ。これらの結果からいえることは，肥満や体重についての科学的な認識を欠いた，たんなる見かけ上の体形を追っている，と考えられる。"スリム"な体形が美的価値とされ，それが健康を保持するのに有利で適切な体形（価値）を上回っているのである。

3) 肥満度の指標

　こうした認識を改善するには，効果的な健康教育が多く必要とされ，幼児の時代から正しい健康づくりを積み重ねる以外に有効な方法はない。わが国で広く用いられてきた標準体重法では，標準体重の＋20％以上を肥満としていた。
　Broca指数とは，体重÷（身長－100）であり，日本人の体形を考えたものに「桂の変法」があり，体重÷（身長－100）×0.9がよく用いられてきた。どれも＋20％以上が「肥満」とされ，－10％以下が「やせ」と判定された。最近ではBMI（ケトレーまたはカウプ指数）が多く使われている。そして乳児にはカウプ指数，学童にはローレル指数が用いられる。なお肥満の形についても男性に多い上体（リンゴ型）肥満と，女性に多い下体（洋梨型）肥満があり，前者に合併症の多いことが指摘されている。アメリカではBMIの22を「理想体重・標準体重」という。その理由はこの体重の人の死亡率が最も低いからである。

● 肥満度の測定法
体重比をみるものに，ケトレー指数→BMI，カウプ指数は乳幼児に用い，18以上が肥満，15以下がやせである。
ローレル指数は，学童期に使用，140以上が肥満，109以下がやせ。ブローカ指数は，成人に適用，120以上が肥満，90以下がやせである。

4) 皮脂厚と肥満の状況

　肥満は一般的に体が太っている状態と考えられているが，問題は太っている

内容である。たとえば運動選手などは，運動によって筋肉が増大しているため，外見では太ってみえることがある。これと栄養過剰や運動不足などによって皮下脂肪が増えた状態の肥満とを，同一視してはいけない。

そこで体内の脂肪割合（体脂肪率）を明確にすることが必要となってくる。従来から一般に行われてきたのは，皮下脂肪の厚さ（皮脂厚）の測定であった。厚生省による「国民栄養調査」では，上腕伸展側中間部（上腕部）と肩甲骨下（端）部の2個所で測定し，両値の合計が男性で40mm，女性で50mm以上を肥満傾向と呼んできた。

1999年にはBMIによる肥満が男性の10代後半で1割を占め，ほぼ加齢とともに増加して30～50歳代では3割を示す。一方，女性では10歳代後半の5％程から増え，60歳代では4人に1人の割合となっている。そして15歳以上では，男性の25.1％，女性の20.6％に肥満が認められた。

●体脂肪率（body fat rate）
体脂肪率は，体内の脂肪量を算出したもので，
体脂肪率＝体脂肪(kg)÷体重(kg)×100で示される。
これが男性で20～25％，女性が21～29％を正常域。それ以上を肥満と考える。

4. 肥満と生活習慣病

1) 栄養摂取の状況

「肥満」は程度にもよるが，一般的には標準体重の＋20％以上が「肥満症」（病気）とされる。そこで「肥満のしくみ」をみると，ごく一部を除いて過栄養と運動不足によって形成される。つまり体内に取り込まれた栄養分が，消費されないまま皮下や内臓などに蓄積された状態をいう。

最近における日本人の栄養所要量と平均栄養素摂取量の推移を，厚生労働省による「国民栄養調査」の結果でみると，1999年には1人当たり1日1,967kcalとなり，前年に比べて若干減少しており，平均充足率は50歳代以下で適正値を下回っている。しかし塩分では，1～6歳(7g)を除くと，1日当たり10g以下をめざしているのに対し，12.6gにとどまっている。脂質では動物性の比率が全体の29％を占め，鉄やエネルギーの不足傾向が子どもから中年にみられる。こうした点について生活習慣病予防と，体力増進のうえから改善を強く望みたい。

一方，骨粗しょう症の増加が心配されている中で，カルシウムの摂取は1日当たり575mgであり，所要量の94％と不足が目につく。この改善には小魚を骨ごと食べる，牛乳摂取を増やすなどの工夫が必要である。これらに加え，バランスのとれた食事が大切であり，海草類，豆類，野菜，乳製品や緑黄色野菜，油脂，小麦，米類，果実類なども重視したい。

●栄養所要量
(dietary allow-ance)
国民が健康で能率良く生活するため，1日に摂取することが望ましいカロリーと各種の栄養素を示したもの。実態調査による体位などから，人口や職業のパターンなどを基礎資料として算定。所要量は適時に改訂される。

●国民栄養調査
1945年に諸外国からの食糧援助を受ける資料として，GHQの指令で東京都を対象に実施した。1984年に全国が対象となり，栄養摂取に加え，身長，体重，血圧，血液，運動，飲酒，喫煙などもみている。

2) 運動不足の影響

摂取した栄養が労働や運動(図8-5)などによって消費されず，体脂肪として血管や臓器，血液内に異常に増えると，各臓器に障害が生じてくる。その主なものは糖尿病や循環器系の疾患であるが，他にも図8-4(p121)のような合併症が生じやすい。

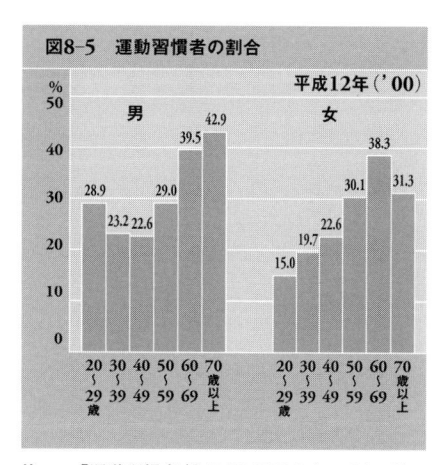

図8-5 運動習慣者の割合 　平成12年('00)

男: 20〜29歳 28.9, 30〜39 23.2, 40〜49 22.6, 50〜59 29.0, 60〜69 39.5, 70歳以上 42.9
女: 20〜29歳 15.0, 30〜39 19.7, 40〜49 22.6, 50〜59 30.1, 60〜69 38.3, 70歳以上 31.3

注——「運動習慣者」とは,週2回以上かつ1回30分以上の実施で1年以上持続した者を示す。
[資料] 厚生労働省「国民栄養調査」

　元来,人間は動物の1つであるから,体を一定量動かすことが基本的条件になっている。また「運動不足」とは何か,あるいは「その結果として,どんな影響が生じるか」について明確にしなければならない。ここでは有名な,生物学者ラマルク(J.B.P.A M.Lamarck, 1829〜1900)が,「外界の状況によって体をよく用いる部分は発達するが,用いない部分は未発達のまま退化する」と述べていることに注目したい。

　また運動生理学者の池上晴夫は「適度な運動とは何か?」のなかで,"運動不足病"という言葉を用いている。かれはまず潜在的な影響力として,体力低下,肥満,器質的弾力性の低下などをあげている。これらの影響が進行し,あるいは複合した結果,運動不足病としての虚血性心疾患,高血圧症,肥満症,動脈硬化症などを生じると述べている。なおこんにちにおける運動不足は,摂取エネルギーに対する消費エネルギーの関係からも考えられる。その主たる結果が「肥満症」であり,これがさらに循環器系の疾病をつくり出すわけである。

第9章　高齢者の保健医療福祉

【ポイント】

❶ 日本の人口高齢化の背景と，保健医療福祉に与える影響を考える。
❷ 高齢社会における保健医療福祉の問題と，対応の実態に注目する。
❸ 「老人保健法」による施設や事業の内容と，運用上の問題を考える。
❹ 「老人福祉法」の内容と，その事業の推移および現状に注目する。
❺ 老人施設と在宅サービス，施設と専門職の分布状況に注目する。
❻ 老人医療費と国民医療費の増加による財政圧迫，その負担をみる。
❼ 高齢者の健康状態と，保健医療福祉のニーズの状況に注目する。

1. 高齢社会と課題

1）人口高齢社会とは

　人口「高齢化社会」とは，一定集団に老人（65歳以上）の割合が7％を超える状態を指す。さらに14％を超える集団については特に「人口高齢社会」と呼んでいる場合もある。わが国では，2001年に18.0％を占めており，最高率の島根県の25.5％を筆頭に，秋田県の24.3％，高知県の24.1％など人口流出の激しかった地域の高齢化が目につく。この反面，低率な地域は埼玉県の13.5％についで神奈川県の14.4％など，人口流入（自然増と社会増）が大きかった県である。
　しかし東京都や大阪府など大都市の内部においても，"人口ドーナツ化現象"という中心部における高齢化がすすんでおり，高齢化の激しい県をしのぐ高率さを示している。また団地など大集合住宅地においては，入居時には比較的若い年齢構成でも，10年経つとかなり年齢が上昇する。こうした傾向からみても，埼玉県や神奈川県における今後の高齢化が予想できるわけである。

2）高齢社会の問題

　高齢者が増加することは，生産活動への参加が相対的に減少し，生産力を減退させる。加えて，生活力が弱いので社会的扶養（社会保障）の対象が増え，財政支出が増大し，財政を圧迫するとともに国民の税負担を重くする。さらに高齢者は，有病率が高くて医療費の増大を招きやすい。この点は1972年の老人福祉法の改正と，これを受けた1973年からの老人医療費支給制度，老人保健法（1983年）による医療費や，国民健康保険の費用額の推移をみても明らかである。

●人口自然増と社会増
人口の自然増とは，集団内の出生と死亡の差で，増加となる。社会増とは，人口の流入と流出で，流入のほうが多い。

●人口ドーナツ化現象
東京都など大都市の中心部において人口が減少し，逆に周辺部の人口が増加した状況。このため，中心部で人口高齢化が急速に進行した。

●高齢者福祉
高齢者の心身の健康を保障した，諸施策をさす。保健，医療，所得，住宅，就労，レクリエーションなど，高齢者の生活支援のための包括的な制度をいう。狭義には老人福祉法による諸施策で，施設内と在宅の福祉をさす。

　一方，老人の生活を支える老齢年金などは，当然，老人の増加によって増大するので，現在でもその支出が国民の負担を増しているが，今後の財政負担がさらに重い課題となってくる。

　そこで，高齢社会（高齢者福祉）の問題について考えてみよう。まず第一にあげられる点は，高齢者が多くなるので，その人たちの扶養（義務者を含む）が問題である。この内容は大別して2つあり，その1つは元気な老人の生活対策である。子ども世帯との同居でも，その生きがいのためには，高齢者の技能の活用などによる社会参加の促進が望まれる。また，高齢者世帯（男女とも65歳以上の夫婦または1人世帯に18歳未満者が加わる場合もある）に対する支援，さらには一人暮らし老人に対する近隣をはじめとする，サポートシステムの確立が大切である。

2. 高齢社会の対策

1) 高齢者対策の推移

　厚生省は1986年に高齢者対策の大綱を示した。その内容は大別して6本の柱からなっている。すなわち①基本方針，②雇用・所得保障システム，③健康福祉システム，④学習・社会参加システム，⑤住宅・生活環境システム，⑥研究開発の推進，である。

　なお老人保健法の制定に先立って，1977年に懇談会が提出した意見書によると，「今後の老人保健医療対策のあり方について」の中で，現在図9-1にみられるような状況が指摘されている。

　その要点は，
①健康の維持増進よりも疾病にかかってからの医療費保障に偏重している。
②健康な老人，虚弱な老人，病気の老人などについて状況に応じた一貫した保健サービスが必ずしも十分に行われていない。
③老人医療費支給制度の発足後に老人の医療給付費が大幅に増加し，制度間での老人の占める割合が異なるため，老人医療費負担に著しい不均衡が生じており，老人割合の高い国民健康保険の影響が顕著である。

とされている。そして今後の対策として，次のような提言がなされた。
①老人の健康状態に応じ，健康教育，健康診査，保健指導，治療，機能回復訓練，家族看護指導が一貫して行われる総合的老人保健医療対策の確立
②老人の生活に密着した地域を単位とする老人保健医療対策の推進
③老人医療対策と老人福祉対策の有機的連携の強化
④老人医療費負担の不均衡の是正
⑤医療資源の効率的合理的配分と利用

これらを受けて，こんにちの対策が打ち出されていることはいうまでもない。

●老人医療費
老人医療受給対象者は，1997年に1,300万人を超え，増加している。医療費は約10兆8千億円に達し，1人当たり約80万円であり，老人以外の約5倍になっている。

2）老人保健法の目的

その目的は「国民の老後における健康の保持と適切な医療の確保を図るため，疾病の予防，治療，機能訓練などの保健事業を総合的に実施し，もって国民保健の向上および老人福祉の増進を図ること」とされている。

また基本的理念として，「国民は，自助と連帯の精神に基づき，自ら加齢にともなって生ずる心身の変化を自覚してつねに健康の保持増進に努めるとともに，老人の医療に要する費用を公平に負担するものとする」という。

そこで老人保健法により，市町村長が行う事業の内容をみると，①健康手帳の交付，②健康教育，③健康相談，④健康診査，⑤医療など，⑥機能訓練，⑦訪問指導，がある。対象者は，医療は70歳以上と65～70歳未満の寝たきり老人などであり，その他の保健事業では40歳以上で職域などで相当の事業の対象となる者は除かれる。

3）老人保健施設

この施設が設けられた背景には，直面する高齢者の保健医療福祉ニーズへの対応と，いま一つには医療費など財政負担の増加への対応が考えられる。この根底には平均寿命の延びによって，元来，老化により疾患を生じやすい老人の絶対数が増えた。それに加えて先にふれた老人医療費支給制度などが，自己負担を軽減化させ，受診をいっそう促した。したがって当然，医療費が増大したわけである。

こうした動きに対して政府は，高齢者にも自己負担を導入し，その負担を増やす方向にある。それでも現在までには医療費の増加は阻止されていない。そこで考えたいのが，疾病予防や健康増進対策であり，これこそが老人保健法の中心的課題であった。いわゆる生活習慣病の予防であり，第5，6章でふれている個人・家族・地域(学校や職場も含む)などによる健康管理である。

一方，老人の慢性的疾患については，必ずしも高度で濃密な治療を要

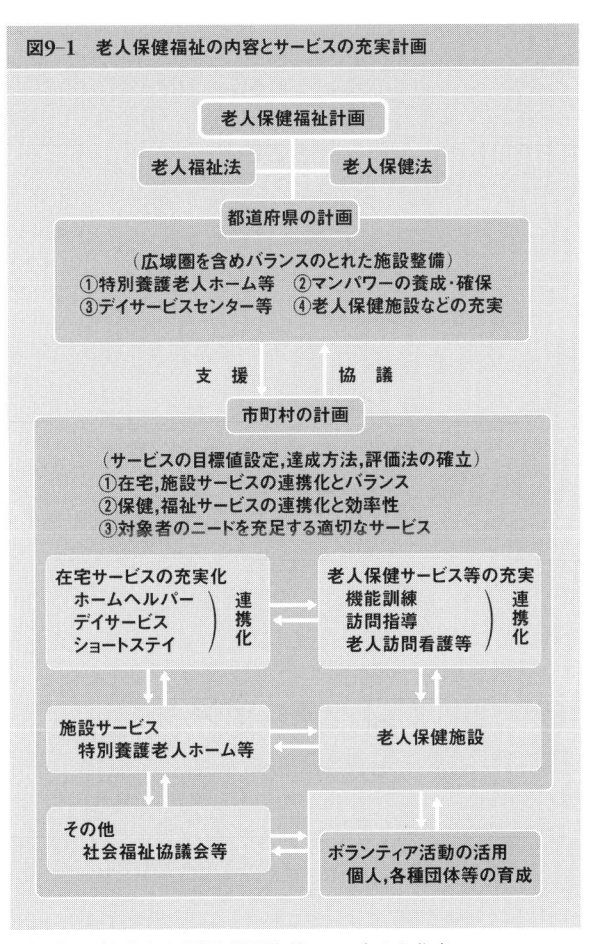

図9-1 老人保健福祉の内容とサービスの充実計画

［資料］ 厚生省老人保健福祉局資料，1993年より作成

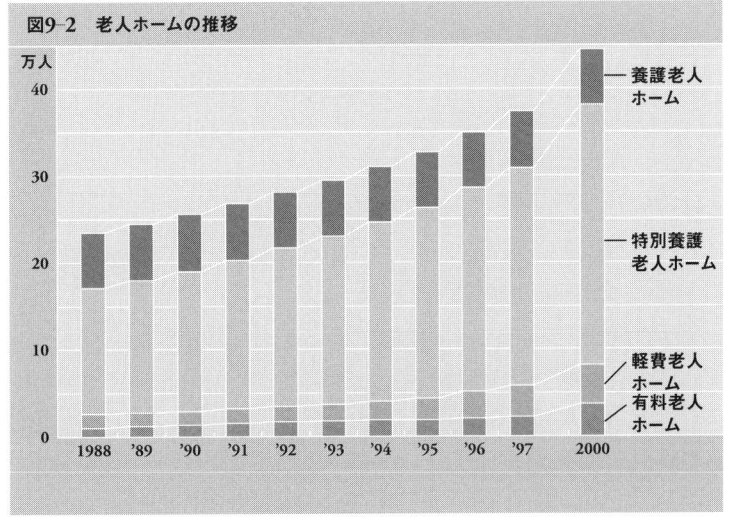

図9-2 老人ホームの推移

［資料］ 厚生労働省「社会福祉施設等調査報告」

| 側注 | 本文 |

◉**健康手帳**
老人保健法により，70歳以上者，70歳未満の寝たきり状態の全員。40歳以上で健康診査，健康相談，機能訓練，訪問指導を受けた者で希望者に交付される。

◉**老人保健施設**
病院と居宅をつなぐ中間施設として，1986年の老人保健法改正で創設された施設。目的は，高齢者の自立を支援し，家庭復帰をめざしている。対象は，病状が安定し，入院治療の必要がなく，機能訓練，看護・介護を要する老人などである。

◉**IADL**
(Instrumental Activities of Daily Living)
日本人の生活手段的動作の状態を捉える指標で，内容はADLが身近な日常生活を捉えるのに対し，外出，交通・通信，銀行，人間関係・交流など社会・文化機能の利用・障害状況を捉えるもの。

◉**ADL**
(Activities of Daily Living)
食事，衣服着脱，排泄，入浴，起居，移動などの日常生活で，欠くことのできない基本動作をいう。この機能的状態が，介護や治療などのケアニードの基本をなしている。

しない。むしろ，日常的な介護を含めたケアを主体とするような，いわば特別養護老人ホームと病院の中間のような機能が求められているのである。つまり「老人の自立を支援し，家庭への復帰を目指すもの」であり，「明るく家庭的な雰囲気を有し，地域や家庭との結びつきを重視した運営をしなければならない」と，目標や機能が示されている。

3. 老人の施設ケア（図9-2）

1）老人施設とケア環境

　第二次世界大戦後のわが国における社会福祉では，一定のケアニードをもった老人の処遇として，老人ホームなどの施設に収容して措置する，という考え方が中心をなしていた。そして切り詰められた予算のため，ホームの設置場所の多くが地価の安い，地域社会の周辺部であった。

　しかも地域社会との交流が少なく，概して老人ばかりの暗いイメージのものが多かった。また入所する老人も子どもや身内との交流が少なく，いったん入所してしまうと面会などに訪れる人が少ない。こうした結果，入所老人の生活は必然的にかなり制約されたものであった。もちろん，職員の配置数などと老人の健康状態，本人の性格などが基本をなしていることはいうまでもない。

2）ホーム老人と在宅老人

　そこで，これらの生活状態がいかなる影響をもたらすかについて，東京都老人総合研究所の研究グループが開発したIADL（手段的動作能力の指標）を用いて，在宅老人とホーム老人とを比較調査した。これによると平均年齢やADL（Activity of Daily Living＝生活動作）に差がないにもかかわらず，IADLは全般にわたってホーム入所老人のほうが低下していた。とりわけ，食事を自分でつくる，新聞を読む，年金などの書類を書く，家族や友人から相談を求められたら応じる，などの能力において差が大きかった。

　この原因として考えられるのは，ホームの入所老人は「食事をつくる」ことをはじめ，日常生活のほとんどをホームの職員がしてくれる。したがって自分でする必要がないのでしない。こうした結果，自立した生活能力が退化しやすくなる。そこで趣味や関心について比較した結果が図9-3である。

　在宅老人には「園芸」や「旅行」などの屋外型趣味が多いのに比べて，ホーム老人には「手芸」や「民謡・踊り」など屋内型の趣味が多い。そして衣服の流行などに対する関心にも差がみられた。

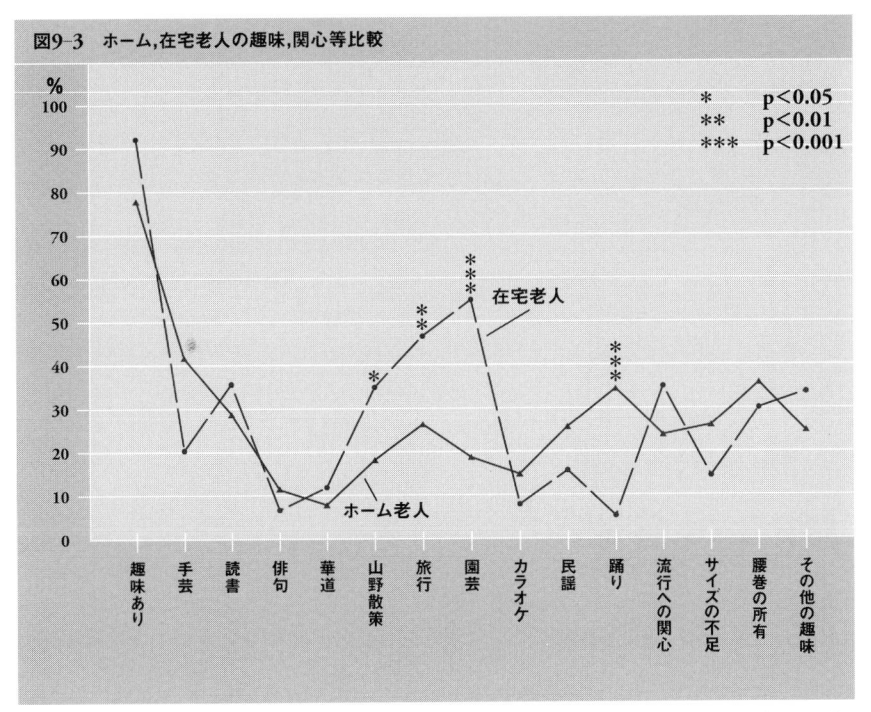

図9-3　ホーム,在宅老人の趣味,関心等比較

[資料]　佐久間淳ら『在宅老人とホーム老人のIADL,趣味などの研究』Health Sciences 9(4), 1993年

4. 在宅老人の生活ケア

1) 地域社会と老人の参加活動

　老人には健康状態の個人差が大きいので,まず健康な老人と疾病ケアの必要な老人に分け,さらには疾病の症状によるケアニードの状態で分けて考えねばならない。

　まず元気な老人については,体力や能力に応じて社会参加の場をつくり,自分の活動をとおして生きがいや存在感が得られるようにすべきである。たとえば,無理のない形での就労の機会をふやし,役割を担うことで労働力需要と本人の意欲を満たすなど,いろいろの面でプラスになる。また寝たきり老人の話し相手など,ボランティア活動への参加の道もある。事実,全国各地で「高齢者事業団」などの活動がすすめられている。そこで高齢者対策を要約すると,①就労,②生活保障,③保健医療福祉の保障の3つに大別される。

　この中で①就労などに関しては,1999年に示された「ゴールドプラン21」でも,4つの基本的な目標の1つとされている。すなわち,できる限り多くの高齢者が健康で生きがいを持って社会参加できるよう,活力ある高齢者像を構築することが求められている。なおこのプランでの目標は,(1)活力ある高齢者像の構築,(2)高齢者の尊厳の確保と自立支援,(3)支え合う地域社会の形成,(4)利用者に信頼される介護サービスの確立である(図9-4)。

●ゴールドプラン21
ゴールドプラン(1989年)や,1990年の福祉関係8法の改正などを受け,1999年度で終了した「新ゴールドプラン」に代わるものとして策定された。市町村が作成した介護保険事業計画に基づく,2000～2004年度の5か年計画である。

図9-4 ゴールドプラン21の施策の概要図

基本的な目標
Ⅰ 活力ある高齢者像の構築
Ⅱ 高齢者の尊厳の確保と自立支援
Ⅲ 支え合う地域社会の形成
Ⅳ 利用者に信頼される介護サービスの確立

具体的施策
1 介護サービス基盤の整備
2 痴呆性高齢者支援対策の推進
3 元気高齢者づくり対策の推進
4 地域生活支援体制の整備
5 利用者保護と充実した介護サービスの育成
6 高齢者の保健福祉を支える社会の基礎の確立

支え合うあたたかな地域

サービス提供事業者（民間事業者，NPO等）

〈在宅〉痴呆性高齢者〈施設〉

要介護：在宅への復帰
要支援：（在宅）
要介護度の改善

元気高齢者「ヤング・オールド作戦」の推進（若々しい高齢者）

積極的な社会参加

介護サービスの信頼性の確立

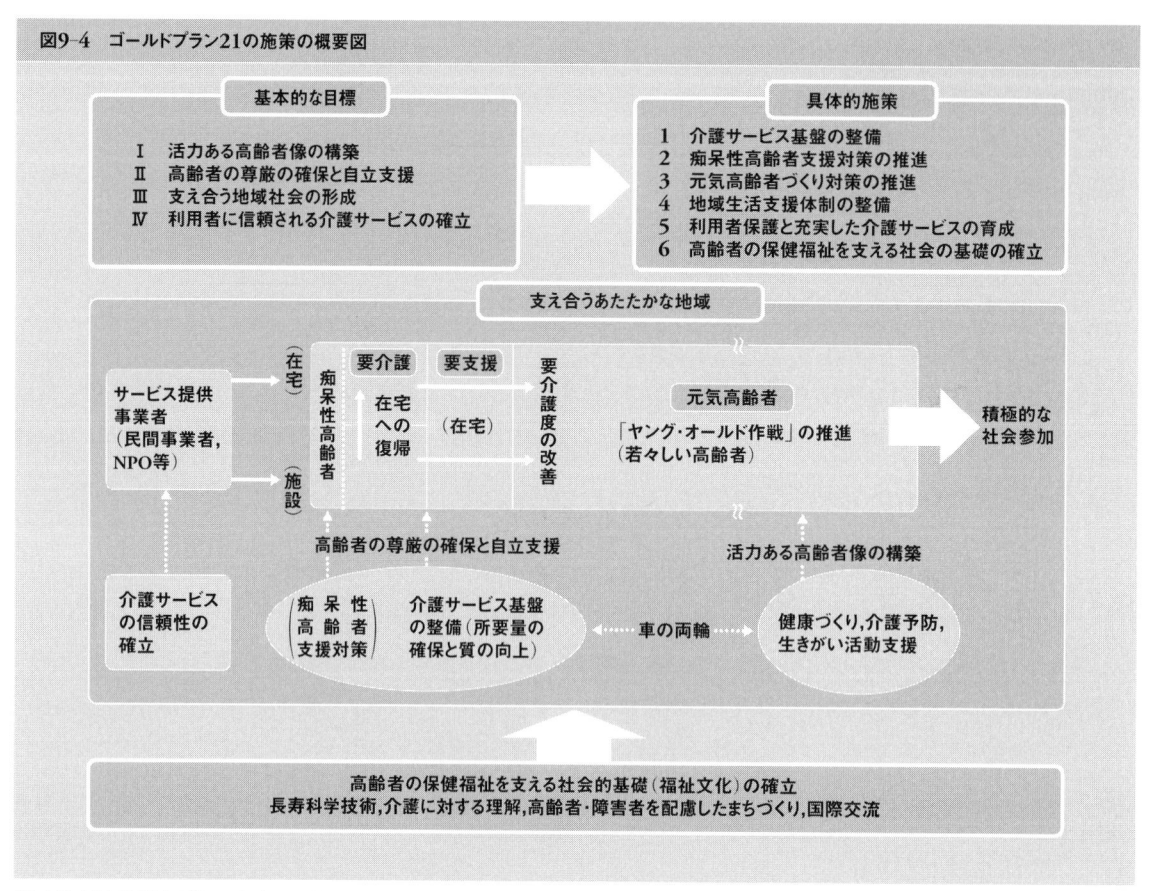

高齢者の尊厳の確保と自立支援
痴呆性高齢者支援対策　介護サービス基盤の整備（所要量の確保と質の向上）　車の両輪　健康づくり，介護予防，生きがい活動支援　活力ある高齢者像の構築

高齢者の保健福祉を支える社会的基礎（福祉文化）の確立
長寿科学技術，介護に対する理解，高齢者・障害者を配慮したまちづくり，国際交流

［資料］厚生統計協会「国民衛生の動向」2002年を一部改変

2）疾病・障害高齢者の生活ケア

これは大別すると年金などの社会保障と，日常生活の介護を含めた医療福祉，疾病や障害のニーズに対する適切なケアなどである。後者はさらに在宅で可能なものと施設入所によるケアが必要なものに分けられる。

施設ケアに関しては，まず老人ホームなどについてはp.128などで述べており，病院については"老人病院"，「老人保健施設」（p.127）がある。そして在宅ケアでは，寝たきり老人訪問ケアや痴呆性老人のケアなどが，各自治体の事業として展開されている。しかし多様なニーズに対して，地域保健医療福祉サービスの連携化およびボランティア活動の拡大，公的と私的な資源の有機的連携によるサービスの効率化など，残された課題が少なくない。

3）老人ケアの分担

さらに寝たきり老人や痴呆性老人など，疾病高齢者に対する家族と地域社会によるケアが，重要な課題となっている。この対応に注目すると，まず高齢者を抱えた家族によるケア（非専門的）が基本的に必要である。これに健康上のニーズに対応した各種専門職による，ケアサービスが求められている。しかし専門職によるサービスには，マンパワー（人的資源）や経済的な限界がある。これらの問題に関しては，社会保障としての公的サービスの範囲と，家族が担うべ

図9-5 生涯の通過集団と各時期

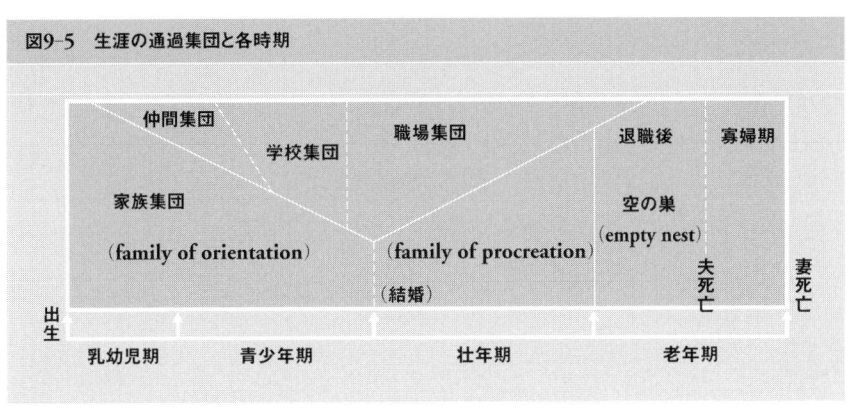

仲間集団／学校集団／職場集団／退職後／寡婦期
家族集団 (family of orientation)／(family of procreation)（結婚）／空の巣 (empty nest)／夫死亡／妻死亡
出生／乳幼児期／青少年期／壮年期／老年期

［資料］　牧野ほか「学校社会学」協同出版社，1969年を一部改訂

き責任範囲，さらにはボランティア活動などの参入をいかに調整していくかが，問題解決のカギと考えられる。

　高齢社会の進展とともに，子どもが成長して巣立った後の高齢者のみによる"空の巣"(empty nesters)が増えている。そしてこの多くは，親が元気なうちは別居するが，後期高齢者になり体が弱ってきたり，老夫婦の一方が死亡すると子どもの世帯に引き取られる例が多い。しかしそれまでに，あまり交流がなかった例では，急に同居すると意志の疎通などが不十分なために，人間関係に問題を生じやすくなる（図9-5）。

5. 高齢社会と健康福祉の課題

1）家族生活の変化

(1) 家族生活の規範喪失

　家族を考えるとき，まず気づくことは第二次世界大戦後に「家族」に対する認識の変化が，かなり大きかったことである。つまり，戦前にみられたような家長権をもつ父親の権威は，ほとんど消失している。これは戦前のような，儒教と封建制の絡んだ認識からの脱却であり，民主的かつ友愛的な家族の実現が望まれたことも大きい。

　ところが，子どもに対する親としての自信がなく，しつけや教育に関する明確な理念がないままで，現在に至っている家族が少なくない。戦前の教育や価値観を身につけた人びとが，自分たちが依拠してきた基本的な理念を否定された。だが，それに代わるべき家族やしつけに対する理念が構築できずに，空白のままの状態が続いているのである。

(2) 扶養と財産相続

　この点は，両親や子どもの扶養義務者の面などにも問題を投げかけている。均分相続制のもとにおいて，均等に財産の相続を受け，親の面倒も均等にみる，という考え方も広まっている。ところが実際には，相続できる財産自体が，必

●家族意識
家族に対する価値観や規範について。国民や住民を対象とし，質問調査などによって得られた結果を，家族意識という。家族に対する個人の意識，態度が家族関係や行動に反映されることが多い。

●扶養義務者
民法第730条（親族間の扶け合い義務）で，直系血族及び同居の親族は，互いに扶け合わなければならない，と定められている。民法第752条には，夫婦の同居・協力扶助の義務，親の未成年者に対する扶養義務が示され，また他の条文にも規定されている。

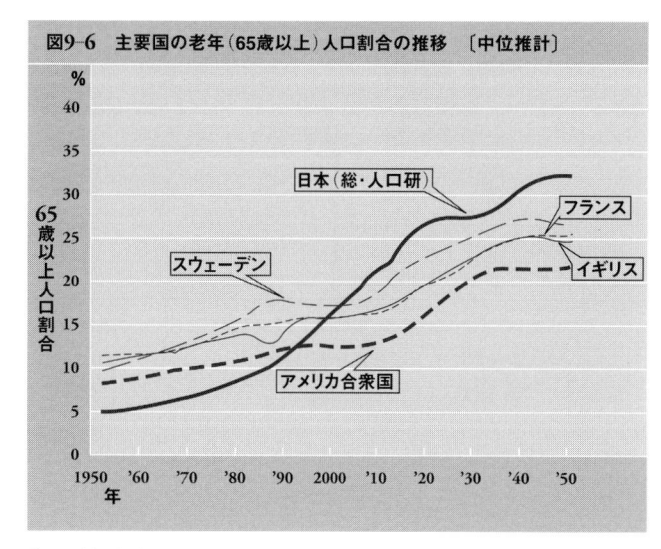

図9-6 主要国の老年（65歳以上）人口割合の推移〔中位推計〕

注──「日本（総・人口研）」は，総務庁（現・総務省）統計局「国勢調査」および国立社会保障・人口問題研究所「日本の将来推計人口」（1997年1月）による。
〔資料〕 UN「World Population Prospects 1998」

ずしも豊かでない例が大半である。こうした現実から，実際に面倒をみた人に応分の財産分与を，という考え方もある。いずれの方法を取るにしても，家族としての関係を持続するためには，根底に愛情がないと意味をなさない。

　子どもの扶養をめぐっても，公費による「保育」が問われている。だが，子どもの養育責任（義務者）は何といっても第一には親にある。それは親の愛情が何ものにも代え難いもの，という基本にかかわっているからである。このために公的責任は，こうした親子関係が持続できるように，精神的なサポートや経済社会的方法を用いて支援する，という範囲に限るべきであろう。

　24時間保育や，生まれてすぐに親の手を離れた保育が行われるのは，むしろ異例のことと考えたい。したがって，こんにちのように女性の社会進出が広まっている時代には，当然，母親の就業率も高いので，一定期間の育児休業を制度として定め，育児期間が過ぎたら職場に復帰できるようにすべきである。そして子どもの小さい間は，なるべく親が側にいる時間をつくるためにも，早退などの制度も設けて，両親のいずれかに適用する。なおこれらの制度は，すでに一部で行われているので早く広めていきたい。

●育児休業（child care leave）
育児のために勤労者が，一定期間休業することを保障する制度をいう。育児・介護法により，勤労者が事業主に申し出て，子どもが3歳に達するまで，休業できる。育児休業を取らない人の申し出に対し，勤務時間などの措置が事業主に義務づけられている。

2）高齢社会と家族

(1)高齢化速度と対策

　前出のように高齢化社会は，65歳以上の人口が全人口の7％以上を占める社会のことである。日本では14％を超えた状態を一般に「高齢社会」と呼んでいるが，その根拠は必ずしも明確ではない。わが国では2001年に18.0％を超えており，明らかな高齢社会である。そこで高齢化の速度をみると，フランスが7％から14％になるまでに124年かかったのに対して，日本はわずか30年程という諸外国に例のない急速なものであった（図9-6）。

　そして今後も現在のような少産と長寿が続けば，21世紀には最高で35％を超えると推測され，その対応が大きな社会的課題となっている。

(2)高齢社会の原因

　では高齢化の原因に改めて注目すると，まず第一には平均寿命の伸びが指摘できる。なお寿命の延びについては，今後男女とも3～4歳の延びが考えられるであろう。第二には，低出生率の動向が指摘できる。1人の女性が一生の間に何人子どもを生むか，をみた「合計特殊出生率」が2001年に1.33で過去最低を記録し，今後は1.37ほどで推移すると推計されており，この動向が注目される。

●合計特殊出生率
1人の女性が一生に産む平均子ども数をいう。日本では，婚姻しない人が増え，逆に一夫婦の平均子ども数が減少しており，この減少が注目される。2001年には1.33である。

集団の人口を一定以上に維持していくためには，子どもを生まない女性もいるので，合計特殊出生率が2.1以上なければならない。それと比べてもかなり低率であることが理解されるであろう。なおこの数値は，世界でも最低値に属すものである。

3）老人医療費の推移と負担

(1)医療費の内容

日本では1人当たり医療費について，①受診率，②1件当たり日数，③1日当たり医療費を「医療費の3要素」という。そして医療費を傷病の治療費に限定している。したがって正常分娩・健康維持や増進のための健康診断，予防接種などは含まれていない。

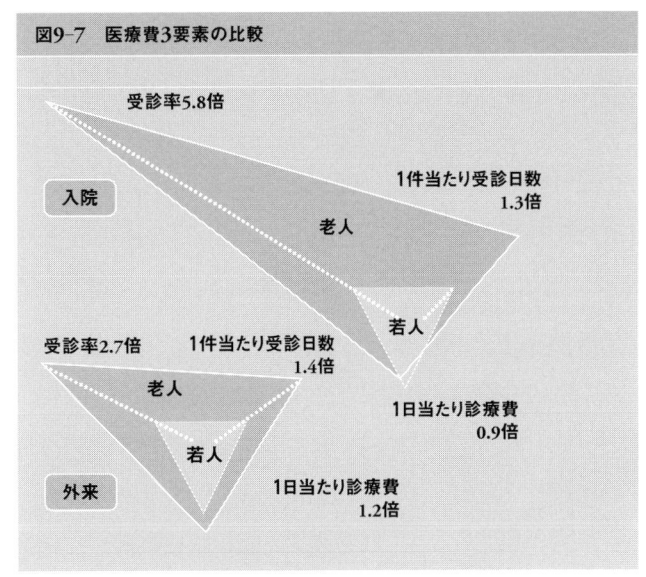

図9-7　医療費3要素の比較

入院：受診率5.8倍，1件当たり受診日数1.3倍，1日当たり診療費0.9倍
外来：受診率2.7倍，1件当たり受診日数1.4倍，1日当たり診療費1.2倍

注——1)　入院には入院時食事療養(医科)が含まれている。
　　　2)　外来には，薬剤の支給が含まれている。
[資料]　厚生労働省保険局調査課調べ

なお「診療件数」は，医療機関が月ごとに請求する明細書の枚数をいう。日数は診療の実日数であり，入院日数と通院(外来)日数を示している。「点数」は単価が10円であり，診療行為や薬剤などの全てが点数で定められている。「受診率」は国民あるいは保険加入者1人当たりの，診療報酬明細書の枚数である。同月内に2つの医療機関を受診すると2になり，受診しない人は0となる。2000年度の国民健康保険(外来)は7.83(おおむね年約8回の受診)であり，1件当たり日数が2.57日，1日当たり医療費が9,007円になっている。入院では受診率が0.21，日数が18.09日，1日当たり医療費が20,713円である（図9-7）。

(2)老人医療と費用負担

日本の老人医療制度は，老人保健法(1982年)の成立以前には，老人福祉法(1963年)によって，医療保険による自己負担分を公費で負担するものであった。これは老人医療費支給制度に基づいていた。

その後は医療費の急増に対して，1986年に保険者の費用負担公平のため，加入者按分率の改訂が行われた。これは国民健康保険と他の保険者などにおける，老人の加入割合による差から生じる世代間での，負担格差を是正するためである。さらに老人保健法の改正とともにサービスの利用が拡張され，負担の公平性の面から，老人の一部負担制が導入された。

老人保健法の内容は保健と医療に大別され，保健部分には住民健診などをはじめ，生活習慣病の予防や健康増進が含まれている。一方，老人医療では70歳以上および65歳から70歳未満で，市町村長によって一定の障害が認定された者が対象となる。そして医療費の増大に伴い，一部負担がしだいに増える傾向にある。

6. 老人福祉の展開

1) 老人福祉法と推移

1963年の「老人福祉法」により老人福祉の原理が示され，それまでの年金支給と生活保護法に基づく養老施設への収容保護から，総合的・体系的な福祉施策への方向をめざした。その後，1982年に老人保健法が制定され，運用における連携と調整が求められた。さらに2000年からの「介護保険法」の実施に伴い，修正が加えられた。

こうした推移をふりかえってみると，まず遅れていた「老人福祉」について原理が示された。そして従来の経済給付を主体にしたものと，身寄りがない病弱な老人をホームに収容して世話するものから，健康面を含めたケアへと拡大された。

この背景には，高齢社会における老人のケアニードの増加がある。また家族機能の弱化により，家族外によるケアサービスの需要が高まり，さらには老人のQOLの確保が強く求められる社会の状況がみられる。加えて価値観の多様化や国民の要求レベルの上昇などがあり，これらに対応すべき老人福祉の課題の増大が認められる。

2) 生きがいと健康づくり対策

人生80年の長寿時代には，その生活内容が新たな課題となっている。つまり高齢者が一人ひとりが生きがいを持って，充実した生涯を送れるようにすることである。政策では「高齢者の生きがいと健康づくり推進事業」がすすめられている。その内容は，まず国民の高齢者に対する認識（意識）改革が図られる。このうえに，高齢者の生きがいと健康づくりを推進するため，地域における組織づくりと，高齢者の社会活動をすすめる指導者の育成をめざした。

この事業は，明るく活力のある社会の実現のため，高齢者が家庭，地域，企業などの各分野で自分の経験や知識，技術を発揮できるようにすることである。これには生涯を通じて健康で生きがいのある，社会活動のできる基盤を整備することが必要という。このため国のレベルとして「長寿社会開発センター」を，都道府県に「明るい長寿社会づくり推進機構」を設置した。その主な事業は，

①「気運づくり」―高齢者の社会活動について国民を啓発する。
②「組織づくり」―高齢者のスポーツ活動，健康づくり活動および地域活動等を推進するための組織づくりをする。
③「人づくり」―高齢者の社会活動（ボランティア活動等）の振興のための指導者育成を進める，などである。

3) 老人クラブなど

老人クラブは，おおむね60歳以上の人が地域を単位にして形成する集団であ

る。2000年には全国に13万余があり，市町村から都道府県単位の連合会が結成されている。このうえに中央組織として「全国老人クラブ連合会」がある。会員数はおおむね50人以上であり，運営は会員によって自主的に行われる。活動は年間を通じて恒常的かつ計画的に行うことになっている。会員数は約880万人であり，クラブ加入率は30％強であり，20余年前に比べると低下傾向といえる。生活を健全で豊かにするため，自主的に集まり教養の向上，健康増進およびボランティア活動などにより，地域社会との交流を総合的にすすめようとしている。全国連合会に対して活動助成のために，国庫助成がある。

　この他，「高齢者の生きがい促進のための就業支援事業」として，シルバー人材センターへの支援もある。さらには「全国健康福祉祭（ねんりんピック）」があり，①健康関連事業，②福祉・生きがい関連事業，③健康，福祉・生きがい共通事業などが行われている。

第10章　心身障害と健康医療福祉

【ポイント】

❶ 障害の概念，見方や対応を歴史的に捉え，国際的な規定などと比べる。
❷ 心身障害児・者に対する「福祉」の状況を社会の推移とあわせてみる。
❸ 障害の原因，発生予防，異常・障害の早期発見と対処の現状を知る。
❹ 地域社会における障害児・者に対する施設，専門職の配置と業務を知る。
❺ 知的障害児・者への対応を，健康医療福祉施設と在宅との連携化でみる。
❻ 身体障害児・者に対する健康医療福祉を，施設と在宅との連携化でみる。
❼ 重度障害や複合障害児・者への対応について，最近の状況を考える。
❽ 障害児・者の生活を支える扶助や手当，年金と自己負担などを知る。

1. 心身障害の基本的理解

1）障害の概念の変化

(1) 障害の国際的な解釈

　障害の概念に注目すると，まず1980年のWHO（世界保健機関）による規定がある。その中では障害が①疾病（impairment），②能力障害（disability），③社会的不利（handicaps）の3つの階層の連続，という見解に立脚した国際障害分類（ICIDH）として示された。その後はこれが障害や障害者の規定，法的，学術的な根拠とされ，政策や社会福祉の対象者の規定，統計指標などに用いられてこんにちに至っている。

　しかし，「医学的な線形モデルであり，社会的不利の発生要因にふれていない。それぞれの階層を示す定義が曖昧である」などの批判があった。こうした状況に対して，WHOは1997年と99年に改正案を示した。その障害（disablement）モデルには，疾病（impairment）の用語は残したが，能力障害（disability）と社会的不利（handicaps）に分けて説明を加えている。すなわち，活動（activity）と参加（participation）という中立的な表現に変えるとともに，その流れの中に環境因子と個人因子を加え，相互作用を示した。

(2) 心身の障害と福祉

　そこで日本における概念・定義をみてみると，心と体に障害を有する18歳未満の者を「障害児」といい，18歳以上の者を「障害者」という。内容は知的障害，重症心身障害，自閉症などのような精神発達上に障害がある人たちをいう。障

●線形モデル
事象の変化には，因果関係が線形のものと，複雑な非線形のものがある。一次方程式のような関係，$y = ax + b$が線形のモデルとなる。理系の医学では，病気の進行や治療法が概して，一定の法則性に従っている。

害は大別して「心」と「体」に分けられるが，この両方の障害をもつ「複合障害」の人もいる。

わが国における精神障害については，「精神薄弱者福祉法(現・知的障害者福祉法)」が1960(昭和35)年に制定された。その第1条には，「知的障害者に対し，その更正を援助するとともに必要な保護を行い，もって知的障害者の福祉を図ることを目的とする」と示されている。そしてその後は，精神障害そのものの法律が制定されず，この法律を拡大して「心」の障害全般に用いていた。これは精神の障害が有するさまざまの社会的複雑性を反映するものともいえるであろう。

2) 障害者対策の推移

(1) 障害児(者)の保健医療福祉

わが国における精神障害者に対する保護法は，さかのぼってみると明治33(1900)年の「精神病者監護法」，大正8(1919)年の「精神病院法」などがある。しかしこれらは，いずれも私宅監置(座敷牢など)を合法化したものであり，病人を閉じ込めておくものであった。これを医療や保護の面からみると，まったく不備なものであったばかりではなく，病人(障害者)の人格を無視した日本の暗い歴史を，第二次世界大戦終了まで続けていたことが認められる。

そして民主化の時代を迎えた昭和22(1947)年に，「児童福祉法」が制定され，その中で知的障害児施設および養護施設の規定が示された。すなわち，障害を有する児童だけではなくすべての児童について，相談，判定，指導などを行う「児童相談所」が制定された。しかし最初は，相談の利用件数が少なかった。だが，最近では発達遅滞など発達過程への対応をはじめ，相談などの利用が増えている。

(2) 保健医療福祉対策の内容(図10-1)

日本では障害者の団体による要請や国民の権利意識が高まり，そこに1981年の「国際障害者年」がインパクトを与えた。すなわち，その翌年に「障害者対策に関する長期計画」が策定され，施策がすすめられた。そして，1983年からの「国連・障害者の10年」が，92年に終了した。続いて翌93年には，「障害者対策に関する新長期計画」が策定された。

最近における心身障害児対策は，①障害の予防，②早期発見・早期療育対策，③施設対策，④在宅対策を中心に相互の関連性をもちながら，しだいに拡充の方向を示している。さらには⑤社会復帰・参加を積極的にすすめるため，⑥就労対策(斡旋型障害者雇用支援センター)などがあるが，障害者を受け入れる職域や社会全般の理解は，決して十分とはいえない状況である。

一方，障害の予防および早期発見については，母子保健との関連性が強いのでそちらも併せて参照されたい。加えて，障害の発生防止は最も有効な健康と生活を守る方法であり，福祉需要の増加を抑制する面が大きい。このために"予防福祉"の基本をなすものと考えられる。

(3) 障害の発生予防対策

最近における医学の進歩は，とりわけ性染色体などに関する遺伝学の進歩に

● **複合障害・重複障害**
複数の障害をもつことで，心と身体の障害や肢体の不自由に加えて，心臓に生まれつきの障害のある人のばあいをいう。目と耳の障害などもある。

● **精神病者監護法**(1900年)
日本で精神障害者に関する最初の法律。監護義務者を親族の中から選び，病人の監置ができることとし，病人を私宅，病院などに監置するには，医師の診断書が必要とした。だが，監置が主に私宅であり，費用は本人や監護義務者の負担で，行政の管轄は警察であり，社会防衛的であった。

● **児童相談所**
児童福祉法第15条により，都道府県および政令市に必ず1か所が設置され，児童福祉の第一線機関となっている。

● **斡旋型障害者雇用支援センター**
障害者雇用促進法が1994年に改正され，従前の障害者雇用支援センターが是正をめざす。授産施設等を経営する社会福祉法人が，センターの運営を可能とした。知的障害者更生施設，授産施設など。

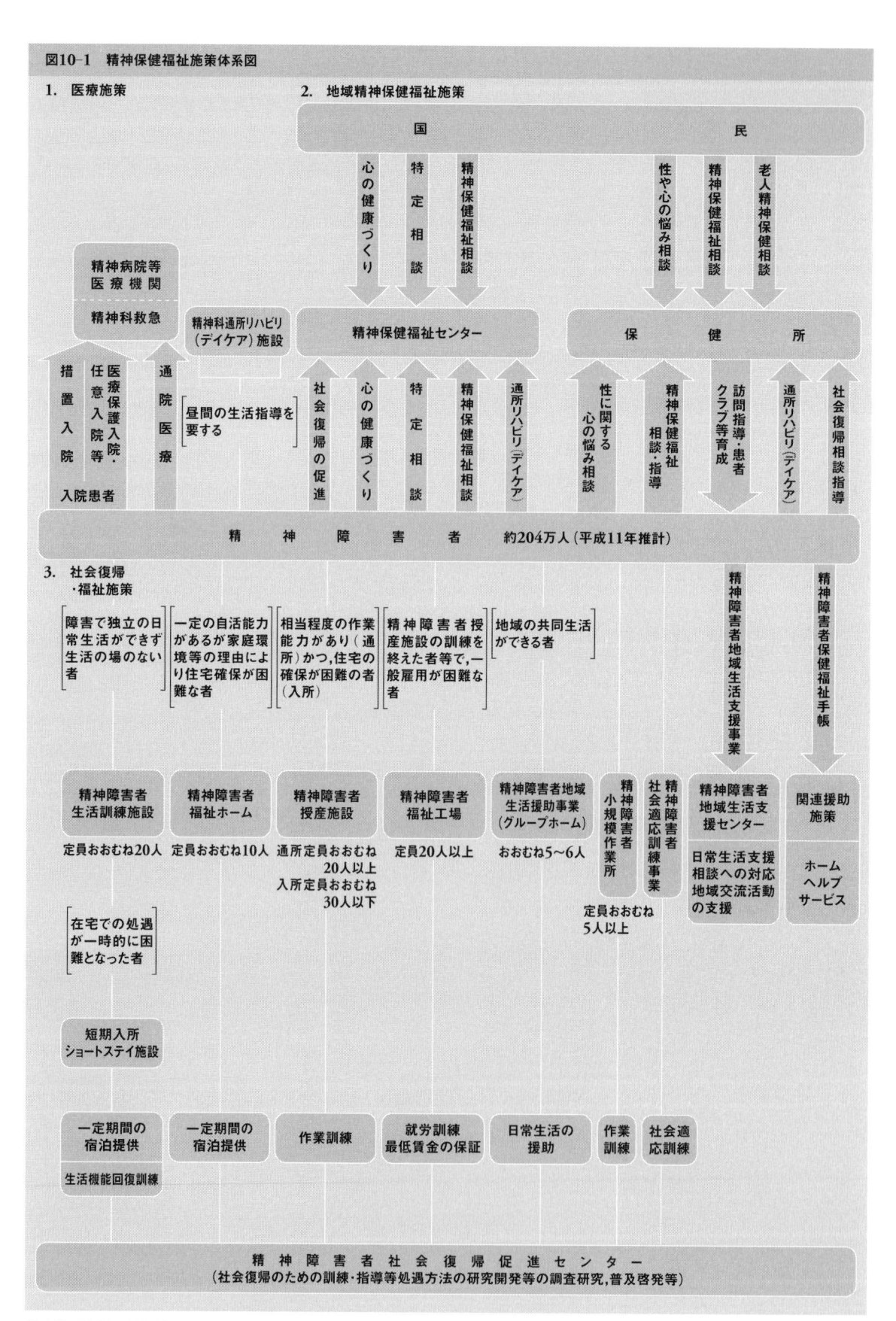

図10-1 精神保健福祉施策体系図

1. 医療施策

- 精神病院等医療機関
- 精神科救急
- 措置入院
- 医療保護入院・任意入院等
- 通院医療
- 精神科通所リハビリ（デイケア）施設（昼間の生活指導を要する）

2. 地域精神保健福祉施策

国民

- 心の健康づくり
- 特定相談
- 精神保健福祉相談
- 性や心の悩み相談
- 精神保健福祉相談
- 老人精神保健相談

→ 精神保健福祉センター
- 社会復帰の促進
- 心の健康づくり
- 特定相談
- 精神保健福祉相談
- 通所リハビリ（デイケア）

→ 保健所
- 性に関する心の悩み相談
- 精神保健福祉相談・指導
- 訪問指導・患者クラブ等育成
- 通所リハビリ（デイケア）
- 社会復帰相談指導

精神障害者　約204万人（平成11年推計）

3. 社会復帰・福祉施策

- ［障害で独立の日常生活ができず生活の場のない者］
- ［一定の自活能力があるが家庭環境等の理由により住宅確保が困難な者］
- ［相当程度の作業能力があり（通所）かつ,住宅の確保が困難の者（入所）］
- ［精神障害者授産施設の訓練を終えた者等で,一般雇用が困難な者］
- ［地域の共同生活ができる者］

- 精神障害者生活訓練施設　定員おおむね20人
  - ［在宅での処遇が一時的に困難となった者］
  - 短期入所ショートステイ施設
  - 一定期間の宿泊提供
  - 生活機能回復訓練
- 精神障害者福祉ホーム　定員おおむね10人
  - 一定期間の宿泊提供
- 精神障害者授産施設　通所定員おおむね20人以上　入所定員おおむね30人以下
  - 作業訓練
- 精神障害者福祉工場　定員20人以上
  - 就労訓練　最低賃金の保証
- 精神障害者地域生活援助事業（グループホーム）　おおむね5～6人
  - 日常生活の援助
- 精神障害者小規模作業所
  - 作業訓練
- 精神障害者社会適応訓練事業
  - 社会適応訓練
- 精神障害者地域生活支援事業 → 精神障害者地域生活支援センター
  - 日常生活支援
  - 相談への対応
  - 地域交流活動の支援　定員おおむね5人以上
- 精神障害者保健福祉手帳 → 関連援助施策
  - ホームヘルプサービス

精神障害者社会復帰促進センター
（社会復帰のための訓練・指導等処遇方法の研究開発等の調査研究,普及啓発等）

［資料］厚生統計協会「国民の福祉の動向」2000年

より，先天性異常の解明やこの対策がかなりすすんでいる。またバイオテクノロジーの進歩は，人工授精をはじめ妊娠から分娩に至るまで，人間の手による大幅な操作を可能にした。この結果，性別による産みわけにとどまらず，アメリカなどでは精子や卵子の売買および他人に自分の子どもを産んでもらうことも，商業ペースで行われている。つまり子どもを産むのに自分の体を貸す，"商業的行為"などが広まっており，新たな問題を投じている。

一方，1977年からのフェニールケトン尿症，1979年からクレチン症などの先天性代謝異常，血液型不適合による核黄疸に基づく知的障害の発生などは，早期の適切な医学的処置によって，その大部分を防止できるようになった。しかし出生前の検査による生み分けなどの生命操作に係わることが，倫理の面などから新たな論議をもたらしている。

また，1968年度からはじめられたダウン症候群，脳性マヒ，進行性筋ジストロフィー症，自閉症などに対する研究助成策も成果をあげており，今後の強化を求めたい。なお，交通事故による障害の発生が増えており，これらの疾病予防に加え，障害者の安全な通院医療の確保も大切である。

●ダウン症候群
（Down's syndrome）
ダウンが1868年に報告し，その後，原因が常染色体21番目のトリソミーとされた。特徴的な顔つきと，精神発達遅滞は一般に中等度である。先天性心疾患などをあわせもつことが少なくない。

(4) 早期発見と早期療育

新生児に対し，フェニールケトン尿症をはじめ先天性代謝異常を早期に発見するため，マス・スクリーニング検査が1977年から実施された。そして84年からは周産期集中強化治療室（PICU）の整備がすすめられた。

さらに，乳児については保健所および医療機関への委託による，公費負担の健康診査が行われている。また3歳児の心理判定が1968年度から実施され，精神的発達遅滞などの早期発見と対処がすすめられた。1973年度からはこれに尿検査，視聴覚検査が加えられた。

1977年度からは，市町村の事業として1歳6か月児健康診査が実施され，1987年度からはこれに「心理相談員」による相談が加わり，精神や心理発達面における相談機能が付加された。一般健康診断の結果，さらに「精密診断」を要する場合には，専門医療機関における精密検診を行うようになった。

そして，発見された知的障害児に対する早期療育の場として，知的障害児通園施設や心身障害児総合通園センターの設置，障害児通園（デイサービス）事業などによる「療育」が行われている。

2. 障害児と地域健康福祉

1）主な在宅福祉施設と専門職

(1) 施設と専門職の業務

心身に障害を有する人（児）も一般の人たちと同様に，自分の家のある地域社会で普通の生活ができることを基本としている。障害に対する健康医療福祉対策は，この生活の実現をサポートすることが主体である。そのために心身障害

表10-1 福祉事務所における知的障害者相談取扱件数の推移   (人, 件数)

年次	相談実人員(人)	相談総件数	相談内容							
			施設入所	職親委託	就職あっせん	医療保健	生活	教育	その他
1965	48,527	59,741	16,021	2,639	5,447	4,686	5,600	5,063	20,285
75	97,804	142,761	34,877	1,925	13,322	16,033	19,237	8,006	49,361
80	120,156	183,694	49,190	1,809	18,054	18,590	27,182	9,702	59,167
85	131,682	206,884	58,221	1,488	18,980	17,571	30,420	9,628	70,576
90	149,647	251,913	76,338	1,405	19,185	19,985	38,774	12,611	83,615
95	177,521	327,571	135,564	1,290	23,230	19,906	41,481	10,610	95,490
99	220,237	350,416	116,451	977	27,942	23,515	53,466	12,898	115,167
2000	206,415	337,227	107,031	957	26,675	23,689	53,940	12,392	112,543

[資料] 厚生労働省「社会福祉行政業務報告」

児通園事業, 心身障害児(者)施設地域療育事業などで通園や通所による療育, 作業訓練などによる社会参加, 社会復帰, つまり1995年に定められた「障害者プラン─ノーマライゼーション7か年戦略─」によって推進され, 現在では「新障害者プラン」にひきつがれ, さらに施策を充実させている。

1986年度からは, 心身障害児(者)の通園・デイサービス, ショートステイなど「在宅ケア事業」にも国の補助率の引き上げや, 法律上での明確な位置づけがなされた。さらに1990年度にはホームヘルプサービスが法定化され, 在宅福祉サービスについて国と県の費用負担が規定された。また相談や指導に関しては, 行政機関が行うものと, 国の助成を受けて民間が行うものがある。このうち前者には, 児童相談所, 福祉事務所, 知的障害者更正相談所があり, 児童相談所には専門の医師や心理判定員, 児童福祉司などの専門職員がいる。

これらの専門職による医学的理学的検査をはじめ, 治療の指導を行っている。さらに児童相談所長は, 知的障害と判定された児童が各専門施設に入所が必要なばあいは, 都道府県知事の委任を受けて入所の措置をとる。1998年度の児童相談所における知的障害に関する相談件数は約10万9千件であり, 障害総数の6割強を占めている。

(2) 福祉事務所などの活動

また福祉事務所には, 知的障害者福祉司がおり, 相談や指導に当たっている。ほかに児童相談所や知的障害者更生相談所による職員の巡回指導もある。ちなみに2000年度中に, 福祉事務所で相談を受けた実人員は約20.6万人であり, 相談の総件数は34万件に近づいている(表10-1)。また知的障害者更生相談所において扱った相談実人員は, 同年度に約8.7万人を数え, 前者は減ったが後者は増加をたどっている。なお, 1990年から知的障害者福祉ホームが設けられた。

他方, 1968年度からは, 民間のボランティアによる知的障害者相談員が設けられており, 2001年4月には5千人に近づいた。これは原則として, 知的障害者の保護者で扶養する障害者の更生自立に成功し, 他の人の相談や指導を行うことが適当と認められるものとされている。この他知的障害者の教育や福祉事業

● **心理判定員**
児童福祉法第16条2-3項により, 児童相談所に配置され, 判定に係わる。児童福祉司, 相談員, 医師, 児童指導員, 保育士など, 児童の処遇方針を作成するため, 必要な心理判断の資料を提供する。心理検査・判定や心理療法による治療を行う。

● **児童福祉司**
児童福祉法第11条2項で児童相談所長の命を受け, 児童の保護その他児童の福祉に関する事項について, 相談に応じ, 専門的技術に基づき, 必要な指導を行うなど, 児童の福祉増進に努める。人口10~13万人に1名配置とされている。大学で心理, 教育, 社会学の専修者が多い。

● **知的障害者福祉司**
都道府県は必置で, 市や福祉事務所のある町村は任意の設置。資格は, 社会福祉主事資格を有し, 知的障害者福祉の事業に2年以上従事。大学で厚生労働大臣の指定する科目を修めた卒業者。医師, 厚生労働大臣指定の職員養成施設卒業者など。

に経験があり，障害者の更生援護に熱意と識見のある人に委嘱することもある。

また民間ベースの事業として，障害児の親たちによる団体，社会福祉法人や福祉財団が行う相談および指導の事業に対し，国や自治体による補助がある。

2）療育指導と経済援助

(1) 療育指導などの内容

1973年度からは知的障害者が，一貫した指導や援助措置を得られやすくするため，「療育手帳」が交付された。そして2000年度には，障害幼児を対象とした市町村などによる小規模施設の早期療育事業に対し，全国で552か所の通園施設・事業などに助成が行われた。

1974年度からは障害児を受け入れる指定保育所による，障害児保育事業も試行され助成対象となった。そして1978年度から中等度障害の幼児の集団保育に対し，その人数に対して補助する方式に改められた。

一方，家庭の育成環境を向上させ，障害児の指導・養育の円滑化を図るため，重度の障害を有する障害児をもつ家庭に対し，家庭奉仕員（ホームヘルパー）の派遣が1970年度から行われた。2000年度には3.7万余人が派遣され，家事，介護などで日常生活を世話している。そして1972年度から，特殊マット，特殊便器などの日常生活用具の給付が始められた。さらには1980年度から地域にある障害児・者施設の人材や施設を開放し，利用に供する「心身障害児・者施設地域療育事業」などが始められ，広がりをみせてきた。

その主な事業には，①知的障害者生活能力訓練，②心身障害児(者)短期入所，③心身障害児短期療育，④心身障害児(者)巡回療育相談，⑤心身障害児(者)施設プール開放などがある。これが1996年に相談・療育部門が独立し，「障害児(者)地域療育等支援事業」となった。

この主な内容は

①療育等支援施設事業　障害児(者)施設の機能を活用し，療育，相談体制の充実を図る。各種福祉サービスの提供，援助や調整など在宅支援訪問療育，在宅支援外来療育などの指導，地域生活支援，施設支援一般，などの各事業である。

②療育拠点施設事業　専門的な療育機能をもつ総合的な施設を拠点施設として，支援施設との連携で在宅障害児(者)と家庭に対して専門的な支援を行う，施設支援と在宅療育指導の2つを行う。

(2) 障害と経済援助

経済援助は，

①20歳未満の重度または中度の知的障害児を扶養している世帯に対して，1級（重度）が月額51,550円，2級（中度）が月額34,330円の扶養手当を支給する。在宅の重度知的障害児の介護にかかる，物的・精神的負担を軽減するため「障害児福祉手当」が月額14,610円支給される。なお最重度の知的障害者には，「特別障害者手当」が26,860円となっている。

②20歳以上の重度または中度の知的障害者には，1986年から障害基礎（従来

●**知的障害者福祉ホーム**
1990年に社会福祉関係8法が改正された際に，知的障害者援護施設の1つとして加えられた。第1種社会福祉事業と規定されている。利用者は，①日常生活で介護などを必要としない程度に，生活習慣が確立し，②継続して就労可能の見込みがあり，家族と同居が困難な者である。

●**療育手帳**
知的障害児・者が，必要な相談や援護を一貫して受けやすくするため，1973年につくられた。福祉事務所長または市町村長に申請する。児童相談所または知的障害者更生相談所で，障害者と判定された者に知事または指定都市の市長が交付。

表10-2　知的障害者(在宅)の程度別数および構成割合

平成12年('00)9月1日現在

	推計数(人)	構成割合(%)
総　　数	329,200	100.0
軽　　度	73,200	22.2
中　　度	77,600	23.6
重　　度	92,600	28.1
最　重　度	45,500	13.8
不　　詳	40,300	12.2

[資料]　厚生労働省「知的障害児(者)基礎調査」

の福祉)年金が1級で月額83,775円に改められた(2級は67,017円)。

③障害児の扶養・保護者が生存中に掛け金を納付し,死後に残された障害児に年金を月に2万円(ただし1979年改正による2口加入者は4万円)支給する制度に国の事務補助がある。

④税制面での優遇措置には,所得税と地方税で控除があり,前者が27万円(特別障害者は40万円),後者は26万円(同30万円)である。また特別障害者の同居扶養者には,前者に35万円,後者に21万円の上乗せ控除が認められる。この他,課税限度や相続税で優遇される。

3. 知的障害児・者の福祉

1) 福祉施設の整備

(1) 知的障害児の保護指導

18歳未満の障害児で保護者がいない者,家庭で適切な保護指導が受けられない者を,「知的障害児施設」に入所させ,将来の独立自活を目的として生活や学習,職業について指導している。2000年10月に自閉児施設を含めると,全国で279か所,定員が1.5万人強である。

他方,家庭で適切な保護が行われ,毎日通園が可能な児童には「知的障害児通園施設」に通所させ,保護と独立自活に必要な知識や技能の習得指導が行われている。2000年には全国で234か所,定員が8,657人である。

この他,90年度から重複障害に対する心身障害児通園施設機能充実モデル事業を,知的障害児通園施設などで行っている。なお,知的障害児・者のための福祉施設の整備には国庫補助に加え,日本自転車・船舶振興会による補助金,お年玉年賀葉書の寄付等の配分もある。そして重症心身障害児に対しては,重症心身障害児施設と国立療養所に委託病床が設けられている。

(2) 知的障害者の状況(表10-2)

18歳以上の障害者には,「知的障害者福祉法」による援護施設として,①更生,②授産,③通勤寮,④知的障害者福祉ホームの4種類の施設が設けられている。

「知的障害者厚生施設」は,知的障害者を入所させて保護し,更生に必要な指導訓練を行う施設である。2000年10月に全国で1,303(通所型350)か所,定員が約8.7万(通所型が約1.4万)人となっている。

「知的障害者授産施設」は,知的障害者のうち雇用が困難な人を入所させ,自活に必要な訓練と職業指導を行い,自活することを目的とした施設である。2000

●**知的障害児施設**
児童福祉法第42条により,知的障害児を入所させ,保護し,独立自活に必要な知識技能を与えること。18歳を超えても,引き続いて入所が必要な者は入所できる。

●**知的障害児通園施設**
児童福祉法第43条で,知的障害児を保護者のもとから通わせ,保護し独立自活に必要な知識技能を与える。

●**障害者雇用率**(employment rate of the disabled)
事業所に障害者の雇用義務を課す制度により,法定雇用率が定められており,その達成度を示すもの。民間企業の一般が1.6%,特殊法人が1.9%で,国・地方公共団体の非現業が2.0%,現業的機関が1.9%で,これ以上の雇用が定められている。だが,現在まで達成をみない。

年10月に1,228(通所型890)か所,定員が1.4万強(同3.4万余)人となっている。

なお,18歳未満であっても,15歳以上の人はこれらの施設に入所が認められている。

(3) 国立,地方コロニー

まず"コロニー"という名称自体に疑問がある。もっと親しみを感じられる名前を求めたい。それは別として,「国立コロニーのぞみの園」は,1971年に群馬県高崎市に開設された。重度の知的障害または身体障害のある知的障害者が,入所して保護と指導を受け社会生活ができるように,整備された大規模の総合施設である。

入所対象者は,知能指数がおおむね35以下の重症知的障害者,身体に障害がある知的障害者で,独立した生活が困難なため,長期の保護と指導が必要な人である。2002年4月の定員が550人であり,心身障害者福祉協会が運営している。

「地方コロニー」は,国立コロニーの設置に触発され,県レベルで知的障害関係の総合施設として設けられ,2002年4月には全国で15か所が運営されている。

●コロニー(colony)
集団で移住し,新たに形成された社会・地域・居住地をいう。植民地などをさす。社会福祉分野では国立コロニーなど,数百人の利用者が同じ居住地に,施設を利用して生活する。

2) 重度障害児の対策

高度の専門的な保護と指導が必要な,重度の知的障害児について,1958年に国立知的障害児施設の国立秩父学園が設けられた。これと国立コロニーにおいて処遇がなされている。さらに1964年度から国立・法人立施設に対し,重度棟の施設,1966年度から重度棟のない施設にも,指定施設に重度加算が支弁されている。

処遇の対象になる重度の知的障害児・者は,知能指数がおおむね35以下で,次のどれかに該当するか,または知能指数が50以下で,盲,聾唖または肢体不自由の障害がある人をいう。

①食事,着脱衣,排便,洗面などの日常生活の介護が必要であり,社会生活への適応が著しく困難なもの。
②頻繁なてんかん発作または失禁,異食,興奮,寡多動などの問題行為を有し,監護を必要とするもの。

1977年度から重度障害児・者,肢体不自由などとの重複障害のある人に対する加算が,25%に引き上げられ統合された。さらにこれらの対象者のうち,入所後1年未満,6歳未満,重症心身障害児施設から措置変更された人で,3年以内の人に対しては30%の加算となった。

なお,明らかな自閉症状の児童について,1969年度から指導訓練に要する経費が助成された。そして1980年度からは施設療育の一層の充実を図るため,自閉症児施設が児童福祉法第42条による,知的障害児施設の1つとされ,必要な療育指導が行われることになった。

また1993年度からは,日常生活に困難がある強度の行動障害児・者に,適切な指導・訓練を行い,行動障害の軽減を図る取り組みがみられた。試行的に予算補助事業とされ,1998年度からは普及のために「強度行動障害特別処遇加算費」が設けられた。

●知能指数
(intelligence quotient＝IQ)
知能の発達程度を示す数値。ビネーの「精神年齢(MA)」は,知的発達をみるのに有効だが,異年齢児は比較できない。そこで,
IQ＝MA÷CA(年活年齢)×100
による。100は標準的な知能を示す。

3) 知的障害者と社会参加

①**職親制度** 施設での作業指導および児童福祉司や知的障害者福祉司など，専門職員による職業能力の判定や進路指導を行い，職業訓練所，公共職業安定所などへの紹介が，労働行政と連携しながらすすめられている。しかし，障害者雇用率はまだ低い。

また知的障害者福祉法による職親委託制度がある。この「職親」とは，障害者を預かるか通わせて保護し，特性に応じて独立自活に必要な指導をする希望者で，都道府県知事などが適当と認めた人である。2000年度末の登録者数が1,587人で，委託職親が535人，委託障害者が703人となっている。

②**知的障害者通勤寮など** 1971年度から，知的障害児施設，知的障害者更生施設などの退所者，養護学校などの卒業後に就職した障害者を，職場に通勤させながら一定期間入所させ，自立に必要な指導をするために設置された。

③**知的障害者福祉工場** 1985年度からこの制度を設け，知的障害者の就労の促進を図り，障害者の社会参加を促すことにした。

④**知的障害者自活訓練事業** 1988年度より知的障害者援護施設などにおいて，入所者の社会的自立を一層促進するために設けられた。

⑤**知的障害者通所援護事業** 1977年度から在宅の知的障害者の親の会が，実施する通所の援護事業に助成が行われている（2001年度は933か所）。

⑥**知的障害者地域生活援助事業** 先駆的な自治体などの動きや時代の流れを受け，1989年度に設けられた「グループホーム」である。地域の住宅で数人の障害者が，一定の経済負担をして共同生活するもので，同居または近隣に住む専任の世話人が日常生活援助を行う。世話人の人件費と支援の費用が国庫補助される。2002年度には全国で2,859か所に増えた。

⑦**知的障害者生活支援事業** 1991年度から地域で単身生活の知的障害者に対し，生活支援ワーカーが生活相談や地域での生活に必要な支援を行っている。

⑧**在宅知的障害者デイサービス事業** 1992年度からデイサービスセンターへの通所と，文化活動や機能回復訓練などが行われている。さらに1994年度より重度の知的障害者などを対象とした，重介護型デイサービスが設けられた。

⑨**ゆうあいピック（全国知的障害者スポーツ大会）** 1992年度から行われている。

4. 身体障害児の福祉

1）身体障害児福祉の推移

(1) 身体障害児福祉の概要

肢体不自由や視覚障害など，身体障害がある児童のハンディキャップの軽減と，適切な保護育成が行われている。日本における身体障害児に対する援護は，明治時代の後半からごく一部の篤志家により，貧困な児童の保育事業の中で行

●**職親制度**
知的障害者福祉法により，1960年に発足し，都道府県・市または福祉事務所を設置する町村の長が，適当と認める事業主を「職親」として登録する。18歳以上の障害者の指導訓練や職業指導などに当る。

●**職業指導員**
児童養護施設で職業指導を行う職員（児童福祉施設最低基準第42条2項）の設置が定められている。ただし，必要に応じて施設外の事業場などに委託し，実行してもよい。

われてきた。したがって，医療と教育の両面からケアを有機的に結合した，「療育」の視点による対処が本格的に始まったのは，1947年の「児童福祉法」制定以後である。

　さらに1949年には「身体障害者福祉法」が制定され，18歳以上の障害者に必要な更生援護が行われることになった。そして18歳未満の児童に対する「児童相談所」や「肢体不自由児施設」などが設置され，保護指導がすすめられた。

　その後は障害に応じた施設の細分化により，義肢，車椅子などの補装具の交付・修理，障害の早期除去や軽減，生活能力を習得させる「育成医療」などが，児童福祉法の改正に伴って実施された。さらには重度の知的障害との重複障害への対応，成人障害に移行する際における対応の是正などが求められた。それは児童福祉でも重度の障害者については，20歳を超えて入所が続けられたり，逆に身体障害者更生援護施設に満15歳から入所できるようにされた。1960年代後半からは，それまで施設を中心にしてきた福祉が，家庭における対策にも目が向けられるようになった。

　すなわち，①障害の予防，早期発見，早期療育，②在宅福祉，③施設に対する3つの施策に加え，④所得保障，⑤教育，⑥その他税制上での措置，などが総合的にすすめられはじめた。

(2) 身体障害児の状況と予防

　2001年6月の「身体障害児実態調査」によると，18歳未満の在宅障害児は全国で81,900人と推計された。1991年の調査と比べて900人ほどの増加である。障害程度は，1，2級の重い障害児が52,300人で63.9％を占めており，重い障害児の割合が高くなっている（表10-3）。

　その障害原因をみると，「出生時の損傷」が17.3％「疾病」によるものが14.8％で，「事故」が2.4％，「不明」が37.6％である。そして不明の多いこと自体も問題と考えねばならない。つまり原因が不明では，「予防」ができないからである。

　ただし，身体障害の原因として最多は「脳性マヒ」であり，他には「先天性奇形など母胎内または出産時の原因」が多い。したがって，母子保健の充実強化による対応が求められ，障害予防および療育方法の向上に関する研究を含めた取り組みが大切である。さらには，事故による障害が増加しているので，「交通事故」などの防止にも努めねばならない。

(3) 早期発見と治療，育成医療

①乳幼児健診など　障害に対しても早期発見による早期治療など，適切な対処が重要である。まず乳幼児健康診査などは，母子保健施策では乳幼児健診（0歳），3歳児健診，さらに1977年度からは1歳6か月児健診や早期新生児を対象にしたフェニールケトン尿症などの先天性代謝異常検査が加えられた。そして1979年度からはクレチン症の検査が行われ，異常の早期発見と適切な対処がすすめられている。

②育成医療　比較的短期間の治療により障害の除去や軽減ができる身体障害児に対し，早期療育対策として「育成医療」が給付される。この給付は，厚生労働大臣が指定した医療機関で行われる。対象は整形外科，眼科，耳鼻咽頭科関係

●療育
「療育」は，1951年に高木憲治による，療は医療を，育は養育または保育を意味する。医学と教育学など科学を広く有効に利用し，障害児の残存能力や可能性を開発しようとするもの。

●療育指導
身体に機能障害をもつか，あるいは招くおそれのある児童を早期発見し，適切な治療・指導により，障害の治癒や軽減に努める。また福祉のケアを行う。児童福祉法第19条で保健所長が障害のある児童などの診査，相談により，必要な療育を指導する。

●育成医療
身体に障害のある児が，生活能力を取得するのに必要な医療をいう。都道府県はこの給付か，育成医療に要する費用を支給する（児童福祉法）。この給付は，厚生労働大臣か都道府県知事が指定する医療機関で行う。知的障害児には療育医療がある。

表10-3 身体障害児の障害種類別数と構成割合の年次推移

(単位　人，%)

	実数						構成割合					
	総数	視覚障害	聴・言障害	肢体不自由	内部障害	重複障害(再掲)	総数	視覚障害	聴・言障害	肢体不自由	内部障害	重複障害(再掲)
昭40年('65)	116,600	14,400	26,000	76,200	—	41,100	100.0	12.3	22.3	65.4	—	35.2
45 ('70)	93,800	7,000	23,700	57,500	5,600	12,600	100.0	7.5	25.3	61.3	6.0	13.4
62 ('87)	92,500	5,800	13,600	53,300	19,800	6,600	100.0	6.3	14.7	57.6	21.4	7.1
平3 ('91)	81,000	3,900	11,200	48,500	17,500	6,300	100.0	4.8	13.8	59.9	21.6	7.8
8 ('96)	81,600	5,600	16,400	41,400	18,200	3,900	100.0	6.9	20.1	50.7	22.3	4.8
13 ('01)	81,900	4,800	15,200	47,700	14,200	6,000	100.0	5.9	18.6	58.2	17.3	7.3

[資料] 厚生労働省「身体障害児実態調査」

の疾患をはじめ，先天性の臓器障害，腎不全の人工透析，後天性心臓機能障害などである。なお，2001年度には約6.4万人の給付が決定された（表10-4）。

③**通園施設の状況**　幼児期からの療育訓練の場として通園施設があり，肢体不自由児のために診療所の機能も備えている（2000年10月時点で全国で85か所，3,406人の定員，難聴幼児施設は26か所，定員850人）。他に幼少の心身障害児の療育訓練を行うデイサービス事業が2001年度に592か所，保育所による障害児保育事業が助成されている。なお，重症心身障害児・者通園事業も，2000年度末にはA型が59か所，B型が161か所に増えた。

④**心身障害の早期発見と早期療育**　これは予防福祉にも通じるもので，肢体不自由，知的障害，難聴幼児に対して心身障害の相談，指導，診断，検査，判定を行い，適切な療育に結びつけることである。

2) 在宅福祉の状況

①**相談指導などの状況**　身体障害児に対する相談指導は，知的障害児と同様に行政機関のものと，助成を受けた民間ベースのものとがある。行政では児童相談所が最前線にあって，児童とその保護者からの相談に応じ，必要な調査や判定により助言指導，施設入所などの措置をしている。

保健所では，身体障害児に早期に通院医療などの適切な措置を受けさせ，独立自活に必要な能力を育成する。整形外科，眼科，耳鼻科などの医師による療育指導が行われ，2000年度には延べ約4.1万人を数えた。他にも障害児・者の親たちの団体による，民間ベースの相談事業に対して助成がある。

②**補装具交付など**　身体障害児で障害が固定し，「障害者手帳」の交付を受けている人に対して，身体的欠損や機能の障害を補い，日常生活を助長するため，補装具の交付と修理が行われている。2001年度には総数が17.4万件にのぼり，生活用具の品目にも拡大がみられる。

③**特別児童扶養手当の支給など**　20歳未満の重度または中程度の身体障害児を養育する人に，特別児童扶養手当が支給される。その額は2001年4月から1級（重

●**通院医療**
精神保健及び精神障害者福祉に関する法律（1995年）第32条に，障害者の人権擁護，適正な医療を確保するため病院，診療所に入院しないデイケア，ナイトケア，通院医療費の公費負担などの規定がある。

表10-4 育成医療給付決定件数

	平成9年度('97)	10('98)	11('99)	12('00)	13('01)
総数	57,437	59,044	61,538	61,852	63,935
肢体不自由	10,328	10,485	11,108	10,784	12,224
視覚障害	7,089	7,084	7,454	7,360	6,985
聴覚・平衡機能障害	2,602	2,605	2,818	3,007	3,178
音声・言語機能障害	12,633	12,941	12,956	13,213	14,884
心臓障害	8,136	8,644	9,340	9,241	8,775
腎臓障害	1,209	1,280	1,179	1,070	991
小腸機能障害	—	—	—	—	1,211
その他の内臓障害	15,440	16,003	16,672	17,169	15,683
免疫機能障害		.	7	1	2

［資料］ 厚生労働省「社会福祉行政業務報告」

度)が月額51,550円，2級(中度)が34,330円となった。重度の障害のため常時介護を要するものに支給される「障害児福祉手当」は，2001年4月から月額14,610円とされた。また障害児を扶養する保護者が死亡し，後に残された障害児・者の生活の安定と福祉を向上させるため，保護者が掛け金を払い，死後などに障害児・者に終身年金を支給する，「心身障害者扶養共済制度」がある。

④**障害児・知的障害者ホームヘルプ** 重度の身体障害児または知的障害者を養育する家庭の家事，介護など日常生活を援助するため，障害児・知的障害者ホームヘルプサービス事業が行われている。

⑤**心身障害児・者施設地域療育事業** 施設の人的，物的機能を入所者だけではなく，地域の在宅障害児・者の福祉向上のため積極的に活用し，地域の福祉活動との協力により，障害児・者の多様なニーズの充足をめざす。この事業は1980年度から行われており，実施主体は都道府県(指定都市・中核市)であり，国の助成がある。

内容は，障害児・者の短期入所(ショートステイ)であり，保護者が疾病や事故などの時に，障害児・者を一時的に施設や病院などに預かる制度をいう。

⑥**障害児・者地域療育等支援事業** 指定された障害児・者施設に，在宅福祉を担当する専任職員(コーディネーター)を配置し，在宅の障害児・者に対する総合的なサービスを提供・調整する。同時に当該施設の職員が相談・指導を行う。

3) 施設内での療育

身体障害児で将来に独立自活するため，障害の除去や知識・技術の習得に，長期の医療，訓練，生活指導などが必要なばあいには，肢体不自由児施設，盲聾唖児施設および重症心身障害児施設への入所措置が行われる。

①**肢体不自由児施設** 四肢，体躯の機能の不自由な児童を入所させ，将来独立自活ができるように，医療をはじめ日常生活指導および職能指導などを行う。

●**コーディネーター**(coordinator)
ソーシャルワーカーによる「調整者」の役割をいう。クライアントの援助で，医師や保健師，看護師などのサービスが同時に必要となる。この専門職間，保健・医療・福祉サービスなどの連携・調整を促す役割を担う。

●**肢体不自由児**(physical handicapped children)
身体障害者福祉法の別表に，身体障害の内容を，視覚・聴覚障害，肢体不自由，心臓・腎臓・呼吸器，膀胱，直腸，小腸の機能障害と定めている。

表10-5 障害の種類別にみた身体障害者数の年次推移

(単位 千人)

	総数	視覚障害	聴覚・言語障害	肢体不自由	内部障害	重複障害(再掲)
昭26年('51)	512	121	100	291	—	—
30 ('55)	785	179	130	476	—	—
35 ('60)	829	202	141	486	—	44
40 ('65)	1,048	234	204	610	—	215
45 ('70)	1,314	250	235	763	66	121
55 ('80)	1,977	336	317	1,127	197	150
62 ('87)	2,413	307	354	1,460	292	156
平3 ('91)	2,722	353	358	1,553	458	121
8 ('96)	2,933	305	350	1,657	621	179
13 ('01)	3,245	301	346	1,749	849	175

[資料] 厚生労働省「身体障害児・者実態調査」

児童福祉施設最低基準により,医療法の規定による病院の設備機能のほか,機能訓練および日常生活指導などに必要な設備をもつ。職員も医師,看護師のほか,保育士,児童相談員などの専門職員の配置が必要である。

一般病棟,重度の肢体不自由児を処遇する重度病棟,通園部門,母子入園部門を併設する施設があり,2000年10月時点では全国で65か所,定員6,295人となっている。なお,病院に収容を要しない肢体不自由児で,家庭での養育が困難な児童には「肢体不自由児療護施設」があり,2000年には全国で7か所,定員が400人である。

②**進行性筋萎縮症児の療育** 進行性筋ジストロフィー症児は,1967年から児童福祉法により,肢体不自由児として国の指定した国立療養所で療育が行われ,2000年10月時点では27か所,定員が1,772人となっている。

③**盲聾唖児施設** この施設は,盲児(強度の弱視を含む),聾唖児(強度の難聴を含む)を入所させ,保護し社会に適応した独立自活ができるように,必要な指導を行うものである。児童福祉施設最低基準により,入所保護と日常生活および職業指導に必要な設備を備え,児童指導員・保育士などの専門職員が必要とされている。2000年10月には盲児施設が14か所,定員が411人であり,聾唖児施設が16か所,定員が547人となっている。

④**重症心身障害児施設** 精神の発達障害と身体障害があり,かつ障害が重いものを「重症心身障害児」という。障害の特殊性のため設備機能が医療法上の病院である,重症心身障害児施設に入所させ,保護と常時の医療管理をし,個々に適応した医療を行う。残存能力の回復と生活指導および情緒面の指導により,人格形成の助長と,社会復帰や家庭への復帰を目的とした,総合的な療育方針に沿って療育する。

2000年10月時点でこの施設は,国立療養所委託病床が79か所で8,000床,公立・法人立が91か所で9,211床となっている。

●**進行性筋ジストロフィー症**
(progressive muscular dystrophy)
筋萎(い)縮症ともいう。遺伝性の筋(肉)疾患で,遺伝形態,発症年齢,経過,臨床像により,デュシェンヌ型,肢帯型,顔面肩甲上腕型,眼筋型,眼筋咽頭型,先天型,末梢型に分けられる。左右対称の筋力低下,筋萎縮が主な特徴である。

4）障害児施設と学校教育

　施設入所の児童の学校教育は，児童福祉法の規定により，施設長が学校教育法で規定する保護者に準じて就学させることになっている。1979年に文部省（現・文部科学省）は，養護学校教育を義務制とした。これによって入所児童の就学がすすみ，現在はほぼ100％に近い。

　障害の状況や地域における養護学校などの整備状況，児童福祉施設の機能および学校教育機能の関係などのため，入所児童が受けている学校教育の形態は多様である。比較的多いのは，施設に隣接した施設入所児童専用のような学校への通学，地域養護学校または特殊学級などに通学するものである。この他に施設の敷地内に学校の校舎を持つもの，訪問教師によって施設内で学校教育を行うものがある。

5．身体障害者の福祉

1）身体障害者福祉の推移

　身体障害者福祉法は，障害者の自立努力と社会参加への機会の確保を理念としている。本人の努力とともに国および地方公共団体は，障害者の更生を援助し，必要な保護を行う。国民にも障害者の更生に協力する責務が定められており，障害者の生活安定に寄与するなど，福祉の増進が示されている。

　各種の相談，判定評価などの他，障害の軽減除去のため更生医療の給付，障害を補填（ほてん）する義肢その他の補装具の交付や修理，日常生活上の便宜を図る用具を給付する。居宅の重度身体障害者にホームヘルパーを派遣し，日常生活の世話を行う。また更生に必要な各種の訓練や治療などのため，身体障害者更生援護施設に入所させ，自立と社会参加を促進する。

　この推移は，1950年の身体障害者福祉法の施行後，いわば法制度の整備を含めた草創期，50年代後半の整備期，60年代後半を発展期とみなせる。その後70年代後半の転換期以降には，経済成長後の財政不調などから"福祉ばらまき"といわれ，内容点検と選択が求められた。

2）身体障害者の状況

(1) 障害の範囲と人数（表10-5）

　1951年以後の日本では，ほぼ5年ごとに身体障害者の全国調査が行われてきた。そこで最新のものを2001年の第10回調査の結果でみると，

①**18歳以上の障害者**　全国で324.5万人（人口比2.9％）と推計されている。

②**前回(96年)調査との比較**　293.3万人（同2.9％）と比べて，10.6％の増加である。

③**身体障害の種類別割合**　肢体不自由が53.9％，内部障害が26.2％，聴覚・言語障害が10.7％，視覚障害が9.3％となっている。このうち，内部障害が35.6ポ

表10-6 障害の程度(等級)別身体障害者数

(単位 千人)

	総数	1級	2級	3級	4級	5級	6級	不明
平成13年('01) 6月	3,245	850	614	602	660	260	216	45
8年('96)11月	2,933	796	470	501	551	291	212	112
対前回比(%)	110.6	106.8	130.6	120.2	119.8	89.3	101.9	40.2

[資料] 厚生労働省「身体障害児・者実態調査」

イントの伸びで最大の増加である。ただしこれには，心臓・呼吸器，腎臓，膀胱または直腸，小腸による機能障害を含み，これに1998年から，ヒト免疫不全ウイルスなどによる機能障害が加えられた。

(2) 年齢階級別の状況

①**年齢階級別の人数と割合** 2001年6月には70歳以上が45.7%を占めて最多であり，ほぼ年齢階級が低くなるにつれて構成比が小さくなる。なお，60歳以上が前回の67.0%から73.0%に増え，高齢化の影響がみられる。

②**障害種類別年齢階級別の分布** 70歳以上で最多となり，年齢階級が低くなるほど構成比が低くなっている。

③**障害者の性別** 男性が54.8%，女性が43.9%，不詳が1.4%である。

(3) 身体障害者の程度別状況(表10-6)

①**身体障害者の程度別状況** 1, 2級の重い障害の人が146.4万人で全体の45.1%である。前回の43.2%に比べて割合が増大しており，増加率も1級が大きく障害の重度化が目につく。

②**障害種類別1, 2級の内容** 視覚障害が17.9万人で59.5%，聴覚・言語障害が8.9万人で25.7%，肢体不自由が68.8万人で39.3%，内部障害が50.7万人で59.7%であり，視覚障害と内部障害での重度の割合が半数以上である。

6. 身体障害者福祉の状況

1) 福祉・援護の実施者

①**福祉援護の実施者** 在宅福祉，施設福祉とも市町村が一元的に実施している。身体障害者更生相談所では，専門技術的側面を支える都道府県(指定都市)の中枢機関として，専門的判定，身体障害者更生援護施設への入所，利用のための市町村との連絡調整，情報の提供，技術的援助と助言などの事務を行っている。

②**身体障害者更生相談所** 補装具の処方，適合判定などの業務を行い，必要に応じ，市町村の窓口や更生相談所に行くことができない障害者のため，巡回相談に当たり円滑な援護に努める。2002年4月に全国で69か所の相談所が設けられており，2001年度の相談取扱実人員は約23.4万人である。

③**都道府県福祉事務所** 広域の連絡調整機関として管内の市町村に，身体障

者の福祉に関する情報を提供し，市町村間の連絡調整，福祉サービスの適正な実施の援助と助言などの事務を行っている。この他，更生援護の相談，指導，障害者の地域活動の推進，関係機関の協力，援護思想の普及や福祉増進のため，身体障害者相談員制度がある。

④**身体障害者手帳**　身体障害者福祉法による措置の前提となるもの。「身体障害者」とは，視覚，聴覚，平衡機能，音声言語機能，肢体不自由および心臓・腎臓または呼吸器などの機能障害があるもの。その障害の程度が同法の別表に該当し，都道府県知事または指定都市の市長から，身体障害者手帳を交付された18歳以上の者である。

2000年度末に交付台帳登載数は全国で429万人であり，実態調査より多いのは死亡者などからの返還がない，転出者などで届出をしない者がいるためである。2001年度の新規交付数は約31万人となっている。

⑤**障害の診査と更生相談**　市町村は診査と相談に当たり，医療や保健指導が必要な者に対し，施設を紹介する。就職，技能習得の必要な者には公共職業安定所，各種の職業訓練所を紹介し，身体障害者厚生援護施設への入所，またはその利用が必要な者に対しては，適当な施設への入所あるいは利用，更生に必要な事項の指導などを行う。

⑥**更生医療**　身体障害者の更生のため，最も効果的なことは，障害の除去と軽減である。職業能力の向上と日常生活を容易にするため，障害部位に対して行う医療を更生医療という。したがって，一般疾患の治療とは異なる。高度の医学技術を駆使するもので，厚生労働大臣または都道府県知事・指定都市の市長が指定した医療機関で行われる。この給付を受けるとき，本人または扶養義務者の負担能力に応じて，費用の一部または全部を負担する。

この給付は1999年度に12.3万余件であり，1件当たり約321万円でこの85.7%が公費負担になっている。内部障害の決定件数とその医療費が高比率であるが，心臓手術や腎臓の人工透析などによるものである。

⑦**補装具の交付**　失われた部位や障害機能を補い，日常生活や職業活動を容易にする義肢，車椅子，補聴器，盲人安全杖，装具などの用具を補装具という。この交付や修理は更生医療と同様の申請を受け，市町村が原則として補装具製作業者に依頼して行う。なお，費用負担も更生医療と同様である。補装具は適用種目が拡大し，品質・機能の改善・向上を求めて医学や工学による研究開発がすすめられている。2001年度の給付は約106万件であり，1件当たり約2.1万円で公費負担率が89.1%である。

2）重度身体障害者の対策

①**日常生活用具**　この給付制度は1969年度に設けられ，在宅の重度障害者の生活を容易にするため，利用に適した浴槽，便器などを給付する。これらで生活活動を可能にし，介護負担の軽減と生活の安定向上をめざす。申請と給付の手続きは補装具とほぼ同様であり，特殊便器，盲人用テープレコーダー，聴覚障害者用通信装置，福祉電話，ワードプロセッサー，体位交換品など42種目が交

●**更生相談**
身体障害者福祉法により，必要な更生相談，各種医療保険制度，更生医療制度，医療扶助制度などの活用指導，公共職業訓練施設や公共職業安定所の紹介，補装具の給付，身体障害者更生援護施設への入所，利用など各種の福祉制度に関する相談に応じ，指導する。

● **在宅ケアサービス**
在宅障害児者のケア事業の総称で、ケアは在宅と通所サービスに大別される。さらに医療、保健、福祉にわかれ、住宅整備、福祉電話、緊急通報システム、福祉タクシー、福祉機器や補装具などの整備、ボランティアなど近隣の支援も含めた、総合的な体系化が求められている。

付または貸与されている。最近では電気式痰吸引器、点字ディスプレイ、居宅生活動作補助用具が加えられ、給付が拡大されつつある。

②**身体障害者のホームヘルプ** 在宅重度障害者で日常生活に支障のある家庭などに、ホームヘルパーを派遣して食事介助、衣類の洗濯、掃除などの他に日常生活の相談に応じ、必要な助言や指導を行う。事業の実施主体は市町村であり、費用は利用者世帯の負担能力に応じて、一定の負担となる。

重度の視覚障害者や脳性マヒ者など全身性障害者の外出時に、移動等を介護するガイドヘルパーもあり、この利用の費用負担は本人の負担能力による。

③**在宅重度身体障害者訪問診査** 歩行困難などのため身体障害者更生相談所が実施する、巡回相談に参加が困難な在宅障害者が対象である。医師、看護師、身体障害者福祉司などによる訪問診査班を派遣し、診査と更生相談を行う。1971年度から実施され、内容は(1)全身の所見と障害局所の診断、(2)関節の動きや日常生活動作の状況などの評価、(3)リハビリテーション器具等の利用の仕方、各制度の活用に関する助言、指導と関係機関への紹介などであり、実施主体は市町村である。

④**進行性筋萎縮症者の援護** 進行性筋萎縮症者（進行性筋ジストロフィー症者）の援護には、原因究明と適切な療法の開発が急務なため、国立療養所に収容して援護することになった。まず18歳未満の児童が対象とされ、1969年度から18歳以上の者も入所し、必要な治療と訓練を受け、1976年度からは通所でのデイケアが実施された。

⑤**身体障害者短期入所事業** 在宅で重度障害者の介護・保護者が疾病などにより、介護が困難になったとき、一時的に入所させて必要な保護をする。1978年度から実施され、1998年度からは障害者および介護者のため、家庭介護（ホームケア）促進事業が創設され、訓練のための一時的な入所も認められた。

⑥**身体障害者自立支援事業** 重度の障害者が地域社会で可能な自立の日常生活や社会生活をするため、身体障害者福祉ホームや身体障害者向け公営住宅などに、1991年度からケアグループを派遣し、安定した介助サービスなどを提供している。

⑦**身体障害者健康診査事業** 1992年度から脊髄損傷者や脳性マヒ者、脳血管障害者などで車椅子の常用が必要な障害者に生じやすい骨変形や膀胱障害、褥そうなどの予防事業がはじめられた。リハビリテーション病院や労災病院などで、これらの障害者のため年1回健康診査が行われている。

⑧**障害者住宅整備資金貸付事業** 1978年度から障害者または障害者と同居する世帯に対し、障害者の居住環境を改善する専用居室などの増改築、改造に要する費用の貸与が行われた。

● **障害者の明るい暮らし促進事業**
障害者の自立と社会参加に必要な支援により、連帯・統合と明るい社会づくりをめざす。1998年度からは知的障害者と精神障害まで拡大された。実施主体は都道府県・指定都市である。

3）障害者の社会参加促進

①**障害者の明るい暮らし促進** 障害者の福祉増進には、地域社会の人びとによる障害者に対する正しい理解と援助が不可欠である。そこで行政、関係団体、ボランティアなどが協力し、地域における障害者のニーズに対応した活動とし

て,「障害者の明るい暮らし」促進事業がすすめられている。実施主体の都道府県,指定都市などが地域の実情に応じ,弾力的な実施を可能とする予算措置を行う。

②障害者生活訓練・コミュニケーション支援等事業　都道府県において障害者が,自立した生活に欠くことのできない生活訓練,コミュニケーションや交通の手段を提供する事業が行われている。

③市町村障害者社会参加促進事業　市町村においても障害者が地域で生活するニーズに応じ,実情に沿った事業がなされる。

④市町村障害者生活支援事業　在宅障害者とその家族の地域における生活を支援する。在宅福祉サービスの利用援助,社会資源の活用,社会生活力を高める支援,当事者相談などを総合的に行うもので,1996年度から実施された。

⑤バリアフリーのまちづくり　障害者や高齢者などの社会参加の基盤となる生活環境を整備するため,地域全体の合意づくりを推進させ,まちづくりの総合計画を策定する。この計画で求められる環境整備をすすめる事業が,1994年度から行われた。

⑥身体障害者デイサービス事業　地域において就労などの機会が得られない在宅重度障害者が通所し,創造的活動,機能訓練,社会適応訓練,入浴,給食などのサービスを受け,自立と生きがいを高めることを目的とし,1977年度から始められた。

⑦在宅重度障害者通所援護事業　地域で就労の機会などの得にくい在宅の重度障害者が,通所で創作活動,軽作業,日常生活訓練などを行う事業を助成するもので,1987年度から行われた。

⑧身体障害者のスポーツ　身体障害者の体力維持,増強と残存能力の向上のためにもスポーツは重要である。また社会適応性の付与,更生意欲の増進,健常者の障害者福祉に対する理解や関心を高めるなどの効果がある。1964年のパラリンピック東京大会からしだいに広まり,1965年から秋季国民体育大会の直後に当該地で開かれている。2001年度に身体障害者と知的障害者の大会が統合され,「全国障害者スポーツ大会」となった。

4）身体障害者更生援護施設

　身体障害者福祉法第5条および第27条により,障害の種類や程度,地域社会のニーズに応じて整備されねばならない。身体障害者に対する①更生施設,②療護施設,③福祉ホーム,④授産施設,⑤福祉センター,⑥補装具製作施設,⑦視聴覚障害者情報提供施設の7種類がある。これを機能面からみると,ⓐ更生施設,ⓑ生活施設,ⓒ作業施設,ⓓ地域利用施設に分けられる。

第11章　健康と疾病，死の意識と行動

【ポイント】

❶ 健康に対する意識と行動，健康の自己評価と生活習慣に注目する。
❷ 傷病に対する意識と行動，傷病の自己評価と対処を考える。
❸ 有訴者率，通院者率，受療率を性別年齢階級別，地域別に比較する。
❹「生命」と「死」を安楽死，尊厳死などについて倫理の視点で考える。
❺ 死の判定と臓器移植，臓器提供などに対する日本人の考え方をみる。
❻ 健康管理による疾病予防と，予防福祉の増進を考える。
❼ 家族，地域，職場による健康福祉の増進活動の推移に注目する。
❽ 厚生労働行政のあり方，国民医療費とその負担の推移をみる。

1.　健康意識，態度と行動

1）健康意識・態度の捉え方

　健康に対する意識や態度には個人や集団，時代などによる違いが大きい。これはまず，その個人による価値判断に根ざす基本的要因と，次にはその個人が属している集団の文化や社会的な慣習，経済状態や医療保険，医療保障，医療サービスの利用の難易などとも複雑に絡んでいる。

　このような意識や態度を捉える方法として，一般的にはアンケート調査が行われている。コンピュータの利用がすすみ，量的データや質的データに対する複雑な多変量解析などがしだいに普及し，主観的な要因についても数量的・客観的に分析できる手法が，広く用いられるようになってきた。

　ここでは，主観的な意識と態度や健康に対する行動，すなわち保健福祉行動との関連性や合致性，さらには意識→行動→健康福祉の状態との一貫した関係について，客観的な体脂肪，血液成分などの分析結果や体力の測定結果などとの関連性を確認することが大切である。つまり，たんなる主観的なアンケート調査だけに終わらないで，客観的な資料との照合による主観→客観的把握との一致性を確認することが不可欠となっている。

2）健康に対する考え方

　まず1989年に総理府（現・内閣府）広報室が行った，国民の健康に対する考え方についての調査結果をみてみよう。「健康は充実した生活を送るために必要

●多変量解析
（multivariate anlysis）
多数の変量が複雑に関連しているとき，2変量の相互の組み合わせだけではなく，3変量以上の同時統計処理による分析をいう。

●量的データ
この多変量解析には，重回帰分析，パス解析，分散分析，共分散分析，因子分析，クラスター分析などがある。

●質的データ
この多変量解析には，対数線型分析，数量化理論1～4などがあるが，別に質的データを量的データに変換する統計処理法もある。

なものであって，それ自体を目的とするようなものではない」という答えが40.9%あった。

一方，「健康であるということは，それ自体が人生の目的であって，最も優先して考えねばならない」と答えた人が52.6%を占めた。つまり「健康自体が人生の目的である」，とする人のほうが明らかに上回っている。

これは図11-1にみられるとおり，60歳代では60%を超え，若い層ほど低いことと，70歳代以上で低くなることが認められる。では視点を変えて「国民生活基礎調査」の結果（2001年）をみると，「日常生活に影響ある者」が6歳以上で人口千対103.0を占めている。性別には男性の同92.3に対して女性が103.0と，かなり高率である。これを年齢階級別にみると，6〜14歳の40.8が最低であり，年齢とともに上昇し，70歳以上では271.5で4人に1人強の割合になっている。

図11-1 健康に対する考え方

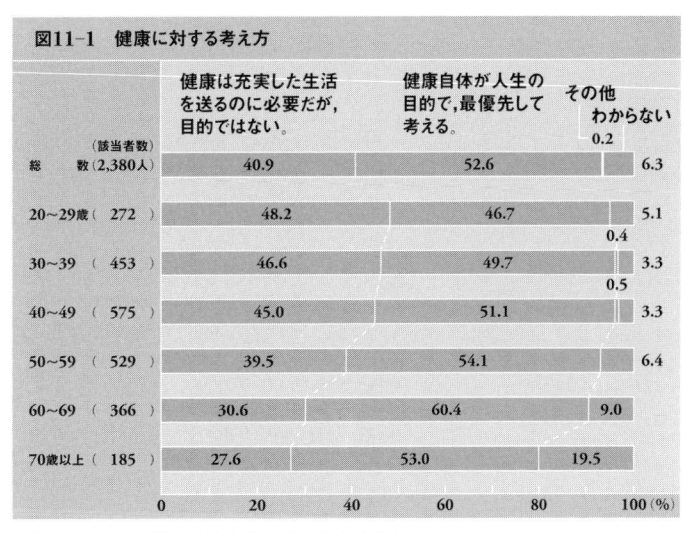

	（該当者数）	健康は充実した生活を送るのに必要だが，目的ではない。	健康自体が人生の目的で，最優先して考える。	その他 わからない
総数	(2,380人)	40.9	52.6	0.2 / 6.3
20〜29歳	(272)	48.2	46.7	5.1
30〜39	(453)	46.6	49.7	0.4 / 3.3
40〜49	(575)	45.0	51.1	0.5 / 3.3
50〜59	(529)	39.5	54.1	6.4
60〜69	(366)	30.6	60.4	9.0
70歳以上	(185)	27.6	53.0	19.5

〔資料〕　総理府「健康づくりに関する世論調査」1989年

3) 健康状態の自己評価

先の調査から「現在の健康状態」についての回答をみると，「自覚症状・生活影響・通院の全てが「ない」」と答えた人が50.0%，反対に「それらのどれかがある」という人が35.4%であり，それらの全てが「ある」人は6.9%である（図11-2）。そこで2001年の厚生労働省による「国民生活基礎調査」をみると，「よい」が24.2%，「まあよい」が16.4%，「ふつう」が41.8%である。これを合わせると82.4%になる（図11-3）。

そして，このような傾向は従来からほぼ同様にみられるので，日本人の健康に対する自己評価を物語っているものと判断できる。ただし年齢階層別にみると，「健康である」の割合が加齢に伴って明らかに低下している。したがって，人口高齢化がすすむにつれて「非健康」の人の割合が増加することが予想される。

4) 生活習慣病の不安と行動

最近ではその動向が少し変化しているが，「生活習慣病」への不安の状況をみてみると，「かなり不安がある」と答えた人が9.6%，「ある程度不安がある」という人が37.9%であり，合わせると約半数になる。これを性別にみると，不安は男性よりも女性に多いことがわかる。

さらに年齢別にみると，「かなり不安がある」という答えが，高齢になるにつれて増えることが目につく。また生活習慣病の中でも，病気によって不安の程度が異なっており，とくに不安の多いのは「がん」である。これは発症がほとんど自覚されないうえに，部位（肺や肝，胆囊，膵臓，白血病など）によっては，

第11章　健康と疾病，死の意識と行動　　155

図11-2　健康状態（6歳以上）　2001年

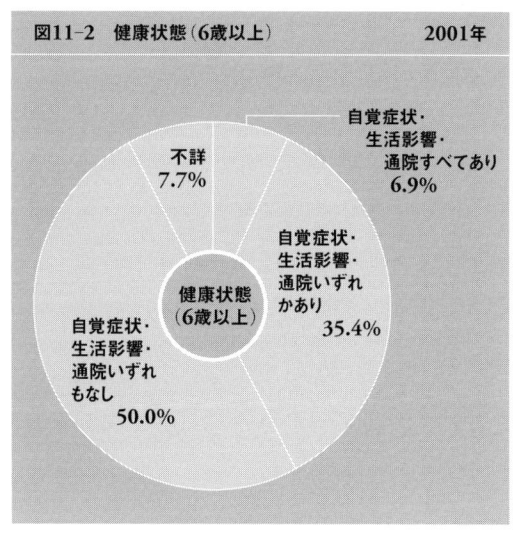

- 不詳　7.7%
- 自覚症状・生活影響・通院すべてあり　6.9%
- 自覚症状・生活影響・通院いずれかあり　35.4%
- 自覚症状・生活影響・通院いずれもなし　50.0%

健康状態（6歳以上）

［資料］　厚生労働省「国民生活基礎調査」2002年

図11-3　健康意識（6歳以上）　2001年

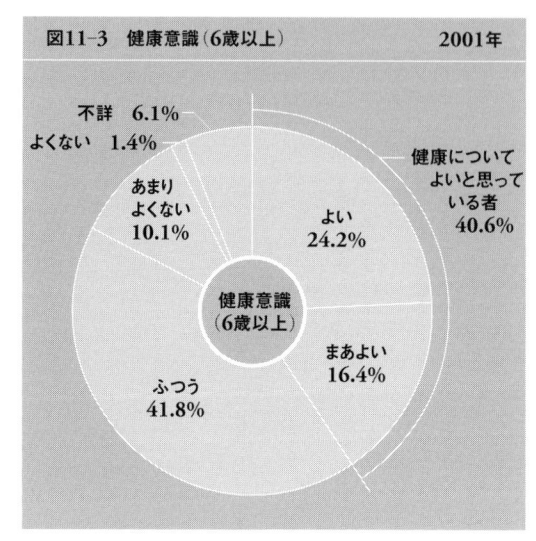

- 不詳　6.1%
- よくない　1.4%
- あまりよくない　10.1%
- よい　24.2%
- まあよい　16.4%
- ふつう　41.8%
- 健康についてよいと思っている者　40.6%

健康意識（6歳以上）

［資料］　厚生労働省「国民生活基礎調査」2002年

● **治癒率**
ある病気の患者数で，その完治者数を割った率をいう。この率の高低は，病気の難易度を意味している。

● **致命・致死率**
ある疾病の罹患数でその病気による死亡者数を割った率をいい，この率の高さが，病気の重傷度を意味する。

● **アクセス**（access）
近づく，到達する方法，情報などを利用，入手する方法や権利を意味する。接近やコンピュータへの接続など。

治癒率がいまだに低いためである。したがって当然致死率が高くなり，これが最大の不安原因になっているものと考えられるであろう。

2. 病気の意識，態度と行動

1) 傷病意識の背景

　疾病に対する判断や行動は，その人間が所属している人種や地域など，「文化」によって大きく異なる。また社会経済や医療保険，医療保障，自分の経済的負担能力，医療へのアクセス（到達性）の難易など，さまざまな要因がかかわっている。したがって，何が「判断」や「行動」の主因であるかは，本人の回答や意見に対する多変量解析など，複雑な分析結果をみなければ厳密にはわからない。

　ただし，わが国で従来から行われてきた厚生省による「国民健康調査（現・国民生活基礎調査）」などにおいて，一般的に農村よりも都市の人びとのほうが，"病気"に敏感な反応を示すことが知られている。このため，都市のほうが有病者率の高さを表わしやすくなる。こうした結果だけで捉えると，農村より都市のほうが病気にかかりやすく，病気の人が多いと判断されやすい。しかしそれだけでは，本当に都市のほうが病人が多い，という決定的な理由にはならない。

　たとえば都市は，人口や交通密度が農村より高いので，伝染病などが広がりやすいことはたしかである。だが，もっと基本的な衛生状態や保健医療施設などは，都市のほうが一般的には充実しているので，病気への対応・処置が行われやすく，病気の広がりを防ぐ面もある。

2) 病気の不安と有訴者率

　病気には簡単なものと複雑なものがあり，先に述べたように不安が最も大き

いものは「がん」である。つまり，かぜなどあまり心配でないものには不安は少なく，当然，受療行動にも差が生じてくる。

一方，生活習慣病に対する不安をみると，約半数の人が「不安」を抱いており，男性より女性がやや多く，それが病気に対する用心を高める面もある。

では2001年の厚生労働省「国民生活基礎調査」の結果をみると，有訴者率（人口千人当たり）の総数が322.5である。男性では284.8，女性では358.1を示している。また年齢階級別には，男性の15〜24歳が80.0で最低率であり，65歳以上になると469.1に達する。女性は5〜14歳が204.6で最低となり，65歳以上では527.9におよび，女性の高率さが認められる（p.44図3-2参照）。

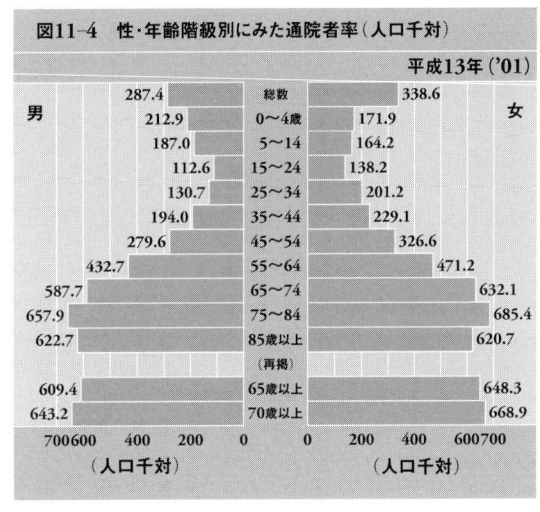

図11-4　性・年齢階級別にみた通院者率（人口千対）

平成13年（'01）

	男		総数		女
	287.4		総数	338.6	
	212.9		0〜4歳	171.9	
	187.0		5〜14	164.2	
	112.6		15〜24	138.2	
	130.7		25〜34	201.2	
	194.0		35〜44	229.1	
	279.6		45〜54	326.6	
	432.7		55〜64	471.2	
587.7			65〜74	632.1	
657.9			75〜84	685.4	
622.7			85歳以上	620.7	
			（再掲）		
609.4			65歳以上	648.3	
643.2			70歳以上	668.9	

注――総数には年齢不詳を含む。
［資料］　厚生労働省「国民生活基礎調査」

さらに全年齢で自覚症状のあった人（有訴者）をみると，全国で3,500万人を超え，国民の4人に1人強の割合となっている。これが65歳以上では2人に1人の高率さであり，高齢社会の進行は"病気の人"をいっそう増加させることになる。全国で多いのは①広島県，②香川県，③島根県の順であり，少ないほうは①沖縄県，②茨城県，③福島県の順である。

3）病気と行動

(1) 有訴者率と生活への影響の内容

自覚の内容については，最も多いのが「腰痛」の人口千対96.3，次が「肩こり」(93.1)であり，これに「手足の関節が痛む」(59.1)，「咳や痰が出る」(56.2)「体がだるい」(53.4)などが続いている。これらの訴えは，10歳代の元気な年齢でさえ10人に1人半くらいの割合で存在することが目につく。

これらの人は，人口千人に対して103.0におよんでいる。性別では男性の92.3に対して女性の113.0が多く，高齢者ほど高率という傾向が認められる。

また2001年には，6歳以上の人で入院・入所者や1か月以上の就床者を除いて，健康上の問題で日常生活に影響がある人は，全国で1,000余万人とされている。これは100人当たり約9人の割合であり，日常生活に対する影響は，仕事・家事・学業が45.7％，日常生活動作が34.9％，外出32.1％，運動やスポーツなどへの影響が31.0％，となっている。

(2) 疾病と通院，受療（図11-4）

全国における医療施設などへの通院者は，2001年に人口千人当たり313.8人である。性・年齢階級別にみると，14歳以下と85歳以上では女性より男性が多く，15歳から84歳までは男性より女性の多いことがわかる。また65歳以上では6割以上が通院している。これらの受療先は，入院では病院が94.5％，一般診療所が5.5％である。外来では病院が31.2％，一般診療所が52.0％，歯科診療所が16.8％である。

通院者の病気は，高血圧症，腰痛症，虫歯，肩こりなどの順に多い。県別で

は秋田，島根，長崎の各県に多く，沖縄，山梨，茨城県の順に少ない。なお65歳以上の者では，「高血圧症」が圧倒的に多い。

3. 「生命」と「死」の問題

1)「生命」の新たな状況
(1)「生命」をめぐる問題

生命倫理(bioethics)という用語が新しい響きを感じさせながら，広まりをみせた。この背景に注目すると，高度技術の進歩が工業生産などの範囲だけにとどまらず，人間の体や生命をコントロールするのに用いられる状況が広まりつつある。

バイオテクノロジー(bio-technology)の人体への応用の分野を大別すると，その1つは生命の誕生に関するものである。遺伝子の操作や体外授精，さらには山羊を使った実験では，人工子宮によって人間でいえば満20週くらいまで児を育てることに成功している。この一方では，398gの超軽量児が病院で元気に育ち，退院した例もある。つまり，人間の体外でも子どもを授精させ，育てられる時代がきているのである。また，アメリカを中心にして他人の子どもを，金銭契約の委託で生むことも広く行われている。

(2)臓器移植の問題

わが国では，かつて札幌医科大学において心臓移植が行われた。そのときに移植用の心臓をまだ生きている人から摘出したのではないか，という疑問が生じた。それ以来，臓器移植手術はごく一部を除いて中止されてきた。

ここで新たに浮上してきたのが，人間の「死の判定」についてである。かつてから医師が「死」を宣言する場合には，①心臓停止(心音)，②脈拍，③瞳孔反射でみていた。そこに新たに「脳死」という考え方が加えられた。これには，アメリカで"植物人間"として，数年間意識が回復しなかったカレンさんに，病院で人工呼吸器をはずし，「尊厳死」の道を選んだ家族の処置が，大きな反響を呼んだことなどに起因している。

(3)「脳死」と判定法

人工呼吸器や心臓の動きを補強・補正するペースメーカーなどにより，心臓は動いていても，脳の働きが死んだと確認されたら，「死」とみなす考え方である。これは1970年代から米国をはじめヨーロッパ諸国で，法律的にも認められ常識化されてきた。

こうした動きについて，日本でも1980年代から厚生省レベルで「認知」の作業がすすめられた。ここでは"脳死臨調"と呼ばれる委員会が設けられ，各専門委員による討議がなされ，結論が答申された。なお，脳死患者の臨床診断の方法として，

①呼吸器をはずして呼吸停止を確認する。

●**生命倫理**(bioethics)
バイオエシックスは，1960年代から形成された，新しい学問分野である。ギリシャ語のビオス(生命)と，エチケー(倫理)の合成。臓器移植や生殖，遺伝子操作など生命科学，医療における行為を，倫理からみる。

●**バイオテクノロジー**
(bio-technology)
生命技術，生命工学。生物の機能を応用科学的に捉え，工業，医療などに応用する技術。

●**脳死**
(brain；cerebral death)
脳全体の機能が不可逆的に停止した状態をいう。厚生省(当時)の脳死に関する研究班が，1986年に示した基準では，①深昏睡，②自発呼吸喪失，③瞳孔の固定・散大，④対光反射等の脳幹反射喪失，⑤平坦脳波，⑥時間経過，上記①～⑤が満たされ，さらに6時間経過をみて変化を確認する。

●**尊厳死**(right to die)
終末医療や終末期に対し，患者が人間として，尊厳を保ちつつ，生命を全うする死の選択など。延命治療に対する人格尊厳の生命観による死をいう。

②目のすぐ上の眼窩上神経を強く圧迫して，痛み刺激反応をみる。
③指先を圧迫しその反応をみる。
④乳頭をつまむ方法もある。
⑤瞳孔が開いたままで，光を当てても縮瞳しない。
⑥角膜にガーゼを当てても反射がない(千葉県救急医療センター)。
　が定められた。

また，日本脳波学会による脳死判定基準によると，
①自発運動がなく，強い痛み刺激を与えても表情変化などの反応がみられない「深昏睡」。
②両方の瞳が開きっ放しになり，光を当てても縮まない「両側瞳孔散大，対光反射および角膜反射の消失」。
③自発呼吸の停止。
④急激な血圧降下と，それにつづく低血圧。
⑤脳波の平たん化。
⑥以上の5条件がすべてそろってから6時間後まで，継続して5条件が満たされていること，とされている。

2)「死」の新たな状況

(1)「死」の文化と認識

日本では"武士道"などという考え方があったため，人の死を桜の花が散るように"パッと散る"ことが，いさぎよい死に方だといわれてきた。こうした考え方の延長線上に，"切腹"などという行為が行われてきた。これは自分の命を断つ，という行為からみれば自殺行為にほかならない。したがって，これらの考え方を背景にもつため，世界のなかでもきわめて高い自殺率を続けている。

また諸外国にはあまり例をみない，"一家心中"という行為がしばしば発生している。親の自殺自体が誤った行為であるにもかかわらず，自分の子どもや家族までを死に巻き込むことは，他殺行為であり「殺人」にほかならない。ところが，両親が死んだ後に幼い子どもが残されることは，不憫だから一緒に死んだほうがよい，と即断してしまう。

これには少なくとも2つの"過ち"が指摘できる。その第一は，子どもといえども一個の独立した人格であり，親が勝手にその「死」を選ぶことは許されないことである。第二には，後に残された子どもは社会保障などによる生存の道を選ぶ権利がある，という社会のあり方を明確に認識すべきである。

(2)安楽死と尊厳死

安楽死とは，「死」に際して苦痛を最大限に除去した死に方である。死に向かうときの不安，苦しみ，恐怖などをなくし，平安な死を求めようとする。末期を迎えたとき，意識のある人はだれでもが「死の不安」を感じることは，ごく自然なことと考えられるであろう。そこで人間は，信仰や宗教の力などによって心を整え，できるだけ平安な死を得ようと努める。

さらに「尊厳死」では，人格を失うことなく，尊厳さを保ちながら最後を迎え

●ホスピス(hospice)
終末期患者を収容し、専門のケアを行う施設で、日本には少ない。C.ソンダースが1967年にロンドンに設けた、聖クリストファホスピタルで始まる。①安楽が必要、②ケアは症状緩和が中心、③個別的ケア、④学際的チームケア、が基本とされた。

●ターミナル・終末期ケア（terminal care）
終末期におけるケアであり、その授受のあり方に注目を要する。医療、看護、福祉、心理、宗教、ボランティアなど、各分野の人がチームで患者とその家族に対応するケア。

●高齢者世話付住宅（シルバーハウジング）
60歳以上の高齢者が、地域社会で安心し、自立した安全で快適な生活の実現のため、福祉と住宅施策の連携をめざすもの。

●適正配置
産業保健では、その作業に対して、精神的・身体的に不適切な者をつかせないこと。適正検査などによる判定。地域保健医療などでは、地域のニーズに対し、専門職や施設の配置状況の適否を統計分析などにより、提示する。

ることである。本人が来世を信じたり、神のもとに召され昇天していくことを願い、平穏な死を迎えようとする。この場合に「死を受容」し、死からの逃避ではなく、むしろ死に立ち向かうという心の強さが、その人の尊厳を表わすものと考えられる。一方、終末期患者をケアするホスピスなどの増加が望まれる。

(3) ターミナルケアと死の介助

ターミナルケアという用語が、広く用いられている。最近における日本では、死期を迎えた人の7割以上が病院や施設で、医療の専門家によるケアを受けつつ最期となっている。しかしその多くの人たちは、せめて人生の最期は自分の家で、親しい家族の愛にみとられながら息を引き取りたいと願っているのである。

だが実際には、大都市を中心として自分の家で、自分の最期を迎える人は少ない。この理由として、住居の狭さが関係している、という実態報告もあり、日本の住居問題がこうした面にまで影響していることがわかる。これには高齢者世話付住宅やグループホームなども考えられる。それと同時に、高齢社会の進展に伴い、老人に対する在宅介護について、家族機能の縮小による介護力の低下および不足を、いかに補完するかが大きな課題である。

病院や施設内などにおいては、医師、看護師や介護職の適切な配置により老人や入院患者に対し、きめ細かい処置や配慮が求められている。これには完全看護などという制度による専門職の配置数が示されているが、時にはこれに反するものがみられる。また入院などの費用には医療保険の適用外もあり、とくに高齢者の負担が重くならないような制度が望まれる。ところが最近では、老人の入院を断わる病院が少なくない。老人患者の処遇が今後ますます大きな問題となってくることは明白である。

4. 疾病予防と予防福祉

1) 健康福祉管理の方法

(1) 健康教育の推進

日本で"健康は自分で守るものである"、という考え方が強調されだしたのは、1970年代に入ってからであった。この背景に作用したものは、大別すると3つがある。その1つはいうまでもなく生活習慣病の増加であるが、いま1つには人口高齢化に起因した、受療率の上昇に対する厚生労働省の姿勢がみられる。第3には、心ある医療専門家などによるアピールがあった。

この内容は、強力に個人の自覚を促し、個人の認識を改めることによって、自分の健康を自主(主体)的に管理しようとするものである。ここで行われる方法の多くは、「健康教育」の手法に基づいている。しかし個人の価値判断や生活の指向性により、健康以外のことをより重視する生活態度が強固に形成されている場合、それを変容することは決して容易ではない(図11-5)。

この反面に、幼児期からの家庭のしつけや学校教育、さらには職場や地域住

民に対する自治体などの働きかけにより，保健知識や行動が習得されることも少なくない。ただし従来からの学校教育では，どちらかといえば知識や技術の面が重視されてきた。したがって，実行には結びつかない面が多かったので，改善の必要性を指摘しておきたい。なお最近では「健康教育」が，社会教育の一環として公民館などで行われたり，職場でもいろいろの方法が行われている。福祉の分野では，家族介護教室などもある。

(2) 家族の健康福祉管理

これは先に述べた健康の自己管理につぐ重要なものであり，人間の生活において最も関係の強い家族関係と，その機能をとおして日常的に管理されているものである。この場合，管理の中心的役割を担っているのは主婦である。

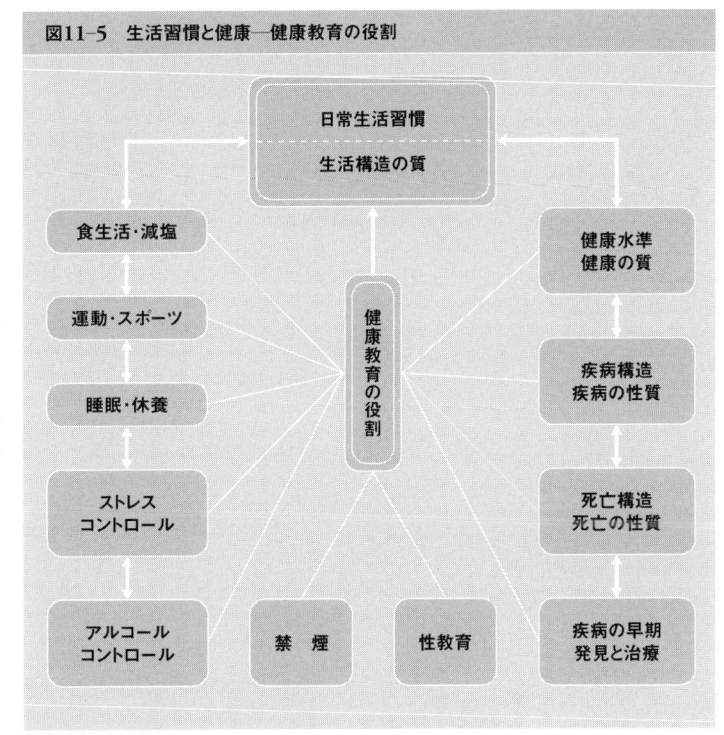

図11-5 生活習慣と健康―健康教育の役割

[資料] 佐久間淳「保健福祉学入門」大修館書店，1993年

主婦は衣食住の全般に関わっており，とくに毎日の食事づくりをとおして栄養のバランスを考える。また家族員の休息，衣服や住居の衛生などに心がけている。

したがって，主婦の知識や判断力のレベルによって，家族員は大きく左右される面がある。ただし夫や子どもが，その管理を受け入れなかったり，注意を守らないために管理がゆきわたらないことも少なくない。

また，主婦の生活経験や知識の不足が，三世代世帯などでは同居老人の知識などによって補われていることもある。しかし最近では核家族化によって親から得る知識よりも，友人などやテレビ，インターネット，書物などから得ることが多くを占めている。情報化時代といわれているとおり，本屋(書店)には人間の体や病気とその治療法，さらには自然食品(無農薬や有機肥料栽培など)や栄養など健康に関する本があふれている。

(3) 家族の介護機能

この一方では人口高齢化がすすみ，高齢者世帯が増え老夫婦の一方が寝たきりとなり，高齢者が介護を続けている例が少なくない。一般的に寝たきり老人や痴呆老人，障害者の介護は主に女性が担っている。とくに一人暮らし老人や高齢者世帯におけるケア，痴呆老人などのケアに困難を伴う場合には，保健医療福祉の連携による総合的なケアが不可欠である。つまり，家族によるケア機能を支えるためにも，また専門的なケアニードを適切に充足させるためにも，専門的な機能が地域の人口に比例して，一定の比率で整備されねばならない(図9-4)。

●社会教育
1949年の社会教育に関する国および地方公共団体の任務を定めた法に基づく。国民に対する学校教育以外の教育をさす。1990年の生活学習振興法により，生涯学習が社会人を対象に広がっている。

●家族介護者教室
老人福祉法による在宅老人デイサービスの1つ。名称が「介護方法の指導」に改められ，①医学，介護知識及び基礎技術，②老人の心理的特性及び基本的接遇に関する知識，③家政・調理知識及び実習，④日常生活用具の利用及び日常生活動作訓練を参考にした実施計画策定など，年間72時間程度の実施。

これらの問題に対して「ゴールドプラン21」の今後に取り組むべき具体的施策は，介護サービスの基盤整備に加え，健康・生きがいづくり，介護予防，生活支援対策が両輪をなしている。内容は①介護サービス基盤の整備，②痴呆性高齢者支援対策の推進，③元気高齢者づくり対策の推進，④地域生活支援体制の整備，⑤利用者保護と信頼できる介護サービスの育成，⑥高齢者の保健福祉を支える社会的基礎の確立，の6本の柱で構成され，国，都道府県，市町村の役割分担で推進する。

(4) 先進的な地域保健福祉

この先駆的な動きとしては，早い時期から活動を始めていた例がある。たとえば，岩手県沢内村のように1950年代の後半から，住民の生活と健康を守るために，独自の地域保健活動を展開していた。最初に行政から住民にアピールし，住民の組織的活動を育成していったのは村長であった。この点からすれば「行政主導型」による活動（p.86，表5-5参照）といえるが，その後はしだいに住民の主体的参加による自主的活動にすすんでいった。

一方，全国をみわたすと，1950年代に"高血圧管理"という取り組みなどが，千葉県習志野市などに認められた。これは当時，第1位の死亡率を占めていた脳卒中発症の防止をめざすものであった。これが減塩や室温の差が著しかったトイレ（とくに農村における屋外便所など）の改善をもたらした。ただし，当時の活動はそれ以前にみられた，"文化生活づくり"などと呼ばれた活動のような，農村の生活全般にわたる広い改善をめざしたものではなかった。

(5) 地域健康福祉活動の対象

むしろ，こうした広がりでの地域活動として高く評価したいのは，1950年代前半から10年くらいで消衰した"ハエと蚊をなくす"運動であった。これは当時の日本で猛威をふるっていた赤痢・疫痢・コレラ，日本脳炎などを撲滅するためのものであった。この運動は「地区衛生活動」と呼ばれ，現在では想像もつかないほど多くの人びとが参加した。

それには，当時はまだ地域社会に近隣同士の連帯の気持ちが，強く残っていたことが示されている。そして活動の対象が，伝染性疾患の予防にしぼられていた点が，これから述べる地域保健福祉活動と大きく違っていたことも付記しておきたい。

このほか，比較的広範囲に行われていたのが，「食生活改善」の活動であり，当時は栄養不足を補うエネルギー摂取の向上が中心をなしていた。なお学校給食の広範な導入も，若い世代を中心にして食生活の変化を導く，大きな影響をもたらした1つの要因であった。

さらには，国際的に注目されている新生児や乳児の死亡率改善などに，大きく貢献した「母子愛育班」の活動を特記すべきである。

●**地域保健活動**
地域社会における集団の健康の保持増進を目的とし，地域の健康問題の特性を捉え，その問題解決のための活動をいう。健康問題の把握→計画立案→計画実施→評価，の活動。

●**地区衛生活動**
市町村から部落・町内会などを単位として，自主的に役員を選出し伝染病の根元をなくすため，ドブ掃除などで蚊やハエの発生源をなくす取り組みを，全国的な広がりで行った。

●**食生活改善活動**
第二次世界大戦後の混乱と，立ちなおる時期に乏しい栄養摂取を，少しでも改善するために市町村・部落・町内会を単位とした活動。"食改"の略称で現在でも続けられている。

5. 衛生行政と医療費

1）衛生行政と目標
(1) 衛生行政の時代的変化
　衛生行政は憲法第25条に規定されているとおり，すべての国民が健康で文化的な生活が営めるように，国民の健康の保持増進を図るため，国や地方公共団体（都道府県や市町村）が行う公的な活動である。この活動は時代によって変遷してきたが，明治以来その多くの期間は伝染病との戦いであり，衛生状態と栄養摂取の改善についやされてきた。

　したがって，重点的な課題とされたものをみると，まず第一に結核罹患を防止することであり，梅毒をはじめとする性病と，赤痢などの消化器系感染病の伝染を防止することであった。この一方に母子保健があり，母子の健康も兵力や労働力を確保するうえで考えられていた。国家目標達成のために，強力な国策としてすすめられた面が大きかった。これらの経緯をとおしていえることは，第二次世界大戦以前のものと大戦後のものを同一には論じられない点である。

(2) 経済成長後の課題
　さらに第二次世界大戦後においても，戦後の混乱期，安定への移行期，経済成長の前と後とでは，それぞれ違った意味をもっている。ことに経済成長後においても人口が高齢化した時代とそれ以前とでは，まったく違った課題が与えられていることを認識しなければならない。

　そこでまず戦後の混乱期の課題は，わが国における政治が軍国主義から民主化への転換を求められていた。それとともに食料不足をはじめ，衛生状態の悪化や不安定な行政体制について，その対処が迫られていたのである。この逼迫した状況下にあって，連合軍指令部の指導のもとに，何とか切り抜けることができた。その一方では，朝鮮動乱を契機として経済状況がかなり好転し，安定化への手がかりが得られた。

　そして国民の盛んな勤労意欲に支えられ，所得倍増計画が達成された。それとともに，経済成長が急速にすすんだ。ところが，あまりにも急激な経済成長の過程においては，経済優先的な思考が先行し，いたるところで公害を発生させ，健康障害をもたらした。そればかりではなく，住宅団地の造成をはじめ工場設置などのため，土地開発が急速にすすめられ，自然環境の破壊が進行したことは周知のとおりである。

　また，都市産業への労働力の吸引がすすみ，人口が都市部に集中し過密化をもたらし，その反面には過疎化が広範囲に進行した。このため人口急増地域における保健医療福祉施設や職員の不足が顕著になる一方，過疎地などに無医地区を多く出現させた。

(3) 人口高齢社会の課題
　2000年における国勢調査の結果，65歳以上者の総人口に占める割合は17.5%

に達し，2015年までには約25%に達し，その後はさらに上昇することが予測されている。このような各国に例をみない急速な高齢化が進行する原因には，第一として，低出生率があげられる。そして第二には，平均寿命の延伸をあげることができる(p.51図3-5)。少産化に対しては「新エンゼルプラン」などにより，育児支援の事業が進められているが，現在までに変化はみられない。

いずれにしても，人口高齢社会における衛生行政に与えられている課題は，多くの老人にみられる何らかの疾病と，保健医療福祉サービスに対する需要の高まりであり，それらへの対応である。保健医療福祉施設などの確保はもとより，その利用による医療や福祉費用の増加に伴い，財政負担がますます大きくなる。そして経済的負担のみにとどまらず，関連する専門職種(マン・パワー)の養成確保も大きな課題となっている。

こうした状況にさいして厚生省は，1990年をメドに全国の都道府県に対して，「地域医療計画の策定」と適切な病床数などの確保，ならびにその運用を求めた。さらに1990年に「保健医療計画」の策定とそのための指針が示された。これを受けて第一線にある保健所が，保健福祉の連携的な新たな拠点として，改めて注目されつつある。

2) 国民医療費と負担

(1) 国民医療費の内容

国民医療費は，各年度内に医療機関などで受療した費用を中心に推計したものである。内容は診療報酬額，調剤報酬額，入院時食事療養費，老人保健施設における施設療養費，老人訪問看護療養費，訪問看護療養費，健康保健などで支給される移送などの費用である。

ただし，次のものはこの国民医療費には含まれない。

①正常な妊娠や分娩などの費用。
②健康の維持，増進のための健康診断，予防接種などの費用。
③症状の固定した身体障害のための義眼や技歯などの費用。
④患者が負担すべき差額分(室料差額，歯科差額など)。
⑤老人保健施設における食費，おむつ代などの利用料。

しかしこれらのほかにも，かぜや下痢などで服用する売薬などがあり，それらを合わせるとさらに大きな額を負担しているわけである。

(2) 医療と経済

医療は国民の健康や生命にかかわる社会的な専門(独立)的機能である。これを他の経済活動と同一には論じられない面もあるが，その機能を支えるベースの大きな部分は，経済要素と強く結びついている。またそのサービス(専門的技術など)の質と量も経済的投資によって，強く左右されることが否定できない。

さらにサービスの利用対価として支払われるのは貨幣であり，その価格は医療保険など公的制度による利用を前提として，公的に定められている。だが，他の多くが自由に取り引きされる経済活動であるのに比べて，大幅に異なっている。また，国民健康保険や政府管掌保険(中小零細企業を対象)などのように，

●**予防接種法**(1948年)
伝染のおそれのある疾病の発生，伝染を予防するため，予防接種を行う。公衆衛生の向上と増進が目的。なお予防接種には定期(ポリオ生ワクチン)，臨時(インフルエンザ)，任意(B型肝炎)などがある。BCGは結核予防法で行われる。

赤字部分を一般財源から補填するなど，かなり特殊な状況がみられる。

(3) 国民医療費の推移

国民医療費と国民所得の推移を比較するため，図11-7をみてみたい。35年前の1955年には国民医療費が2,388億円であり，国民所得の69,733億円に対して3.4%を占めていた。それが2000年度には医療費が30兆3,583億円に達し，国民所得の380兆5,066億円に対して約8.0%となっている。つまり，その割合が2倍以上にふくらんだことがわかる。したがって，国民1人当たり医療費も2万7千円から23万9千円強に増加した。

そこで増加の原因をみると，人口増加と高齢化による有病率の上昇，傷病の構造変化，医療供給体制の整備，医療技術の高度化による診療内容の変化などがある。この他に人件費や諸物価の上昇に伴う自然的増加などがあげられる。

しかもこれらは，今後さらに増加することが予想されるので，従来から厚生省ではこの伸び率をGNP（国民総生産）の伸び以下にくいとめたいとしてきた。この具体策が2002年4月から改正された収支均衡と，医療費の抑制をねらった給与所得者の3割負担（負担の拡大）であった。しかしここで重要な点は，日常における健康の自己管理を強化する健康教育の充実である。なお，最近では経済の状況と比較する指標として，国民所得が用いられている。

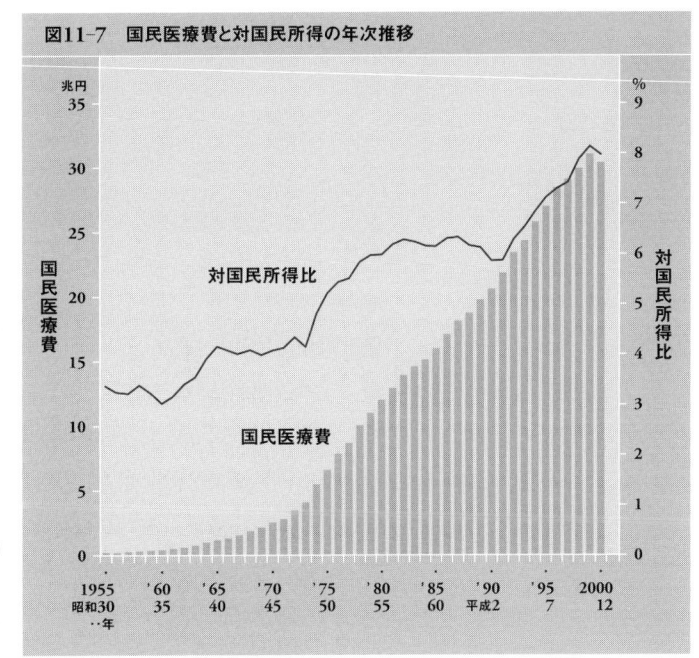

図11-7　国民医療費と対国民所得の年次推移

[資料]　厚生労働省「国民医療費」

●**国民所得**（national income）国民純生産はその市場価格で評価され，市場価格は要素費用に間接税を加え，企業への補助金を控除したものに等しい。国民所得は，生産・分配・支出の3面で把握できる。

第12章　保健医療福祉の法制度

【ポイント】

❶ 憲法第25条などの生活権と，保健医療福祉制度の体系を理解する。
❷ 保健医療福祉の主な法規と，自分の生活との関係を知る。
❸ 保健医療福祉の主な施策を，自分の生活と結びつけて考える。
❹ 保健医療福祉施設に関する主な法規を，実際の利用のしかたから考える。
❺ 保健医療福祉の従事者に関する法規を実際の利用から考える。
❻ 保健医療福祉の業務と各専門職の義務，カルテの開示などを学ぶ。
❼ 予防，保健衛生，薬事衛生，環境保全などの法規を学ぶ。
❽ 保健医療福祉の財政に関し，次の第13章と合わせて理解する。

1. 保健医療福祉制度の体系

1）憲法第25条などの「社会保障」

(1) 日本国憲法と社会保障

　日本の半世紀あまりにわたる衛生法規および行政組織の推移(p.172，表12-1参照)をみると，その時代の疾病や衛生への対応が把握できるであろう。

　また，健康の保持，つまり保健や医療，福祉などは，広義の「社会保障」に含められるが，それらの法的根拠は1946年11月3日に公布された日本国憲法第25条である。そこには「①すべて国民は，健康で文化的な最低限度の生活を営む権利を有する。②国は，すべての生活部面において，社会福祉，社会保障及び公衆衛生の向上及び増進に努めなければならない」と規定されている。

　この条文を読むと，国が一方的に国民の生活を保障しなくてはならないようにも受け取れるが，同12条には次のような国民の「義務」に関する規定がある。

　「この憲法が国民に保障する自由及び権利は，国民の不断の努力によって，これを保持しなければならない。また国民は，これを濫用してはならないのであって，常に公共の福祉のために，これを利用する責任を負う」とされている。

　つまり，25条の国家による「生存権」の保障は，一方では国民各自が，福沢諭吉も述べている「天は自ら助くる者を助く」というような「自立・自助」の生活態度をとることが，前提とされているのである。

(2) 世界人権宣言の内容

　なお，この憲法が公布された2年後の1948年12月10日には，国連第3回総会で

「世界人権宣言」が採択され，その第25条には，わが国の憲法第25条と類似した次のような規定がみられる。

「ⅰ．すべて人は，衣食住，医療及び家族の健康および福祉に十分な生活水準を保持する権利並びに失業，疾病，心身障害，配偶者の死亡，老齢その他不可抗力による生活不能の場合は，保障を受ける権利を有する。ⅱ．母と子とは，特別の保護及び援助を受ける権利を有する。すべての児童は，嫡出であると否とを問わず，同じ社会的保護を享有する。」

このように日本国憲法や世界人権宣言などが社会的に保障しようとしているのは，最低限度の生活とか健康不安からの救済や，母子，貧困者，障害者，病者などへの支援である。そこで，わが国における「社会保障」，つまり保健医療福祉の制度体系を次に述べてみたい。

2) 保健医療福祉の具体的内容

(1) 社会保障体系

図12-1は，わが国の保健医療福祉，つまり社会保障体系を要約したものである。人間には，健康や生活についての不安がつきまとうが，それが現実となったときに，これらの諸制度が個人を救済するのである。

(2) 所得保障

まず，所得保障は，労働者が定年，失業，労働災害などで経済的に困窮しないように，社会保険による現金給付で生活を援助する。一方，低(無)所得者には，最低限度の生活ができるように，生活保護法で定められた生活援助や住宅援助などが行われている。

また，児童には児童手当法による手当，母子家庭の児童には児童扶養手当，障害児への手当なども支給されている(p.111参照)。

(3) 医療保障

医療保障とは，国民が病気を治療し，回復できるように，医療保険や公費負担などによって医療サービスを保障する制度である。

①**医療保険** 医療保険では，被保険者(国民)が給料などから毎月保険料を支払い，事業主も保険料を拠出して，国民が病気や負傷，死亡，出産などで必要な費用を「医療保険」が支払う。前述の所得保障のように金銭給付はせず，医療サービスの提供という「現物給付」が行われる。

しかし，被保険者(加入者)が実際に受療する場合の医療費の支払い(自己負担分)は，2003年4月から加入者本人，またはその家庭を問わず，一律に3割となる。これは後述する「政府管掌健康保険」の，大幅な赤字を埋め合わせるためであるという。

医療保険を種類別にみると，図12-1のように健康保険，国民健康保険，共済組合保険などがある。

「健康保険」は企業の被用者とその家族を対象とし，常時300人以上を雇用する事業による「組合管掌健康保険」(略称：組合健保)と，常時5人以上を雇用する事業による「政府管掌健康保険」(政管健保)がある。2000年現在の加入者は，組合

●**自己負担**
2003年4月から医療費の自己負担は，家族や被保険者本人を問わず，社会保険，国民健康保険ともに3割になる。これは，中小企業の被用者ら3,700万人が加入する政管健保が破産状況にあるためだという。また70歳以上の高齢者も1割，高所得高齢者は2割の自己負担となる。

●**国民健康保険**
(national insurance)
第1次世界大戦後の恐慌時の1938年に，国民健康保険法が成立，実施された。1948年に市町村公営の原則が確立し，1959年の全面的な法改正を経て，市町村と特別区に設立が義務づけられた。1961年に国民皆保険となった。

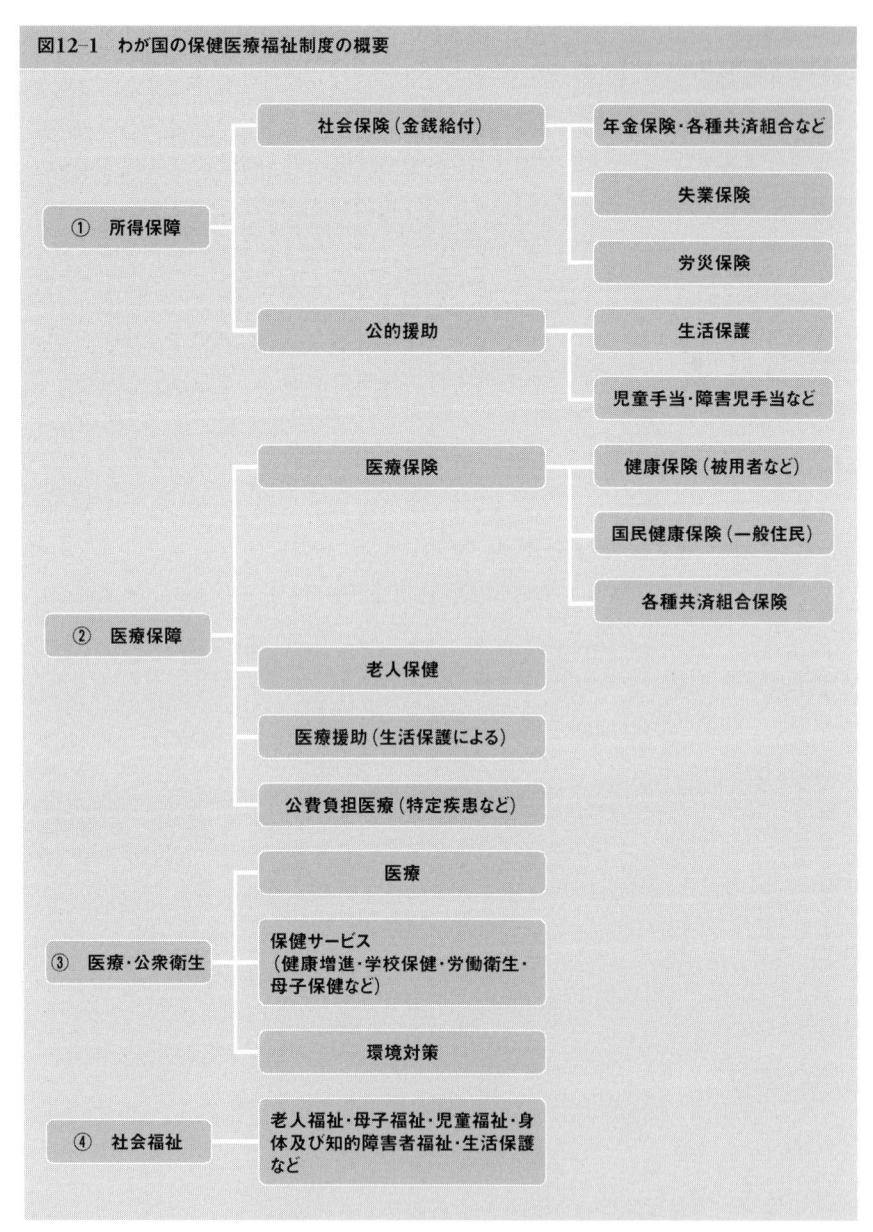

図12-1 わが国の保健医療福祉制度の概要

① 所得保障	社会保険(金銭給付)	年金保険・各種共済組合など
		失業保険
		労災保険
	公的援助	生活保護
		児童手当・障害児手当など
② 医療保障	医療保険	健康保険(被用者など)
		国民健康保険(一般住民)
		各種共済組合保険
	老人保健	
	医療援助(生活保護による)	
	公費負担医療(特定疾患など)	
③ 医療・公衆衛生	医療	
	保健サービス(健康増進・学校保健・労働衛生・母子保健など)	
	環境対策	
④ 社会福祉	老人福祉・母子福祉・児童福祉・身体及び知的障害者福祉・生活保護など	

［資料］　大野良之編「TEXT公衆衛生・予防医学」南山堂，1996年などより

健保が3,212万人，政管健保が3,737万人で，合計すると6,949万人に達する。

「国民健康保険」(国保)は被用者保険が適用されない自営業者や農業や林業，漁業などの従事者，日本に居住する外国人など加入者は4,658万人である。

共済組合保険には国家公務員，地方公務員，私立学校教職員(私学共済)の三種類があり，加入者は1,009万人である。

②**老人保健**　1982年に成立した老人保健法の第1条では「老人の健康の保持と医療の確保」を，また12条，17条などでは老人医療とその他の保健事業を詳細に規定している。

しかし，第2条をみると「自助と連帯の精神に基づき，医療に関する費用を公平に負担する」ものとし，老人による医療費の「一部自己負担」が規定されてい

る。これは，1973年から70歳以上の老人医療費の自己負担をなくしたために，老人医療費が高騰し，医療財政全体が危うくなったことによる。この傾向は現在まで続き，2000年度の老人医療費は約12兆円で，国民医療費30兆円の38.9%に達している。

③**医療扶助** これは生活保護による医療保障で，2000年の医療扶助の受給対象者は入院が約13.3万人，入院外が73万人である。

④**公費負担制度** 急性の伝染病患者の隔離や精神疾患患者の措置入院，老人や生活保護者などは，社会防衛や福祉の視点からそれぞれの法律で，公費による医療がなされている。スモンなど32の難病や小児がんなどの慢性特定疾患にも，公費医療の予算措置がなされている。

(4) 医療・公衆衛生

①**医療** 厚生労働省の1999年における患者調査によると，10月の調査日におけるわが国の入院患者は約148万人，外来患者は約684万人である。

また，これらを治療する医療施設は2000年現在，病院が9,266，一般診療所が92,824，歯科診療所が63,361となっている。

一方，2000年におけるおよその届出医療関係者は医師が25.6万人，歯科医師が9.1万人，薬剤師が21.7万人，看護師が104.2万人，あん摩マッサージ指圧師9.7万人，はり師・きゅう師が各14.2万人，歯科衛生士6.7万人などである。

②**保健サービス** 医療が患者を主な対象とするのに対し，生活習慣病の「一次予防」など，国民の健康増進や，いわゆる「半健康人」とか初期の病者の「早期発見」などを目指すのが保健サービスで，具体的には以下のようなものがある。

《**地域保健**》 保健サービスの中核的なものとして「地域保健」がある。これは1994年に制定された地域保健法に基づき，地域住民を対象に行われている。

この保健活動は，住民の身近にある保健所や市町村保健センターを拠点とし，母子保健や老人保健，精神保健，伝染病対策など，国民の健康の保持，増進に重要な役割を担っている。

《**学校保健**》 一方，小学，中学，高校，大学における児童や生徒，学生，教職員の健康管理や健康増進，健康教育などを扱うのが「学校保健」である。これらの2001年現在の対象者は小学生が730万人，中学生が399万人，高校生が406万人，大学生が277万人など，在学者は2,153万人で，これに教員が131万人，職員が44万人加わり，学校保健の対象者総数は2,328万人である。

上記の2,153万人の在学者は，今後のわが国の基盤となる世代で，それらの健康管理や生活習慣は，次世代の保健医療に重要な意味をもっている。したがって，それらを直接的に担当する養護教諭や保健担当の教職員による保健管理や，健康教育への期待がいっそう高まっている。

《**労働衛生**》 わが国の労働者数は約5,000万人といわれ，その健康管理や職場の安全衛生管理は，労働基準法，労働安全衛生法，作業環境測定法などの法規によって詳細に規定されている。

まず，常時50人以上の労働者を使用する事業場は，「産業医」を選任し，1,000人以上の労働者，または500人以上の特定業務労働者が従事する事業では，専属

●**難病**
原因が不明，治療法が未確立，後遺症を残す恐れがあり，かつ慢性のため家庭に各種の負担を及ぼすもので，パーキンソン病など46疾患がある。

●**公衆衛生**
公衆衛生（public health）は，ウインスロー（C.E.A.winslow, 1877～1957）の定義が広く認められている。その要点は，組織化された地域の努力により，環境整備，感染症予防，衛生教育，医療看護サービスの組織化，生活水準の向上をめざす社会制度の改善などにより，疾病予防，寿命の延伸，肉体的，精神的健康と能率増進を図る科学・技術をいう。

●**市町村保健センター**
わが国には2001年現在671市，1,993町，569村，計3,233の自治体がある。一方，保健所は592あるが，さらにきめ細かい地域保健サービスを行う拠点として，2,228の保健センターがある。

の産業医を配置し，衛生管理者などを指揮監督して職場の安全衛生を管理することになっている。

ここでいう「特定業務」とは，高圧，騒音，振動などの物理的要因を伴う業務や，じん肺，有毒ガス，有機溶剤，重金属など化学的要因に係わる業務によるもの，頸肩腕(けいけんわん)障害や職業性腰痛などが発生しやすい業務などである。

一方，労働者の健康管理施策としては，まず産業医による健康状態の審査，すなわち問診，生活状況調査，診察，医学的検査，運動機能検査などをはじめ，運動指導，心理相談，栄養指導などが，それぞれの専門スタッフによって行われることになっている。

《母子保健》 母性の保護と小児の健康管理を行う保健活動で，わが国のような先進国は高いレベルを保っているが，発展途上国では依然として大きな問題で，容易に改善されそうにない（詳しくは，第7章を参照されたい）。

③**環境対策** 1993年に制定された「環境基本法」には，人間の健康や福祉，文化的な生活にとっては環境や生態系の保全が不可欠であり，現在及び将来の世代の人間が，それらを享受できるように努めなければならないことや，「環境への負荷」「地球環境の保全」などが規定されている。

また「公害」とは，人間の活動による「大気汚染，水質汚濁，土壌汚染，騒音，振動，地盤沈下，悪臭に係る被害」であるといい，これら典型7公害については，それぞれ独自の法律が制定されている。

2000年の総理府令「環境基本計画 ―環境の世紀への道しるべ―」では，環境問題の変遷や地球環境の保全の必要性，リサイクルの重要性，自然との共生，環境保全への参加や環境教育，環境学習の促進などが述べられている。

行政制度的には，1971年に発足した環境庁が2001年には「環境省」となり，「廃棄物の処理及び清掃に関する法律」を所管し，廃棄物，リサイクル行政を「循環型社会形成推進基本法」(2000年)によって推進することになった。

環境省の具体的な「窓口」をみると，廃棄物・リサイクル対策部，産業廃棄物課，浄化槽対策室，環境教育推進室，環境リスク評価室，地球温暖化対策課，自動車環境対策課，土壌環境課，地下水・地盤環境室，野生生物課など，われわれの生活に直結した窓口が設置されている。

(5) 社会福祉

社会福祉行政は，図12-2の厚生労働省の社会・援護局，老健局，雇用均等・児童家庭局が担当している。準拠する法律は生活保護法，身体および知的障害者福祉法，老人福祉法などいわゆる福祉六法で，実務は，都道府県(341か所)，市(855か所)，町村(4か所)などに設置された計1,200か所(2001年現在)の福祉事務所が行っている。福祉事務所には所長，査察指導員，現業員，身体障害者福祉司，知的障害者福祉司などの職員が配置されている。

3) 保健医療福祉の具体的施策

(1) 行政の組織

わが国の保健や医療，福祉などを総合的に管理しているのは厚生労働省であ

●**環境**(enviroment)
人間の生存には体の内外の環境が，強く影響している。体内環境は，体を組成する細胞レベルから，心肺や骨格筋などの状況による。体外環境は，物理化学的，社会文化，政治経済，健康医療福祉などの環境である。

●**福祉事務所**
社会福祉行政の第一線で，福祉六法に基づき，援護や育成などを行う機関。都道府県に341，市に855，町村に4，計1,200か所ある。

図12-2 厚生労働省の主な保健医療福祉・関連部局

（本省）
- 大臣官房 ── 統計情報部・人口動態・保健統計課
- 医政局 ── 医事課,歯科保健課,看護課
- 健康局 ── 疫病対策課,水道課,結核感染症課,生活習慣病対策室,国立病院・療養所対策室
- 医薬局 ── 監査指導・麻薬対策課,血液対策課
- 労働基準局 ── 安全衛生部,労災補償部
- 職業安定局 ── 高齢・障害者雇用対策部
- 職業能力開発局 ── 育成支援課,海外協力課
- 雇用均等・児童家庭局 ── 雇用均等政策課,短時間・在宅労働課,職業家庭両立課,家庭福祉課,母子保健課
- 社会・援護局 ── 地域福祉課,障害保健福祉部・精神保健福祉課
- 老健局 ── 老人保健課,介護保険指導室
- 保険局 ── 国民健康保険課
- 年金局 ── 年金課

《審議会》 社会保障審議会,医道審議会
《施設》 国立病院,国立社会保障・人口問題研究所

（外局）
- 《社会保険庁》
- 《中央労働委員会》

（2002年4月現在）

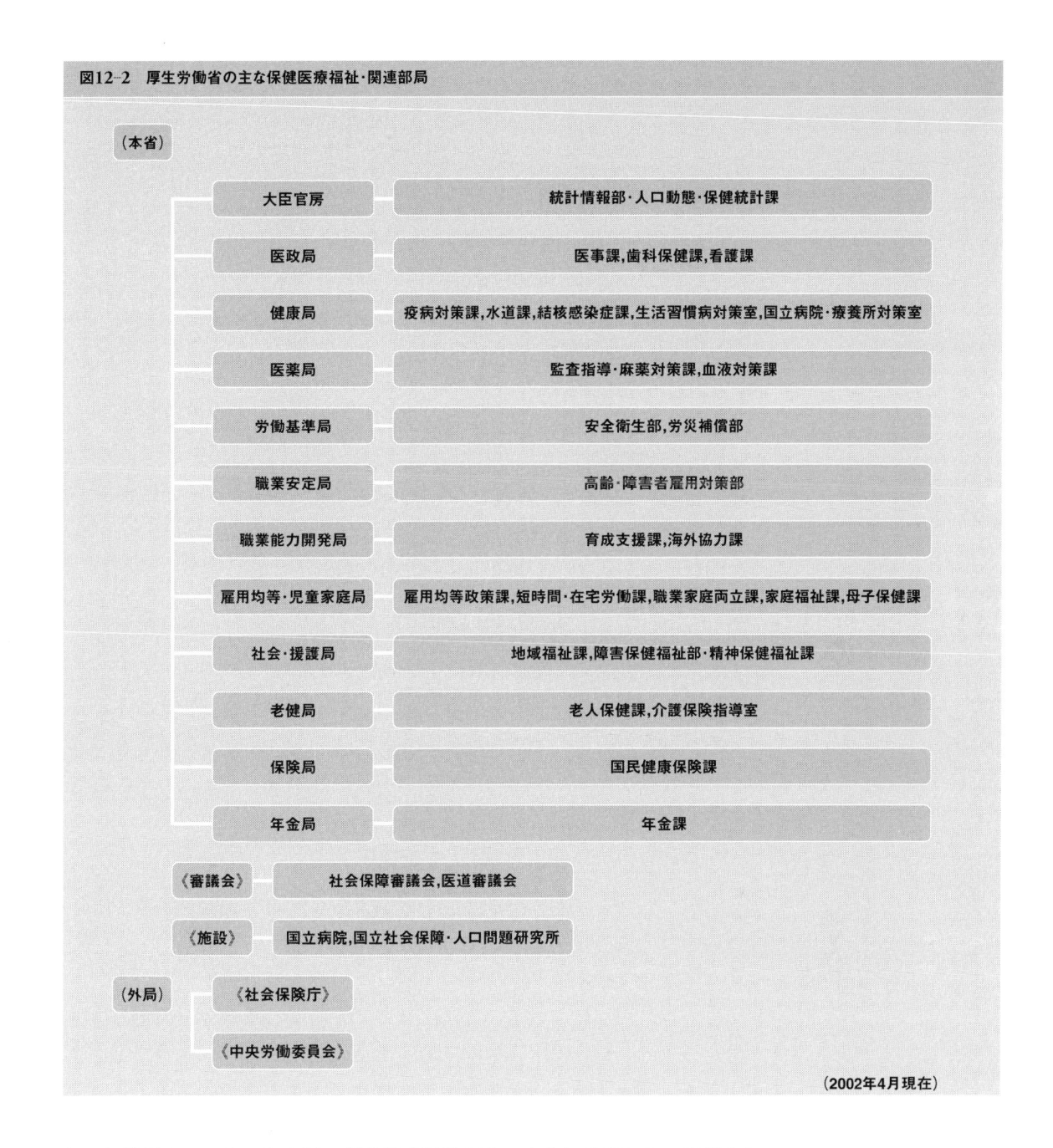

り，組織図をみると，わが国の保健医療福祉がどのように分類され，運営されているかがわかる。そこで，その組織図を図12-2のように要約して述べてみたい。

(2) 厚生労働省の部局とその役割

　厚生労働省は，国家行政組織法により，もとの厚生省と労働省が合併して2001年1月に設置された。その目的は，国民の社会福祉，社会保障および公衆衛生の向上，ならびに労働省の環境整備を図ることなどである。保健医療や福祉を直接的に所管するとみられる部局を列挙すると，図12-2のようになる。

　本省の医政局，健康局，医薬局は，とくに医療保険行政に関係が深い。

　すなわち「医政局」は医師，技師，療法士などの試験や免許関係，病院や診療

表12-1 戦後の主な衛生関係法令・組織沿革（年次別）

年次	事項
昭21年（1946）	日本国憲法公布，衛生行政組織再編成
22（'47）	（新）保健所法，食品衛生法，労働基準法，児童福祉法制定
23（'48）	予防接種法，優生保護法，性病予防法制定
25（'50）	精神衛生法制定
26（'51）	検疫法制定
27（'52）	栄養改善法制定
28（'53）	（新）らい予防法制定
40（'65）	母子保健法制定
57（'82）	老人保健法制定，公衆衛生局に老人保健部設置
59（'84）	医務局，公衆衛生局，環境衛生局の衛生3局が，健康政策局，保健医療局，生活衛生局に改組
63（'88）	大臣官房に老人保健福祉部設置
平4（'92）	老人保健福祉部が老人保健福祉局となる
6（'94）	地域保健法制定
8（'96）	らい予防法廃止 大臣官房に障害保健福祉部設置
9（'97）	薬務局が医薬安全局となる 地域保健法全面施行 介護保険法制定
11（'99）	感染症新法制定（伝染病予防法，性病予防法及びエイズ予防法廃止）
12（2000）	介護保険法施行
13（'01）	厚生労働省設置

［資料］ 厚生統計協会「国民衛生の動向」2002年

所の経営管理などを管轄する。「健康局」は保健医療の補助業務，国民の健康増進，栄養改善，生活習慣病関係，栄養士，調理士関係，上水道などの生活衛生，国立病院などを担当する。「医薬局」は，医薬品や医療機器，麻薬，血液，食品保健などを管轄する。

一方，労働基準法に基づき，「労働基準局」は国民の労働条件と労働安全等を管理し，労働災害などの補償や救済を行う。「職業安定局」や「職業能力開発局」は失業者，高齢者，障害者，外国人や海外などを含めて，広く国民に労働の機会の提供を図る。

「雇用均等・児童家庭局」は，女性労働者が性差別されず，母性を尊重されながら職業が遂行できるように，パート労働を保護し，女性が職業と育児や家事などを両立できるように援助する部局である。また，母性や育児環境の保全などを一体として把握する「母子保健」行政も担当する。

「社会・援護局」は，障害者の福祉など，狭義の社会福祉行政と，「国民の精神的健康」の推進などを担当する。「保険局」は医療保険行政を，年金局は各種の年金に関する行政を行う。「老健局」は高齢化社会における老人の健康管理や，介護保険などを所管する。

以上に厚生労働省の本省における保健医療・福祉行政の担当部局を解説したが，このほかに，このような施策についての審議や諮問を行う「審議会」や「審査

●医薬分業
医師の診断により，患者に必要な投薬の処方箋を発行する。これに基づいて薬剤師が医薬品の調剤を行う。日本では明治から，特例を拡大解釈して，医師の指示で投薬が行われてきた。

会」が12ある。また本省に所属する国立病院が，2002年4月現在65あり，このほかに国立循環器病センターなどの5つの医療センター，129の療養所，国立健康・栄養研究所などの3つの独自行政法人の研究所などがあり，国民の保健医療や行政や福祉行政を行っている。

2. 保健医療の法規

保健医療に関する法規は医療施設やその従事者，医療保険，老人保健，労働災害(労災)補償，予防衛生，保健衛生，薬事，環境保全などに大別される。以下にそれらの概要を述べる。

1) 医療施設に関する法規

1948年に制定された「医療法」が，わが国の医療施設に関する主な法律である。これによれば20人以上の入院施設を「病院」，同じく19人以下を「診療所」という。ただし診療所は原則として同一患者を48時間以上入院させることはできない。また「助産所」は10人以上の妊婦などを入所させてはならない。

高度の医療を提供したり，その開発や評価を行う病院を「特定機能病院」という。

地域における医療機能を充実させるために，紹介患者を引き受けたり，医療機器の共同利用，医療従事者の研修，かかりつけ医への支援などが行える病院を「地域医療支援病院」という。その他，医療施設や医療従事者の管理責任，広告の制限などがこの「医療法」に規定されている。

また，医師や歯科医師が病院，診療所，老人保健施設などを設置する場合，それを法人化して経営の安定化を図るための「医療法人」制度も，医療法の第4章に規定されている。

2) 医療従事者に関する法規

「医師法」は医師の資格，権利義務を定め，その任務は「医療及び保健指導を掌ることによって公衆衛生の向上及び増進に寄与し，もって国民の健康な生活を確保すること」である。「義務」としては，「診療に応ずる義務」「自ら診察しないで治療をしてはならない」「診察したときは，治療だけでなく，療養方法や保健指導もしなくてはならない」「守秘義務」などが規定されている。

「歯科医師法」も，医師法とほぼ同様の主旨である。

「薬剤師法」では，処方箋による調剤や処方箋を3年間保存することなどが定められている。

「保健師助産師看護師法」では，これらが従業する場合は，2年ごとに都道府県知事に届け出なくてはならない。

この他，医療従事者に関する法律としては，「診療放射線技師法」「臨床検査技師，衛生検査技師等に関する法律」「理学療法士及び作業療法士法」「歯科衛生士

●**医療法**(1948年)
病院・診療所，助産所の施設と人的配置など，とくに「医療法人」に関する規定である。これら施設の経営や名称使用，及び国や地方公共団体による「地域医療計画」などが定められている。

●**医療法人**
医療法第39条の1項によると，病院または医師もしくは歯科医師が，常時3人以上，勤務する診療所を開設しようとして，法人申請が認められた社団，または財団をいう。

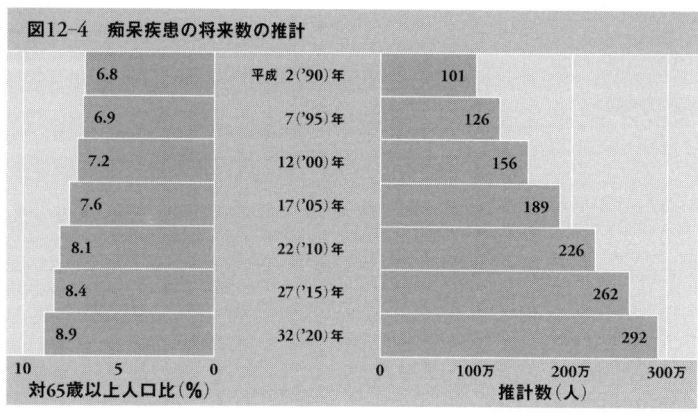

図12-4 痴呆疾患の将来数の推計

対65歳以上人口比(％)	年	推計数(人)
6.8	平成 2('90)年	101万
6.9	7('95)年	126万
7.2	12('00)年	156万
7.6	17('05)年	189万
8.1	22('10)年	226万
8.4	27('15)年	262万
8.9	32('20)年	292万

［資料］ 平成2年度厚生科学総合研究
「老人性痴呆疾患患者のケア対策に関する研究」

法」「歯科技工士法」「あん摩マッサージ指圧師，はり師，きゅう師等に関する法律」「柔道整復師法」「視能訓練士法」「栄養士法」「社会福祉士及び介護福祉士法」「精神保健福祉士法」「言語聴覚士法」「臨床工学技士法」「義肢装具士法」「救急救命士法」などがある。

3) 医療保険に関する法規

　病気，または負傷したときに，医療費をすべて自己負担するのは経済的に困難である。そこで保険の加入者が日常的に一定額を拠出して，組織的にこれらの支払いを行うのが医療保険で，わが国では1961年から国民皆(かい)保険制度となっている。その概略は図12-1などに述べたが，それぞれの医療保険が独自の法律に基づいて運営されている。

　老人保健による医療や労働災害補償も，それぞれ独自の法律によって運営されている。

4) 介護保険法

　2001年現在，65歳以上の老年人口は2,286万人で，これは全人口の18％であり，なお増加を続けている。一方，高齢に伴い，脳卒中やアルツハイマー病による痴呆者や，いわゆる「寝たきり老人」は，自力では生活が不可能のため，他者による介護が不可欠となる(図12-4)。

　この「要介護老人」は200万人といわれ，これも増加を続けており，それをどのように介護していくかが大きな社会問題となっている。老人介護は従来は家庭内，あるいは親族の問題として対処されてきたが，「共働き」などによって介護する人手がなくなってきたことや，介護労働による介護者の過労や健康障害の併発などへの対応策として，2000年4月1日から「介護保険法」が施行された。

　この介護保険制度の「保険者」は市町村であるが，これを国，都道府県，医療保険者，年金保険者などが支援してスタートしている。一方，この保険による受益者，つまり「被保険者」は，65歳以上の「第1号」と，40歳以上で65歳未満の「第2号」に区分されている。これらの被保険者が，要介護や要支援の状態になった場合には，市町村に対して，そのような状態についての認定を申請しなくてはならない。

　申請によって基本項目についての調査と，要介護や要支援の程度に関する一次判定，次いで主治医の意見や学識経験者なども加えた「介護認定審査会」による二次判定，つまり最終判定がなされる。二次判定の結果，利用者は自らの意思で利用するサービスを選択できる。このとき，介護支援専門員(ケアマネジャー)などが，介護内容や介護計画などについて助言する。

　このようにして在宅・施設を問わず，多様な介護や支援サービスが給付され

るが，原則としてかかった費用の約1割は自己負担となる。

5）予防衛生，保健衛生，薬事，環境に関する法規

①**予防衛生** 感染症対策については，「感染症の予防及び感染症の患者に対する医療に関する法律」が1998年に制定された。この法律は感染症の発生の予防およびまん延の防止を図り，もって公衆衛生の向上および増進を図ることを目的としている。

この他に予防接種法，結核予防法，検疫法がある。

②**保健衛生** 「地域保健法」は広く地域住民の健康の保持および増進を目的とし，「保健所」や「市町村保健センター」などの役割についても規定している。これらには母子保健，老人保健，栄養教育，歯科保健，精神保健，感染症対策，環境保健など，地域住民に身近な保健業務が含まれている。

この他に「精神保健及び精神障害者福祉に関する法律」「母体保護法」「母子保健法」「学校保健法」などがある。

③**薬事** 「薬事法」には医薬品，医薬部外品，化粧品，医療用具，毒薬，劇薬，薬局などについて規定されている。

この他に麻薬及び向精神薬，覚せい剤，大麻，毒物及び劇物などの取締法がある。

④**環境保全** 前項の「環境対策」(p.170参照)で述べたように，公害のような人間への環境影響を未然に防止するための基本方針を規定したのが「環境基本法」である。大気汚染や水質汚濁のような典型7公害などへの具体的な対応については，それぞれ独自の法律が制定されている。

●非加熱血液製剤
日本では，血友病患者に用いた非加熱の血液製剤で，エイズが多発した。輸入した製剤が加熱処理されておらず，エイズ菌が含まれていたために，感染したのである。

●エイズ（AIDS）
後天性免疫不全症候群（aquired immune deficiency syndrome）をいう。1980年ころから急増したヒト免疫不全ウイルス（HIV）による慢性潜在感染症である。アフリカ南部やアメリカなどに多く，性交，血液で感染する。

3. 主な社会福祉の法規

1）社会福祉法

生活困窮者，身体（知的）障害者，母子家庭などに，社会的な保障や支援を行うことを狭義の「社会福祉」といい，それらを全体的に規定したのが「社会福祉法」(2000年，もとの「社会福祉事業法」)である。

この法律の第1条には，「社会福祉事業の全分野における共通基本事項を定め，他の法律と相まって，福祉サービスの利用者の利益の保護および地域福祉の推進を図る」という目的が記されている。

ここでいう他の法律とは，いわゆる「福祉六法」で，生活保護法，児童福祉法，身体障害者福祉法，知的障害者福祉法，母子および寡婦福祉法，老人福祉法などである。

社会福祉法では「社会福祉事業」を，施設の経営を主とする「第一種」と，相談などのサービス事業を行う「第二種」に区分している。また「福祉地区」を設けて，「福祉事務所」を設置することや，「社会福祉法人」「共同募金会」などについても

●生活指導員
老人福祉，身体障害者更生援護，知的障害者援護等の成人施設に配置されている。入所者の生活など，社会福祉の相談援助を行う。

規定している。

福祉六法について概説すると以下のとおりである。

①**生活保護法**　「憲法25条の理念に基づき、国民の困窮程度に応じて保護を行い、最低限度の生活を保障し、自立を助長する」のが生活保護の目的である。

すべての国民は、「最低限度の生活」を維持するために、「無差別平等」に生活保護が受けられるが、それらは被保護者の所有する資産や能力の活用を前提とし、そのうえで本人の申請に基づき、世帯を単位として補足的に行われる（保護の補足性）のが原則となっている。

保護の種類や内容は生活扶助をはじめ、教育、住宅、医療、介護、出産、生業、葬祭などの扶助で、1999年度の被保護人員は100万人を超え、これらの2001年度予算は、後述のように1兆2,300億円である。

②**児童福祉法**　1947年に公布された児童の福祉に関する基本法である。この法律でいう「児童」とは満18歳未満の者である。また、満1歳未満を「乳児」といい、満1歳から就学までを「幼児」、就学後から満18歳までを「少年」という。

児童福祉法の理念は、児童が心身ともに健やかに生まれ、育つことであり、それらの業務を行うのは児童相談所、福祉事務所、および保健所である。また補助的機関として児童福祉司および児童委員制度のほか、児童福祉施設がある。

なお、1951年の厚生省児童局長通知による「児童憲章」があり、児童の人権や健やかな育成、栄養や被服、情操教育、良好な環境などの提供、虐待や酷使、放任などについて規定されている。

③**身体障害者福祉法**　障害者の人権や援助施策を全般的に規定したのは「障害者基本法」で、その第2条では「身体障害、知的障害又は精神障害があるため、長期にわたり日常生活又は社会生活に相当な制限を受けるもの」を「障害者」と定義している。また第6条では、障害者自身と、その家族による自立や社会参加への努力や、12月9日を「障害者の日」とすることなどが規定されている。

これらに基づいて「身体障害者福祉法」は、「身体障害者」とは、「身体上の障害がある18歳以上の者で、身体障害者手帳の交付を受けた者」と定義している。障害の範囲は、視力、聴力、言語およびそしゃく機能、肢体不自由、臓器障害などが別表に規定されている。

④**知的障害者福祉法**　1998年に精神障害という用語は「知的障害」に改められた。18歳以上の知的障害者、またはその保護者には、知的障害者福祉司または社会福祉司主事が指導を行う。また援護施設としては、入所させて保護したり、必要な指導、訓練を行う「更生施設」と、自活に必要な訓練を行ったり、職業を与えて自活させるための「授産施設」などがある。

⑤**母子及び寡婦福祉法**　この法律では死別や離婚、遺棄などにより配偶者のない女子や、そのような母子家庭に、生活の安定を図るために資金の貸与、住宅、雇用、福祉施設の整備などが規定されている。また福祉事務所などの「母子相談員」が、身上相談や自立の助言などを行うほか、各種の母子福祉施設が設置されている。

⑥**老人福祉法**　この法律は、老人が敬愛され、生きがいをもって健やかな生活

●**生活保護の原則**
生活保護法の第7〜10条に規定されている。保護の実施は、第7条で申請による「申請保護の原則」、第8条で、保護の要否とその程度の「基準と程度の原則」、第9条で有効適切な実施を「必要即応の原則」、第10条で、保護の要否と程度が世帯を単位とする「世帯単位の原則」が示されている。

●**援護育成**
心身障害児者、生活保護の対象者に対する援護は、在宅および施設とも、一元的に市町村が実施主体で、行われている。

●**障害者雇用促進**
1955年に制定され、障害者を雇用する割合を示し、事業主の良識に期待する努力目標とされた。1976年の法改正で「義務雇用制」と「雇用納付金制度」が定められた。1988年に全障害者を対象とし、知的障害者を雇用する割合を全社員の1.8％とした。

が送れることを保障し，老人自らも心身の変化を自覚し，社会的活動に参加するなど，心身の健康の保持に努めることなどを目的として，1963年に制定された。この法律によって9月15日を「敬老の日」とし，各種の老人福祉センターや通所施設，健康増進施設が設置され，さまざまな健康増進活動が展開されている。

また，入所して老後の生活や療養を行う養護老人ホーム，特別養護老人ホームの他，軽費老人ホームや在宅介護支援センターなども老人福祉法に規定されている。

一方，増加を続ける高齢者の保健福祉対策として，1995年に「高齢社会対策基本法」が制定された。ここには高齢者の就業や所得，健康や福祉，学習や社会参加などを含めた総合的な施策が規定されている。

また1997年には，寝たきり老人や痴呆老人，要介護（要支援）老人などの介護を，保険制度を基盤に展開してゆく「介護保険法」がスタートした。

4. 保健医療福祉の財政

保健医療福祉に関する行政は厚生労働省が所管しているので，それらの予算項目や予算額を以下に述べる。

厚生労働省の2002年度予算は18兆6,684億円で，これは国家予算81兆2,300億円の約23％である。

これは国債費の約21％や，地方交付税交付金等の約19％などを除いた「一般歳出予算」の中では，公共事業費11％，文教・科学振興費8％，防衛費6％などに比べて圧倒的に多額となっている。

省予算の内訳をみると，医療費国庫負担金が約6兆8,000億円で最も多く，ついで年金給付費国庫負担金が5兆1,500億円，介護給付費国庫負担金1兆2,900億円などである。

上記以外では生活保護に1兆2,300億円，福祉施設への支援に約1兆円，少子化対策として新エンゼルプランの推進に7,300億円，障害者プランの推進に6,300億円，65歳までの雇用確保，社会参加に2,500億円，介護サービスの基盤整備に2,300億円などがあてられている。

●ゴールドプラン
ゴールドプランは，高齢者保健福祉推進10か年戦略の愛称(1989年)。在宅福祉対策を中心にしたサービスの整備計画である。内容は①市町村の在宅福祉対策の緊急整備，②寝たきり老人ゼロ作戦，③在宅福祉充実のための福祉基金設置，④施設の緊急整備，⑤高齢者生きがい対策推進，⑥長寿科学研究推進，⑦高齢者の総合的福祉施設整備など。現在ではゴールドプラン21(2000年)に施策は引きつがれている。

●高齢社会対策基本法
急速な高齢社会に対して，国民のすべてが生涯にわたり，幸福な生活実現のために，雇用，年金，医療，福祉，教育，社会参加，生活環境などを見直す。その基本理念を示した1995年の制定。この翌年に，高齢社会対策大綱が制定された。

第13章　社会保障の課題と展望

> 【ポイント】
>
> ❶ 21世紀を迎え，新たな社会文化の状況に対応する社会保障を考える。
> ❷ 社会保障の歴史と，制度制定の時代・社会的背景を国際的に広くみる。
> ❸ 日本の社会保障の歴史を第二次世界大戦の前後で，理念などを比べる。
> ❹ 社会保障の機能を広く捉え，その財源と負担のあり方に注目する。
> ❺ 公的扶助の基本原理，制度の内容，今後の課題について考える。
> ❻ 21世紀と今後における社会保障の役割を，福祉と経済の面から考える。
> ❼ 保健医療福祉の機能的連携と，予防福祉の展開を考える。

1. 福祉の新時代

1）環境変化と新たな模索

　急速な少子・高齢化社会の進展や経済のソフト化・サービス化などによって，わが国の社会は大きく変化してきた。たとえば，われわれの日常生活をめぐる環境変化ひとつを捉えてみても，職場や家庭を取り巻く環境，働くこと，暮らすことの諸条件は著しく変化し，抱える課題も多様化してきた。また国民の意識もここわずかの間に大きく変わっている。

　わが国では，これらの変化を背景に新しい社会のあり方が模索されている。とくに，21世紀におけるわが国の福祉国家，福祉社会，また社会保障のあり方については，およそ20年後に高齢化のピークを迎えるという，これまでにない深刻な問題を抱え，そのあるべき姿を描き出すためのさまざまな議論が繰り広げられつつある。

　たとえば，広井(1999)は「社会保障全体の姿として，最終的に『公』的に保障されるのはどこまでで，どこから『私』ないし自助努力に委ねられていくことになるのかについての基本的な将来像が示されていない」という。

　すなわち，国民の多様なニーズに対応する生活保障システムとして，また，社会経済の変動と国民生活の変化を調整し，安定させるシステムとしての福祉をどのような「かたち」にしていくのか。どのように「公私の役割分担」をしていくのか。それが見えてこないのであり，その問題解決への模索が続けられているのである。

●福祉国家
社会保障制度を，不可欠なものとして定着させた現代国家をさす。第二次世界大戦後のイギリスや北欧諸国がこう呼ばれた。貧しい時代には貧困の克服を，豊かな時代には貧困線を上回る階層への保障を国家の基本課題とする。

●福祉社会
狭義には福祉国家も意味するが，広義では高齢者や障害者など，社会的弱者の生活の質を向上させ，生きやすい環境をつくる社会をいう。普遍的な福祉サービスを行政が行い，その他の多様なニーズには，行政以外のシステムも用いる。

2)「与えられるもの」から「自ら築くもの」へ

ところで，福祉にはそれなりにコストがかかる。国民の福祉ニーズと行財政とのバランスをどのように均衡させるのかという議論は，結果として国民に新たな負担を求めるものとなってきた。

それは，限られた財源の中で国民の多様な生活保障の需要に応えていく，システムを構築しようとする過程で導き出されてきたひとつの結論だといえる。

具体的には，個人における自立・自助を前提とした福祉のあり方を軸に，福祉を従来のような「与えられるもの」から，新たに「自ら築くもの」へと捉え直そうとする動きがみえてきた。

しかしそれは，単に財源的な負担を国民に迫ろうとする考え方だ，とも受け取られる。もちろん，それを完全に否定することはできない。

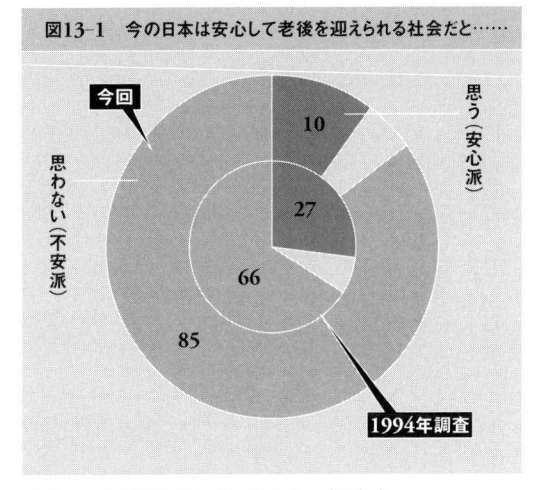

ただここで重要なことは，自分の健康は自分で守り，増進させると同時に，個人の生活も個人として，また個人同士の結びつきの中からも，ともに備え，築き上げていく努力が必要だということである。「自ら築くもの」には，そのようなメッセージが込められている。

これからの超高齢社会を支えていく上で，国の財政的負担に限界があることは言うまでもない。そして個人の生涯を通じての自助努力にも，同様に限界があることは明らかである。

しかし，一圓（1999）が指摘しているように，近年における社会保障費抑制論に対し，それがかえって社会保障への人びとの依存を助長してしまうのであり，反対に社会保障の規模が大きくなっても，これに自助と責任のシステムを取り入れるほうが社会の活力を促すことにつながる，とする点に留意する必要がある。「自ら築く福祉」が求められているのは，それらを前提としたものである。

3)「だれもが障害者になりうる社会」を視野に

国民の福祉は，雇用，賃金，租税，住宅・土地，教育，環境，人口への幅広い「間接的な社会政策」が機能することで，共通した基盤の維持・向上が図られる。そして社会保障，社会福祉，保健・医療などの「直接的な社会政策」の展開によって，個別的な生活問題への対処が図られている。これら国や地方自治体による社会政策としての保健，医療，福祉の連携を基礎に，地域や職域での相互扶助および相互支援の仕組みを，「セーフティネット」として張り巡らす考え方が広がりつつある。いわゆる，NPO（非営利民間組織）の活動をも含めて，福祉ネットワークが注目されているのである。

社会保障全体から見れば，金子（1999）が言うように，自己責任を前面に押し出した市場競争が激化する時代に，リスクを社会全体でシェアする仕組みを再構築しなければ，国民の社会的不安は募り，社会的活力が損なわれる可能性が

図13-1 今の日本は安心して老後を迎えられる社会だと……

今回　10　27　66　85　1994年調査
思う（安心派）　思わない（不安派）

備考――数字は%「その他・答えない」は省略。
[資料] 朝日新聞社「社会保障制度についての全国世論調査」1999年による。（朝日新聞1999年7月17日付）

●セーフティネット
語源は，サーカスの綱渡りの時に，下に張られる安全ネットを指す。安全ネットのため，綱渡り芸人は思い切ったアクロバット（市場競争）ができる。社会的な将来不安を解消する，安全ネットの社会保障がないと，市場競争がうまく動かないことを説明する場合に使われる。

●NPO
非営利民間組織（non profit organization）の略称。企業などのように利益を目的とした組織ではなく，社会貢献の使命に基づく活動をする団体。福祉や医療，また環境分野へも幅広く活動を広げている。日本では1998年3月に「非営利活動促進法」（いわゆるNPO法）が成立し，社会的立場をより明確にした。1995年1月の阪神・淡路大震災での活動で社会的認知度をが高めた。

表13-1 老後で特に不安なもの (%)

主な不安の内容	1994年	1999年
生活費など経済的な不安	22	28
介護などで周りの人に負担をかける不安	20	25
病気や体が衰えることへの不安	30	23
特に不安は感じていない	11	9
老人性痴ほう症になることへの不安	7	7
安心して住める場所があるかという不安	4	3
精神的に寂しい思いをする不安	4	2
その他・答えない	2	3

注――回答の多い順。
[資料] 朝日新聞社「社会保障制度についての全国世論調査」1999による。
(朝日新聞1999年7月17日付)

ある(図13-1, 表13-1)。

しかし, 行政による社会政策も, NPOの活動も, また民間企業の取り組みも, 個人の自立しようとする努力なしには意味をもたない。

心身の健康を損ねることから始まる多様な生活問題は, 個人の努力を底辺から揺るがしかねない事態を招くことである。超高齢社会では, このような事例が数多く生じる可能性がある。したがってわれわれは,「誰もが障害者になりうる社会」の現実を前に, これからの福祉を考えていかなければならない。

社会保障は国による福祉システムとして, 多様な役割を担い, その機能を果たしてきた。以下では, 社会保障を, 歴史的, 機能的な面で整理したうえで, 新たな課題を検討し, そのあり方を展望してみたい。

2. 社会保障の歴史

1) 制度の誕生

社会保障の理念や制度の内容, その仕組みは国や時代によって異なり, 長い歴史を経てこんにちに至っている。そのあり方は, その国の福祉国家, 福祉社会のあり方を規定し, いわば「歴史的産物」として存在している。

したがって具体的にみると, 社会保障を機能させる組織や運営管理方法, また財政のあり方は, それぞれの国や時代により異なる。

社会保障は, 歴史的に「社会保険と公的扶助の統合されたもの」であるといわれる。社会保険は, 19世紀後半以降のドイツをはじめとしたヨーロッパ諸国において, 労働者を対象に保険的技術を応用した所得保障の仕組みとして誕生した。

公的扶助は, 17世紀初頭のイギリスに初めて体系的な制度として生まれ, 発展を遂げてきた。この2つが第一次世界大戦後の欧米諸国において接近し, ついには統合されたのである。そこには, 両者の中間的な性格を備えた社会手当, 社会サービスも出現している。

2) 欧米における構想

1935年に制定されたアメリカの社会保障法は, 当時の大統領ルーズベルトが打ち出した, ニューディール政策の一環として生み出された。「社会保障」とい

●ニューディール政策
1929年に発生した世界大恐慌にあえぐアメリカ経済の再生, 救済, 復興, 革新を遂行する政府の一連の政策をいう。全国産業復興法, 農業調整法, 金準備法, 証券取引所法, 銀行法, 独占調査法, テネシー渓谷(けいこく)開発公社法, 公正労働基準法, 緊急救済局の設置など, 広い経済政策の体系である。

う言葉が，世界で初めて公式に使われたのである。

アメリカ社会保障法では，老齢年金保険（連邦政府管理の社会保険），失業保険（州政府管理の社会保険），公的扶助（州政府管理の扶助）の3つの制度で社会保障が構成されていた。ここでの社会保険と公的扶助による組み立ては，社会保障の基本的な概念を構築した点で大きな意味をもっていた。

第二次世界大戦中の1942年に，イギリスで発表された社会保障構想「社会保険および関連サービス」（いわゆるベバリッジ報告）では，社会保障を次のように定義している。

「社会保障とは，失業，疾病または災害によって稼得が中断した場合に，それに代わる，また老齢による退職に備えての，扶養者の死亡に備えての，さらに出生，死亡，結婚などに関連する特別の支出を賄うための所得の保障を意味する」

すなわち，ベバリッジは国民の基本的ニーズに対しては社会保険を，特別なケースに対しては国民扶助を，基本的な備えに対する付加部分には任意保険を主張し，この3つの方法を組み合わせて社会保障計画を実効あるものにしようとした。ベバリッジの社会保障構想は，社会保険を中心に公的扶助や任意保険で補いつつ，所得保障制度体系の新しい「かたち」をめざしたところに意味があった。

●ベバリッジ報告
第二次世界大戦後，世界の社会保障モデルとなったイギリスの社会保障システム構築に関する報告書。所得保障を国家の責任とし，児童手当，完全雇用，包括的保健医療サービスの整備を前提条件とする。病気やけがによる所得の中断などに備えて，ナショナルミニマムの確保を目指した。

3） わが国における生成

わが国の社会保障は，産業発展の面で後進的な要素を残しつつ，一方で急速な政府主導の近代化をすすめざるを得なかった中で誕生し発展してきた。

すなわち，富国強兵・殖産興業のもと，社会経済体制の近代化を支えるシステムとしての役割を担っていたといえよう。無理な近代化は労働者や農民の生活条件を極めて劣悪なものとしたため，おのずとその対策が必要となってきた面もある。

この点を考えると，ヨーロッパ諸国の中でもとくに後発の位置にあったドイツとの類似点が多い。そもそもわが国は，ドイツとの関係が深かったこともあり，社会保険についてもモデル的存在として参考にしていたのである。

たとえば，わが国最初の社会保険は，医療保険であった。1922年に公布された健康保険法は，関東大震災により遅れて1927年から施行された。これはドイツの疾病保険を手本にしており，わが国のすべての社会保険は，その後も近年の介護保険にみられるようにドイツの制度を参考にしている。

一方，わが国の公的扶助の制度化は，1874年，欧米諸国の救貧法にあたる「恤救規則」の公布に始まる。ただしこれは，今日の公的扶助とはかなりかけ離れたものであり，権利性はなく極めて制限が多いうえに，慈善的，家父長的な扶助であり，実効性は至って低かったといわれている。

公的扶助は，1929年に制定された救護法の他にも軍人扶助法，戦時災害保護法など，戦時下の影響を受けて制定され，発展したものもある。

4）戦後の理念と定義

　1947年に施行された日本国憲法は，平和と民主主義のもとで福祉国家の建設をめざすわが国の国家理念を示したものである。その中でも，第25条は「すべて国民は，健康で文化的な最低限度の生活を営む権利を有する。国は，すべての生活部面について，社会福祉，社会保障および公衆衛生の向上および増進に努めなければならない」と述べ，国民の生存権と国の義務，あるいは責任を明確に規定した。

　この条文の内容を具現化するためには，社会保障そのものの定義を明らかにする必要があった。1949年に設置された社会保障制度審議会は，1950年に「社会保障制度に関する勧告」を出し，社会保障制度を次のように定義した。

　「社会保障制度とは，疾病，負傷，分娩，廃疾，死亡，老齢，失業，多子その他困窮の原因に対し，保険的方法または直接公の負担において経済保障の途を講じ，生活困窮に陥った者に対しては，国家扶助によって最低限の生活を保障するとともに，公衆衛生及び社会福祉の向上を図り，もってすべての国民が文化的社会の成員たるに値する生活を営むことができるようにすることをいうのである。」

　すなわち，わが国の社会保障制度の体系は，この勧告の定義を基礎にして，高度経済成長を背景に急速に整備されていくのである。

● 社会保障制度審議会
社会保障制度審議会設置法の公布（1948年）により設けられた審議会。主に社会保険の立法に関して政府に勧告を行う。1950年から内閣総理大臣の所管で始まった。国会議員や関係省庁の大臣，学識経験者や関係諸団体の代表で構成。2001年に新設された内閣府経済財政諮問会議に統合された。

3. 社会保障の機能と財源

1）さまざまな機能

　社会保障は，歴史的産物として貧富の格差拡大，貧困のサイクル化，労働争議の多発化など，多様な社会問題に対応する社会政策として生み出された。実際に，社会保障は社会問題に対する克服策として基本的機能を発揮してきた。

(1) 防貧と救貧

　たとえば，社会保険は保険料によって財源を調達し，被保険者が病気やけが，あるいは失業や老齢などに直面した場合，これらによって被保険者および家族に生活不安が生じたり，貧困に陥ることがないように状況の悪化を防ぐ給付を行う仕組みとして発展してきた。すなわち，社会保険には，人びとが貧困に陥ることを防止する防貧機能があったといえる。

　一方，公的扶助は租税を財源とし，さまざまな事情で困窮に陥った人びとの生活上のリスクを保障する仕組みとして発展してきた。そこには自立困難に陥った貧困という事態が発生した段階で，初めて給付が開始される事実から，救貧機能があったといえるであろう。

(2) 垂直的所得再分配と水平的所得再分配

　ところで，社会保障財源が社会保険，あるいは公的扶助の中で配分される過程でも，多様な機能が発揮される。たとえば，社会保険は，さまざまな所得階

● 貧困のサイクル化
貧困の再生産過程を指す。資本主義体制の矛盾から生じる周期的な経済恐慌が失業，就業への過当競争，長期的失業が賃金水準や労働条件を下げ，生活条件の悪化に結びつき，貧困の再生産過程に入るとのマクロ的な見方。病気やけがによる労働能力の喪失などで連鎖で貧困状態が繰り返される状態をいう。

表13-2　社会保障関係費の年次推移

(単位　億円,%)

	平成9年度('97)		10('98)		11('99)		12('00)		13('01)	
	額	構成割合	額	構成割合	額	構成割合	額	構成割合	額	構成割合
総数	15,475	19.7	16,024	18.2	19,112	21.5	17,761	19.8	17,555	21.2
生活保護費	1,249	1.6	1,299	1.5	1,397	1.6	1,484	1.7	1,309	1.6
社会福祉費	2,242	2.9	2,710	3.1	3,326	3.7	1,831	2.0	1,694	2.1
社会保険費	10,944	13.9	10,916	12.4	12,959	14.6	13,446	15.0	13,590	16.4
保健衛生対策費	585	0.7	658	0.7	587	0.7	585	0.7	532	0.6
失業対策費	456	0.6	441	0.5	844	0.9	416	0.5	430	0.5

注――1）　平成9〜12年度は実績値，13年度は当初予算である。
　　　2）　本表は社会保障関係費の内訳である。
［資料］　財務省「財政金融統計月報」

層の労働者が被保険者となっている。この保険料負担は，相対的に所得の高い階層で重くなり，結果として低い階層との間で所得の再分配が行われることになる。これを垂直的所得再分配といい，社会的平等に向けた重要な機能となっている。

　また公的扶助も，それを通じて相対的に所得の高い階層から所得の低い階層へと，所得を再配分する機能を果たす。これも垂直的所得再分配であり，これらは一般に，所得税の累進度が高いほど所得再分配効果が高まることになる。

　他方，社会保険の保険給付が行われる事故をきっかけにした所得再分配は，賃金という同一の所得範疇（はんちゅう）の中で生じる所得再分配であるといえる。これを水平的所得再分配と呼ぶ。

(3) その他の所得再分配

　また，1人の被保険者におけるライフサイクルの中でも，社会保険を通じてのタイムラグのある所得再分配が行われる。たとえば，あらかじめ負担しておいた保険料が，将来，保険給付という形で返ってくれば，これも一種の所得再分配になるといえよう。これを時間的所得再分配という。

　社会保険における所得再分配は，この他にも考えられる。たとえば，事業主は労働者よりも経済的に強い立場にある。その事業主が直接的な給付の見返りを期待せず，社会保険料の一部を負担すれば，労働者の保険料負担は軽減されることになる。これも垂直的所得再分配といえる。

(4) 政策的機能

　これら社会保障制度を通じて所得の格差を是正する機能を，社会保障の社会的平等推進機能と呼ぶことができるだろう。そこでまず最近の日本における社会保障の動きについて，その費用を予算総額に占める割合（表13-2）でみると，約20％前後で推移していることがわかる。

　ところで社会保障は，所得再分配を通じて経済の循環を円滑にする働きも担っている。たとえば，失業保険のビルトイン・スタビライザー効果によって，

●所得の累進度
所得の分配過程で過度の不平等が生じる，貧富の格差を是正するために，所得税の所得割合を，その増加状況に応じて大きくしていく度合いのこと。この税制を累進課税制度という。累進度が極端に高くなると，納税者モラルや勤労意欲に影響を与え，貯蓄や投資にも悪影響を及ぼす。景気対策で累進度の緩和や最高税率の引き下げが求められる例が多い。

●ビルトイン・スタビライザー効果
景気変動に対する自動安定化の作用効果をいう。景気上昇による雇用増加が，失業の減少となり雇用保険財政を助ける。保険料収入の増加と保険給付の減少による保険資金の加速的に蓄積する。一方，景気が下降すると，雇用は減少し，失業が増加する。保険給付が増大し，景気上昇期に蓄積した資金が減少する。ただし，この保険給付が不況期に有効需要を喚起し，消費の下支えとして景気上昇への作用を生み，景気を安定状態に向かわせる。

図13-3 生活保護の実施体制

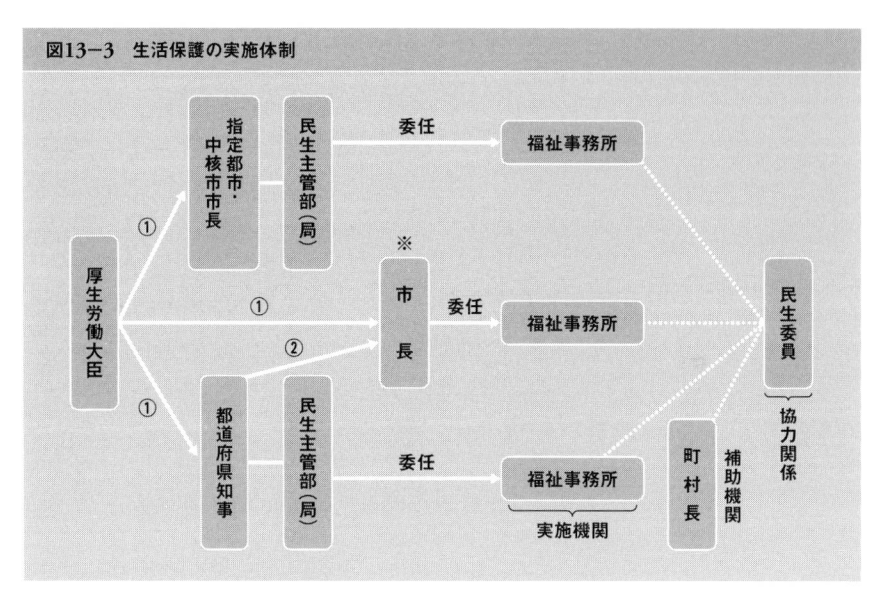

注――①法定受託事務の委託，監査指導，技術的助言・勧告・是正の指示
　　　②監査指導，技術的助言・勧告・是正の指示等
　※福祉事務所を管理する町村長は市長と同一の扱いとなる。
［資料］　厚生統計協会「国民の福祉の動向」2002年

社会保障は経済安定化機能を発揮する。

　さらに医療保険制度を通じて，人びとの健康が維持改善され，社会的に健康な労働力が豊富に確保できれば，生産性の向上が期待でき，経済発展の基礎を築くこともできる。これを経済基盤整備機能と呼ぶことができるだろう。

2）基本的な仕組み

　これまで述べてきたように，社会保障には多様な機能がある。そして，その技術的手段も多様で，社会保険と公的扶助にはこれらの点でいくつかの違いがある。ここではその基本的な仕組みを比較してみたい。

　まず社会保険は，事前の拠出を条件にし，保険料を主要財源にして，偶発的，定型的なリスクに限定した給付を行う。一方，公的扶助は，事前の拠出を条件とすることなく，租税を財源として原因を問わず，貧困一般に対して給付を行う。ちなみにこれは，資力調査（ミーンズ・テスト）を条件にしつつ，現金，現物の給付による最低生活の保障をめざしている（図13-2）。

　また一般に，社会保険は普遍的給付，公的扶助は選別的給付を行う制度であるといわれる。普遍的給付とは，受給者の資力に関わりなく給付を行うものであり，選別的給付は，受給者の資力に応じて給付を行い，時に制限や費用徴収を行う。社会保険と公的扶助には現金給付と現物給付の両方があるが，給付水準は，一般的に社会保険のほうが高い傾向にある。

　これらの給付を受ける場合，実施機関の裁量が多分に影響してくる。社会保険のばあいには裁量の余地がない。すでに標準化，規格化されているからであるが，公的扶助では個別ニーズに応じるという性格から，その余地が残されている。

●資力調査（ミーンズ・テスト）
生活保護の適用申請に対して，申請者が本当に生活困窮に陥っているのか，事実を確認するための諸調査を指す。申請者の稼働能力，収入の有無，土地家屋や預貯金などの資産が調査される。この結果を総合的に検討して保護の要否，その程度の決定がなされる。

以下では，社会保険と社会福祉の定義，さらに財源について述べたい。公的扶助については，より細かくみるために「4．公的扶助と内容(p.186)」で述べることにする。

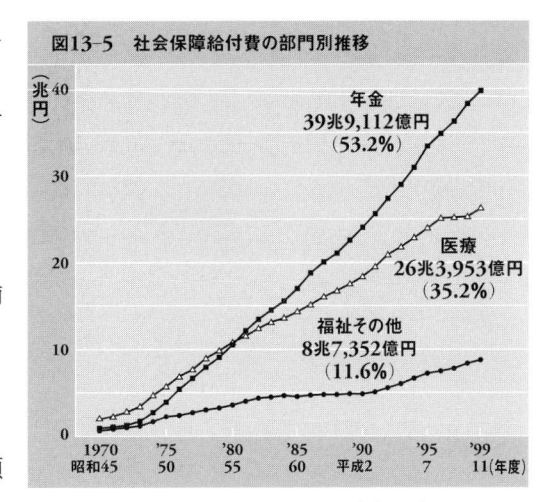

3）社会保険と財源

社会保険では保険料が財源の中心である。しかし，補足的財源として国庫負担が行われることもある。1950年，社会保障制度審議会が発表した「社会保障制度に関する勧告」の中で，社会保険は「社会の成員に対し，そのさらされている一定の危険について，高額所得者層から低額所得者層への所得の再分配の方法によって，特定基準の給付を行い，その基本的必要を充たす経済的組織である」と定義されている。

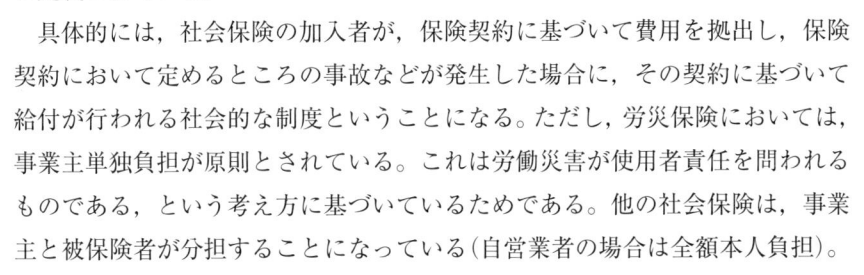

具体的には，社会保険の加入者が，保険契約に基づいて費用を拠出し，保険契約において定めるところの事故などが発生した場合に，その契約に基づいて給付が行われる社会的な制度ということになる。ただし，労災保険においては，事業主単独負担が原則とされている。これは労働災害が使用者責任を問われるものである，という考え方に基づいているためである。他の社会保険は，事業主と被保険者が分担することになっている（自営業者の場合は全額本人負担）。

わが国の場合，社会保険料は伝統的に労使折半が原則であった。最初の社会保険である健康保険がそうであり，その後，厚生年金保険，雇用保険でも折半負担が原則とされた（ただし，健康保険組合では，事業主負担の割合が5割以上になることを認めている）。労使折半を原則としているのは，先にも述べたとおり，わが国の社会保険がドイツの制度を参考にしてスタートしたためであり，労使関係の円滑化，安定化に配慮したものだったと思われる。

以上のように，社会保険は，所得保障や医療保障などの分野で社会保障の基軸的機能を果たし，その種類は，年金保険，健康保険，介護保険，労災保険，雇用保険などの5つにおよぶ。

4）社会福祉と財源

社会福祉，社会福祉サービスは，所得の状況に関係なく，何らかのハンディキャップをもつ者が，一般的な市民生活を営むにあたって困難な状況にある場合，その一人ひとりに適した社会的サービスを提供することをめざしている。したがって救済を必要とする状態から回復するか，緩和をめざす給付，あるいはサービスということができる。

これらは，社会保険や公的扶助などのように貨幣的，あるいは類型的な特性が少なく，対象者ごとにそのニーズが異なるため，給付・サービスは個別的で多様，また専門的とならざるを得ない。その領域は，児童福祉，母子福祉，母子および寡婦福祉，老人福祉，障害者（児）福祉，精神保健福祉などである。

図13-5　社会保障給付費の部門別推移

年金　39兆9,112億円（53.2%）
医療　26兆3,953億円（35.2%）
福祉その他　8兆7,352億円（11.6%）

［資料］　厚生統計協会「国民の福祉の動向」2002年

●国庫負担
社会保障給付に必要な財源を負担する方法の1つ。地方自治体の負担と同様に公費負担を意味するが，どちらも租税を中心にして国の一般会計により賄われる。社会保障での公的責任を果たすことと，社会保険財政の安定化を目的とする。

●健康保険組合
国の医療保険行政の一端を担う小集団の医療保険組織。被保険者700人以上の企業で組織する単一，同業種の中小零細企業の従業員3,000人以上で組織する総合，同系列に属する企業の従業員で組織する連合健康保険組合がある。企業の状況に合わせ，独自の予算で企業の福利厚生活動と連携した保健福祉事業が行える。

表13-3 社会保障給付費の対国民所得比及び対国内総生産費の国際比較

(単位 %)

	日本 (1999)	日本 (1996)	アメリカ (1995)	ドイツ (1996)	スウェーデン (1996)
対国民所得比	19.60	17.38	17.99	37.68	45.85
対国内総生産費	14.61	13.11	14.49	28.21	33.11

［資料］　国立社会保障・人口問題研究所「平成11年度　社会保障給付費」

これらの給付やサービスによって，近年では，社会保険給付の充実，あるいは公的扶助基準の改善など，金銭的需要に対する対応が充実しつつある。一方で，福祉需要が個別化，多様化する傾向が強まってきていることから，生活の質の向上に向けた対応が求められている。

社会福祉サービスの費用は，生活保護費，児童福祉費，老人福祉費，心身障害者や知的障害者などの福祉対策費，その他には福祉費に分類できない総合的な福祉対策費である社会福祉費，また災害援助費によって構成され，これらをまとめて民生費という。

この中でとくに，それぞれの社会保障法に基づいて地方自治体が行う，社会福祉施設への入所措置にかかる措置費は減少する傾向が強くなっている。もちろん，措置制度から契約制度への転換など新しい運用が動き出したこともあり，今後さらに減ることになる。

●措置制度
1947年に制定の児童福祉法において導入。高齢者福祉においてもホームヘルパー派遣や特別養護老人ホームの入所手続き制度として定着。社会福祉6法に規定され，「福祉の措置」の実施行政機関の職務権限として，福祉サービスを提供するとされていた。生存権保障における公的責任を担保する一方で，行政処分としての措置でもある。こんにち，その措置制度も契約制度への転換がすすんでいる。

4. 公的扶助と内容

1) 制度の定義

公的扶助については，すでに社会保険と比較しながら大まかに述べてきた。

しかし，公的扶助は，最低生活を保障する直接的，または最終的手段として位置づけられることから，より詳しく述べておく必要がある。ここでいう「直接的」とは，貧困に陥れば公費により無条件ですぐに給付が行われるということであり，「最終的」とは，社会保険やその他の方法に対して補足的な関係にあることを意味する。

社会保障制度審議会の定義によれば，公的扶助(国家扶助)は，「生活困窮に陥ったすべての者に対して，国がその責任において，最低限度の生活を保障し，もって自立向上の途を開くことを目的とする。これは，国民の生活を保障するための最後の施策であることを建前とする。したがって，他のあらゆる手段によってその生活維持に努力を払っても，なお最低限を維持することができない場合にはじめて適用されるものである」とされており，生活保護法によって，その内容が規定されている。

これまで述べてきた社会保険で対応しきれない最後の受け皿的機能をもち，

社会保険その他の社会政策の欠落を補う，いわば補足的位置にある制度である。

注意すべき点は，公的扶助の権利性についてであり，社会保険では事前拠出によってそれが裏付けられている。しかし，公的扶助は，資力調査に伴う恥辱感を完全には払拭できないなどにより，自らそれを辞退してしまう例が少なくないため，結果的に権利性が弱められてしまう傾向についてである。

2) 基本的原理

生活保護法第1条は，公的扶助が「憲法第25条に規定する理念に基づき，国が生活に困窮するすべての国民に対し，その困窮の程度に応じ，必要な保護を行い，その最低限度の生活を保障するとともに，その自立を助長すること」を目的とするものであることを明確にしている。

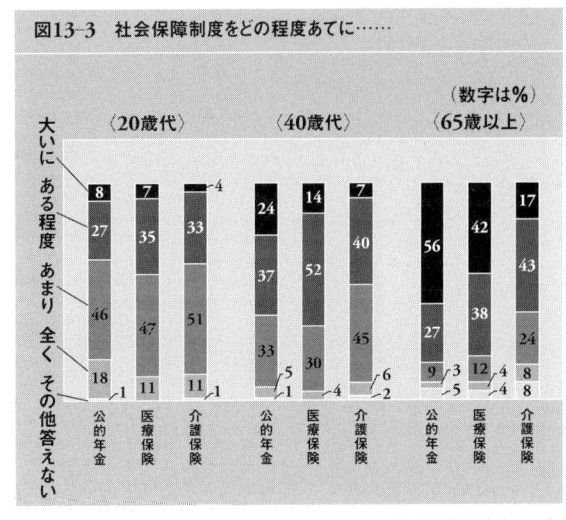

すなわち，憲法第25条に規定された国民の生存権の保障を確保することが示されている。同法はこの保障確保のために，3つの一般原理を掲げている。

第1は「無差別平等の原理」（第2条）。すなわち，国民は保護の要件を満たす限り，無差別平等に保護が受けられる。第2は「最低生活維持の原理」（第3条）。最低生活の保障が，健康で文化的な最低生活水準を維持することができるものでなければならないとする。第3は「補足性の原理」（第4条）。対象者が所有する資産・労働能力，家族の扶養など生活に活用できるすべての手段を尽くしても，なお最低生活が維持できない場合にのみ保護を行うという，以上の3つである。

とくに「補足性の原理」は，より具体的に扶養義務者による扶養や生活保護に優先し，社会保障各法による給付などが行われる規定が設けられている。この原理の適用が法の運用において重要な意義をもつとともに，時には問題を生じさせることにもなる。わが国では生存権をめぐる「朝日訴訟」など，提訴が多くなった。

たとえば，「健康で文化的な最低限度の生活」とは，どの程度の生活なのか，という基本的な問題が常に課題となる。生活水準の向上を背景にして「何が最低限度か」が一概にはいえないからである（図13-3，4）。

3) 保護の原則

さらに生活保護法は，「保護の原則」として4つの原則を掲げている。第1は「申請保護の原則」，第2は「基準及び程度の原則」，第3は「必要即応の原則」，第4は「世帯単位の原則」である。

申請保護の原則は，保護を受ける権利をもつ個人が自ら「申請」という権利行使によって手続きが開始されることであり，基準及び程度の原則は，保護を必要とする者がその年齢や性別，世帯構成や地域ごとに，厚生労働大臣によって

図13-3 社会保障制度をどの程度あてに……

[資料] 朝日新聞社「社会保障制度についての全国世論調査」1999年による。
（朝日新聞1999年7月17日付）

● 生存権
人間の生きる権利。国の国民に対する保護は，イギリス救貧法，ドイツのワイマール憲法，アメリカ社会保障法などで常に争点とされてきた。人間の生きる権利として福祉制度の利益を享受するという考え方である。

● 朝日訴訟
1957年，国立岡山療養所で結核の重症患者として療養していた故朝日茂氏がおこした訴訟。当時，氏が受給していた生活保護の日用品費600円が，憲法第25条にある「健康で文化的な生活」に違反すると厚生大臣を訴えたものである。憲法の生存権規定は，国に対して国民が具体的に請求できる権利か，または国の政策理念，もしくは単なる努力目標か。また厚生大臣が設定する生活保護基準法は，三権分立の原則から憲法判断の司法審査権におよぶものなのかを問うものだった。

図13-4 社会保障制度は公平？

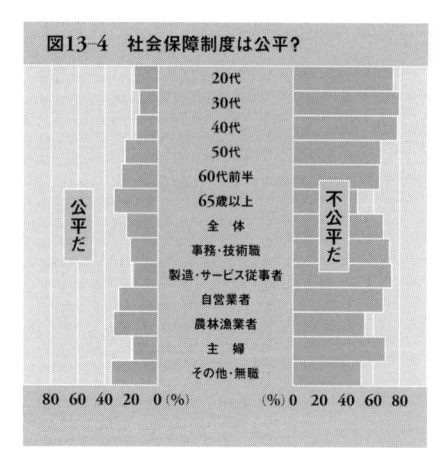

[資料] 朝日新聞社「社会保障制度についての全国世論調査」1999年による。
（朝日新聞1999年7月17日付）

●福祉事務所
社会福祉行政の第一線機関。全国の都道府県と市，一部の町村にもある。約1,200か所（2000年）が設置。本来は国の仕事である社会福祉事業を，法定受託事務として都道府県，市町村が引き受けている。福祉6法にある援護，育成，または更正措置手続には人手を必要とし，福祉事務所は必要に応じ，民生委員などの協力を得ている。

●民生委員
市町村の区域に配置されている民間の行政協力機関。内容が民生委員法に規定されている。委員に就任してもとくに報酬はなく名誉職となっており，市町村議会議員の選挙権をもつ者の中で適任と認められた者が選ばれ，都道府県知事の推薦の後，厚生労働大臣から委嘱される。

決められる保護基準で，その基準が決まることである。また保護の程度は最低生活のニーズを満たす一方で，これを超えないものとしている。

必要即応の原則は，保護を必要とする者の年齢や性別，健康状態や個人，または世帯の必要性を考慮して現実的に給付を行うとするものである。世帯単位の原則は，保護の必要性や程度を世帯単位でみていくものである。これらは予想された保険事故に対し，画一化された給付を行う社会保険とは大きく異なる点である。

生活保護は，知事，市長，福祉事務所の管理者である町村長により実施するとなっているが，実務はケースワーカーが担当する。これに加えて生活保護法実施の協力機関（者）として民生委員が重要な役割を果たす。彼らは，生活保護の適切な運用を図るうえで，地域住民の生活実態を把握している点で貴重な存在なのである。

先に述べたとおり，「保護の原則」のひとつに，保護の実施のための手続きは本人の申請によって開始されることが明確化されていた。開始にあたって実施機関は，「補足性の原理」に基づき，本人またはその扶養義務者の資産，収入などの調査（ミーンズテスト）を行う。

この調査は，何について，どの程度の保護を必要とするのかを明らかにするために行われるものである。しかし，調査方法や調査担当者の態度や行動によっては，要保護者のプライバシーの侵害やプライドを傷つける結果を生じやすい。したがって，実施には細心の注意が必要とされている。

4) 扶助の内容

生活保護法には7種類の扶助が掲げられている。その7種類とは，①「生活扶助」（第12条），②「教育扶助」（第13条），③「住宅扶助」（第14条），④「医療扶助」（第15条），⑤「出産扶助」（第16条），⑥「生業扶助」（第17条），⑦「葬祭扶助」（第18条）である。

その内容は，
① 基本的な衣・食など日常生活に必要なものを扶助する。
② 子どもの義務教育に必要とされる学用品や通学用品，学校給食費などを扶助する。
③ 生活の基礎である住居のための家賃，間代，自宅の補修費などを扶助する。
④ 病気やけがの治療に対して扶助する。
⑤ 分娩に対して扶助する。
⑥ 生業を営むうえで必要な資金，器具・資料，技能修得，就労に必要な費用など，生計維持に必要な手段に対して扶助する。
⑦ 被保護者の死亡時の葬祭に対して扶助する。
となっている。

生活保護は，最低限度の生活保障のみならず，一方で自立の助長をも目的にしている。すなわち，生活困窮者に対し金銭的給付を行うだけではなく，個人

それぞれに内在する可能性を伸ばし，自立させることに最終的な目標を置いている。自活を促す「生業扶助」にはこの目的の意味が込められている。

以上7種類の扶助は，単独給付か複数の併給で実行され，「生業扶助」は，原則として居宅において行うものとされているが，実際に居宅では保護の目的が果たせないと考えられる場合は，保護施設に入所したうえで扶助が行われることになっている。

生活保護施設には，救護施設，更正施設，医療保護施設，授産施設，および宿泊提供施設の5種類がある。ここ数年の傾向では，福祉各制度の改定に伴って，養護老人ホームなど保護施設の福祉施設への転用が増加しており，一方で保護施設，とくに授産施設，更正施設，宿泊提供施設などが減少し続けている。

5) 今後の課題

近年においても，生活保護法の適用を受け，その受給に依存せざるを得ない状況に追い込まれる人びとは後を絶たない。したがって，最低生活水準（貧困線）以下に落ち込む前に，それぞれの生活リスクに対する保障確保のシステムが重要となってくる。

生活保護を受ける人びとの状況をみると，高齢者世帯の増加がとくに顕著である。したがって，生活保護運用において，とくに一人暮らしや病気などで高齢者の自活能力が衰退，または喪失した世帯での長期にわたる需要拡大が予想できる。このため，その機能は「生活に困窮するすべての国民における生活保障」から「ハンディキャップを背負った人びとの生存権保障」へと移行する可能性がいえる。

ところで，そもそも高齢者には老後生活を支える老齢年金が，障害者にはハンディキャップをカバーする障害年金が支給されているはずである。すなわち，本来ならば生活保護を受けるような生活の最低水準以下への落ち込みはないはずなのである。

しかし実態は，生活ができない状態にまで落ち込む例が増加しているのであり，わが国の公的年金制度の立ち遅れが原因していることは明らかである。

先般の基礎年金導入によって，老齢・障害・遺族各基礎年金が制度化されたことは，公的扶助への依存度を低下させたという点で評価できるが，今後，急速に進む少子・高齢化の中で年金財政は破綻の危険性をはらんでおり，このまま給付の後退がすすめば，最低生活保障の問題は深刻なものとなってくる。

5. 21世紀における社会保障の役割

1) 基本的な役割と再評価

急速な少子・高齢化がすすむわが国にとって国民生活の課題は増え続け，それが多様で複雑であるがゆえに，社会保障の仕組みは，複雑になっていかざる

●**貧困線**
貧乏線とも呼ばれる。救済・保護を必要とする対象者による，生活状況への主観的判断をも含めて，貧困状態か否かを判断する基準線のこと。19世紀末のイギリスにおいて貧困が社会問題化する過程で，貧困を客観的に測定する指標として設定された。わが国では生活保護基準が公的な貧困線となっている。

●**基礎年金**
2階建てである公的年金制度の1階部分を指す。国民共通の年金で，1985年の年金改正によって導入。国民年金は1階部分の基礎年金だけであるが，厚生年金や共済年金は1階部分の基礎年金の上に，2階部分である報酬比例部分を上乗せして支給される。老齢，障害，遺族の基礎年金がある。

を得ない。しかし，いずれにしても21世紀の社会保障は，さまざまな課題に対応しつつ，国民一人ひとりの能力を充分に発揮させ，長期的視野に立って各自に備えを促し，自立して暮らせる支援システムの立場をめざす必要がある。

　少なくとも，個人の責任や自助努力だけでは乗り越えることが難しいリスクに対しては，社会全体の連帯的取り組みを柱に，個人や家庭を支援することが必要であり，その成果として健やかで安心できる生活を保障することが可能となる。

　近年，社会保障の切り捨てがマスコミなどで話題になっているが，そのことで国民は自己防衛を強めている。すなわち，将来への不安を増大させ，今後の生活への備えを考慮して貯蓄を行い，消費を控えるといった行動である。このことが経済低迷の長期化に影響していることは言うまでもない。

　社会保障は雇用の創出や国民の安心感の醸成によって消費活動を下支えし，経済悪化を防ぐ効果を生むものとされてきた。社会保障が消費の安定化などで，わが国の経済にも寄与していることを改めて評価する必要がある。

2）医療技術の進歩と課題

　ところで，長寿社会が実現した現在，今後の高齢者の増大を背景とした医療のあり方は，わが国の高齢産業社会のあり方，そして将来の社会保障のあり方を大きく変えていく可能性がある。すなわち，生活水準の向上，保健衛生，食生活，医療技術の進歩は，他に例をみない長寿国を誕生させた。しかしながら，そこに暮らす高齢者のすべてが，健康で文化的な生活を維持して生涯を終えるとは限らない現実をも生み出している。

　今後，疾病予防や健康づくりは，活力ある高齢社会の実現を図るうえで重要な意味をもつため，医学・医療の進歩とその役割は欠かすことができない。それが，将来の社会保障の姿を塗り替えていく可能性をもつといわれている理由である。問題は，社会保障がこの成果をどのように取り入れていくのか，ということである。「予防福祉」の課題がここにあるといえよう。

3）財政問題と対策

　医療や年金の保険財政は行き詰まっている。これまでに財政の安定化に向けた見直しが幾度となく行われてきたが，予想以上の速さですすむ少子化と高齢化によって，制度疲労が急速にすすんでいる（図13-5）。その中で若年世代における将来の負担への懸念は，世代間の不公平感をより強くさせるものとなっている。

　もちろん，社会保障制度があることによってフォローされる個人の老親介護の負担などは，介護保険の導入によって軽減化されるなど，社会保障によってカバーされる効果の享受もある。それを考えると，大きな世代間の不平等があるとは一概にはいえない。ただ，将来に向けて今後も機能するシステムを構築するためには，世代間により公平なものとしていく努力が必要である。

　実際に社会保障を維持するには，まず給付と負担のバランスをどのようにし

ていくのかが課題である。この議論の行方は，負担の裾野を広げることと給付の増加を少しずつ抑えていくことに収斂していくものと予想される。

現状からみると政府の対策は，第1に増加する負担を担う支え手を増やすこと。すなわち少子化対策である。第2に高齢者も負担を分かち合うこと。それは高齢化対策ともいえる。第3に給付のあり方を見直し，効率化することなどを掲げて給付全体の増加を，できる限り抑えることをめざしているといえる。これらについては，以下でさらに詳しく述べてみたい（図13-6）。

図13-6　社会保障への国庫支出

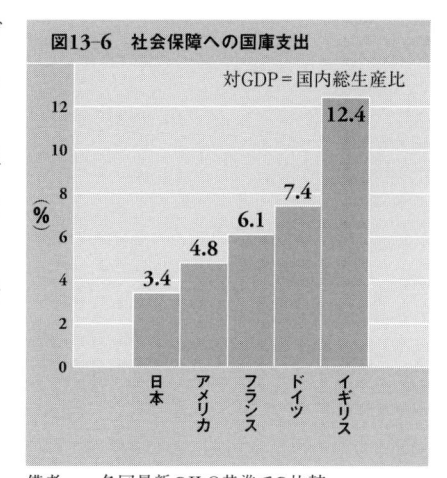

対GDP＝国内総生産比

国	%
日本	3.4
アメリカ	4.8
フランス	6.1
ドイツ	7.4
イギリス	12.4

備考——各国最新のILO基準での比較
〔資料〕厚生労働省資料

4）少子化対策

少子化に歯止めをかける対策は，女性ばかりでなく，男性にも注目して議論される必要がある。たとえば職場と家庭，すなわち，仕事と家事の両立可能な環境づくり，条件づくりをいつまでも女性の問題として捉え続けていては，効果は見込めない。意識改革をすすめると同時に，だれもが意欲に応じて社会に参画でき，働くことに障害のない雇用機会の確保，男女の機会均等の徹底化，さらに子育て支援や介護サービスの確保が重要である。

今後は，サービス化社会が進展する中で雇用の多様化が進み，パートタイマー，アルバイト，派遣労働者の増加に対応した諸制度の見直しがすすむ。社会保障が国民の生涯を通じて，バランスの取れたセーフティネットとして機能しなければ，若年世代の理解と信頼を得られない。そのためにも，少子化対策に有効な施策を積極的に実施する必要があることはいうまでもないであろう。

5）高齢化対策

一方，高齢化対策にも課題がある。現状においても将来においても，社会保障給付の増加は高齢者に対する給付の増加によるものとみられている。その点で，高齢化がわが国にとって大きな課題であることは間違いない。

しかし，高齢者の経済状況をみてみると，決してそのすべてが経済的弱者とは限らず，高齢者を一律に弱者として捉え，優遇措置をとることや支援の対象とみる考え方には見直しが必要だとする声が高まってきている。そこには，本当に福祉を必要とする者への集中的フォローに力点を置くべきだという主張がある。

すなわち，所得の低い者や医療・介護ニーズが高い者などに配慮しつつも，一律優遇でなく，それぞれの経済的負担能力に見合った税負担，保険料負担，自己負担を求め，結果として増加する負担を若年世代とともに分かち合うことが必要だとされている。とくに年金制度では，積立要素を強めた制度運営を行うことで，より世代間で公平感が生まれるようにすべきであるという意見が強くなってきている。

もちろん，相当の資産を有しながら，日常生活を維持する所得に乏しいため，負担能力がないとされる高齢者の存在があることも忘れるわけにはいかない。

●リバースモーゲージ
欧米でみられる制度で，一定期間の年金給付，もしくは生活費の貸付が行われ，その後，貸付を受けた高齢者の不動産を処分することで返済が行われる「逆抵当権」による高齢者の資産活用制度。わが国でも，在宅ケアに限定されているものの武蔵野市のように行政が取り組む例がみられるようになってきた。

●カフェテリアプラン
1970年代のアメリカでの民間医療保険料の引き上げによる企業負担の増大で，費用効率化と多様化・高度化した従業員ニーズへの対応策として普及した。「選択型福利厚生」とも呼ばれ，従業員に使用可能な年間予算（ポイント）を与え，その枠内で自由に個々のライフサイクル，ライフスタイルのニーズに合わせた福利厚生メニューを選択できる制度。

●生涯生活設計
全生涯にわたる長期的な生活設計のこと。高齢化の進展により，人生80年時代を背景に，長期化した老後生活をも視野に入れ，子供の教育，住宅取得，老後の生活課題に備え，自助努力する計画。企業や労働組合などのライフプランセミナーなどに加え，こんにちでは生命保険会社など多様な団体が支援プログラムを作成している。

今日，高齢者の資産の大部分を占める住居資産を活用して，生活費用をカバーしつつ，社会的負担を求めるために住み続けながら資産を現金化していく方法が模索されている。一部で提案されているリバースモーゲージの普及に向けた環境整備も進められつつある。

6）21世紀の課題と展望

これまで述べてきたように，社会保障は個人が困難に直面した時にその自助努力を補い，支える安全装置としての役割を担う。したがって，そのために必要な給付は確実に保障されることが重要である。

そこでは，社会保障のみならず，企業年金や民間保険などの民間部門の活用など，多様な手段の組み合わせによる対応が必要，という問題提起が以前からなされている。たとえば企業の福祉施策，すなわち企業福祉の活用がある。複数の企業が導入しているカフェテリアプランは，重要な意味をもつようになると思われる。

一方，社会保障給付の効率化以前に，カバーされていない保障部分や制度間に給付の重複がある部分について，制度横断的な視点からの整理も必要である。また，老後生活については公的年金を基本としつつも，勤労収入，私的年金や貯蓄などの自助努力を組み合わせて，老後資金を準備することに重点を置く対策が検討されている。いうまでもなく，現実には老後生活すべてを公的年金によって賄うといった考え方は，困難な時代となってきたという認識である。それだけに自己責任，自助努力による生涯生活設計の必要性がより増してきているといえる。

この他，老人医療に関しては，現物給付の考え方，コスト，効率などの点検が課題であることはいうまでもない。今後は，医療情報の開示，第三者評価の推進，科学的根拠に基づいた医療の確立が問題となってくる。

さらに福祉の分野では，介護保険を皮切りに多様な事業者の参入・競争などを通じ，福祉利用者における選択肢の拡大，規制緩和，情報公開がすすめられてきているが，権利擁護などの課題も多い。この他にサービスの質的向上や効率化などの問題が多い中で，とくにサービスの担い手である人材の質と量の両面にわたる確保，養成・研修の充実をいかに図っていくかが課題となっている。それは社会保障をいかに改善していくかにかかっており，これらすべてが21世紀の社会保障の大きな課題である。

介護保険制度にみられるように，地域住民の参加を促し，地域の実情や利用者の希望が反映され，地域活動での創意工夫が活かされた制度運営や社会福祉法人の役割・あり方の再検討も，より活発に行われることが期待される。

さらには地域社会の相互扶助活動，NPOの活動と行政とのパートナーシップによる生活支援の充実が求められている。それが社会保障の後退への対応ではなく，国民の多様なニーズへの適切な対応であることが望まれる。これらをきっかけにした社会保障の効果的な再編に，わが国における社会保障の将来が託されている。

参考文献

序章　対象と定義

- ◆R.デュボス,田多井吉之介訳『健康という幻想』紀伊国屋書店,1977
- ◆西恒克・宮城重二編著『健康管理概論』光生館,1996
- ◆野尻雅美編著『公衆衛生学』真興交易医学出版部,1982
- ◆山下挌『精神医学ハンドブック』日本評論社,1996
- ・高田・江見・古川『保健医学のシステム』大修館書店,1974
- ◆社会保障研究所編『医療システム論』東京大学出版会,1985
- ◆前田如矢『健康医学小辞典』PHP研究所,1997
- ◆本間日臣他『健康科学』医学書院,1986
- ◆濃沼信夫『医療のグローバルスタンダード』ミクス,2000
- ◆J.A.Mグレー,久繁哲徳訳『根拠に基づく保健医学』OCCジャパン,2000
- ◆日本生理人類学会計測研究部会編『人間科学計測ハンドブック』技報堂出版,1996
- ◆伊藤一郎『解剖生理学知識の整理』医歯薬出版,1999
- ◆石田隆『からだのしくみ解剖生理』早稲田教育出版,1999
- ◆浅草すみ他『専門基礎2,薬理・栄養(新看護学2)』医学書院,2000
- ◆上田敏編『リハビリテーションの理論と実際(セミナー介護福祉)』ミネルヴァ書房,1992

第1章　現代生活と健康・医療福祉

- ◆小泉明編著『生活と健康』大修館書店,1978
- ◆向坊隆他『健康と生活(東京大学公開講座25)』東京大学出版会,1977
- ◆大森,篠田,水野,山崎編『くらしの健康学』中央法規出版,1986
- ◆S.ピアース,J.ワードル,足達淑子他訳『行動医学の臨床—予防からリハビリテーションまで』二瓶社,1995
- ◆医療被害教育全国協議会編『臨床医学Ⅰ,Ⅱ,Ⅲ』建帛社,1992
- ◆谷村賢治他『暮らしの環境への視点』学文社,2001
- ◆真田是『地域福祉と社会福祉協議会』かもがわ出版,1997
- ◆新妻二男他編著『都市・農村の地域社会論』創風社,2000
- ◆V.A.ペストフ,藤田暁男他訳『福祉社会と市民民主主義—協同組合と社会的企業の役割』日本経済評論社,2000
- ◆杉万俊夫編著『フィールドワーク人間科学—よみがえるコミュニティ』ミネルヴァ書房,2000
- ◆荒井良雄他『都市の空間と時間—生活活動の時間地理学』古今書院,1996
- ◆柳川洋,梶井英治『保健福祉活動のてびき』ぎょうせい,2000
- ◆安部孝,福永哲夫『日本人の体脂肪と筋肉分布』杏林書院,1995
- ◆鬼頭昭三,木下安弘『成人の健康科学』放送大学教育振興会,1996

第2章　体の構造と機能

- ◆中野昭一他『〈普及版〉図説・からだの仕組みと働き—生理・生化学・栄養』医歯薬出版,2001
- ◆鈴木隆雄『日本人のからだ—健康・身体データ集—』朝倉書店,1995
- ◆難波正義他『ヒト細胞の老化・不死化・癌化』共立出版社,1995
- ◆健康行動教育研究会編『血液のはなし』風涛社,1994
- ◆菅沼安嬉子『体のしくみと病気のおこり方』慶応義塾大学出版会,2001
- ◆M.A.カーター,井上泰訳『これだけを知っておきたい疾病のなりたち』医学書院,2000
- ◆中野昭一編『図説病気の成り立ちとからだⅡ—疾患別病態生理編』医歯薬出版,2001
- ◆箭野育子,大久保祐子『ナーシングレクチャー,バイタルサインの把握と看護』中央法規出版,2000
- ◆前納宏幸『自分の体は自分で守る患者学—医師を活用する知恵』南雲堂,1996
- ◆医療秘書教育全国協議会編『改訂基礎医学』建帛社,2000
- ◆大山治他『ナースのためのからだの話』学習研究社,2000

- ◆勝沼英宇編『介護福祉選書,医学一般』建帛社,2000
- ◆日野原重明『医学概論(系統看護学講座別巻11)』医学書院,2001
- ◆中西達郎編『介護福祉エッセンシャルズⅡ,医学一般／精神保健』建帛社,2001
- ◆A. シェフラー他,三木明徳他訳『からだの構造と機能』西村書店,1998
- ◆小板橋喜久代編著『からだの構造と機能』学習研究社,2001

第3章　地域社会の健康福祉レベル─死因,死亡率と寿命─

- ◆小泉明,星旦二『公衆衛生学』医学書院,2000
- ◆橋本正己『地域保健活動─公衆衛生と行政学の立場から─』医学書院,1968
- ◆小町喜男編『地域と医療』講談社サイエンティフィク,1980
- ◆金子勇『都市高齢化社会と地域福祉』ミネルヴァ書房,1993
- ◆社会保障講座編集委員会編『地域社会と福祉の展開』総合労働研究所,1980
- ◆田中恒男編『地域の健康管理』医歯薬出版,1973
- ◆武川正吾『地域社会計画と住民生活』中央大学出版,1992
- ◆K. W. ニューウェル,仲村,前田訳『住民みずからの保健活動』日本公衆衛生協会,1978
- ◆宮坂忠夫編著『地域保健と住民参加』第一出版,1983
- ◆佐藤竺編著『コミュニテイをめぐる問題事例』学陽書房,1980
- ◆氏原正治郎他編『地域社会と福祉の展開』総合労働研究所,1980
- ◆特定医療法人財団健和会編『地域医療・福祉の50年(全2冊)』ドメス出版,2001
- ◆朝倉新太郎他『地域と医療』労働旬報社,1990
- ◆厚生統計協会編『国民衛生の動向』厚生統計協会,各年次版

第4章　健康医療福祉施設と生活環境

- ◆佐久間淳『かわる生活環境わかる健康福祉』ミネルヴァ書房,1996
- ◆福武直,小山路男編『高齢社会への社会的対応』東京大学出版会,1985
- ◆福武直,原澤道美編『高齢社会の保健と医療』東京大学出版会,1985
- ◆フリーマン,ハインリッヒ,橋本正己監訳『地域保健と看護活動─理論と実践』医学書院,1984
- ◆小山路男編『医療保障』中央法規出版,1985
- ◆唄孝一編『医療と人権』中央法規出版,1985
- ◆園田恭一『保健・医療・福祉と地域社会』有信堂高文社,1991
- ◆津田司編『在宅医療Q&A』医療ジャーナル社,1995
- ◆日本医療福祉建築協会『医療・高齢者施設の計画法規ハンドブック』中央法規出版,2001
- ◆久田則夫『施設職員実践マニュアル』学苑社,1996
- ◆R. ジャック,齊藤千鶴他訳『施設ケア対コミュニティケア─福祉新時代の施設ケアの役割と機能』勁草書房,1999
- ◆鷲田豊明『環境と社会経済システム』勁草書房,1996

第5章　家族,地域の健康福祉

- ◆森岡清美,望月嵩『新しい家族社会学』培風館,1990
- ◆上子武次,増田光吉編『日本人の家族関係』有斐閣,1981
- ◆E. M. ピンクストン他,浅野仁他訳『高齢者の在宅ケア』ミネルヴァ書房,1992
- ◆黒田輝政他編『在宅ケアの展開』ミネルヴァ書房,1989
- ◆木下謙治編『家族社会学─基礎と応用』九州大学出版会,2001
- ◆山根常男他編『わかりやすい家族関係学』ミネルヴァ書房,1996
- ◆上野加代子他編『高齢者と家族─高齢社会への対応と家族の役割』中央法規出版,1996
- ◆沢田清方編著『小地域福祉活動─21世紀の家族を考える』ミネルヴァ書房,1991
- ◆岩本由輝編著『家族と地域社会』早稲田大学出版部,1996
- ◆熊谷文枝編著『日本の家族と地域性─西日本の家族を中心として(上・下)』ミネルヴァ書房,1997

- ◆宮村光重他編『家族の変化と生活経済』朝倉書店,1994
- ◆成山文夫他編著『家族・育み・ケアリング—家族論へのアプローチ』北樹出版,2000
- ◆社会保障研究所編『現代家族と社会保障』東京大学出版会,1994
- ◆前田繁一他『地方小都市の社会福祉研究—行財政・政策をめぐって』晃洋書房,2001
- ◆佐々木恒夫『大都市福祉行政の展開—21世紀地方自治体のあり方』中央法規出版,2001

第6章　学校と職場の健康福祉

- ◆厚生統計協会編『国民衛生の動向』厚生統計協会,各年次版
- ◆船川幡夫,江口篤寿編『子どもの管理とからだづくり』大修館書店,1970
- ◆小倉学『学校保健』光生館,1983
- ◆高石昌弘『学校保健マニュアル』南山堂,1991
- ◆日本学校保健会編『児童生徒の健康状態サーベランス事業報告書』学校保健会,1993
- ◆今村栄一他編著『小児保健』診断と治療社,1991
- ◆渡邊昌祐他編『自閉症,登校拒否,家庭内暴力,てんかん,精神遅滞』保健同人社,1990
- ◆B.ラマッツィーニ,松藤元訳『働く人々の病気』北海道大学図書刊行会,1988
- ◆和田攻編『産業保健マニュアル』南山堂,1991
- ◆齊藤征夫『健康診断から健康管理』ユリンス出版部,1992
- ◆服田俊一他『職場のストレス・マネジメント』メディカ出版,1989

第7章　母子の健康福祉

- ◆厚生統計協会編『国民衛生の動向』厚生統計協会,2002
- ◆厚生統計協会編『国民の福祉の動向』厚生統計協会,2002
- ◆大野良之編『TEXT公衆衛生・予防医学』南山堂,1996
- ◆熊倉伸宏編『社会医学がわかる　公衆衛生テキスト』新興医学出版社,2000
- ◆自由国民社編『現代用語の基礎知識2002』自由国民社,2002
- ◆成清美治・加納光子編『第2版　現代社会福祉用語の基礎知識』学文社,2002
- ◆石川真理子『女性教員のリプロダクティブ・ヘルス／ライツに関する実態と認識』女子栄養大学大学院・保健学研究科(修士論文),1997

第8章　成人の健康福祉

- ◆厚生・厚生労働省編『厚生白書・厚生労働白書』ぎょうせい,各年次版
- ◆L.F.バークマン,L.ブレスロウ,星旦二編訳『生活習慣と健康—ライフスタイルの科学』HBJ出版,1989
- ◆森本兼曩『ライフスタイルと健康—健康理論と実証研究』医学書院,1991
- ◆早川浩,杉下知子『ライフステージと健康』中外医学社,2000
- ◆堀口雅子『更年期障害—気になる症状と治し方』成美堂出版,1999
- ◆佐久間淳『生活習慣病Q&A』駿台曜曜社,1998
- ◆川久保清『健康科学の視点に立った生活習慣病』第一出版,1999
- ◆杉村隆他『がんと人間』岩波書店(新書),1997
- ◆田辺達三『血管の病気』岩波書店(新書),1999
- ◆尾前照雄『血圧の話』岩波書店(新書),1996
- ◆日本肥満学会肥満症診療の手びき会編『肥満・肥満症の指導マニュアル』医歯薬出版,1997
- ◆田坂仁正,大河原久子『糖尿病—最新治療法と賢いつき合い方—』医療ジャーナル,1994
- ◆小椋力編『精神障害の予防をめぐる最近の進歩』星和書店,2002

第9章　高齢者の保健医療福祉

- ◆吉川政巳『老いと健康』岩波書店(新書),1990
- ◆太田邦夫編『老化指標データブック』朝倉書店,1988

- 山井和則, 齊藤弥生『体験ルポ日本の高齢者福祉』岩波書店(新書), 1994
- 岡本祐三『高齢者医療と福祉』岩波書店(新書), 1996
- 佐久間淳『寝たきりにしない・ならないQ&A』ミネルヴァ書房, 1998
- 古川俊之『高齢化社会の設計』中央公論社(新書), 1989
- 小田俊郎『老人病の話―いきがある長寿を保つために―』不昧堂(新書), 1973
- 太田貞司『高齢者福祉論』光生館, 2001
- 二木立『保健・医療・福祉複合体―全国調査と将来予測』医学書院, 1998
- 室田人志他編『高齢者福祉Q&A』中央法規出版, 1994
- 日野原重明『豊かに老いを生きる(新版)』春秋社, 2002
- 井口昭久編『これからの老年学』名古屋大学出版会, 2000
- 小沢利男編『エッセンシャルズ老年病学』医歯薬出版, 1998
- 金子晃一他編『精神保健福祉法―その理念と実務―』星和書店, 2002
- シリーズ21世紀の社会福祉編集委員会編『社会福祉基本用語集』ミネルヴァ書房, 1999
- 柴田博『おとしよりの病気と生活』婦人生活社, 1991

第10章　心身障害と健康医療福祉

- 厚生統計協会編『国民の福祉の動向』厚生統計協会, 各年次版
- 高田和明『心の病気はなぜ起きるか―うつ病と脳内物質』朝日新聞社, 2001
- 福祉の地域づくり研究会編『福祉の地域づくりをはじめよう』ぎょうせい, 2001
- 西丸四方『やさしい精神医学』南山堂, 1975
- 厚生省保健医療局精神保健課監修『老人性痴呆疾患診断・治療マニュアル』新企画出版, 1991
- 竹内知夫『心の病気―やさしく理解しよう―』星和書店, 1983
- 津田耕一『施設に問われる利用者支援―』久美, 2001
- 植村尚史『図表で見る社会福祉施設の現状と課題』中央法規出版, 1996
- 小松幸男『社会福祉運営論―老人・身体障害者福祉施設を中心に―』中央法規出版, 1995
- 真田是『民間社会福祉論―社会福祉における公と民』かもがわ出版, 1996
- 木内澤昭英『老年期の精神障害(介護福祉ハンドブック)』一橋出版, 1999
- 福祉士養成講座編集委員会編『老人・障害者の心理』中央法規出版, 2001
- 牛島定信編『精神保健(最新介護福祉全書13)』メジカルフレンド社, 1997
- 長谷川和夫編『精神保健(介護福祉選書13)』建帛社, 2000

第11章　健康と疾病, 死の意識と行動

- 厚生統計協会編『国民衛生の動向』厚生統計協会, 各年次版
- NHK放送世論調査所編『日本人の健康観』日本放送出版協会, 1981
- 日本母性衛生学会編『Women's Health―女性が健康に生きるために―』南山堂, 1998
- 津島ひろ江『生涯にわたる健康記録』中央法規出版, 1997
- 日経事業出版社編『自分で出来る健康力チェック』日経事業出版, 1999
- 保阪正康『安楽死と尊厳死』講談社(新書), 1993
- 厚生省監修『特別養護老人ホーム等における感染症対策の手引き』全国社会福祉協議会, 1998
- 高木宏明『地域における感染対策』医歯薬出版, 2000
- 竹内孝仁『医療福祉の分野と実践』中央法規出版, 1999
- 内田恵美子, 島内節編『日本版在宅ケアにおけるアセスメントとケアプラン』日本訪問看護振興財団, 1999
- 保田井進『福祉グループワークの理論と実際』ミネルヴァ書房, 1999
- 三浦文夫『福祉サービスの基礎知識』自由国民社, 1999
- 前田信雄『保健の経済学』東京大学出版会, 1979
- 西村周三『医療の経済分析』東洋経済新報社, 1987
- 二木立『日本の医療費―国際比較の視角から―』医学書院, 1995

第12章　保健医療福祉の法制度

- ◆ 野崎貞彦・大井田隆『保健・医療・栄養関係者のための精解衛生法規』第一出版, 2002
- ◆ 安藤秀雄『最新医事関連法の完全知識―これだけは知っておきたい医療事務66法』医事通信社, 2002
- ◆ 厚生統計協会編『国民衛生の動向』厚生統計協会, 2002
- ◆ 厚生統計協会編『国民の福祉の動向』厚生統計協会, 2002
- ◆ ミネルヴァ書房編集部編『社会福祉小六法2002（平成14年版）』ミネルヴァ書房, 2002
- ◆ 百瀬孝『MINERVA社会福祉叢書⑪　「社会福祉」の成立―解釈の変遷と定着過程―』ミネルヴァ書房, 2002
- ◆ 成清美治・加納光子編『第二版　現代社会福祉用語の基礎知識』学文社, 2002

第13章　社会保障の課題と展望

- ◆ 一圓光彌『自ら築く福祉』大蔵省印刷局, 1993
- ◆ 岩田正美・上野谷加代子・藤村正之『社会福祉入門』有斐閣, 1999
- ◆ 宇山勝儀『新しい社会福祉の法と行政（第2版）』光生館, 2001
- ◆ 岡崎昭『社会保障の仕組み』晃洋書房, 1999
- ◆ 金子勝『セーフティーネットの政治経済学』筑摩書房, 1999
- ◆ 副田義也『生活保護制度の社会史』東京大学出版会, 1995
- ◆ 武田宏『高齢者福祉の財政課題』あけび書房, 1995
- ◆ 田多英範『現代日本社会保障論』光生館, 1994
- ◆ 八田達夫・八代尚宏編『社会保険改革』日本経済新聞社, 1998
- ◆ 広井良典『日本の社会保障』岩波書店, 1999
- ◆ 藤澤益夫『社会保障の発展構造』慶應義塾大学出版会, 1997
- ◆ 堀勝洋『現代社会保障・社会福祉の基本問題』ミネルヴァ書房, 1997
- ◆ 三和治『生活保護制度の研究』学文社, 1999
- ◆ 椋野美智子・田中耕太郎『はじめての社会保障』有斐閣, 2001
- ◆ 横山和彦・田多英範編著『日本社会保障の歴史』学文社, 1991

さくいん

あ行

- IADL……128
- ICD-10……2, 119
- 悪性新生物(がん)……116
- アクセス(到達性)……156
- アクティブ80ヘルスプラン……4
- 朝日訴訟……187
- アソシエーション……80
- 斡旋型障害者雇用支援センター……137
- アトピー性……57
- アドレナリン……37
- アポクリン(汗)腺……38
- アミノ酸……37
- アルコール中毒……52
- アレルギー体質……57
- 安静時の呼吸……33
- アンドロゲン……39
- 安楽死と尊厳死……159
- 胃……34
- イエ制度……75
- 生きがい……134
- 医局(制度)……22
- イギリス医学……21
- 育児休業……105, 132
- 育成医療……145
- 医師の分布……61
- 医師法……173
- 医制……22
- イタイイタイ病……12
- 逸脱行動……4
- 医薬分業……172
- 医療……3
- 医療計画……65
- 医療圏・診療圏……23
- 医療施設調査……48
- 医療社会事業……8
- 医療専門職……4
- 医療組織の課題……23
- 医療ソーシャルワーカー……8, 70
- 医療と経済……164
- 医療の社会化……17
- 医療費の内容……133
- 医療福祉の内容……8
- 医療扶助……7
- 医療法……4, 173
- 医療法人……173
- 医療保険……6, 67, 167
- 医療保障……7
- インス(シュ)リン……37, 116
- インパルス……27
- ウィリス……21
- 運動器系……26
- 運動不足の影響……123
- エイズ……175
- 衛生害虫……87
- 衛生行政……163
- 栄養所要量……123
- 栄養摂取の状況……123
- エクリン(汗)腺……38
- ADL……128
- SMR……50, 120
- MSW……8
- NPO……179
- LDLコレステロール……116
- エピネフリン……37
- 嚥下……32
- 援護育成……176
- 延髄……28
- エンゼルプラン……105
- 塩分摂取量……82
- 横隔膜……29
- 緒方洪庵……21
- オランダ医学……19

か行

- 介護福祉……10
- 介護福祉士……10, 71
- 介護保険法……10, 174
- 解体新書……20
- 外分泌……37
- 外分泌腺……37, 38
- 核家族……76
- 拡大家族……76
- 学齢期の死亡……91
- 過剰栄養……121
- 下垂体……36
- ガストリン……38
- 家族意識……131
- 家族介護者教室……161
- 家族機能……78
- 家族形態……75
- 家族構成……76
- 家族診断……78
- 家族生活……131
- 家族と世帯……75
- 家族の介護機能……161
- 家族の健康福祉管理……161
- 家族の諸形態……76
- 家族類型……76
- 学校の健康教育……99
- 家庭内暴力(DV)……110
- 家庭奉仕員(ホームヘルパー)……141
- 家督相続……76
- カトリック……52
- カネミ油症……12
- 寡婦……112, 176
- カフェテリアプラン……192
- 家父長制家族……76
- がん(悪性新生物)……116
- 環境……170
- 環境アセスメント……57
- 環境基本計画……170
- 環境基本法……170
- 看護師……62
- 患者数の推計……47
- 患者調査……3, 47
- 関節……27
- 関節包……27
- 間接法と直接法……120
- 肝臓……35
- 冠(状)動脈……29
- 冠動脈性心疾患……116
- がんの告知……17
- 危機管理……58
- 基質……25
- 寄生虫病予防法……87
- 基礎医学……22
- 基礎年金……189
- 喫煙率……104
- 基本的原理……187
- QOL……8
- 吸気……33

吸収 33	健康保険組合 185	国民健康調査 2,42
胸郭 33	原始・古代の医療 17	国民健康保険 167
協議離婚 110	現代社会と文化 12	国民所得 165
胸腺 37	ケンペル 20	国民生活基礎調査 2,42,45
虚血性心疾患 55,116	憲法第25条 166	骨化 27
巨大都市 81	権力主義 16	骨格筋 27
キリシタン禁教 19	合計特殊出生率 132	骨格系 26
近代産業の誕生 95	高血圧症 45,116	コッホ 22
くも膜下出血 117	口腔 34	コーディネーター 147
グルカゴン 35	講座制 22	コミュニティ 79
グループホーム 144	高脂血症 116	コミュニティ・インヴォルブメント 84
グループワーク 8,9	公衆衛生 169	コミュニティ・オーガニゼーション 83
クレチン症 103,139,145	恒常性 32	
ケアハウス 68	甲状腺 37	ゴールドプラン 177
ケアプラン 11	更生医療 149,151	ゴールドプラン21 129
ケアマネジメント 10	更生指導 67	コロニー 143
ケアマネジャー 11	更生相談 5,151	コンサルテーション 9
経済成長 12	更生相談所 150	**さ 行**
経済成長後の課題 163	更生保護 67	
血液型 31	厚生労働省の部局 171	在院日数 48
血液型不適合 32	交通事故死亡率 53	在宅ケア 67
血液生化学的検査 2	公的・私的病院 22	在宅ケアサービス 152
血液の構成 31	公的扶助 186	在宅重度身体障害者訪問診査 152
血液の成分 30	公費負担医療制度 7	
血管系 29,30	紅毛外科 20	在宅知的障害者デイサービス事業 144
血漿 30	肛門 34	
腱 26	高齢化速度と対策 132	在宅福祉 67,146
幻覚 9	高齢化対策 191	在宅老人 129
健康 1	高齢社会対策基本法 177	最低生活水準 189
健康意識 45,154	高齢社会の問題 125	細胞 25
健康教育の推進 160	高齢者世話付住宅（シルバーハウジング） 160	細胞(原形)質 25
健康行動 45,46		サイロキシン 37
健康指標 1	高齢者対策 126	作業療法士 63
健康状態の自己評価 155	高齢者福祉 126	鎖国政策 19
健康情報 15	呼気 33	サリドマイド 62
健康診査 103	呼吸運動 33	産業構造の変化 95
健康診断 97	呼吸器系 32	痔(核) 35
健康診断の結果 98	国庫負担 185	シーボルト 20
健康相談 60	国際疾病分類（ICD） 2	死因 55
健康手帳 128	国勢調査 42,109	死因と死亡率 119
健康福祉 6	告知 17	歯科医師 62
健康福祉管理 78,160	国民医療費の推移 165	自覚症状と内容 44
健康福祉づくり活動 88	国民医療費の内容 164	自覚症状調査 44
健康福祉の組織 83	国民栄養調査 123	子宮 40
健康保険 167	国民皆保険制度 22	

さくいん 199

事業場内の管理体制……………96	住民参加………………………84	所得の累進度 ………………183
事業別の災害…………………97	集約農業………………………82	資力調査(ミーンズ・テスト)…184
自己負担 ……………………167	授産施設 ………………………5	シルバーサービス……………70
自殺論……………………………52	受診率 ………………………119	シルバーハウジング(高齢者世話
死産率 ………………………102	恤救規則 ……………………181	付住宅) …………………161
思春期……………………………39	寿命 ……………………49, 51	シルバービジネス……………70
思春期保健 …………………104	受療率 …………………47, 119	新エンゼルプラン …………105
視床下部…………………………29	瞬発力 …………………………95	新家族制度……………………76
施設ケア…………………………67	消化………………………………33	神経系……………………………27
施設と専門職 ………………139	生涯健康づくり運動…………88	神経線維…………………………28
肢体不自由児 ………………147	障害児 ………………………139	人口移動の要因………………80
市町村保健センター……60, 169	障害児施設と学校教育 ……149	人口構造 ……………………109
質的データ …………………154	障害児(者)の保健医療福祉 …137	人口高齢社会 …………125, 163
疾病と通院，受療 …………157	障害者 ………………………137	人口自然増と社会増 ………125
疾病 ……………………………2, 3	障害者雇用促進法 …………176	進行性筋萎縮症 ………148, 152
疾病構造の変化………………58	障害者雇用率 ………………143	進行性筋ジストロフィー症
児童虐待 ……………………112	障害者手帳 …………………147	………………………148, 152
児童厚生施設…………………68	障害者の明るい暮らし促進事業	人口ドーナツ化現象 ………125
児童生徒の疾病………………90	……………………………152	人口の静態と動態……………91
児童生徒の体位………………91	障害者の社会参加促進 ……152	人口爆発 ……………………103
児童自立支援施設 …………113	障害者プラン ………………140	人口ピラミッド ……………109
児童相談所 …………………137	生涯生活設計 ………………192	人事管理…………………………15
児童福祉司 …………………140	障害と経済援助 ……………141	心疾患……………………………55
児童福祉法 ……………137, 176	障害の概念 …………………136	新障害者プラン ……………140
児童養護施設 ………………113	障害の国際的な解釈 ………136	心身障害児対策 ……………137
「死」の文化と認識 …………159	障害の診査 …………………151	心身の障害と福祉 …………136
死亡率 …………………… 52, 54	障害の発生予防対策 ………137	腎臓………………………………35
社会階層(級) …………………41	消化器系…………………………33	心臓病 ………………………116
社会教育 ……………………161	食生活改善活動 ……………162	靱帯………………………………26
社会資源…………………………8	少子化対策 …………………191	身体障害児 …………………145
社会の医療………………………17	脂溶性ビタミン………………35	身体障害児実態調査 ………145
社会病理…………………………4	小腸………………………………34	身体障害児福祉 ……………144
社会福祉 ……………………5, 66	少年非行 ……………………112	身体障害者 ……………… 72, 149
社会福祉士 …………………5, 71	傷病意識の背景 ……………156	身体障害者健康診査事業 …152
社会福祉事業 ………………5, 83	情報化社会………………………15	身体障害者自立支援事業 …152
社会福祉施設…………………69	情報公開…………………………16	身体障害者短期入所事業 …152
社会福祉法 …………………5, 175	将来のニーズ予測……………72	身体障害者手帳 ……………151
社会保険…………………………6	職親制度 ……………………144	身体障害者のホームヘルプ …152
社会保障 ……………………180	職業指導員 …………………144	身体障害者福祉 ……………149
社会保障制度審議会 ………182	職業と分類………………………41	身体障害者福祉法 ……145, 176
重症心身障害児施設 ………148	職業病……………………………95	人体の構造………………………25
重度障害児の対策 …………143	食道………………………………34	新体力テスト…………………93
重度身体障害者 ……………152	職場の健康教育 ……………100	心理相談員 …………………139
十二指腸…………………………34	助産師……………………………62	心理判定員 …………………140
終末期ケア …………………160	女性生殖器………………………40	診療所の分布…………………65

膵臓 ……………………35, 37	蠕動 ………………………33	地域保健の捉え方 ………83
杉田玄白 …………………20	線毛 ………………………40	地域保健福祉 ……………162
ステロイド ………………36	前立腺 …………………38, 39	地域保健福祉組織活動 …88
ストレス ………………15, 46	臓器移植の問題 …………158	地域保健法 ……………58, 175
スモン ……………………62	早期発見と早期療育 ……139	地域療育事業 ……………147
生活圏 ……………………79	総胆管 ……………………35	地区衛生活動 ……………162
生活構造 …………………53	相談指導 …………………146	地区診断 …………………83
生活指導員 ………………175	粗死亡率 …………………54	地区把握 …………………83
生活習慣病 …………114, 123, 155	ソーシャルワーカー ……70	腟 …………………………40
生活と健康 ………………13	措置制度 …………………186	知的障害児施設 …………142
生活と肥満 ………………121	尊厳死 ……………………158	知的障害児通園施設 ……142
生活の多様化 ……………13	**た 行**	知的障害児の保護指導 …142
生活被保護者 ……………67		知的障害者授産施設 ……142
生活保護 ………………67, 176	体位の地域別推移 ………93	知的障害者地域生活援助事業
生活保護施設 ……………189	体形 ………………………93	……………………………144
生活保護法 ………………7, 176	体脂肪率 …………………123	知的障害者通勤寮 ………144
政策的機能 ………………183	大衆社会 …………………14	知的障害者と社会参加 …144
生産年齢人口 …………42, 109	体循環 ……………………30	知的障害者の状況 ………142
生殖器 ……………………39	大腸 ………………………34	知的障害者福祉司 ………140
生殖性家族 ………………76	大脳皮質 …………………29	知的障害者福祉法
精神衛生法 ………………9	体力 ……………………93, 94	………………69, 137, 142, 176
成人期の疾病 ……………114	体力テスト ………………93	知的障害者福祉ホーム …140, 141
精神の健康と疾病 ………9	ダウン症候群 ……………139	知能指数 …………………143
成人病 ……………………114	多産多死 …………………110	チームケア ………………10
精神薄弱者福祉法 ………137	WHO ……………………1	致命・致死率 ……………156
精神病者監護法 …………137	多変量解析 ………………154	中国医学 …………………18
成人保健 …………………114	ターミナルケア …………160	中枢神経系 ………………28
精神保健 ………………9, 60	炭酸ガス …………………30	治癒率 ……………………156
精神保健法 ………………9	男女の平等 ………………76	長子相続 …………………75
精神保健福祉 ……………9	男性生殖器 ………………39	調停離婚 …………………110
性腺 ………………………37	胆嚢 ………………………35	椎間板 ……………………27
性染色体 …………………39	短命地域 …………………50	通院医療 …………………146
生存権 ……………………187	痔(核) ……………………35	通院者率 …………………3, 44
生命 ………………………158	地域医療 …………………23, 60	通園施設 …………………141, 146
生命表 …………………49, 51	地域医療計画 ……………47, 60	つぼ形 ……………………110
生命倫理 …………………158	地域社会 ………………41, 79, 84	デオキシリボ核酸 ………39
西洋医学 …………………19	地域社会と自殺 …………52	適正配置 …………………160
世界人権宣言 ……………167	地域社会と人口構成 ……41	電解質 ……………………31
脊髄 ……………………27, 28	地域社会と老人の参加活動 …129	ドイツ医学 ………………21
セーフティネット ………179	地域社会の健康 …………42	糖尿病 ……………………116
施薬院 ……………………18	地域の健康増進活動 ……89	東洋医学 …………………18
前近代的家族 ……………76	地域別受療率 ……………47	動悸 ………………………29
線形モデル ………………136	地域別平均寿命 …………49	特殊健康診断 ……………97
戦後社会と自主的活動 …87	地域保健活動 ……………162	特別児童扶養手当 ………146
戦前の地域保健 …………86	地域保健師活動 …………86	都市化 ……………………80

都市計画	81	
都市の人口規模	80	
都市の生活	80	
突然死(急死)	91	
都道府県別死亡率	53	
トリコモナス原虫	40	
トリプシン	37	

な 行

内分泌	36
南蛮医学	19
難病	169
21世紀の課題と展望	192
ニーズ	3
日常生活用具	151
日本国憲法	166
日本の医療体系	22
乳児死亡率	90
乳幼児健診	145
ニューディール政策	180
ニューロン	27
尿管	36
尿道	36
尿の生成	35
人間ドック	46
ネットワーク	85
年少人口	42, 109
年齢構成	42
年齢3区分別人口	42, 109
年齢調整死亡率	44, 54, 120
ノイローゼ	17
脳血管疾患	55
脳死	158
脳卒中	117
農村の健康	82
ノーマライゼーション	8
ノルアドレナリン	37

は 行

歯	34
バイオテクノロジー	158
肺循環	30
パークス	21
パーソナル・インフルエンス	14
パラサイト	78
ハンディキャップ	57
BSE	13
BMI	2, 93, 122
PMI	120
非加熱血液製剤	175
皮脂厚	122
悲田院	18
泌尿器	35, 39
泌尿器系	35
肥満意識	121
肥満傾向	93
肥満症	116
肥満度	122
病院	64
病院の地域分布	64
病気と行動	157
標準化死亡比(SMR)	50, 120
病床の地域分布	64
ビルトイン・スタビライザー効果	183
貧血症	31
貧困線	189
貧困のサイクル化	182
敏捷性	94
フェニールケトン尿症	103, 139, 145
フォロワー	85
複合障害・重複障害	137
副甲状腺(上皮小体)	37
福祉・援護の実施者	150
福祉国家	178
福祉施設	68, 69
福祉事務所	140, 151, 170, 188
福祉社会	178
副腎	37
父子家庭	112
仏教と医学	18
フーフェラント	21
扶養義務者	132
扶養と財産相続	132
プロテアーゼ	38
プロテスタント	52
平均寿命	49
平均余命	49
ベバリッジ報告	181
ベビーブーム	104
ペプシン	34
ペプチド	36
ヘモグロビンA1c	117
保育所	68
保育所入所の待機	105
封建主義	16
防貧と救貧	182
ボウマン嚢	36
訪問介護員	68
保健	3
保健医療福祉対策	137
保健管理	100
保健教育	100
保健師	62
保健指導	100
保健所	58, 86
保健所の職員	58
保健センター	60
保健福祉センター	6
保護の原則	187
母子及び寡婦福祉法	111, 112, 176
母子家庭	111
母子健康手帳	102
母子相談員	111
母子保健	101
ホスピス	160
母性保健	101
補装具交付	146, 151
補足性の原理	188
ホームヘルパー	10, 68, 141
ホーム老人	128
ボランティア	85
ポルトガル医学	19
ホルモン	36
本(定)位家族	76

ま 行

前野良沢	20
マスコミ	14
マス・スクリーニング検査	104
まちづくり・村おこし	80
末梢神経系	29
水俣病	12

味蕾……………………34	予防接種法……………164	リンパ球……………………31
民間(伝承)療法…………18		老人医療制度……………119
ミーンズ・テスト(資力調査)…184	**ら 行**	老人医療と費用負担…………133
民生委員…………………188	蘭学事始…………………20	老人医療費……………126, 133
無医村・無医地区…………23	ランゲルハンス島…………35	老人クラブ………………134
明治(大日本帝国)憲法……75	卵巣………………………40	老人ケアの分担……………130
名称独占……………………72	卵胞(期)…………………40	老人施設…………………128
メガロポリス………………81	理学療法士…………………63	老人福祉法…………10, 134, 176
メトロポリス………………81	罹患率……………………117	老人保健…………………168
妄想…………………………9	利己主義と利他主義…………85	老人保健施設……………4, 127
盲聾唖児施設……………148	離婚………………………110	老人保健法………………127
森永ヒ素ミルク事件………12	理想体重・標準体重………122	労働安全衛生………………96
門脈………………………35	リーダーシップ……………85	労働衛生…………………95, 96
	リバースモーゲージ………192	労働衛生行政………………96
や 行	リパーゼ…………………37	労働基準局………………172
薬剤師………………………62	リハビリテーション…………4	労働基準法…………………96
薬剤師法…………………173	リプロダクティブ・ヘルス／ライツ……………102, 105	労働形態の変化……………95
薬事………………………175	療育………………135, 145	労働憲章……………………96
薬師寺………………………18	療育指導…………141, 145	労働災害……………………97
有訴者率……3, 43, 44, 118, 157	療育手帳…………………141	労働三権……………………95
有病者率………………2, 118	療育等支援施設……………141	労働三法……………………95
幼児死亡率…………………90	量的データ………………154	労働者の保護………………96
幼児の健康福祉……………90	寮母(寮父)…………………10	労働保健……………………97
抑鬱状態……………………9	淋菌・病……………………40	労働力人口…………………95
予防衛生…………………175		老年人口………………42, 109

さくいん 203

［編著者紹介］
佐久間　淳（さくま　きよし）　　　　　　　1, 2, 3, 4, 5, 6, 8, 9, 10, 11章担当
　　1931年　千葉県生まれ
　　1958年　日本大学大学院文学研究科修士課程修了
　　1986年　医学博士（東京大学医学部）
　　現　在　群馬松嶺福祉短期大学教授・図書館長
　　［主著］『マックス・ウェーバー文献目録』（エルガ社）
　　　　　　『かわる生活環境わかる健康福祉』（ミネルヴァ書房）
　　　　　　『ウォーキングはやっぱり"効く"』（保健同人社）
　　　　　　『生活習慣病Q＆A』（駿台曜曜社）

［著者紹介］
佐久間　充（さくま　みつる）　　　　　　　　　　　　　　7, 12章担当
　　1937年　千葉県生まれ
　　1967年　東京大学大学院博士課程（健康教育学専攻）修了
　　1984年　保健学博士（東京大学）
　　現　在　女子栄養大学教授
　　［主著］『健康教育・栄養教育』（共著・光生館）
　　　　　　『保健・医療・看護調査ハンドブック』（共著，東京大学出版会）
　　　　　　『ああダンプ街道』（岩波書店）
　　　　　　『山が消えた―残土・産廃戦争』（岩波書店）

園田　洋一（そのだ　よういち）　　　　　　　　　　　　　　13章担当
　　1957年　東京都生まれ
　　2003年　千葉大学大学院社会文化科学研究科博士課程修了
　　現　在　群馬松嶺福祉短期大学助教授
　　［主著］『福利厚生運営のポイント』（日本労働協会）
　　　　　　『これからのユニオンプラン』（社会経済生産性本部）
　　　　　　『従業員関係システムと従業員満足』（共著・エム・シーコーポレーション）
　　　　　　『福利厚生事情』（共著・労務行政研究所）

健康医療福祉学入門
ⒸKiyoshi Sakuma 2003　　　　　　　NDC 377　214P　26cm

初版第1刷発行――2003年4月20日

編著者――――佐久間淳
発行者――――鈴木一行
発行所――――株式会社大修館書店
　　　　　　　〒101-8466　東京都千代田区神田錦町3-24
　　　　　　　電話03-3295-6231（販売部）／03-3294-2359（編集部）
　　　　　　　振替00190-7-40504
　　　　　　　［出版情報］http://www.taishukan.co.jp

装丁者――――和田多香子
印刷所――――文唱堂印刷
製本所――――司製本

ISBN4-469-26515-2　Printed in Japan
Ⓡ本書の全部または一部を無断で複写複製（コピー）することは，
著作権法上の例外を除き禁じられています。